感谢湖北山河律师事务所对本书出版的资助

"聚焦破产"丛书

破产法实务操作 105问

主　编　张善斌

副主编　张亚琼

WUHAN UNIVERSITY PRESS

武汉大学出版社

图书在版编目(CIP)数据

破产法实务操作 105 问/张善斌主编.—武汉：武汉大学出版社，
2020.10(2021.7 重印)
"聚焦破产"丛书
ISBN 978-7-307-21775-1

Ⅰ.破…　Ⅱ.张…　Ⅲ.破产法—中国—问题解答
Ⅳ.D922.291.924-44

中国版本图书馆 CIP 数据核字(2020)第 172888 号

责任编辑:陈　帆　　　责任校对:李孟潇　　　版式设计:马　佳

出版发行：**武汉大学出版社**　　(430072　武昌　珞珈山)
　　　　　(电子邮箱:cbs22@ whu.edu.cn　网址:www.wdp.com.cn)
印刷:武汉市宏达盛印务有限公司
开本:720×1000　1/16　　印张:24.75　　字数:416 千字　　插页:2
版次:2020 年 10 月第 1 版　　2021 年 7 月第 4 次印刷
ISBN 978-7-307-21775-1　　　定价:86.00 元

张善斌

　　1965年生，湖北天门人，法学博士，武汉大学法学院教授，博士生导师。现任武汉大学法学院民商法教研室主任，中国法学会民法学研究会理事，湖北省法学会常务理事，湖北省法学会民法学研究会副会长，湖北省法学会婚姻家庭法学研究会副会长，湖北省法学会商法学研究会常务理事。主要研究方向为民法基础理论、人格权法、侵权法、破产法等。出版著作7部，发表论文30余篇。主持国家社科基金项目1项、中国法学会部级法学研究课题1项、司法部项目1项以及横向研究课题9项。成功举办了2017年至2019年三届"破产法珞珈论坛"，并主编出版了《破产法文献分类索引》《破产法研究综述》《破产法的"破"与"立"》《改革开放四十周年破产法热点透视》《营商环境背景下破产制度的完善》等"聚焦破产"系列著作。

作 者 简 介

张亚琼

　　法学博士，现任武汉市破产管理人协会会长、武汉市律师协会破产重组专委会主任，湖北山河律师事务所合伙人。长期专注于破产重组相关理论研究和法律实务，作为管理人先后主办多起具有重大影响破产及清算案件，取得良好的法律效果、社会效果。持续为多级政府部门提供破产重组相关法律咨询服务，对多领域的困境企业重整挽救具有深刻理解。公开发表专业学术论文10余篇，参与主编学术专著1部。

作　者　简　介

序　言

习近平总书记在党的十九大报告中强调"坚持社会主义市场经济改革方向"，"加快完善社会主义市场经济体制"，并指出"经济体制改革必须以完善产权制度和要素市场化配置为重点，实现产权有效激励、要素自由流动、价格反应灵活、竞争公平有序、企业优胜劣汰"，"以供给侧结构性改革为主线"，"建设现代化经济体系"。破产是促进优胜劣汰市场化竞争、优化社会资源配置的重要制度。破产审判是人民法院运用法治思维和方式参与市场主体救治和退出，促进产业结构转型升级，服务供给侧结构性改革和经济高质量发展的重要途径。

近年来，湖北各级法院以习近平新时代中国特色社会主义经济思想为指导，始终将破产审判置于服务供给侧结构性改革和优化营商环境的大局中谋划和开展，更新司法理念、规范司法行为、完善工作机制、提升司法能力，充分发挥破产审判在优化市场资源配置和优化营商环境中的积极作用，为湖北经济高质量发展提供有力的司法服务和保障。近几年，我们在武汉市中级人民法院设立了清算与破产审判庭，修订了管理人选任办法，颁布了破产案件绩效考评办法，进一步深化了破产审判的专业化建设。强化了重整在挽救危困企业方面的作用，武汉市中级人民法院办理的长航凤凰股份有限公司破产重整案被最高人民法院评为全国法院推进供给侧结构性改革十大典型案例，取得了良好的法律效果和社会效果。虽然我们的工作取得了一些进展，但在深化供给侧结构性改革和优化营商环境的当前，破产审判面临的任务和挑战更加艰巨，新情况、新问题更是层出不穷，这些问题都亟待我们予以解决。

武汉大学法学院是我国法学教育与研究的重镇。武汉大学法学院在理论研究上的优势，为湖北法院破产审判实践提供了强大的智力支持。自2017年开始，湖北省高级人民法院与武汉大学法学院每年联合举办一次破产法珞珈论坛，至今已举办三届。通过论坛，来自理论界和实务界的同仁共同研讨，集思广益，同心协力为企业破产法理论和实践的完善贡献才智。破产法珞珈论坛已成为中部地区重要的破产法理论和实务交流平台。本书写作的缘由也在举办破产法珞珈论坛的过程中形成，我们感到有必要对破产审判面临的问题进行更加系统的梳理和研究。经过一年多的认真研究、讨论和写作，最终形成本书。本书的出版是我们推进院校交流、理论和实务合作交流深化的见证。

通观本书，具有以下特点：一是突出了问题导向。发现问题是解决问题的先导。本书选取的 105 个问题是湖北法院从破产审判实践众多问题中梳理和提炼出来的具有一定代表性的问题。来自武汉大学的专家对这些问题进行了系统研究，从理论和实务两方面进行了回答，为解决问题提供了具体的方法和路径。二是突出了实用导向。本书在"回答"部分着重强调了实践的可操作性。在"理由"部分则进行了理论阐述，但这种阐述并未长篇累牍，而是紧密围绕实务操作展开。同时，本书在每个问题后均附上法律规定、政策依据和各地审判实务中的操作规范，为读者提供了更为充分的规则依据。三是突出了前沿导向。书中的很多问题都是破产审判中的热点和前沿问题。例如关联企业合并破产、房地产企业破产等问题《企业破产法》均未作规定。实践中各地法院操作也不尽一致，有些做法也具有尝试性质。本书在"回答"和"理由"部分尽量吸收了理论界和实务界对这些问题的最新观点和最新做法，以期保持一定的预见性和前瞻性。需要强调的是，本书的写作是一项有意义的尝试，但破产审判实践较为复杂，书中的回答不一定契合每个案件的具体情形，需要读者朋友们根据实际情况进行合理的取舍。

破产审判离不开法院、管理人和市场主体的参与，更离不开破产理论界的关心和支持。衷心希望本书的出版能吸引更多的法律同仁来关心破产审判，关注破产审判中的热点难点问题，齐心协力、贡献智慧，共同推动破产审判事业的进步和发展。

是为序。

湖北省高级人民法院副院长　李群星

2020 年 9 月 27 日

目　录

一、申请与受理

1. 债权人能否申请承担连带责任保证的企业破产？

【回答】

债权人申请承担连带责任保证的企业破产，应包含主债务人未进入破产程序、主债务人处于破产程序中以及主债务人的破产程序已经终结三种情形。无论主债务人处于何种状态，在债权人的债权已经到期，且债务人不履行债务时，债权人均有权申请承担连带责任保证的企业破产。

【理由】

关于第一种情形，实践中存在两种观点：一种观点认为，我国《企业破产法》规定的破产对象是债务人而非保证人，债务人不能清偿到期债务，债权人只可以向人民法院提出对债务人破产清算的申请，申请保证人破产于法无据。① 另一种观点认为，只要承担连带责任保证的企业不能清偿到期连带债务，并且资产不足以清偿全部债务或者明显缺乏清偿能力的，就应依法认定其具备破产的条件。② 实质上，对该问题的争议是对《企业破产法》中"债务人"理解的争议。持赞同观点的一方认为《企业破产法》中的"债务人"应包含保证人，并无特殊排除规定；与此相反，持反对观点的一方认为《企业破产法》中的"债务人"应仅包含主债务人，因为《企业破产法》已对保证人在主债务人破产程序中和破产程序终结后应承担的责任作出了规定且也无保证人破产的相关规定。

① 参见福建省沙县人民法院(2014)沙破(预)初字第1-2号民事裁定书。
② 参见辽宁省大连市中级人民法院(2017)辽02破终6号民事裁定书；云南省昭通市中级人民法院(2015)昭中立民终字第47号民事裁定书；海南省高级人民法院(2018)琼破终1号民事裁定书。

本书认为，首先，根据《担保法》第 18 条第 2 款（《民法典》第 688 条第 2 款）之规定，连带责任保证的债务人在主合同规定的债务履行期届满没有履行债务的，债权人可以要求债务人履行债务，也可以要求保证人在其保证范围内承担保证责任。因此，只要主债务人在相应期限内没有履行义务，债权人就可以单独、直接向连带责任保证人主张权利，而无需以主债务人是否有能力履行义务为前提。其次，《企业破产法》并未将保证人破产的情形排除在外。当主债务人在期限届满前无法履行义务时，保证人就应当按照规定承担保证责任，也就进入了"债务人"的序列。若其具备破产原因，债权人当然有权申请其进入破产程序。① 最后，《破产法解释一》第 1 条第 2 款规定："相关当事人以对债务人的债务负有连带责任的人未丧失清偿能力为由，主张债务人不具备破产原因的，人民法院应不予支持。"由此可知，保证人作为债务人时，人民法院对其是否具备破产原因的认定与主债务人的清偿能力没有关系，也不以主债务人或其他保证人不能清偿为前提。综上，债权人可以直接申请承担连带责任保证的企业破产。

关于第二种情形，主要问题在于，在债权人已经申报债权的情况下，由于债权的清偿数额尚不清晰或确定，如果再允许债权人申请承担连带责任保证的企业破产，则可能会出现债权人双重受偿或者保证人清偿债务后无法追偿的现象。② 虽然《企业破产法》第 124 条和《担保法解释》第 44 条在解决第三种情形时不存在争议，但在第二种情形的适用上却存在分歧。有观点认为，根据上述规定，债权人应当在主债务人破产程序终结之后，或主债务人清偿的债务确定之后才能向保证人主张责任，亦即才可以申请破产企业破产。③ 本书认为，该观点对法律条文的理解略有偏差。《企业

---

① 王军、李琼：《债权人能否直接申请保证人破产》，载微信公众号"破产法实务"，2020 年 3 月 25 日。

② 参见广东省高级人民法院（2019）粤破终 34 号民事裁定书。

③ 《江苏省高级人民法院关于当前商事审判若干问题的解答（二）》第 13 问："债务人进入破产程序，债权人向破产管理人申报债权后，起诉要求连带保证人承担保证责任的，如何处理？"答："债权人既申报债权，又向连带保证人主张权利的，在破产程序尚未终结时，连带保证人履行了保证义务，破产程序终结后，债权人在破产程序中又获得部分清偿，将产生'双重受偿'的问题。为此，我们认为，债权人的起诉应当受理，但为避免债权人'双重受偿'，应当中止审理，待债务人破产程序终结、债权人受偿金额确定后，恢复审理。债权人也可以选择不申报债权而直接向连带保证人主张权利，后者有权申报债权。"

破产法》第 124 条和《担保法解释》第 44 条虽然明确规定保证人应当在主债务人破产程序终结之后，就债权人未清偿的债权部分承担责任，但该条文只是强调保证人的责任不会因主债务人破产程序的终结而逃脱，并未包含主债务人破产程序当中债权人不可以向保证人主张权利或申请其破产之意。① 并且，《企业破产法》也未规定在申请主债务人破产后不能再申请其他负连带清偿责任的债务人破产。债权人申请债务人破产符合法定受理条件的，人民法院应予受理。②

关于第三种情形，法律有明确的规定，实践中不存在争议。根据《企业破产法》第 124 条和《担保法解释》第 44 条之规定，保证人应当对债权人在破产程序中未受清偿的部分承担保证责任，提出时间为破产程序终结后的 6 个月之内。若此时保证人具备破产原因，债权人当然有权利申请其破产。

【参考依据】

《企业破产法》

第 124 条 破产人的保证人和其他连带债务人，在破产程序终结后，对债权人依照破产清算程序未受清偿的债权，依法继续承担清偿责任。

《担保法》

第 18 条 当事人在保证合同中约定保证人与债务人对债务承担连带责任的，为连带责任保证。

连带责任保证的债务人在主合同规定的债务履行期届满没有履行债务的，债权人可以要求债务人履行债务，也可以要求保证人在其保证范围内承担保证责任。

《民法典》

第 688 条 当事人在保证合同中约定保证人和债务人对债务承担连带责任的，为连带责任保证。

连带责任保证的债务人不履行到期债务或者发生当事人约定的情形时，债权人可以请求债务人履行债务，也可以请求保证人在其保证范围内

---

① 参见最高人民法院（2019）最高法民终 546 号民事判决书；最高人民法院（2013）民二终字第 117 号民事判决书。
② 参见海南省高级人民法院（2018）琼破终 1 号民事裁定书。

承担保证责任。

《担保法解释》

第 44 条 保证期间，人民法院受理债务人破产案件的，债权人既可以向人民法院申报债权，也可以向保证人主张权利。

债权人申报债权后在破产程序中未受清偿的部分，保证人仍应当承担保证责任。债权人要求保证人承担保证责任的，应当在破产程序终结后六个月内提出。

《破产法解释一》

第 1 条 债务人不能清偿到期债务并且具有下列情形之一的，人民法院应当认定其具备破产原因：

（一）资产不足以清偿全部债务；

（二）明显缺乏清偿能力。

相关当事人以对债务人的债务负有连带责任的人未丧失清偿能力为由，主张债务人不具备破产原因的，人民法院应不予支持。

2. "执转破"案件中，债权人、债务人均申请时，谁应被列为申请人？

【回答】

根据《"执转破"意见》第 14 条之规定，申请执行人申请或同意移送破产审查的，裁定书中以该申请执行人为申请人，被执行人为被申请人；被执行人申请或同意移送破产审查的，裁定书中以该被执行人为申请人；申请执行人、被执行人均同意移送破产审查的，双方均为申请人。因此，应当将债权人和债务人共同列为申请人。

【理由】

针对该问题，虽然已有明确规定，但还应稍作论述。根据《"执转破"意见》规定，执行转破产程序共包括三个阶段：一是决定程序；二是移送程序；三是审查程序。

首先，决定程序由执行法院的执行部门（"执转破"部门）完成。通常通过两种形式启动：一是根据《"执转破"意见》第 4 条，执行法官主动询问申请执行人或被执行人是否同意移送破产程序，在征得任意一方同意后，执行部门有权决定移送审查程序；二是根据《最高人民法院民二庭负责人就〈执行案件移送破产审查若干问题的指导意见〉答记者问》第2问及回答，申请执行人或被执行人单独或共同主动向执行法院申请启动移送破产程序，待执行部门审查通过后可以移送。在这一过程中，无论申请执行人和被执行人单独申请或共同申请，执行法院在制作执行案件移送破产审查决定书时只需要列明申请执行人和被执行人即可，不涉及列明申请人的问题。本问题实质上是移送程序中，受移送法院对申请执行人和被执行人同时申请转入破产程序时该如何立案的问题。

其次，移送程序是由原执行法院执行部门（"执转破"部门）和受移送法院立案部门共同完成。移送法院按照要求提供材料之后，由受移送法院进行形式审核。对于符合形式要件的，受移送法院的立案部门应以"破申"作为案件类型代字编制案号登记立案，并及时将案件移送破产审判部门进行破产审查。最后，审查程序由受移送法院的破产审判部门独立完成，符合实质要件的，由受移送法院作出受理破产申请的裁定。因此，本问题实际上可以转化为移送程序和审查程序阶段如何列明当事人的问题。

当事人的列明方式不同，将直接导致提交材料、举证责任、异议程序的不同。因此，既然债权人和债务人均有意愿申请启动破产程序，人民法院应充分保障其作为申请人的权利，按照法律规定的既定程序审查即可。本书认为，这可能就是《"执转破"意见》第14条如此规定的原因之所在。当然，在实践中，申请执行人（债权人）和被执行人（债务人）同时申请启动移送破产程序的情况可能仍属少数，稍加注意即可。

【参考依据】

《"执转破"意见》

第4条 执行法院在执行程序中应加强对执行案件移送破产审查有关事宜的告知和征询工作。执行法院采取财产调查措施后，发现作为被执行人的企业法人符合破产法第二条规定的，应当及时询问申请执行人、被执行人是否同意将案件移送破产审查。申请执行人、被执行人均不同意移送且无人申请破产的，执行法院应当按照《最高人民法院关于适用〈中华人民共和国民事诉讼法〉的解释》第五百一十六条的规定处理，企业法人的其他已经取得执行依据的债权人申请参与分配的，人民法院不予支持。

第14条 申请执行人申请或同意移送破产审查的，裁定书中以该申请执行人为申请人，被执行人为被申请人；被执行人申请或同意移送破产审查的，裁定书中以该被执行人为申请人；申请执行人、被执行人均同意移送破产审查的，双方均为申请人。

3. 破产案件的级别管辖如何确定？

【回答】

按照"新法"优于"旧法"的原则，《企业破产法》生效后，《关于审理企业破产案件若干问题的规定》中与其相冲突的规定自然不再适用。但是，《关于审理企业破产案件若干问题的规定》并未被明文废止，仍处于有效状态，并且《企业破产法》中也无破产案件级别管辖的规定，故仍可以按照《关于审理企业破产案件若干问题的规定》之规定，以工商登记机关的级别为确定标准。

《民事诉讼法》第 38 条第 1 款规定："上级人民法院有权审理下级人民法院管辖的第一审民事案件；确有必要将本院管辖的第一审民事案件交下级人民法院审理的，应当报请其上级人民法院批准。"由此可知，中级人民法院需要将自己审理的案件交由下级人民法院审理时，应当报请高级人民法院同意。

当前部分省市已设立破产审判庭，并结合本地实际情况对破产案件的级别管辖进行了专门规定。

【理由】

根据《企业破产法》第 3 条之规定，破产案件应由债务人住所地人民法院管辖。但该条仅对破产案件的地域管辖作出了规定，而级别管辖该如何处理尚存在很大争议，并且各地实践也有所不同。实践当中之所以出现不同规定或争议，主要是由法律规定的适用不一和破产审判队伍的不健全等因素造成的。

有些地区，如北京、上海、江苏以及山东济南等，在破产案件管辖范围方面明确区分了基层人民法院管辖和中级人民法院管辖以及变更、指定管辖的情形。具体而言，上述各地区便是严格按照《关于审理企业破产案件若干问题的规定》第 1 条、第 2 条和第 3 条之规定，以工商行政管理机关为标准对破产案件管辖范围进行了划分——基层人民法院一般管辖县、县级市或者区的工商行政管理机关核准登记企业的破产案件；中级人民法院一般管辖地区、地级市（含本级）以上的工商行政管理机关核准登记企业的破产案件；纳入国家计划调整的企业破产案件，由中级人民法院管辖。对于特殊破产案件的管辖，则通过管辖权转移或指定管辖的方式予以改变。虽然《关于审理企业破产案件若干问题的规定》于2002年颁布，在《企业破产法》颁布之前，但因其并未被明文废止，且无后续规定与之相冲突，从法理上讲仍具有法律效力，应当予以遵守。

与此相对，有些地区采取另外一种不同的模式。比如，所有的破产案件均由中级人民法院统一管辖和立案，然后根据案件的特殊情况再决定是否交由基层人民法院审理。换言之，基层人民法院是否有权审判破产案件需要得到同地区中级人民法院的首肯。如上所述，这种现象的出现，是由破产审判队伍不健全造成的。具体而言，全国绝大多数基层人民法院没有专门的破产审判庭，破产审判人员如凤毛麟角，破产审判专业化程度不高，破产案件多由民商事法官审理，在民商事案件级别管辖下移、案件量大幅增加的情况下，基层人民法院及其法官很难再有精力处理"执转破"案件。由中级人民法院审理"执转破"案件，有利于平衡案件压力，从中级人民法院层面上先行推进破产审判机构和队伍专业化建设。①

在级别管辖层面还涉及管辖权转移的情况。对此，既可以从破产法相关规定上寻求依据，也可以溯源至《民事诉讼法》。根据《破产法解释二》第47条和《民事诉讼法》第38条之规定，上级人民法院有权审理下级人民法院管辖的第一审民事案件；确有必要将本院管辖的第一审民事案件交下级人民法院审理的，应当报请上级人民法院批准。下级人民法院对其所管辖的第一审民事案件，认为需要由上级人民法院审理的，可以报请上级人民法院审理。详言之，中级人民法院需要将自己审理的案件交由下级人民法院审理时，应该报请高级人民法院同意。否则，就违反了法定程序。但是，实践中存在的问题是，若严格按照法律规定报请高级人民法院同意，则会严重拖延破产程序的进程，导致效率低下，与破产法指导精神和基本原则相违背。因此，在实践处理上，可以采取灵活的处理方式。比如，由高级人民法院概括授权中级人民法院可以根据辖区两级法院企业破

---

① 参见《最高人民法院民二庭负责人就〈执行案件移送破产审查若干问题的指导意见〉答记者问》第3问及回答。

产审判力量，合理分配审判任务，自主决定执行移送破产审查案件是否移交基层人民法院审理，无需报高级人民法院批准。实践中已有法院制定相关规则对此问题进行明确，如《山东省高级人民法院企业破产案件审理规范指引(试行)》第 6 条。

综上所述，破产案件的级别管辖仍应适用《关于审理企业破产案件若干问题的规定》的相关规定。对于需要转移管辖权的破产案件，则按照《民事诉讼法》相关规定执行。部分地区有特殊规定的，按照特殊规定执行。

【参考依据】

《企业破产法》

第 3 条　破产案件由债务人住所地人民法院管辖。

第 13 条　人民法院裁定受理破产申请的，应当同时指定管理人。

《民事诉讼法》

第 38 条　上级人民法院有权审理下级人民法院管辖的第一审民事案件；确有必要将本院管辖的第一审民事案件交下级人民法院审理的，应当报请其上级人民法院批准。

下级人民法院对它所管辖的第一审民事案件，认为需要由上级人民法院审理的，可以报请上级人民法院审理。

《破产法解释二》

第 47 条　人民法院受理破产申请后，当事人提起的有关债务人的民事诉讼案件，应当依据企业破产法第二十一条的规定，由受理破产申请的人民法院管辖。

受理破产申请的人民法院管辖的有关债务人的第一审民事案件，可以依据民事诉讼法第三十八条的规定，由上级人民法院提审，或者报请上级人民法院批准后交下级人民法院审理。受理破产申请的人民法院，如对有关债务人的海事纠纷、专利纠纷、证券市场因虚假陈述引发的民事赔偿纠纷等案件不能行使管辖权的，可以依据民事诉讼法第三十七条的规定，由上级人民法院指定管辖。

《关于审理企业破产案件若干问题的规定》

第 1 条　企业破产案件由债务人住所地人民法院管辖。债务人住所地指债务人的主要办事机构所在地。债务人无办事机构的，由其注册地人民法院管辖。

第2条 基层人民法院一般管辖县、县级市或者区的工商行政管理机关核准登记企业的破产案件；

中级人民法院一般管辖地区、地级市(含本级)以上的工商行政管理机关核准登记企业的破产案件；

纳入国家计划调整的企业破产案件，由中级人民法院管辖。

第3条 上级人民法院审理下级人民法院管辖的企业破产案件，或者将本院管辖的企业破产案件移交下级人民法院审理，以及下级人民法院需要将自己管辖的企业破产案件交由上级人民法院审理的，依照民事诉讼法第三十九条的规定办理；省、自治区、直辖市范围内因特殊情况需对个别企业破产案件的地域管辖作调整的，须经共同上级人民法院批准。

《山东省高级人民法院企业破产案件审理规范指引(试行)》

第1条 企业破产案件由债务人住所地人民法院管辖。债务人住所地指债务人的主要办事机构所在地。债务人主要办事机构所在地难以确定的，由债务人注册登记地人民法院管辖。

注册地人民法院登记立案后裁定受理前，经审查发现债务人的主要办事机构所在地不在本院辖区，且该案件由债务人主要办事机构所在地人民法院管辖更有利于财产处置、节约破产成本的，可将案件移送债务人主要办事机构所在地同级别的人民法院处理。受移送的人民法院认为案件不属于本院管辖的，应当报请共同的上级法院指定管辖，不得再自行移送。

第2条 基层人民法院一般管辖县、县级市或者区的市场主体登记注册部门核准登记企业的破产案件；中级人民法院一般管辖设区的市级(含本级)以上的市场主体登记注册部门核准登记企业的破产案件。

纳入国家计划调整的企业、金融机构、上市公司破产案件，由中级人民法院管辖。

第3条 中级人民法院确有必要将本院管辖的企业破产案件移交基层人民法院审理的，应当报请高级人民法院批准。中级人民法院有权审理下级人民法院管辖的企业破产案件。基层法院对其管辖的企业破产案件，认为需要由中级人民法院审理的，可以报请中级人民法院审理。

第6条 执行案件移送破产审查，由被执行人住所地中级人民法院管辖为原则、基层人民法院管辖为例外。中级人民法院可以根据辖区两级法院企业破产审判力量，合理分配审判任务，自主决定执行移送破产审查案件是否移交基层人民法院审理，无需报高级人民法院批准。

4. 对于指定管辖的破产案件，其衍生诉讼是否仍需报上级人民法院指定管辖？

【回答】

根据《企业破产法》第 21 条之规定，人民法院受理破产申请后，有关债务人的民事诉讼，只能向受理破产申请的人民法院提起。因此，破产衍生诉讼的案件应直接由受理破产申请的人民法院管辖，无需上级人民法院另行指定管辖。

但受理破产申请的法院对于有关债务人的海事纠纷、专利纠纷、证券市场因虚假陈述引发的民事赔偿纠纷等案件不能行使管辖权的，可以依据《民事诉讼法》第 37 条的规定，由上级人民法院另行指定管辖。

【理由】

该问题可以细化为两个小问题：一是为什么破产衍生诉讼案件必须由受理破产申请的人民法院专属管辖；二是破产衍生诉讼案件专属管辖是否存在例外？

关于第一个问题，无论是指定管辖还是管辖权转移或其他原因，人民法院一旦获得受理破产案件的资格，便根据《企业破产法》第 21 条之明确规定获得了受理破产衍生诉讼案件专属资格。之所以如此，是因为破产程序作为概括执行程序，需要整体解决债务人的债权债务关系，而破产衍生诉讼案件专属管辖的目的即是便于相关诉讼与破产程序的协调，尽快定纷止争，保证破产程序的顺利推进和债权人债权的公平受偿。因此，破产案件一旦确定受理法院，那么破产衍生诉讼案件的管辖法院便随即确定。再者，既然上级人民法院已经指定了该法院受理破产案件，便是对该法院管辖该案件的合法性以及该法院的破产审判能力和处理破产衍生诉讼案件的能力有了比较综合的判断，无需另行指定管辖。

关于第二个问题，可谓有原则即有例外。若破产衍生诉讼案件涉及海事纠纷、专利纠纷、涉外纠纷以及证券市场因虚假陈述引发的民事赔偿纠纷等专业性较强的案件，因受理破产申请的人民法院根本不具备相应的审判力量，无法应对相关案件的审判工作，反而影响相关案件的审判效率和质量，从而有悖破产衍生诉讼专属管辖的初衷。并且，从《民事诉讼法》的相关规定来看，上述特殊性质的案件也由相应专属法院管辖，普通法院无权受理。因此，对于此类性质的案件，应基于审判效率和质量的考量，允许受理破产申请的人民法院根据《破产法解释二》第47条和《民事诉讼法》第37条之规定，突破破产衍生诉讼案件专属管辖的规则，另行报请上级人民法院指定管辖。

综上，对于一般性质的破产衍生诉讼案件由指定管辖后的受理破产申请的人民法院管辖；对于海事海商、专利纠纷、涉外案件以及因虚假陈述导致的证券损害赔偿纠纷等特殊性质的案件，受理破产申请的人民法院可以根据实际情况另行报请上级人民法院指定管辖。

【参考依据】

《企业破产法》

第21条 人民法院受理破产申请后，有关债务人的民事诉讼，只能向受理破产申请的人民法院提起。

《民事诉讼法》

第18条 中级人民法院管辖下列第一审民事案件：

(一)重大涉外案件；

(二)在本辖区有重大影响的案件；

(三)最高人民法院确定由中级人民法院管辖的案件。

第30条 因船舶碰撞或者其他海事损害事故请求损害赔偿提起的诉讼，由碰撞发生地、碰撞船舶最先到达地、加害船舶被扣留地或者被告住所地人民法院管辖。

第31条 因海难救助费用提起的诉讼，由救助地或者被救助船舶最先到达地人民法院管辖。

第32条 因共同海损提起的诉讼，由船舶最先到达地、共同海损理算地或者航程终止地的人民法院管辖。

第33条 下列案件，由本条规定的人民法院专属管辖：

(一)因不动产纠纷提起的诉讼，由不动产所在地人民法院管辖；

(二)因港口作业中发生纠纷提起的诉讼，由港口所在地人民法院管辖；

（三）因继承遗产纠纷提起的诉讼，由被继承人死亡时住所地或者主要遗产所在地人民法院管辖。

第 37 条 有管辖权的人民法院由于特殊原因，不能行使管辖权的，由上级人民法院指定管辖。

人民法院之间因管辖权发生争议，由争议双方协商解决；协商解决不了的，报请它们的共同上级人民法院指定管辖。

《破产法解释二》

第 47 条 人民法院受理破产申请后，当事人提起的有关债务人的民事诉讼案件，应当依据企业破产法第二十一条的规定，由受理破产申请的人民法院管辖。

受理破产申请的人民法院管辖的有关债务人的第一审民事案件，可以依据民事诉讼法第三十八条的规定，由上级人民法院提审，或者报请上级人民法院批准后交下级人民法院审理。受理破产申请的人民法院，如对有关债务人的海事纠纷、专利纠纷、证券市场因虚假陈述引发的民事赔偿纠纷等案件不能行使管辖权的，可以依据民事诉讼法第三十七条的规定，由上级人民法院指定管辖。

《最高人民法院关于审理证券市场因虚假陈述引发的民事赔偿案件的若干规定》

第 8 条 虚假陈述证券民事赔偿案件，由省、直辖市、自治区人民政府所在的市、计划单列市和经济特区中级人民法院管辖。

5. 破产衍生诉讼案件的诉讼费如何收取？

【回答】

根据《民诉法解释》第 200 条之规定，破产程序中有关债务人的民事诉讼案件，按照财产案件标准交纳诉讼费，但劳动争议案件除外。由此可知，除劳动争议案件外，破产衍生诉讼案件的诉讼费交纳标准统一按财产案件来处理。

【理由】

首先，需要说明的是，关于诉讼费用的交纳与收取标准问题，在实践中一直存在争议。国务院于 2006 年颁布的《诉讼费用交纳办法》按照财产案件和非财产案件的二分法，确定了不同的诉讼费用收取标准。但是实践中哪些案件属于财产案件，哪些案件又属于非财产案件并不是非黑即白的问题，难于判断。①

同样，破产程序中尤其是破产衍生诉讼案件的诉讼费用交纳和收取也面临同样的问题。直至 2015 年最高人民法院颁布《民诉法解释》，该问题才得以缓和。根据《民诉法解释》第 200 条之规定，破产程序中有关债务人的民事诉讼案件，按照财产案件标准交纳诉讼费，但劳动争议案件除外。由此可知，除劳动争议案件外，破产衍生诉讼案件的诉讼费交纳标准统一按财产案件来处理，直接解除了判断破产衍生诉讼案件是属于财产案件还是非财产案件的负担。

从上述司法解释来看，其规定本身并无争议，也易于理解，但在实施过程中仍存在很大争议。具体体现为：一种观点认为，如果所有破产衍生诉讼案件均按照财产案件收取诉讼费用的话，根据《企业破产法》第 41 条和 43 条之规定，在破产企业方败诉的情况下，会大大减少债权人实现债权的数额，损害债权人的权益。并且，对起诉方而言也是一种极大的负担，会极大地打击其通过司法途径寻求公正救济的积极性。尤其是破产债权确认之诉，应当按照案件标准交纳诉讼费用。② 另一种观点认为，如果按照非财产案件收取诉讼费用，则会降低起诉方的诉讼成本，导致破产衍生诉讼案件泛滥，既不利于破产程序的高效推进，也不利于司法资源的有效配置，增加法院和当事人的诉讼负担。以破产债权确认之诉为例，其实质是关于该债权是否应予清偿的财产性争议，不属于非财产案件。③

对于以上问题，本书认为，应遵循以下解决思路：首先，针对该问

---

① 魏乐陶：《确认之诉案件受理费收取的实践审视及合理化重构》，载《全国法院第 25 届学术讨论会获奖论文集：公正司法与行政法实施问题研究（上册）》，2013 年 11 月。

② 王晓利、李荃：《破产债权争议诉讼能否按件收取案件受理费》，载《人民法院报》2018 年 12 月 6 日第 7 版；最高人民法院民事审判第二庭主编：《全国法院民商事审判工作会议纪要理解与适用》，人民法院出版社 2019 年版，第 561 页。

③ 最高人民法院民事审判第二庭编：《商事审判指导（第 27 辑）》，人民法院出版社 2012 年版，第 21 页；浙江省绍兴市中级人民法院 (2017) 浙 06 民终 3058 号民事判决书。

题，目前司法解释已有明确规定，应当严格遵循司法解释所确立的收费规定，即按照财产案件的性质收取诉讼费用。对于司法解释确立的收费规定是否合理应属立法或修法层面的问题，在现行法未被修改之前，应严格被执行。并且，执行此规定可以促使准备起诉一方在起诉之前慎重选择，抑制诉权的滥用。其次，在破产企业起诉或败诉的情况下，由于企业已经达到破产界限或已明确缺乏清偿能力，为了使债权人能够得到更多清偿，法院可令其缓交或免交诉讼费，并退还债权人预交的诉讼费。当然，人民法院是否同意缓交或免交诉讼费用，则属于其自由裁量权的范围。① 最后，关于破产债权确认的案件，因确认之诉、给付之诉和变更之诉仍只是民事诉讼法学理论上的划分，并未与实践一一对应，实践当中不应以此作为交纳诉讼费用的标准。并且，确认之诉案件并非都是非财产性质的案件，有些确认之诉的案件其实包含较大财产给付的内容。此外，破产债权确认案件到底是债权确认之诉性质的案件还是披着确认之诉外衣的给付之诉性质的案件，尚无明确结论。因此，对于此类案件，没有必要纠结是确认之诉案件还是给付之诉案件，只需要按照前两条思路交纳和收取诉讼费用即可。

综上所述，对于破产衍生诉讼案件，均应当按照财产案件标准收取诉讼费用，但是人民法院可以根据案件情况自主判断是否同意缓交或免交。

【参考依据】

《民诉法解释》

第 200 条　破产程序中有关债务人的民事诉讼案件，按照财产案件标准交纳诉讼费，但劳动争议案件除外。

《诉讼费用交纳办法》

第 44 条　当事人交纳诉讼费用确有困难的，可以依照本办法向人民法院申请缓交、减交或者免交诉讼费用的司法救助。

诉讼费用的免交只适用于自然人。

《北京市高级人民法院企业破产案件审理规程》

第 175 条　异议债权确认诉讼的案件受理费按照《诉讼费用交纳办

---

① 《瑞安市人民法院 2013—2015 年破产衍生诉讼案件调研报告》第二部分第五项(破产衍生类案件诉讼费数额及负担)。

法》规定的财产案件受理费标准收取。对债权数额无异议，但对债权的清偿顺序或者是否具有优先权有争议而提起的诉讼，应按照争议涉及的金额计算案件受理费。

《广东省高级人民法院关于审理企业破产案件若干问题的指引》

第79条第2款 异议债权确认诉讼案件的诉讼费按照有异议部分的数额根据财产案件受理标准收取。对债权数额无异议，但对债权的清偿顺序有异议而提起诉讼的，按照争议所涉及债权的金额计算受理费。

6. 债权人提出破产申请，对于下落不明的债务人或法定代表人如何通知？

【回答】

对于下落不明的债务人法定代表人，应当按照《企业破产法》和《民事诉讼法》中的规定予以通知。同时应注意，通知法定代表人并不是法律规定必经程序。必要时，可以借鉴实践中的做法，通过在债务人企业住所地、主要经营场所张贴公告，并在全国企业破产重整案件信息网发布公告等方式通知，公告时间以7日为宜。

【理由】

首先，根据《企业破产法》第4条之规定，《企业破产法》没有规定或规定不明的，可以适用《民事诉讼法》的有关规定。关于如何通知债务人的问题，《企业破产法》第10条第1款规定："债权人提出破产申请的，人民法院应当自收到申请之日起五日内通知债务人。债务人对申请有异议的，应当自收到人民法院的通知之日起七日内向人民法院提出。人民法院应当自异议期满之日起十日内裁定是否受理。"由此可知，债权人申请债务人破产的，人民法院应当在收到申请之后通知债务人。但是，应当采取何种通知方式，该条款并无明文规定。采取何种通知方式，可以适用《民事诉讼法》中的送达规定。《民事诉讼法》第85条至第92条分别就直接送达、留置送达、电子送达、邮寄送达、转交送达以及公告送达等作出了具体规定。收到破产申请的人民法院，可以根据破产案件的具体情况，据实采用如上通知方式。至于是否必须通知债务人的法定代表人，并不是人民法院的法定义务，但以通知到为宜。

　　关于如何通知债务人的问题，实践中争议的焦点是当债务人下落不明时，是否必须采取公告送达的方式？若采取公告送达的方式，则须严格遵循《民事诉讼法》第 92 条规定的期限。如此，破产审查阶段则必然要多耗费至少 2 个月时间，这样不仅不利于债权人及时维护权益，甚至会损害债权人的权益。若不采取公告送达的方式，则可能会因为债务人未收到通知，无法及时提出异议，而权益受损。对此，本书更倾向于不采取公告送达的观点。理由如下：

　　首先，虽然《企业破产法》均保护债权人和债务人的合法权益，但在此基础上，《企业破产法》还承担着一个重要功能——保证市场主体有序退出市场。如果债务人可以随意利用法律漏洞破坏市场退出机制或拖延市场退出的效率，则显然与《企业破产法》的指导精神不符合。况且，作为债务人的企业在无法正常履行清偿义务或者无法正常经营的情况下，应主动向债权人或者工商行政管理机关履行相应的通知或报备手续，而不应通过更换联系方式或者经营场所来逃避接收通知。对于此种行为，尤其是恶意逃避债务的行为，《企业破产法》应当予以制止和打击。

　　其次，《企业破产法》第 31 条规定："人民法院受理破产申请前一年内，涉及债务人财产的下列行为，管理人有权请求人民法院予以撤销：（一）无偿转让财产的；（二）以明显不合理的价格进行交易的；（三）对没有财产担保的债务提供财产担保的；（四）对未到期的债务提前清偿的；（五）放弃债权的。"第 32 条规定："人民法院受理破产申请前六个月内，债务人有本法第二条第一款规定的情形，仍对个别债权人进行清偿的，管理人有权请求人民法院予以撤销。但是，个别清偿使债务人财产受益的除外。"由此可知，管理人可以就债务人在人民法院受理破产申请前的 6 个月或者 1 年之内的某些行为提出撤销。因此，如果必须采取公告送达的方式，则人民法院裁定受理破产的时间可能因为 2 个月的公告期而延后，从而导致债务人恶意个别清偿或者转让财产、提供担保的行为合法化，进而损害债权人的合法权益。

　　再次，《企业破产法》第 12 条第 2 款规定："人民法院受理破产申请后至破产宣告前，经审查发现债务人不符合本法第二条规定情形的，可以裁定驳回申请。申请人对裁定不服的，可以自裁定送达之日起十日内向上一级人民法院提起上诉。"第 14 条第 1 款规定："人民法院应当自裁定受理破产申请之日起二十五日内通知已知债权人，并予以公告。"由此可知，人民法院在受理破产申请后，应当予以公告。并且，如果发现（可以自己发现，也可以由债务人提出证据材料）债务人不具备破产的原因，可以裁定驳回申请。因此，即使前期通知程序没有采取公告送达的方式，也不必然会损害债务人的利益。

最后，根据《最高人民法院关于债权人对人员下落不明或者财产状况不清的债务人申请破产清算案件如何处理的批复》第1条，债权人对人员下落不明的债务人申请破产清算，符合《企业破产法》规定的，人民法院应依法予以受理。该批复并未要求公告送达，此处"依法"应理解为依破产法规定的程序和期限受理。虽然并非必须按照该批复和《民事诉讼法》相关规定采取公告送达的方式，但是为防止损害债务人的异议权利，人民法院仍然应当履行公告程序，不过公告的程序可以灵活变通。比如，根据《四川省高级人民法院关于审理破产案件若干问题的解答》第一部分第四问，只需要在债务人企业住所地、主要经营场所或者全国企业破产重整案件信息网张贴或发布公告即可，并且公告的时间不宜过长，以7日为宜。

【参考依据】

《企业破产法》

第10条 债权人提出破产申请的，人民法院应当自收到申请之日起五日内通知债务人。债务人对申请有异议的，应当自收到人民法院的通知之日起七日内向人民法院提出。人民法院应当自异议期满之日起十日内裁定是否受理。

除前款规定的情形外，人民法院应当自收到破产申请之日起十五日内裁定是否受理。

有特殊情况需要延长前两款规定的裁定受理期限的，经上一级人民法院批准，可以延长十五日。

《民事诉讼法》

第92条 受送达人下落不明，或者用本节规定的其他方式无法送达的，公告送达。自发出公告之日起，经过六十日，即视为送达。

公告送达，应当在案卷中记明原因和经过。

《关于推进破产案件依法高效审理的意见》

1. 对于企业破产法及相关司法解释规定需要公告的事项，人民法院、管理人应当在全国企业破产重整案件信息网发布，同时还可以通过在破产案件受理法院公告栏张贴、法院官网发布、报纸刊登或者在债务人住所地张贴等方式进行公告。

对于需要通知或者告知的事项，人民法院、管理人可以采用电话、短信、传真、电子邮件、即时通信、通讯群组等能够确认其收悉的简便方式通知或者告知债权人、债务人及其他利害关系人。

2. 债权人提出破产申请，人民法院经采用本意见第1条第2款规定的简便方式和邮寄等方式无法通知债务人的，应当到其住所地进行通知。仍无法通知的，人民法院应当按照本意见第1条第1款规定的公告方式进行通知。自公告发布之日起七日内债务人未向人民法院提出异议的，视为债务人经通知对破产申请无异议。

《最高人民法院关于债权人对人员下落不明或者财产状况不清的债务人申请破产清算案件如何处理的批复》

债权人对人员下落不明或者财产状况不清的债务人申请破产清算，符合企业破产法规定的，人民法院应依法予以受理。债务人能否依据企业破产法第十一条第二款的规定向人民法院提交财产状况说明、债权债务清册等相关材料，并不影响对债权人申请的受理。

......

《四川省高级人民法院关于审理破产案件若干问题的解答》

一、破产申请与受理

......

4. 债权人提出破产申请，债务人人员下落不明无法通知的，是否应采取公告方式通知？

答：《企业破产法》第10条规定："债权人提出破产申请的，人民法院应当自收到申请之日起五日内通知债务人。债务人对申请有异议的，应当自收到人民法院的通知之日起七日内向人民法院提出。人民法院应当自异议期满之日起十日内裁定是否受理"。该规定是为了充分保障债务人的知情权和异议权。在债务人人员下落不明无法直接通知的情况下，可采取在"全国企业破产重整案件信息网""四川法院司法公开网"或在债务人住所地张贴公告等方式公告通知债务人。公告期限以七日为宜，即明确"自发出公告之日起，经过七日即视为通知"；债务人对申请有异议的，最迟应在公告期满之日起七日内向人民法院提出。

《上海市高级人民法院关于当前破产审判实务若干问题的解答（一）》

5. 破产申请立案审查中，对于下落不明的债务人是否需要采取公告送达方式通知？

根据《企业破产法》第 10 条规定，债权人提出破产申请的，人民法院应当自收到申请之日起五日内通知债务人，债务人可以对破产申请提出异议。为保障债务人的知情权和异议权，应尽快通过查阅工商档案、相关诉讼卷宗等途径获取债务人的法定代表人、实际控制人、股东、董事高管等的联系方式予以通知。

采取上述方式后，债务人仍无法通知的，应当及时在"全国企业破产重整案件信息网"公告，公告期限以七日为宜。

7. 债权人提出破产申请，债务人法定代表人或者工作人员下落不明的，人民法院如何审查受理？

【回答】

对于债权人提出破产申请而债务人的法定代表人或者工作人员下落不明的案件，人民法院应根据《企业破产法》第 7 条第 2 款和《破产法解释一》第 6 条之规定，审查债务人是否不能清偿到期债务即可。对于债权人仅能提供生效债权文书的情况，适用前款规定。

【理由】

《最高人民法院关于债权人对人员下落不明或者财产状况不清的债务人申请破产清算案件如何处理的批复》明确："债权人对人员下落不明或者财产状况不清的债务人申请破产清算，符合企业破产法规定的，人民法院应依法予以受理。债务人能否依据企业破产法第十一条第二款的规定向人民法院提交财产状况说明、债权债务清册等相关材料，并不影响对债权人申请的受理。"这是最高人民法院针对债务人的人员下落不明或者财产状况不清的案件所作出的专门性规定。但是，尚需进一步解决的问题在于，对该条中"符合企业破产法规定的"表述该作如何解释？

《企业破产法》第 2 条第 1 款规定："企业法人不能清偿到期债务，并且资产不足以清偿全部债务或者明显缺乏清偿能力的，依照本法规定清理债务。"该款是关于破产原因的规定并无疑问，但该款规定的到底是破产受理原因还是破产宣告原因则存在争议。这里搁置这些争议不谈，暂且将《企业破产法》第 2 条第 1 款解释为(但不限于解释为)破产受理原因。如此，若人民法院受理破产案件，则要审查债务人是否不能清偿到期债务且资产不足以清偿全部债务或者债务人不能清偿到期债务且明显缺乏清偿能力。但是，对于所述特殊情况是否有适用例外，则需进一步讨论。

《企业破产法》第 7 条第 2 款规定："债务人不能清偿到期债务，债权人可以向人民法院提出对债务人进行重整或者破产清算的申请。"该规定是否可以视为《企业破产法》第 2 条适用情形的例外，[①] 即在债权人向人民法院提出破产申请时，是否只需证明债务人不能清偿到期债务即可，而无须进一步证明债务人的资产不足以清偿全部债务或者债务人明显缺乏清偿能力。对此，《破产法解释一》作出了明确规定。

《破产法解释一》第 6 条第 1 款规定："债权人申请债务人破产的，应当提交债务人不能清偿到期债务的有关证据。债务人对债权人的申请未在法定期限内向人民法院提出异议，或者异议不成立的，人民法院应当依法裁定受理破产申请。"按照该规定，只要债权人提出申请时能证明债务人不能清偿其到期债务，且债务人未能依据《企业破产法》第 10 条第 1 款的规定，及时举证证明自己既非资产不足以清偿全部债务，也没有明显缺乏清偿能力的，人民法院即可当然推定债务人出现了《企业破产法》第 2 条所规定的两个破产原因之一。[②] 实务中，已有最高人民法院的判例对此观点予以支持。[③]

此外，从举证责任分配来看，若要求债权人提供债务人的资产负债表、审计报告或资产评估报表等债务凭证，则因债权人事实上没有能力提交此类证据材料，而对债权人的证明责任提出了不切实际的要求，从而变

---

① 理论上有破产原因和债权人申请债务人破产的原因之区分，《企业破产法》第 7 条第 2 款当属后者。这里为避免冗杂的理论探讨，仅就实证法进行解释。

② 张先明：《依法受理审理案件 充分发挥企业破产法应有作用——最高人民法院民二庭负责人就〈破产法司法解释(一)〉答记者问》，载《人民法院报》2011 年 9 月 26 日第 2 版。

③ 参见最高人民法院(2017)最高法民再 284 号民事裁定书。

相提高债权人提出破产申请的门槛。①

综上，对于债权人提出破产申请而债务人的法定代表人或者工作人员下落不明的案件，人民法院审查债务人是否不能清偿到期债务即可。至于债权人仅能提供生效债权文书的情况，则属于其中的一种情形，应当适用前述规定。

【参考依据】

《企业破产法》

第2条　企业法人不能清偿到期债务，并且资产不足以清偿全部债务或者明显缺乏清偿能力的，依照本法规定清理债务。

企业法人有前款规定情形，或者有明显丧失清偿能力可能的，可以依照本法规定进行重整。

第7条　债务人有本法第二条规定的情形，可以向人民法院提出重整、和解或者破产清算申请。

债务人不能清偿到期债务，债权人可以向人民法院提出对债务人进行重整或者破产清算的申请。

企业法人已解散但未清算或者未清算完毕，资产不足以清偿债务的，依法负有清算责任的人应当向人民法院申请破产清算。

《破产法解释一》

第2条　下列情形同时存在的，人民法院应当认定债务人不能清偿到期债务：

（一）债权债务关系依法成立；

（二）债务履行期限已经届满；

（三）债务人未完全清偿债务。

第6条　债权人申请债务人破产的，应当提交债务人不能清偿到期债务的有关证据。债务人对债权人的申请未在法定期限内向人民法院提出异议，或者异议不成立的，人民法院应当依法裁定受理破产申请。

受理破产申请后，人民法院应当责令债务人依法提交其财产状况说

---

① 张先明：《依法受理审理案件 充分发挥企业破产法应有作用——最高人民法院民二庭负责人就〈破产法司法解释（一）〉答记者问》，载《人民法院报》2011年9月26日第2版。

明、债务清册、债权清册、财务会计报告等有关材料，债务人拒不提交的，人民法院可以对债务人的直接责任人员采取罚款等强制措施。

《最高人民法院关于债权人对人员下落不明或者财产状况不清的债务人申请破产清算案件如何处理的批复》

债权人对人员下落不明或者财产状况不清的债务人申请破产清算，符合企业破产法规定的，人民法院应依法予以受理。债务人能否依据企业破产法第十一条第二款的规定向人民法院提交财产状况说明、债权债务清册等相关材料，并不影响对债权人申请的受理。

8. 债权人申请破产的破产案件受理后，债务人不配合时如何处理？人民法院能否对其采取罚款、拘留等强制措施？

【回答】

根据《企业破产法》第 127 条，债务人违反《企业破产法》相关规定，拒不向人民法院提交或者提交不真实的财产状况说明、债务清册、债权清册、有关财务会计报告以及职工工资的支付情况和社会保险费用的缴纳情况的，人民法院可以对直接责任人员依法处以罚款。债务人的相关人员符合《民事诉讼法》第 111 条所规定的妨害司法的行为的，人民法院可以采取拘留措施。

原股东或法定代表人拒不配合的，人民法院不宜直接采取强制措施，应由管理人通过民事诉讼程序要求原股东或法定代表人返还证照、财务账目等资料，并依法追究债务人的股东、实际控制人或相关人员侵犯公司财产权益的赔偿责任；如相关人员涉嫌刑事犯罪的，应将犯罪线索移送公安机关。

【理由】

关于债务人或债务人的法定代表人或实际控制人不配合时如何处理的问题，《企业破产法》已经作出明确规定。其第 127 条规定："债务人违反本法规定，拒不向人民法院提交或者提交不真实的财产状况说明、债务清册、债权清册、有关财务会计报告以及职工工资的支付情况和社会保险费用的缴纳情况的，人民法院可以对直接责任人员依法处以罚款。债务人违反相关规定，拒不向管理人移交财产、印章和账簿、文书等资料的，或者伪造、销毁有关财产证据材料而使财产状况不明的，人民法院可以对直接责任人员依法处以罚款。"由此可知，针对前述情况，人民法院可以采取罚款的惩戒方式。但是，若直接责任人员无款可罚，那么该条规定便丧失了实际操作价值。

对于是否可以适用拘留措施，现行《企业破产法》及相关司法解释等并未作出明确规定。并且，通过比较《企业破产法》第129条，可知第127条是特地没有包含"训诫""拘留"惩戒措施的。既然《企业破产法》没有作出相关规定，那么就不能随便适用，尤其是涉及人身自由的惩戒措施。

既然不能适用《企业破产法》，那是否可以适用《民事诉讼法》的相关规定？能否适用《民事诉讼法》要解决的主要问题是：前述行为是否构成《民事诉讼法》第111条所规定的妨害民事诉讼的行为。对此，本书认为不构成。《民事诉讼法》第111条规定主要是对诉讼过程中诉讼参与人毁灭、伪造证据、隐匿或转移财产以及以暴力等方法阻碍司法工作人员执行职务等行为作出规制，而债务人拒不交出债务清册等相关资料的行为既不处于诉讼程序中，也不存在毁灭、伪造等行为，显然不应被理解为《民事诉讼法》上所谓的妨害民事诉讼的行为。并且，按照民事诉讼法一般法理，债务人拒不交出债务清册等相关资料只需要承担举证不能的责任即可，并不承担其他责任。《企业破产法》对债务人拒不提交债权债务清册等相关材料的行为作出了特别规定，应予以遵守，但除此之外，不应要求债务人承担更多责任。当然，根据《企业破产法》第131条，债务人的相关行为如果构成犯罪的，就应该依法追究刑事责任。除此之外，对于因债务人或债务人的有关人员拒不交出相关资料导致无法清算或者造成损失的行为，人民法院可以告知债权人有权请求债务人的有关人员承担相应民事责任。

关于原股东(法定代表人)拒不交出公司财务账目、公章等或不配合的，法院能否对其采取强制措施的问题，本书认为不可以。首先，要对原股东拒不交出公司账目、公章等证照资料的行为定性。需要明确的是，公司账目、公章等证照资料属于公司的财产，并非原股东或者法定代表人个人所有。原股东对账目、公章等证照资料仅负有保管义务，不享有所有权。无论是变更法定代表人或者原股东将股权转让给新股东，上述变更或转让行为都不能私自处置公司的财产，并且原法定代表人或原股东应按照公司规章制度或证照保管规定履行证照资料的交接手续。如果其不遵守相关规定，且私自占有公司证照资料、拒不返还，则属于民事法律上侵占他人财产的行为。① 权利人有权请求侵权人予以返还。因此，对于侵占他人财产的行为，一般情况下应由权利人寻求刑事、行政以及民事等方面的救济，而并非直接由人民法院介入，甚至采取司法惩戒措施。

既然人民法院不能主动介入，向原法定代表人或原股东施加压力，那么，对于上述拒不交出证照资料或者拒不配合的行为，债权人应如何获得救济？对此，《民法总则》第 3 条（《民法典》第 3 条）规定："民事主体的人身权利、财产权利以及其他合法权益受法律保护，任何组织或者个人不得侵犯。"《物权法》第 34 条（《民法典》第 235 条）规定："无权占有不动产或者动产的，权利人可以请求返还原物。"因此，本书认为，债权人可以通过管理人向人民法院提起诉讼，要求侵权人返还证照。侵权人拒不履行的，管理人可申请人民法院强制执行生效裁判文书；若侵权人的行为符合拒不履行生效裁判文书罪的构成要件，则可以按照相关法律规定处理。除此之外，债权人可以通过管理人向公安局申请更换印章。侵权人的行为构成其他刑事犯罪的，还可以寻求刑事方面的救济途径，以最大程度维护自身权益。

【参考依据】

《企业破产法》

第 127 条 债务人违反本法规定，拒不向人民法院提交或者提交不真实的财产状况说明、债务清册、债权清册、有关财务会计报告以及职工工资的支付情况和社会保险费用的缴纳情况的，人民法院可以对直接责任人员依法处以罚款。

债务人违反本法规定，拒不向管理人移交财产、印章和账簿、文书等资料的，或者伪造、销毁有关财产证据材料而使财产状况不明的，人民法院可以对直接责任人员依法处以罚款。

第 129 条 债务人的有关人员违反本法规定，擅自离开住所地的，人民法院可以予以训诫、拘留，可以依法并处罚款。

---

① 参见江苏省高级人民法院（2017）苏民申 3393 号民事裁定书；辽宁省高级人民法院（2018）辽民申 3090 号民事裁定书。

《民法总则》

第 3 条(《民法典》第 3 条) 民事主体的人身权利、财产权利以及其他合法权益受法律保护,任何组织或者个人不得侵犯。

《民事诉讼法》

第 111 条 诉讼参与人或者其他人有下列行为之一的,人民法院可以根据情节轻重予以罚款、拘留;构成犯罪的,依法追究刑事责任:

(一)伪造、毁灭重要证据,妨碍人民法院审理案件的;

(二)以暴力、威胁、贿买方法阻止证人作证或者指使、贿买、胁迫他人作伪证的;

(三)隐藏、转移、变卖、毁损已被查封、扣押的财产,或者已被清点并责令其保管的财产,转移已被冻结的财产的;

(四)对司法工作人员、诉讼参加人、证人、翻译人员、鉴定人、勘验人、协助执行的人,进行侮辱、诽谤、诬陷、殴打或者打击报复的;

(五)以暴力、威胁或者其他方法阻碍司法工作人员执行职务的;

(六)拒不履行人民法院已经发生法律效力的判决、裁定的。

人民法院对有前款规定的行为之一的单位,可以对其主要负责人或者直接责任人员予以罚款、拘留;构成犯罪的,依法追究刑事责任。

《物权法》

第 34 条(《民法典》第 235 条) 无权占有不动产或者动产的,权利人可以请求返还原物。

《关于推进破产案件依法高效审理的意见》

8. 管理人应当及时接管债务人的财产、印章和账簿、文书等资料。债务人拒不移交的,人民法院可以根据管理人的申请或者依职权对直接责任人员处以罚款,并可以就债务人应当移交的内容和期限作出裁定。债务人不履行裁定确定的义务的,人民法院可以依照民事诉讼法执行程序的有关规定采取搜查、强制交付等必要措施予以强制执行。

接管过程中,对于债务人占有的不属于债务人的财产,权利人可以依据企业破产法第三十八条的规定向管理人主张取回。管理人不予认可的,权利人可以向破产案件受理法院提起诉讼请求行使取回权。诉讼期间不停止管理人的接管。

9. 破产申请不予受理的情形如何确定？

【回答】

《企业破产法》第 2 条和第 7 条以及《破产法解释一》已经对破产原因作出了明确规定。债务人具备破产原因的，人民法院应当予以受理；债务人不具备破产原因的，人民法院不应受理。因此，没有必要就不予受理的情形作出特别规定。

【理由】

在讨论具体情形之前，有必要先从法理层面作出解释。首先，不予受理的对立面是受理，受不受理的核心问题在于债务人是否具备破产原因。换言之，是否受理的问题最终要转换到对债务人是否具备破产原因的判断上，并且《企业破产法》第 2 条和第 7 条以及《破产法解释一》已经对此作出了明确规定，没有必要就不予受理的情形作出规定。即使在判断债务人是否具备破产原因上容易出现资料或证据不充分、不易判断的问题，但这属于证明层面的问题，在法律规定上并不存在疑问，也无必要专门就不予受理的情形作出规定。申言之，即使从法律层面对不予受理的情形作出规定，但因导致不予受理的情形（不具备破产原因的情形）多种多样，最终也是无法穷尽所有情形，容易出现挂一漏万的现象。其次，虽然人民法院在决定是否受理破产申请时兼采形式审查和实质审查，但是，受理审查阶段的实质审查尚不足以使人民法院发现相关问题，反而需要案件进入破产程序之后由人民法院和管理人进一步审查或调查。若人民法院经进一步审查发现不具备破产原因的，则仍可以裁定驳回申请。

在解决法理层面的问题之后，接下来对以下几个具体情形进行讨论：

关于债务人已将所有财产处置还债后申请破产清算应否受理的问题，本书认为应当予以受理。首先，人民法院只需从形式上判断债务人是否具备《企业破产法》第 2 条和第 7 条所规定的破产原因即可。如果符合，则应予以受理。至于债务人是否通过个别清偿损害其他债权人的利益，则可以待人民法院裁定受理破产申请之后，由管理人根据《企业破产法》第 32 条行使撤销权，以期实现所有债权人公平受偿。最后，若人民法院裁定不予受理破产申请，则其他债权人便不能通过破产程序公平受偿，并且债务人个别清偿的行为将有可能被认定为合法有效，如此一来，其他债权人的利益将无法得到保护。

关于债务人存在隐匿、转移财产行为时的破产申请应否受理的问题，本书认为应当予以受理。首先，债务人隐匿、转移财产的行为一定是经过精心策划后而故意为之的。因此，人民法院在短暂的审查期限内不易发现，只能从形式上判断其是否具备破产原因。其次，待人民法院受理破产申请之后，若经进一步审查发现债务人存在隐匿、转移财产行为的，则可以根据《企业破产法》第33条判定该隐匿、转移财产的行为无效。并且，管理人还可以根据《企业破产法》第34条追回被债务人隐匿、转移的财产。再次，《关于审理企业破产案件若干问题的规定》之所以将债务人隐匿、转移财产的行为视为不予受理的情形，是因为该规定中没有关于隐匿、转移财产行为无效和追回权的规定，并且又理想化地认为只要不让债务人破产就可以防止其逃避债务，但实际情况显然并非如此。相较而言，《企业破产法》第33条和第34条分别对债务人隐匿、转移财产的行为作出了规制，如果仍然按照《关于审理企业破产案件若干问题的规定》第12条第1款的指导精神执行，则该两条款便有被架空之嫌疑，与立法精神不符。最后，如果因担忧债务人通过隐匿、转移财产逃避债务而不受理其破产申请，则该想法显然具有理想色彩。相反，债务人可能因为人民法院的不予受理裁定而更加为所欲为、逍遥法外。相反，通过破产程序，由管理人利用资源和经验优势，集中统一追回财产更加有利于维护债权人的合法利益。

关于能否以债务人股东未履行出资义务为由，认定其不符合资不抵债条件，而不受理破产申请的问题，本书认为不可以。首先，股东未履行出资义务，就意味着该财产尚未转移到债务人名下，当然也并非归债务人所有。① 债务人只是对尚未出资的股东享有债权。其次，根据《破产法解释一》第4条，是否资不抵债还需要考虑债务人资金变现的能力。虽然债务人的股东对债务人负有出资义务，但若是该股东不能履行出资义务以及出资义务期限尚未届满，则债权人的债权依然无法得以实现。并且，股东是否具备履行出资义务的能力以及出资义务期限是否届满等问题依然需要通过实质审查才能确定，在形式审查阶段不能对此有过高的要求。最后，

---

① 该观点并非绝对无争议。也有观点认为，股东认缴而未缴的资本属于公司财产。

《企业破产法》第 35 条规定："人民法院受理破产申请后，债务人的出资人尚未完全履行出资义务的，管理人应当要求该出资人缴纳所认缴的出资，而不受出资期限的限制。"如果人民法院认为股东尚未出资，就认定债务人不符合资不抵债的情形而不予以受理，则该条款也会出现被架空的危险，变得无实际意义。此外，就目前实践而言，能够加速股东出资义务到期的情形，只存在于破产程序以及股东恶意拖延出资期限等少数情形中，而后者在大多数情况下又难以证明。换言之，一般情况下，债权人为了让尚未履行出资义务的股东承担责任只能通过申请破产的方式实现，倘若人民法院再以股东尚未履行出资义务，债务人可能不具备破产原因而不予受理，则会陷入是债务人先破产还是股东先履行出资义务的悖论，显然不利于债权人的权益保护。当然，这一点在《九民纪要》出台之后稍有所缓和。①

【参考依据】

《企业破产法》

第 2 条　企业法人不能清偿到期债务，并且资产不足以清偿全部债务或者明显缺乏清偿能力的，依照本法规定清理债务。

企业法人有前款规定情形，或者有明显丧失清偿能力可能的，可以依照本法规定进行重整。

第 7 条　债务人有本法第二条规定的情形，可以向人民法院提出重整、和解或者破产清算申请。

债务人不能清偿到期债务，债权人可以向人民法院提出对债务人进行重整或者破产清算的申请。

企业法人已解散但未清算或者未清算完毕，资产不足以清偿债务的，依法负有清算责任的人应当向人民法院申请破产清算。

第 33 条　涉及债务人财产的下列行为无效：

（一）为逃避债务而隐匿、转移财产的；

（二）虚构债务或者承认不真实的债务的。

第 34 条　因本法第三十一条、第三十二条或者第三十三条规定的行为而取得的债务人的财产，管理人有权追回。

---

①　参见《九民纪要》第 6 条关于股东出资加速到期的规定。

第35条　人民法院受理破产申请后，债务人的出资人尚未完全履行出资义务的，管理人应当要求该出资人缴纳所认缴的出资，而不受出资期限的限制。

《关于审理企业破产案件若干问题的规定》

第12条　人民法院经审查发现有下列情况的，申请不予受理：

(一)债务人有隐匿、转移财产等行为，为了逃避债务而申请破产的；

(二)债权人借申请毁损债务人商业信誉，意图损害公平竞争的。

10. 因债务人的原因，会计师事务所迟迟不能出具审计报告时，人民法院能否直接宣告债务人破产或驳回破产清算申请？

【回答】

多数情况下，审计报告有利于人民法院判断债务人的资产负债情况，但审计报告并非每个破产案件的必要依据。若人民法院通过召集债务人股东、相关销售人员、财务人员等召开协调会的方式，或经管理人调查，能够对债务人的资产负债情况有充分的了解，能够对债务人是否具备破产原因作出判断，即使会计师事务所未出具审计报告，人民法院依然可以按照《企业破产法》的规定裁定宣告债务人破产或者驳回破产申请。

【理由】

本问题的实质是人民法院判断债务人是否具备破产原因的依据。《企业破产法》第2条第1款规定："企业法人不能清偿到期债务，并且资产不足以清偿全部债务或者明显缺乏清偿能力的，依照本法规定清理债务。"由此可知，债务人是否能被宣告破产要满足以下两个标准之一：一是不能清偿到期债务且资产不足以清偿全部债务；二是不能清偿到期债务且明显缺乏清偿能力。通常情况下，"不能清偿到期债务"很容易被证明，但债务人是否具备"资产不足以清偿全部债务"或者"明显缺乏清偿能力"的情况，则不容易被证明。实践中，多数情况下，法官需要结合审计报告才能予以判断。

但是，审计报告并非人民法院判断债务人是否具备破产原因的必要依据。首先，《破产法解释一》第 3 条规定："债务人的资产负债表，或者审计报告、资产评估报告等显示其全部资产不足以偿付全部负债的，人民法院应当认定债务人资产不足以清偿全部债务，但有相反证据足以证明债务人资产能够偿付全部负债的除外。"由此可知，判断债务人是否"资不抵债"，应主要通过参考债务人的资产负债表、审计报告或者资产评估报告等资料进行综合判断。并且，从理论层面讲，判断债务人是否资不抵债，只需要根据资产负债表判断即可，其反映了企业资产、负债、所有者权益的总体规模和结构，以此判断债务人的资产状况具有明确性和客观性。但是，在实践当中，考虑到资产负债表反映的企业资产价值具有期限性和不确定性，在其由企业自行制定的情况下甚至可能存在严重的虚假情况，因此，《破产法解释一》同时规定审计报告或者资产评估报告等也可作为判断债务人是否资不抵债的依据。① 换言之，如果资产负债表本身能够证明"资不抵债"或者"资大于债"，则无需考虑审计报告。但是，考虑到客观因素，实践中多以审计报告为参考依据也无可厚非。

其次，本书认为，审计报告只是第三方提供的意见，类似于民事诉讼证据中的鉴定意见。其之所以在大多数情况下能够被人民法院和当事人采信，是因为其所处的中间立场以及所具备的专业知识使审计结果更具有说服力和公信力。但是，鉴定意见也可能因鉴定人员无资质、鉴定程序不合法、鉴定内容不清晰等原因被推翻或者不予采信，审计报告同样也存在这种情况。这也是《破产法解释一》第 3 条后半句规定"但有相反证据足以证明债务人资产能够偿付全部负债的除外"的原因所在。

最后，本书认为，即使审计报告显示资产大于负债，但根据《破产法解释一》第 4 条的规定，债务人也有可能被认定为明显缺乏清偿能力，从而被宣告破产。换言之，即使会计师事务所出具了审计报告，人民法院在参考时也需要加以判断，慎重使用。

综上所述，有无审计报告并非人民法院判断债务人是否具备破产原因或者能否被宣告破产的决定性因素。若其他材料已然证明债务人的情况，比如，合议庭已经专门召集公司股东、相关销售人员、财务人员等召开协

---

① 张先明：《依法受理审理案件 充分发挥企业破产法应有作用——最高人民法院民二庭负责人就〈破产法司法解释（一）〉答记者问》，载《人民法院报》2011 年 9 月 26 日第 2 版。

调会了解清楚了资产负债情况等，则无需完全依赖于审计报告。

【参考依据】

《企业破产法》

第2条 企业法人不能清偿到期债务，并且资产不足以清偿全部债务或者明显缺乏清偿能力的，依照本法规定清理债务。

企业法人有前款规定情形，或者有明显丧失清偿能力可能的，可以依照本法规定进行重整。

《破产法解释一》

第3条 债务人的资产负债表，或者审计报告、资产评估报告等显示其全部资产不足以偿付全部负债的，人民法院应当认定债务人资产不足以清偿全部债务，但有相反证据足以证明债务人资产能够偿付全部负债的除外

第4条 债务人账面资产虽大于负债，但存在下列情形之一的，人民法院应当认定其明显缺乏清偿能力：

(一)因资金严重不足或者财产不能变现等原因，无法清偿债务；

(二)法定代表人下落不明且无其他人员负责管理财产，无法清偿债务；

(三)经人民法院强制执行，无法清偿债务；

(四)长期亏损且经营扭亏困难，无法清偿债务；

(五)导致债务人丧失清偿能力的其他情形。

11. 破产案件立案审查分为形式审查和实质审查，破产案件应统一案件受理的规定，为区分于其他民事案件，是否需经审判庭审查才能立案受理？

【回答】

根据《最高人民法院关于破产案件立案受理有关问题的通知》之规定，立案部门经审查认为申请人提交的材料符合法律规定的，应当场立案登记，及时将案件移送负责审理破产案件的审判业务部门。审判业务部门应当在5日内将立案及合议庭组成情况通知债务人及提出申请的债权人。债

权人提出破产申请的，审判业务部门应当自债务人异议期满之日起 10 日内裁定是否受理。其他情形下，审判业务部门应当自人民法院收到破产申请之日起 15 日内裁定是否受理。因此，对于破产案件的立案审查，应先由立案庭进行形式审查，然后转由审判庭实质审查后决定是否受理。

【理由】

本问题可以转化为以下两个小问题：一是破产申请的受理是否必须经过实质审查？二是若须实质审查，是由立案庭负责还是审判庭负责？

关于第一个问题，理论和实践中一直存在争议，且尚未完全解决。实践中的争议多源于对法律规定或法律概念的理解不一致，而理解不一致之处多涉及破产原因、破产申请原因、破产宣告原因以及实质审查和形式审查等众多概念。因此，实践中，应准确理解上述概念。理论上的争议多围绕对破产受理原因的明确以及对破产案件立案难的担忧，但该争议属于立法或修法层面的问题，不属于针对本问题所要回答的范畴。针对本问题，可以从现行法律依据和实质审查的现实意义两个层面回答。

就现行法律依据而言，首先，《最高人民法院关于破产案件立案受理有关问题的通知》已经作出了规定，亦即根据该规定第 2 条和第 3 条规定，对于破产申请案件，立案部门登记立案后，应及时将案件移送负责审理破产案件的审判业务部门；审判业务部门应根据申请主体为债权人或债务人的不同情况在法定期限内作出是否受理的裁定。既然立案部门审查之后还需审判业务部门审查加之审判业务部门的性质，不难推断人民法院对于破产申请的案件应当要进行实质审查。其次，《企业破产法》第 10 条第 1 款规定："债权人提出破产申请的，人民法院应当自收到申请之日起五日内通知债务人。债务人对申请有异议的，应当自收到人民法院的通知之日起七日内向人民法院提出。人民法院应当自异议期满之日起十日内裁定是否受理。"既然该规定允许债务人提出异议且未限制异议的范围，便可以理解为是针对实体内容和程序内容的所有异议。比如，就实体内容而言，则涉及债权债务关系是否真实、是否到期以及是否已过诉讼时效等。如此一来，审判庭的审查必然涉及实质审查。否则，不足以判断异议是否成立。由此，也可以得出破产申请案件的审查须为实质审查的结论。最后，《九民纪要》第 107 条也传达了破产申请案件实质审查的观点。

就实质审查的现实意义而言，"民事案件立案后，一般只产生受诉法院取得案件管辖权、当事人分别取得原被告诉讼地位等程序法律效果，以及诉讼时效中断的实体法律效果，这对当事人的实体权益内容往往影响不大。但破产案件一旦立案，则会对债权人、债务人产生一系列重大的实体法律效果，严重影响债权实现的进程、方式以及债务人的经营活动和商业信誉等。概而言之，这些重大实体法律效果包括：有关债务人财产的执行程序应当中止，财产保全措施应当解除；未到期的债权加速到期，附利息的债权停止计息；债务人的经营管理人员丧失对企业的经营管理权，而由管理人全面接管债务人企业；禁止债务人对个别债权人进行清偿；债务人的债务人或财产持有人应当向管理人清偿债务或者交付财产；有关债务人的民事诉讼，只能向受理破产申请的人民法院提起；破产衍生诉讼由受理破产申请的法院专属管辖；管理人有权解除待履行合同等"①。一言以蔽之，破产申请的受理对债权人和债务人双方的诸多权益影响均较为重大，若不经实质审查，可能会产生不良后果。此外，虽然部分破产案件可能已经具备破产原因，但可能关涉众多职工利益和社会稳定，若不经实质审查或评估，也可能产生不良后果。综上，人民法院在审查破产案件时，应坚持形式审查和实质审查相结合的原则。

关于第二个问题，实践中也有不同的做法。一种做法为：形式审查由立案部门负责，实质审查由审判业务部门负责，② 该做法占主流。另一种做法为：形式审查和实质审查均由审判业务部门负责。③ 但无论哪种做法，实质审查由审判业务部门进行的做法并无差别。如此，也符合《最高人民法院关于破产案件立案受理有关问题的通知》的相关规定。至于为什么实质审查要由审判业务部门负责，对此，最高人民法院王富博法官指出："自 20 世纪 90 年代末期人民法院推行立审分离改革以来，普通民事

---

① 王富博：《破产立案制度的反思与重构》，载《人民司法》2017 年第 19 期。

② 《深圳市中级人民法院破产案件立案规程》第 3 条："破产案件立案实行形式审查与实质审查相结合的审查原则，形式审查由立案一庭负责，实质审查由公司清算和破产审判庭负责。"《河北省高级人民法院破产案件审理规程（试行）》第 17 条："立案庭登记'破申'案号后应在一个工作日内将申请材料移送破产案件审判庭审查，由破产案件审判庭审查后作出是否受理破产申请的裁定。"

③ 《东营市中级人民法院破产案件立案规程（试行）》第 6 条："破产案件立案实行形式审查与实质审查相结合的审查原则，由破产审判部门负责。"

案件的立案审查便属于立案庭的职能范围。但与之不同的是，破产案件的立案审查却由破产审判业务部门负责。这种职能配置的主要原因在于：破产案件立案审查涉及的事项多、专业性强，由破产审判部门负责，有利于提高工作质量和效率。"破产案件立案审查的内容一般包括：申请书的内容是否符合法律规定、申请人是否具备法定的破产申请权、债务人是否具备破产能力、破产申请是否向有管辖权的法院提出等。在债权人申请破产时，为查明债务人是否不能清偿到期债务，一般还需要审查债权合法存在的证据、债权的发生时间、性质、数额、有无担保、债权到期的证据以及债务人未完全清偿债务的证据等。在债务人自愿破产时，要对债务人是否具备破产原因进行审查，即需要审查债务人是否不能清偿到期债务并且资不抵债，或者不能清偿到期债务并且明显缺乏清偿能力。因此，审查的范围通常还包括债务人企业的资产负债表等有关财务会计报表、负债情况说明、财产状况明细表、审计报告、资产评估报告等。在对破产重整申请进行立案审查时，除应审查债务人是否具备破产原因或者有明显丧失清偿能力的可能外，还要考虑债务人是否具有挽救的社会价值、经济价值以及挽救的可能性。上述事项繁多，往往超出了单纯的法律判断范畴，时常还要进行一定的商业价值判断，从而对法官的办案经验、法律知识、商业知识、社会阅历等提出了全面的要求。由破产审判业务部门负责审查，有利于发挥其专业特长，提高工作效率。破产立案审查的结果对债权人、债务人实体权益影响巨大，由破产审判法官进行实质审查判断，有利于保障审判质量。此外，在以往计划破产的时代，为了防止地方法院违规立案受理企业破产案件，使得部分不具备破产条件的企业进入破产程序，享受计划内破产的优惠政策，司法政策上也强调由审判业务部门负责审查把关。一言以蔽之，基于立案部门和审判业务部门的人员和资源配置区别以及破产案件的特殊性质和影响等原因，非由审判业务部门实质审查不足以最大限度把握破产申请案件的立案审查质量。

【参考依据】

《九民纪要》

107. 充分发挥破产重整案件信息网的线上预约登记功能，提高破产案件的受理效率。当事人提出破产申请的，人民法院不得以非法定理由拒绝接收破产申请材料。如果可能影响社会稳定的，要加强府院协调，制定相应预案，但不应当以"影响社会稳定"之名，行消极不作为之实。破产申请材料不完备的，立案部门应当告知当事人在指定期限内补充材料，待材料齐备后以"破申"作为案件类型代字编制案号登记立案，并及时将案件移送破产审判部门进行破产审查。

注重发挥破产和解制度简便快速清理债权债务关系的功能，债务人根据《企业破产法》第95条的规定，直接提出和解申请，或者在破产申请受理后宣告破产前申请和解的，人民法院应当依法受理并及时作出是否批准的裁定。

《最高人民法院关于破产案件立案受理有关问题的通知》

第1条 破产案件的立案受理事关当事人破产申请权保障，决定破产程序能否顺利启动，是审理破产案件的基础性工作，各级法院要充分认识其重要性，依照本通知要求，切实做好相关工作，不得在法定条件外设置附加条件，限制剥夺当事人的破产申请权，阻止破产案件立案受理，影响破产程序正常启动。

第2条 自2016年8月1日起，对于债权人、债务人等法定主体提出的破产申请材料，人民法院立案部门应一律接受并出具书面凭证，然后根据《中华人民共和国企业破产法》第八条的规定进行形式审查。立案部门经审查认为申请人提交的材料符合法律规定的，应按2016年8月1日起实施的《强制清算与破产案件类型及代字标准》，以"破申"作为案件类型代字编制案号，当场登记立案，不符合法律规定的，应予释明，并以书面形式一次性告知应当补充、补正的材料，补充、补正期间不计入审查期限，申请人按要求补充、补正的，应当登记立案。

立案部门登记立案后，应及时将案件移送负责审理破产案件的审判业务部门。

第3条 审判业务部门应当在五日内将立案及合议庭组成情况通知债务人及提出申请的债权人。对于债权人提出破产申请的，应在通知中向债务人释明，如对破产申请有异议，应当自收到通知之日起七日内向人民法院提出。

第4条 债权人提出破产申请的，审判业务部门应当自债务人异议期满之日起十日内裁定是否受理。其他情形的，审判业务部门应当自人民法院收到破产申请之日起十五日内裁定是否受理。

有特殊情况需要延长上述审限的，经上一级人民法院批准，可以延长十五日。

《深圳市中级人民法院破产案件立案规程》

第3条 破产案件立案实行形式审查与实质审查相结合的审查原则，形式审查由立案一庭负责，实质审查由公司清算和破产审判庭负责。

《江苏省高级人民法院关于审理破产案件若干问题的讨论纪要》

三、管辖与受理

第10条 破产立案审查包括形式审查和实质审查。

形式审查包括：

（1）申请人是否具备申请资格；

（2）申请人提交的材料是否齐全；

（3）本院是否具有管辖权。

实质审查主要包括债务人有无破产能力和破产原因两个方面。

《河北省高级人民法院破产案件审理规程（试行）》

第17条 立案庭登记"破申"案号后应在一个工作日内将申请材料移送破产案件审判庭审查，由破产案件审判庭审查后作出是否受理破产申请的裁定。

《东营市中级人民法院破产案件立案规程（试行）》

第6条 破产案件立案实行形式审查与实质审查相结合的审查原则，由破产审判部门负责。

12. 如果立案庭已经裁定受理或下达了受理案件通知书，审判庭在审理过程中，发现不符合《企业破产法》第2条规定的情形时，应如何处理？

【回答】

破产案件已经受理的，若发现债务人不具有破产原因，应根据《企业破产法》第12条，依法裁定驳回申请。

【理由】

首先，关于该问题，《企业破产法》已经作出了明确规定。《企业破产法》第12条第2款规定："人民法院受理破产申请后至破产宣告前，经审查发现债务人不符合本法第二条规定情形的，可以裁定驳回申请。申请人对裁定不服的，可以自裁定送达之日起十日内向上一级人民法院提起上诉。"由此可知，人民法院对于已经受理的破产案件，在审判过程中发现债务人不具备破产原因的，只能裁定驳回申请，而非不予受理。

其次，从法理上来讲，不予受理是指人民法院收到起诉材料之后决定立案前，经过审查，发现不符合法律规定的起诉或申请条件而作出的裁定。不予受理是人民法院在立案前的审查阶段作出的，主要是对申请人提交的材料作形式审查。而驳回申请是在破产案件已经被受理，进入实体审理程序之后（实质审查），发现不具备破产原因而要求其退出破产程序所作出的裁定。因此，对于已经受理的破产案件，若发现债务人不具备破产原因，只能通过驳回申请的方式迫使其退出破产程序。

最后，对比一般民事案件而言，如果人民法院在审理过程中发现已经受理的案件不符合起诉条件的，也只能是裁定驳回起诉，而非裁定不予受理；如果人民法院经审理认为原告的诉讼请求无事实和法律依据，则会裁定驳回原告的诉讼请求，更非裁定不予受理。相比较而言，破产案件中的驳回申请裁定则更类似于二者的结合体，既需要形式审查也需要实质审查，只要不符合其一，人民法院便可以裁定驳回申请。

【参考依据】

《企业破产法》

第 12 条　人民法院裁定不受理破产申请的，应当自裁定作出之日起五日内送达申请人并说明理由。申请人对裁定不服的，可以自裁定送达之日起十日内向上一级人民法院提起上诉。

人民法院受理破产申请后至破产宣告前，经审查发现债务人不符合本法第二条规定情形的，可以裁定驳回申请。申请人对裁定不服的，可以自裁定送达之日起十日内向上一级人民法院提起上诉。

13. 对于人民法院在受理破产案件之后，原执行案件的法院已下达执行通知书，强制执行或不撤销原执行行为的，如何处理？

【回答】

根据《企业破产法》第 19 条等相关规定，人民法院在受理破产申请后，有关债务人财产的保全措施应当解除，执行程序应当中止。根据《九民纪要》第 109 条第 1 款之规定，相关人民法院拒不解除保全措施或者拒不中止执行的，受理破产的人民法院可以请求上级人民法院依法予以纠正。对债务人财产采取保全措施或者执行措施的人民法院未依法及时解除保全措施、移交处置权，或者中止执行程序并移交有关财产的，上级人民法院应当依法予以纠正。相关人员违反上述规定造成严重后果的，破产受理法院可以向人民法院纪检监察部门移送其违法审判责任线索。此外，管理人可以根据相关规定向原执行法院提起异议或复议，要求其中止执行行为。

【理由】

《企业破产法》第 19 条规定："人民法院在受理破产申请后，有关债务人财产的保全措施应当解除，执行程序应当中止。"《破产法解释二》第 22 条规定："破产申请受理前，债权人就债务人财产向人民法院提起本规定第二十条第一款所列诉讼，人民法院已经作出生效民事判决书或者调解书但尚未执行完毕的，破产申请受理后，相关执行行为应当依据企业破产法第十九条的规定中止，债权人应当依法向管理人申报相关债权。"此外，根据《最高人民法院关于人民法院执行工作若干问题的规定（试行）》第 102 条第 1 款，人民法院已受理以被执行人为债务人的破产申请的，原执行人民法院应裁定中止执行行为。由此可知，当债务人进入破产程序之后至执行完毕之前，原执行法院就应当中止执行（不存在撤销执行行为的说法），这是法律和司法解释明确规定的。

但是，在实践中确实存在债务人进入破产程序后，原执行法院基于各种因素的考量不裁定中止执行的情况。首先，应当明确这是不合法的行为。其次，破产受理法院和管理人应当采取相应措施阻止上述不合法行为。本书认为，可以从以下角度考虑：一是由破产受理法院向原执行法院发送函件，告知其债务人已经进入破产程序，请求中止原执行行为。二是如果原执行法院对其接收的函件置若罔闻，可以请求上级人民法院协调中止原执行行为，如《山东省高级人民法院企业破产案件审理规范指引（试行）》第 45 条即对此进行明确。三是管理人可以依据《民事诉讼法》第 225 条向原执行法院提起执行异议和复议，要求中止原执行行为。

【参考依据】

《企业破产法》

第 19 条 人民法院受理破产申请后，有关债务人财产的保全措施应当解除，执行程序应当中止。

《民事诉讼法》

第 225 条 当事人、利害关系人认为执行行为违反法律规定的，可以向负责执行的人民法院提出书面异议。当事人、利害关系人提出书面异议的，人民法院应当自收到书面异议之日起十五日内审查，理由成立的，裁定撤销或者改正；理由不成立的，裁定驳回。当事人、利害关系人对裁定不服的，可以自裁定送达之日起十日内向上一级人民法院申请复议。

《破产法解释二》

第 22 条 破产申请受理前，债权人就债务人财产向人民法院提起本规定第二十一条第一款所列诉讼，人民法院已经作出生效民事判决书或者调解书但尚未执行完毕的，破产申请受理后，相关执行行为应当依据企业破产法第十九条的规定中止，债权人应当依法向管理人申报相关债权。

《九民纪要》

109. 要切实落实破产案件受理后相关保全措施应予解除、相关执行措施应当中止、债务人财产应当及时交付管理人等规定，充分运用信息化技术手段，通过信息共享与整合，维护债务人财产的完整性。相关人民法院拒不解除保全措施或者拒不中止执行的，破产受理人民法院可以请求该法院的上级人民法院依法予以纠正。对债务人财产采取保全措施或者执行措施的人民法院未依法及时解除保全措施、移交处置权，或者中止执行程序并移交有关财产的，上级人民法院应当依法予以纠正。相关人员违反上述规定造成严重后果的，破产受理人民法院可以向人民法院纪检监察部门移送其违法审判责任线索。

人民法院审理企业破产案件时，有关债务人财产被其他具有强制执行权力的国家行政机关，包括税务机关、公安机关、海关等采取保全措施或者执行程序的，人民法院应当积极与上述机关进行协调和沟通，取得有关机关的配合，参照上述具体操作规程，解除有关保全措施，中止有关执行程序，以便保障破产程序顺利进行。

《最高人民法院关于人民法院执行工作若干问题的规定(试行)》

第 102 条 有下列情形之一的,人民法院应当依照民事诉讼法第二百三十四条第一款第五项的规定裁定中止执行:

(1)人民法院已受理以被执行人为债务人的破产申请的;

(2)被执行人确无财产可供执行的;

(3)执行的标的物是其他法院或仲裁机构正在审理的案件争议标的物,需要等待该案件审理完毕确定权属的;

(4)一方当事人申请执行仲裁裁决,另一方当事人申请撤销仲裁裁决的;

(5)仲裁裁决的被申请执行人依据民事诉讼法第二百一十七条第二款的规定向人民法院提出不予执行请求,并提供适当担保的。

《山东省高级人民法院企业破产案件审理规范指引(试行)》

第 45 条 自人民法院作出受理破产申请裁定之日起,已经开始但尚未完毕的针对债务人财产的执行程序应当中止。

管理人接受指定后,人民法院应指导、监督管理人及时向有关法院发出中止执行程序的通知,并附破产申请受理裁定。

执行法院经通知拒不依法中止执行程序的,受理破产申请的人民法院可以层报共同上级人民法院。上级人民法院认为符合中止执行条件的,应当通知执行法院中止执行程序。

14. 人民法院受理破产申请后,有关债务人财产的行政、刑事保全措施是否应当解除?

【回答】

根据《九民纪要》第 109 条第 2 款之规定,有关债务人财产的行政、刑事保全措施原则上应当解除,具体操作应由人民法院积极与有关机关进行协调沟通,配合推进。

【理由】

《企业破产法》第 19 条规定:"人民法院受理破产申请后,有关债务人财产的保全措施应当解除,执行程序应当中止。"所谓保全措施,既包括民事诉讼保全措施,也包括在行政处罚程序中的保全措施,如海关、工商管理部门等采取的财产扣押、查封等措施，还应包括刑事诉讼中公安部门、司法部门采取的相关保全措施。管理人接受指定后，应当及时将破产案件受理情况告知采取保全措施的行政机关或司法机关。采取保全措施的行政机关或司法机关知悉后，应当及时解除保全措施，同时通知管理人接管财产。有关人民法院经通知拒不依法解除保全措施的，受理破产申请的人民法院可以层报共同上级人民法院解除保全措施，上级人民法院对符合解除保全措施条件的，可以径行裁定解除对债务人财产的保全措施。

【参考依据】

《企业破产法》

第 19 条 人民法院受理破产申请后，有关债务人财产的保全措施应当解除，执行程序应当中止。

《九民纪要》

109. 要切实落实破产案件受理后相关保全措施应予解除、相关执行措施应当中止、债务人财产应当及时交付管理人等规定，充分运用信息化技术手段，通过信息共享与整合，维护债务人财产的完整性。相关人民法院拒不解除保全措施或者拒不中止执行的，破产受理人民法院可以请求该法院的上级人民法院依法予以纠正。对债务人财产采取保全措施或者执行措施的人民法院未依法及时解除保全措施、移交处置权，或者中止执行程序并移交有关财产的，上级人民法院应当依法予以纠正。相关人员违反上述规定造成严重后果的，破产受理人民法院可以向人民法院纪检监察部门移送其违法审判责任线索。

人民法院审理企业破产案件时，有关债务人财产被其他具有强制执行权力的国家行政机关，包括税务机关、公安机关、海关等采取保全措施或者执行程序的，人民法院应当积极与上述机关进行协调和沟通，取得有关机关的配合，参照上述具体操作规程，解除有关保全措施，中止有关执行程序，以便保障破产程序顺利进行。

《四川省高级人民法院关于审理破产案件若干问题的解答》

三、债务人财产

1. 人民法院受理破产申请后，有关债务人财产的行政、刑事保全措施是否应当解除？

答：依法应当解除。《企业破产法》第十九条规定：人民法院受理破产申请后，有关债务人财产的保全措施应当解除，执行程序应当中止。所谓保全措施，既包括民事诉讼保全措施，也包括在行政处罚程序中的保全措施，如海关、工商管理部门等采取的财产扣押、查封等措施，还应包括刑事诉讼中公安部门、司法部门采取的相关保全措施。管理人接受指定后，应当及时将破产案件受理情况告知采取保全措施的行政机关或司法机关。采取保全措施的行政机关或司法机关知悉后，应当及时解除保全措施，同时通知管理人接管财产。有关人民法院经通知拒不依法解除保全措施的，受理破产申请的人民法院可以层报共同上级人民法院解除保全措施，上级人民法院对符合解除保全措施条件的，可以径行裁定解除对债务人财产的保全措施。

15. 人民法院受理破产申请后，涉及债务人的生效法律文书的再审申请主体及申请再审时效如何确定？

【回答】

根据《破产法解释三》第 7 条第 2 款之规定，管理人认为债权人据以申报债权的生效法律文书确定的债权错误，或者有证据证明债权人与债务人恶意通过诉讼、仲裁或者公证机关赋予强制执行力公证文书的形式虚构债权债务的，应当依法通过审判监督程序向作出该判决、裁定、调解书的人民法院或者上一级人民法院申请撤销生效法律文书，或者向受理破产申请的人民法院申请撤销或者不予执行仲裁裁决、不予执行公证债权文书后，重新确定债权。管理人可以依法申请再审。但应注意的是，申请主体仍应是债务人企业，管理人应以债务人企业诉讼代表人的身份提起。

关于再审申请期限，根据《民事诉讼法》第 205 条的规定，申请再审应当在判决、裁定发生法律效力后 6 个月内提出；有法律规定情形的，自知道或者应当知道之日起 6 个月内提出。

【理由】

《破产法解释三》第 7 条第 2 款规定："管理人认为债权人据以申报债权的生效法律文书确定的债权错误，或者有证据证明债权人与债务人恶意通过诉讼、仲裁或者公证机关赋予强制执行力公证文书的形式虚构债权债务的，应当依法通过审判监督程序向作出该判决、裁定、调解书的人民法院或者上一级人民法院申请撤销生效法律文书，或者向受理破产申请的人民法院申请撤销或者不予执行仲裁裁决、不予执行公证债权文书后，重新确定债权。"由此可知，管理人认为债权人据以申报债权的生效法律文书存在错误的，可以通过审判监督程序请求撤销生效法律文书。但是，以谁的名义申请，在实践中仍是一个亟需解决的问题。

由谁申请的问题实质上涉及管理人在破产程序中的诉讼地位。关于管理人的诉讼地位，大陆法系国家和地区主要有以下几种学说：日本学者一般将其法律地位分为两大类：一是代理说，二是职务说。德国学者通常分为五类：债权人代理说、债务人代理说、职务说、机关说、中性说。我国台湾地区学者将其分为代理说和机关说。代理说又分为债权人代理说、债务人代理说、债权人及债务人双方代理说。债权人代理说，又可进一步分为各个债权人代理说、债权人团体代理说、有共同质权之债权人全体代理说。对此，我国大陆学者尚无统一看法，多以两说和四说为主，两说即代理说和职务说，四说即债务人代理说、债权人代理说、法院代表说、财团代表说。① 代理说的观点相当于我们通常讲的一般代理，其认为管理人在破产程序中没有直接利益，其工作所获得的利益归属于委托人，也就是破产程序中的债权人或者债务人。公务员说（职务说）的观点认为，管理人不是任何人的代理人，只是在破产司法程序中为执行法律而设立的临时机构，管理人本身与破产事件没有任何利害关系，其实施的行为类似于国家公务员履行的职务行为。破产财团代表说的观点认为，债务人被宣告破产后，其财产应当被视为抽象化的团体，破产财产有存在的目的，并能以其名义为某种法律行为，设定法律关系，相当于非法人团体，管理人是其法定代表机关。简而言之，实践中，一种观点认为，应以管理人名义诉讼。② 另一种观点认为，应以债务人名义诉讼，管理人是诉讼代表机关。③

从实践来看，越来越多的地区在解决这一问题时并非秉持非黑即白的态度，而是分类讨论。比如，北京和四川规定撤销个别清偿行为之诉、确

① 谢辉：《我国破产管理人的法律地位》，载《人民法治》2016年第11期。
② 参见最高人民法院（2015）民申字第1766号民事裁定书。
③ 参见最高人民法院（2017）最高法民申3416号民事裁定书。

认债务人行为无效等由管理人行使权利的诉讼均以管理人的名义进行，而破产债权确认、取回权、抵销权、对外追收债权、追收未缴出资、追收抽逃出资、追收非正常收入、损害债务人利益赔偿、别除权等直接关涉债务人利益的纠纷，则以债务人的名义进行诉讼。此外，最高人民法院发布的《人民法院破产程序法律文书样式（试行）》也作了如此区分。

回归到再审层面，首先，管理人申请再审是因为原审生效法律文书直接损害了债务人的利益，与管理人行使权利请求撤销个别清偿行为的性质有所不同，因此应当以债务人的名义提出申请。其次，《民事诉讼法》第199条规定，再审只能由原审案件的当事人提出。若以管理人的名义申请再审没有法律依据，实践中会出现多重障碍。综上，本书认为，再审程序应以债务人的名义提出，管理人只是诉讼代表机关。

【参考依据】

《企业破产法》

第25条 管理人履行下列职责：

（一）接管债务人的财产、印章和账簿、文书等资料；

（二）调查债务人财产状况，制作财产状况报告；

（三）决定债务人的内部管理事务；

（四）决定债务人的日常开支和其他必要开支；

（五）在第一次债权人会议召开之前，决定继续或者停止债务人的营业；

（六）管理和处分债务人的财产；

（七）代表债务人参加诉讼、仲裁或者其他法律程序；

（八）提议召开债权人会议；

（九）人民法院认为管理人应当履行的其他职责。

本法对管理人的职责另有规定的，适用其规定。

《民事诉讼法》

第199条 当事人对已经发生法律效力的判决、裁定，认为有错误的，可以向上一级人民法院申请再审；当事人一方人数众多或者当事人双方为公民的案件，也可以向原审人民法院申请再审。当事人申请再审的，不停止判决、裁定的执行。

第205条 当事人申请再审，应当在判决、裁定发生法律效力后六个月内提出；有本法第二百条第一项、第三项、第十二项、第十三项规定情形的，自知道或者应当知道之日起六个月内提出。

《破产法解释三》

第7条 已经生效法律文书确定的债权，管理人应当予以确认。

管理人认为债权人据以申报债权的生效法律文书确定的债权错误，或者有证据证明债权人与债务人恶意通过诉讼、仲裁或者公证机关赋予强制执行力公证文书的形式虚构债权债务的，应当依法通过审判监督程序向作出该判决、裁定、调解书的人民法院或者上一级人民法院申请撤销生效法律文书，或者向受理破产申请的人民法院申请撤销或者不予执行仲裁裁决、不予执行公证债权文书后，重新确定债权。

《北京市高级人民法院企业破产案件审理规程》

第60条 人民法院受理破产申请后，有关债务人的民事诉讼（包括破产申请受理时已经开始而尚未终结的民事诉讼，以及破产申请受理后新提起的民事诉讼），由债务人作为诉讼主体，管理人负责人作为诉讼代表人代表债务人参加诉讼；管理人为个人的，由该人员作为债务人的诉讼代表人。

管理人依企业破产法第三十一条、第三十二条提起的破产撤销权诉讼，以及依企业破产法第三十三条提起的确认债务人行为无效之诉，应由管理人作为原告，不适用前款关于诉讼主体的规定。

《四川省高级人民法院关于审理破产案件若干问题的解答》

二、管理人

1. 有关债务人的民事诉讼，哪些应由管理人以自己的名义提起？

答：以管理人名义提起的诉讼主要包括《企业破产法》第三十一条、第三十二条、第三十三条、第三十四条规定的请求撤销债务人不当处置财产行为、请求撤销个别清偿行为、请求确认债务人无效行为的诉讼，以及根据《破产法司法解释二》第四十四条规定的请求确认债务人抵销行为无效的诉讼。

2. 由管理人代表债务人参加的诉讼，裁判文书中对当事人基本情况应如何列示？

答：以债务人作为当事人、管理人代表债务人参加的诉讼，类型包括破产债权确认、取回权、抵销权、对外追收债权、追收未缴出资、追收抽逃出资、追收非正常收入、损害债务人利益赔偿、别除权等纠纷。在债务人进入破产程序前后，对其基本情况的列述方式有所不同。以债务人作为原告时为例：

进入破产程序前，应表述为：

原告：××公司，住所地×××。

法定代表人：××，××(注明其职务)。

进入破产程序后，应表述为：

原告：××公司，住所地×××。

诉讼代表人：××，(债务人名称)管理人负责人[或(债务人名称)清算组组长]。

3. 管理人作为当事人的民事诉讼，在裁判文书中对当事人基本情况应如何列示？

答：以管理人作为当事人的诉讼，依诉讼地位列为原告、被告、第三人。

以管理人作为原告为例，管理人为社会中介机构的，表述为：

原告：(债务人名称)管理人，(中介机构管理人名称)。

负责人：××，(债务人名称)管理人负责人。

管理人为清算组的，表述为：

原告：(债务人名称)清算组。

负责人：××，(债务人名称)清算组组长。

16. 债权人提出破产申请，债务人在收到人民法院通知后明确表示没有异议或放弃异议期间的，人民法院是否仍需等到异议期满之后才能裁定是否受理？

【回答】

债务人在收到人民法院通知后，明确表示没有异议或放弃异议期间的，人民法院可以直接作出是否受理的裁定，无需待异议期届满。

【理由】

《企业破产法》第 10 条第 1 款规定："债权人提出申请的，人民法院应当自收到申请之日起五日内通知债务人。债务人对申请有异议的，应当自收到人民法院的通知之日起七日内向人民法院提出。人民法院应当自异议期满之日起十日内裁定是否受理。"此条赋予债务人以异议权。作出这一规定，主要是因为债权人提出破产申请，通常是由于债务人不能清偿到期债务。但债权人对债务人究竟是否具有清偿债务的能力并不完全了解，需要人民法院依职权进行审查，同时还需要债务人提供相关材料，对债权人所提出的申请予以核实。此外，在实践中，也存在着债权人通过采取申请人民法院对债务人宣告破产的方式，诋毁债务人的商业信誉，意图达到不正当竞争的目的。人民法院受理申请的裁定一旦作出，就要发布公告，就会影响债务人的商业信誉。因此，《企业破产法》规定，债权人提出申请的，人民法院应当在5日内通知债务人；债务人接到通知后，对于债权人提出的破产申请有异议的，即认为自己不具备破产原因或者对于提出破产申请的债权人的债权有异议时，应当及时向人民法院提出，提出的时限为自收到人民法院的通知之日起7日内；人民法院应当自异议期满之日起10日内作出是否受理的裁定。

上述释义虽然没有明确说明债务人明确表示无异议或者放弃异议的，人民法院是否仍需待7日异议期届满之后才能裁定是否受理。但是，从立法目的来看，《企业破产法》赋予债务人异议权是为了防止债权人滥用申请权以及防止人民法院按照普通民事诉讼程序①径直裁定债务人进入破产程序后才通知债务人，从而对债务人产生不可挽回的重大影响。在债务人已经知情且能预料到法律后果的情况下，仍然表示无异议或者明确放弃异议期间的，属于对自身权利的放弃或处分，只要不违反法律规定，人民法院就应予以支持。

此外，虽然《民事诉讼法》规定无论简易程序和普通程序，人民法院都要给予双方当事人一定的举证期限，但根据《民诉法解释》第266条，在当事人双方明确放弃举证期限的情况下，人民法院可以立即开庭或者确定开庭日期。从类推适用的角度来看，人民法院也应当允许债务人放弃异议期限。

需要注意的是，即使债务人明确表示无异议或放弃异议期限，但是人民法院仍应严格审查债务人是否具备破产原因，不能放松标准。这样做的目的在于：一是严格遵守法律规定之需要。二是防止债务人与申请破产的

---

① 民事诉讼中，原告起诉的，人民法院只有在受理之后才会通知被告，并给予其答辩和举证期限。但是破产程序的启动影响重大，不能适用该思路。

债权人串通损害其他债权人(比如个别清偿和申请执行程序中的债权人)的利益。三是防止债务人反悔,重新主张其不具备破产原因而将人民法院置于不利境地。若债务人在明确表示无异议或放弃异议期限后,又主张其不具备破产原因的,人民法院不予支持。但是,在后续审查或审理过程中发现债务人确实不具备破产原因的,人民法院应按照《企业破产法》第 12 条之规定,裁定驳回申请。

【参考依据】

《企业破产法》

第 10 条 债权人提出破产申请的,人民法院应当自收到申请之日起五日内通知债务人。债务人对申请有异议的,应当自收到人民法院的通知之日起七日内向人民法院提出。人民法院应当自异议期满之日起十日内裁定是否受理。

除前款规定的情形外,人民法院应当自收到破产申请之日起十五日内裁定是否受理。

有特殊情况需要延长前两款规定的裁定受理期限的,经上一级人民法院批准,可以延长十五日。

第 12 条 人民法院裁定不受理破产申请的,应当自裁定作出之日起五日内送达申请人并说明理由。申请人对裁定不服的,可以自裁定送达之日起十日内向上一级人民法院提起上诉。

人民法院受理破产申请后至破产宣告前,经审查发现债务人不符合本法第二条规定情形的,可以裁定驳回申请。申请人对裁定不服的,可以自裁定送达之日起十日内向上一级人民法院提起上诉。

《民诉法解释》

第 266 条 适用简易程序案件的举证期限由人民法院确定,也可以由当事人协商一致并经人民法院准许,但不得超过十五日。被告要求书面答辩的,人民法院可在征得其同意的基础上,合理确定答辩期间。

人民法院应当将举证期限和开庭日期告知双方当事人,并向当事人说明逾期举证以及拒不到庭的法律后果,由双方当事人在笔录和开庭传票的送达回证上签名或者捺印。

当事人双方均表示不需要举证期限、答辩期间的,人民法院可以立即开庭审理或者确定开庭日期。

17. 破产案件受理后，发现申请破产的债权人的债权系通过虚假诉讼的生效法律文书确认，但债务人符合破产条件，若生效法律文书被再审撤销，破产程序能否继续进行？

【回答】

破产受理后，法院发现申请人的债权为虚假债权，但债务人具有破产原因，根据《企业破产法》第2条、第12条第2款之规定，在我国申请主义的破产启动模式下，法院应询问其他符合申请条件的适格债权人或债务人是否同意申请破产，以补齐破产申请的资料和手续。若债权人或债务人同意申请破产，则破产程序继续进行。若债权人和债务人均不同意申请，法院则应裁定驳回破产申请。

【理由】

破产申请是债权人与债务人的一项重要权利，也是一种破产诉讼行为。① 破产受理后，法院发现申请人的债权为虚假债权，但债务人具有破产原因，破产程序该如何进行？对此，关键要注意三个问题：一是时间节点，即破产受理前后的区别；二是破产启动条件，包括破产申请资格和破产受理审查；三是相关法律规定的适用。

第一，对《九民纪要》相关规定的理解。

关于在破产受理前，若发现债权人以虚假债权申请债务人破产的情形，最高人民法院出台的《九民纪要》对此已有明确的观点，即法院应裁定不予受理。《九民纪要》第108条规定："人民法院裁定受理破产申请前，提出破产申请的债权人的债权因清偿或者其他原因消灭的，因申请人不再具备申请资格，人民法院应当裁定不予受理。但该裁定不影响其他符合条件的主体再次提出破产申请。破产申请受理后，管理人以上述清偿符合《企业破产法》第31条、第32条为由请求撤销的，人民法院查实后应当予以支持。人民法院裁定受理破产申请系对债务人具有破产原因的初步认可，破产申请受理后，申请人请求撤回破产申请的，人民法院不予准

---

① 顾培东、张卫平、赵万一：《企业破产法论》，四川省社会科学院出版社1988年版，第75页。

许。除非存在《企业破产法》第 12 条第 2 款规定的情形，人民法院不得裁定驳回破产申请。"从文义解释看，该条有以下两层逻辑含义：其一，受理破产申请前，申请人的债权因清偿或其他原因消灭而不具备申请资格，法院应裁定不予受理；其二，受理破产申请后，债务人具有破产原因，申请人请求撤回，不予准许，除非债务人不具有破产原因，否则不得裁定驳回申请。结合两条的逻辑来看，后一条规定是对法院受理破产案件后，法院是否准许申请人撤回破产申请，因《企业破产法》未明确规定而作出。① 其前提基础是申请人具有破产申请资格，即合法债权人，对债务人享有真实合法的债权，而未对破产受理后发现申请人不具备申请资格的情形作出明确规定。因此，本问题情形不适用该条规定。

第二，我国申请主义破产启动模式决定破产程序的合法基础。

《关于审理企业破产案件若干问题的规定》第 7 条、第 8 条规定债权人向法院申请债务人破产的债权须满足两个条件，一是真实合法的债权，二是不能清偿的到期债权。破产申请的债权所依据的法律文书已被撤销，破产程序因该债权不真实不合法而丧失启动基础，导致破产程序启动的合法性存疑。究其原因，是《企业破产法》选择申请主义的破产程序启动模式，当事人申请是破产启动的唯一途径，人民法院不得依职权主动开始破产程序。申请主义体现私法自治精神，表明破产法的私法定位，确定债权债务问题的市场驱动机制。② 因此，我国破产程序启动必须有适格的申请主体，破产申请是破产程序开始和进行的基础，破产申请不合法则影响着破产程序的合法性。《企业破产法》规定的法定申请主体包括债权人、债务人和负有清算义务的人，其他人无权申请债务人破产，以保证债务人的合法权益。破产受理后，发现债权人申请主体资格不适格的，法院可以询问其他符合申请条件的债权人或债务人等适格主体是否同意申请破产，以补全破产申请手续。若债权人及债务人均不同意继续申请破产，则虚假的债权人不符合破产申请主体的要求，不享有破产申请权，法院则应裁定驳回申请。这相当于债权人与债务人自行达成和解而终结破产程序，充分尊

---

① 最高人民法院民事审判第二庭编著：《〈全国法院民商事审判工作会议纪要〉理解与适用》，人民法院出版社 2019 年版，第 552 页。

② 齐明：《破产法学：基本原理与立法规范》，华中科技大学出版社 2013 年版，第 52 页。

重债权人与债务人的意愿选择，体现私法的意思自治精神。从"理性经济人"角度思考，债权人可能更愿意继续破产程序，因为虚假债权在未发现时会分配一部分债务人财产，如今发现虚假债权后，这部分财产会分配给其他真实债权人，从而增加他们的清偿比例。

第三，不应适用《关于审理企业破产案件若干问题的规定》第14条，而应适用《企业破产法》第12条第2款的规定。

《关于审理企业破产案件若干问题的规定》第14条第1款规定："人民法院受理企业破产案件后，发现不符合法律规定的受理条件或者有本规定第十二条所列情形的，应当裁定驳回破产申请。"上述规定第12条则规定："人民法院经审查发现有下列情况的，申请不予受理：（一）债务人有隐匿、转移财产等行为，为了逃避债务而申请破产的；（二）债权人借申请毁损债务人商业信誉，意图损害公平竞争的。"司法实践中有法院对此情形裁定驳回破产申请。[1] 但本书认为，不应径直裁定驳回破产申请，而应根据《企业破产法》第12条第2款规定审查债务人是否具有破产原因。原因在于：其一，《企业破产法》第12条第2款实际上否认《关于审理企业破产案件若干问题的规定》第14条第1款规定。从文义结构看，后颁布的《企业破产法》第12条第2款与《关于审理企业破产案件若干问题的规定》第14条第1款唯一的实质区别在于，在内容上删除了《关于审理企业破产案件若干问题的规定》第12条规定的情形，据此可看出立法者之明显意图。破产案件立案的关键在于债务人是否具有破产原因。[2] 随着我国立案登记制和供给侧结构改革的推进，破产案件的受理呈现出"宽松化"的优势，从而发挥破产制度在市场中优化资源配置和维护社会稳定中的功效。其二，由于破产程序的不可逆性，径直驳回申请会造成司法资源和社会资源的占用与浪费。破产程序一旦开始，便会对债务人的财产及人身发生一系列效力，如指定管理人接管债务人财产、未到期债权到期、债权申报、债务人的法定代表人及相关管理人员未经法院许可不得离开住所地

---

[1] 参见《温州市中级人民法院关于在审理企业破产案件中防止逃废债行为的会议纪要》第6条；江苏省高级人民法院民二庭《破产案件审理指南（2017修订版）》第五章。

[2] 王欣新：《立案登记制与破产案件受理机制改革》，载《法律适用》2015年第10期。

等。此外，破产程序的启动还会引发一些程序效应，改变相关民事纠纷的管辖，如所有有关债务人的民事诉讼均由破产案件的受理法院管辖、解除民事保全措施、中止执行程序等。① 其三，维护债权人的整体利益。破产法的目的在于实现债务人财产最大化，最大限度维护债权人的整体利益。已具有破产原因的债务人只有通过破产程序才能规范有序地使债权人获得最大的清偿利益。其四，《企业破产法》以破产案件受理为破产程序开始，破产案件受理后并非一定对债务人作出破产宣告进行清算分配，也可能转入和解或重整程序。

【参考依据】

《企业破产法》

第2条第1款 企业法人不能清偿到期债务，并且资产不足以清偿全部债务或者明显缺乏清偿能力的，依照本法规定清理债务。

第12条第2款 人民法院受理破产申请后至破产宣告前，经审查发现债务人不符合本法第二条规定情形的，可以裁定驳回申请。申请人对裁定不服的，可以自裁定送达之日起十日内向上一级人民法院提起上诉。

《关于审理企业破产案件若干问题的规定》

第8条 债权人申请债务人破产，人民法院可以通知债务人核对以下情况：

(一)债权的真实性；

(二)债权在债务人不能偿还的到期债务中所占的比例；

(三)债务人是否存在不能清偿到期债务的情况。

第14条第1款 人民法院受理企业破产案件后，发现不符合法律规定的受理条件或者有本规定第十二条所列情形的，应当裁定驳回破产申请。

《九民纪要》

108. 人民法院裁定受理破产申请前，提出破产申请的债权人的债权因清偿或者其他原因消灭的，因申请人不再具备申请资格，人民法院应当裁定不予受理。但该裁定不影响其他符合条件的主体再次提出破产申请。

---

① 李永军：《我国〈企业破产法〉上破产程序开始的效力及其反思》，载《法学杂志》2011年第2期。

破产申请受理后，管理人以上述清偿符合《企业破产法》第 31 条、第 32 条为由请求撤销的，人民法院查实后应当予以支持。

人民法院裁定受理破产申请系对债务人具有破产原因的初步认可，破产申请受理后，申请人请求撤回破产申请的，人民法院不予准许。除非存在《企业破产法》第 12 条第 2 款规定的情形，人民法院不得裁定驳回破产申请。

二、管理人

18. 管理人的报酬。

（1）报酬数额如何确定？

【回答】

根据《关于审理企业破产案件确定管理人报酬的规定》，管理人报酬以债务人最终清偿的财产价值总额为基数差额定率累进计算。管理人应当在第一次债权人会议上报告管理人报酬方案内容。管理人、债权人会议对管理人报酬方案有意见的，可以进行协商。双方就调整管理人报酬方案内容协商一致的，管理人应向人民法院书面提出具体的请求和理由，并附相应的债权人会议决议。人民法院经审查认为上述请求和理由不违反法律和行政法规强制性规定，且不损害他人合法权益的，应当按照双方协商的结果调整管理人报酬方案。而根据《关于推进破产案件依法高效审理的意见》第5条的规定，管理人对于提高破产案件效率、降低破产程序成本作出实际贡献的，人民法院应当作为确定或者调整管理人报酬方案的考虑因素。

【理由】

对于管理人报酬的数额，《关于审理企业破产案件确定管理人报酬的规定》对计算方式和确定程序有明确规定，上文已经回答，在此不再赘述。须注意的是，实践中存在大量债务人财产不足以支付破产费用，即"无产可破"的破产案件。虽然根据《企业破产法》第43条的规定，债务人财产不足以清偿破产费用的，管理人应当提请人民法院终结破产程序。根据《关于审理企业破产案件确定管理人报酬的规定》第12条第2款的规定，债务人财产不足以支付管理人报酬和管理人执行职务费用时，若债权人、管理人、债务人的出资人或者其他利害关系人愿意垫付上述报酬和费用的，破产程序可以继续进行。但是一方面，只有在破产程序启动之后，经管理人调查、审计，才能确认债务人财产是否不足以清偿破产费用。此时管理人已经付出了相应的劳动，甚至垫付了公告、委托费用。若无人愿意垫付相关费用，管理人无法获得与其劳动相符的报酬，甚至连垫付的费用也无法收回。这无疑会打击管理人履职的积极性，也不利于管理人市场的培育与发展。另一方面，现代破产程序的功能并不限于向全体债权人公平清偿，其还具有及时切断债务链条，维护社会主义市场经济秩序，检查破产债务人的董事、监事、高级管理人员是否忠实勤勉履职等功能，因此也有维持破产程序继续进行的必要。对于"无产可破"的案件中管理人报酬的确认方式，目前尚未有可普遍适用之规定，实践中各地普遍采用设立基金的形式来支付"无产可破"案件中管理人的报酬。资金来源可能是财政资金拨款，或者是提取管理人报酬较高的案件中管理人的报酬。① 在吸收实践中运转良好制度的基础上，《破产审判纪要》进一步鼓励各地法院积极争取财政部门支持，或采取从其他破产案件管理人报酬中提取一定比例等方式，推动设立破产费用保障资金，建立破产费用保障长效机制，解决因债务人财产不足以支付破产费用而影响破产程序启动的问题。

【参考依据】

《企业破产法》

第 43 条第 4 款　债务人财产不足以清偿破产费用的，管理人应当提请人民法院终结破产程序。人民法院应当自收到请求之日起十五日内裁定终结破产程序，并予以公告。

《关于推进破产案件依法高效审理的意见》

5. ……管理人对于提高破产案件效率、降低破产程序成本作出实际贡献的，人民法院应当作为确定或者调整管理人报酬方案的考虑因素。

---

① 杜万华：《依法处置"僵尸企业"开创破产审判工作新局面》，载《人民法院报》2016 年 3 月 28 日第 2 版；安海涛、胡欣：《打通转化渠道破解执行难题——福建省厦门市中级人民法院执行转破产工作调查》，载《人民法院报》2016 年 12 月 15 日第 5 版；商中尧、吴欢：《常熟法院首次启用破产专项基金保障破产管理人有效有序做好破产管理》，载《苏州日报》2017 年 7 月 24 日第 A07 版；范志勇：《市场化破产的路径选择》，载《中国经济报告》2018 年第 3 期；张红霞：《依法推进破产审判妥善处理"僵尸企业"》，载《华兴时报》2018 年 4 月 11 日第 5 版。

《破产审判纪要》

第 12 条 推动建立破产费用的综合保障制度。各地法院要积极争取财政部门支持，或采取从其他破产案件管理人报酬中提取一定比例等方式，推动设立破产费用保障资金，建立破产费用保障长效机制，解决因债务人财产不足以支付破产费用而影响破产程序启动的问题。

《关于审理企业破产案件确定管理人报酬的规定》

第 2 条 人民法院应根据债务人最终清偿的财产价值总额，在以下比例限制范围内分段确定管理人报酬：

（一）不超过一百万元（含本数，下同）的，在 12% 以下确定；

（二）超过一百万元至五百万元的部分，在 10% 以下确定；

（三）超过五百万元至一千万元的部分，在 8% 以下确定；

（四）超过一千万元至五千万元的部分，在 6% 以下确定；

（五）超过五千万元至一亿元的部分，在 3% 以下确定；

（六）超过一亿元至五亿元的部分，在 1% 以下确定；

（七）超过五亿元的部分，在 0.5% 以下确定。

担保权人优先受偿的担保物价值，不计入前款规定的财产价值总额。

高级人民法院认为有必要的，可以参照上述比例在 30% 的浮动范围内制定符合当地实际情况的管理人报酬比例限制范围，并通过当地有影响的媒体公告，同时报最高人民法院备案。

第 4 条 人民法院受理企业破产申请后，应当对债务人可供清偿的财产价值和管理人的工作量作出预测，初步确定管理人报酬方案。管理人报酬方案应当包括管理人报酬比例和收取时间。

第 5 条 人民法院采取公开竞争方式指定管理人的，可以根据社会中介机构提出的报价确定管理人报酬方案，但报酬比例不得超出本规定第二条规定的限制范围。

上述报酬方案一般不予调整，但债权人会议异议成立的除外。

第 9 条 人民法院确定或者调整管理人报酬方案时，应当考虑以下因素：

（一）破产案件的复杂性；

（二）管理人的勤勉程度；

（三）管理人为重整、和解工作做出的实际贡献；

（四）管理人承担的风险和责任；

(五)债务人住所地居民可支配收入及物价水平;

(六)其他影响管理人报酬的情况。

(2)报酬过高如何解决?

【回答】

债权人会议对管理人报酬有异议,可以与管理人进行协商,或者向人民法院提出异议。人民法院应当结合债务人可供清偿的财产价值和管理人的工作量,就是否调整管理人报酬问题书面通知管理人、债权人委员会或者债权人会议主席。人民法院对管理人报酬可以依法直接调整。

【理由】

根据《企业破产法》和《关于审理企业破产案件确定管理人报酬的规定》所规定的管理人报酬确定程序,对于管理人报酬过高的问题,有以下几种解决方式:

第一,在破产案件处理过程中,如果人民法院认为于破产申请受理之时初步确定的管理人报酬数额过高,可以根据法定程序直接进行调整。人民法院在确定管理人报酬方案后,可以根据破产案件和管理人履行职责的实际情况进行调整。人民法院应当自调整管理人报酬方案之日起3日内,书面通知管理人。管理人应当自收到上述通知之日起3日内,向债权人委员会或者债权人会议主席报告管理人报酬方案调整内容。人民法院调整管理人报酬方案时,应考虑破产案件的复杂性,管理人的勤勉程度,管理人为重整、和解工作作出的实际贡献,管理人承担的风险和责任,债务人住所地居民可支配收入及物价水平以及其他影响管理人报酬的情况。

第二,如果债权人会议认为管理人报酬过高,可以直接向人民法院提出异议。债权人会议提出异议时应当附上相应的参考价格或需要调整的因素及理由。[1] 人民法院在收到异议书后应通知管理人,并可以召开听证会,最后由人民法院决定是否进行调整。

第三,如果债权人会议认为管理人报酬过高,除直接提出异议外,还可以与管理人协商,双方就调整协商一致时,由管理人向人民法院提出调整的请求。出于对管理人和债权人会议双方意思自治的尊重,除该请求违

---

[1] 沈志先主编:《破产案件审理实务》,法律出版社2013年版,第105页。

反法律和行政法规强制性规定或损害他人合法权益外，人民法院应当予以确认。

【参考依据】

《企业破产法》

第 28 条 管理人经人民法院许可，可以聘用必要的工作人员。

管理人的报酬由人民法院确定。债权人会议对管理人的报酬有异议的，有权向人民法院提出。

《关于审理企业破产案件确定管理人报酬的规定》

第 7 条 管理人、债权人会议对管理人报酬方案有意见的，可以进行协商。双方就调整管理人报酬方案内容协商一致的，管理人应向人民法院书面提出具体的请求和理由，并附相应的债权人会议决议。

人民法院经审查认为上述请求和理由不违反法律和行政法规强制性规定，且不损害他人合法权益的，应当按照双方协商的结果调整管理人报酬方案。

第 8 条 人民法院确定管理人报酬方案后，可以根据破产案件和管理人履行职责的实际情况进行调整。

人民法院应当自调整管理人报酬方案之日起三日内，书面通知管理人。管理人应当自收到上述通知之日起三日内，向债权人委员会或者债权人会议主席报告管理人报酬方案调整内容。

第 9 条 人民法院确定或者调整管理人报酬方案时，应当考虑以下因素：

（一）破产案件的复杂性；

（二）管理人的勤勉程度；

（三）管理人为重整、和解工作做出的实际贡献；

（四）管理人承担的风险和责任；

（五）债务人住所地居民可支配收入及物价水平；

（六）其他影响管理人报酬的情况。

第 17 条 债权人会议对管理人报酬有异议的，应当向人民法院书面提出具体的请求和理由。异议书应当附有相应的债权人会议决议。

第 18 条 人民法院应当自收到债权人会议异议书之日起三日内通知管理人。管理人应当自收到通知之日起三日内作出书面说明。

人民法院认为有必要的，可以举行听证会，听取当事人意见。

人民法院应当自收到债权人会议异议书之日起十日内，就是否调整管理人报酬问题书面通知管理人、债权人委员会或者债权人会议主席。

(3) 债权人对管理人提出的报酬方案以及人民法院最终确定的报酬数额有哪些权利，如何行使？

【回答】

在现行法下，债权人对管理人的报酬享有知情权、集体协商权和集体异议权。集体协商权和集体异议权都须以债权人会议决议的形式行使。

【理由】

在现行法下，债权人对于管理人的报酬方案享有以下权利：（1）知情权。根据《关于审理企业破产案件确定管理人报酬的规定》第 6 条第 1 款、第 8 条第 2 款、第 18 条第 3 款的规定，管理人应当在第一次债权人会议上报告由人民法院初步确定的管理人报酬方案内容；人民法院自行调整报酬方案，应通知管理人，管理人应向债权人委员会或者债权人会议主席报告管理人报酬方案调整的内容；债权人会议对管理人的报酬方案提出异议时，人民法院应当就是否调整管理人报酬的问题通知债权人会议或债权人委员会。（2）集体协商权。债权人会议对于管理人报酬方案有异议的，可以与管理人协商，协商一致可以由管理人向法院提出调整的请求和理由。（3）集体异议权。债权人会议对管理人报酬有异议的，可以向法院提出。

需注意集体协商权和集体异议权都须以债权人会议决议的形式行使，换言之，虽然每个债权人都有权提出自己的意见，但是最后须转换为债权人会议的意思方能产生法律上的效力。债权人会议不是常设机构，也不定期召开，异议权的行使应当非常慎重。① 根据《企业破产法》第 64 条第 1 款的规定，债权人会议的决议须由出席会议的有表决权的债权人过半数通过，并且其所代表的债权额占无财产担保债权总额二分之一以上。因此少数债权人对管理人报酬数额有异议，但在债权人会议中未获通过，仍不能与管理人进行协商或向法院提出异议。根据《企业破产法》第 64 条第 2 款的规定，债权人认为债权人会议的决议违反法律规定，损害其利益的，可

---

① 齐明：《中国破产法原理与适用》，法律出版社 2017 年版，第 81 页。

以自债权人会议作出决议之日起 15 日内，请求人民法院裁定撤销该决议，责令债权人会议依法重新作出决议。少数对管理人报酬数额有异议的债权人可以通过请求撤销债权人会议决议的形式获得救济。又因破产程序以保护全体债权人利益为目标，此处人民法院应当对有异议债权人的申请进行审查，若管理人报酬之数额将会影响破产程序顺利进行，或减损债务人财产价值，损害全体债权人之利益，方得撤销。

各国立法中就管理人报酬的确定主体存在由法院确定和由债权人会议确定两种不同的立法模式。我国对管理人报酬决定采用的是由人民法院确认的立法例。债权人只享有知情权、集体协商权和集体异议权，最后报酬的确定权在人民法院手中。人民法院确认的优点在于，可以减少因债权人会议意见不一致导致破产程序拖延的现象。① 缺点在于，由人民法院确认管理人报酬与法院裁判职能不符，若缺少监督容易导致腐败。② 且管理人的报酬从破产财产中优先支付，管理人报酬过高会损害债权人的合法权益。债权人的意思在管理人报酬确认中体现较少，不利于对债权人利益的维护。因此，有学者建议在保留人民法院最终审查权的基础上，由人民法院、破产管理局、破产债权人共同采用招标的方式或其他市场化运作方式来确定管理人报酬。③

【参考依据】

《企业破产法》

第 64 条 债权人会议的决议，由出席会议的有表决权的债权人过半数通过，并且其所代表的债权额占无财产担保债权总额的二分之一以上。但是，本法另有规定的除外。

债权人认为债权人会议的决议违反法律规定，损害其利益的，可以自债权人会议作出决议之日起十五日内，请求人民法院裁定撤销该决议，责令债权人会议依法重新作出决议。

---

① 王欣新：《论新破产法中管理人制度的设置思路》，载《法学杂志》2004 年第 5 期。

② 冯尚宗、张国刚：《试论破产管理人法律制度》，载《湖北社会科学》2008 年第 5 期。

③ 冯尚宗、张国刚：《试论破产管理人法律制度》，载《湖北社会科学》2008 年第 5 期。

债权人会议的决议，对于全体债权人均有约束力。

《关于审理企业破产案件确定管理人报酬的规定》

第6条 人民法院应当自确定管理人报酬方案之日起三日内，书面通知管理人。

管理人应当在第一次债权人会议上报告管理人报酬方案内容。

第8条 人民法院确定管理人报酬方案后，可以根据破产案件和管理人履行职责的实际情况进行调整。

人民法院应当自调整管理人报酬方案之日起三日内，书面通知管理人。管理人应当自收到上述通知之日起三日内，向债权人委员会或者债权人会议主席报告管理人报酬方案调整内容。

第17条 债权人会议对管理人报酬有异议的，应当向人民法院书面提出具体的请求和理由。异议书应当附有相应的债权人会议决议。

第18条 人民法院应当自收到债权人会议异议书之日起三日内通知管理人。管理人应当自收到通知之日起三日内作出书面说明。

人民法院认为有必要的，可以举行听证会，听取当事人意见。

人民法院应当自收到债权人会议异议书之日起十日内，就是否调整管理人报酬问题书面通知管理人、债权人委员会或者债权人会议主席。

《德国破产法》①

第63条 破产管理人有权为其事务执行活动请求酬金并有权请求归还适当的垫款。酬金的一般数额依照破产程序终结时破产财产所具有的价值计算。对破产管理人执行事务的规模和难度以及对一般数额的变通予以考虑。

第64条 （1）破产法院以裁定确定破产管理人的酬金和应向其归还的垫款。

（2）此项裁定应当公开公告并向破产管理人和债务人特别送达，设立债权人委员会的，也应向债权人委员会的成员特别送达。所确定的数额不应予以公布；公开公告中应当指明可以在法院文书处查阅裁定全文。

---

① 学界对德国的破产法存在两种译法，一种译为《德国破产法》，参见［德］莱因哈德·波克：《德国破产法导论》，王艳柯译，北京大学出版社2014年版；另一种译为《德国支付不能法》，参见杜景林、卢谌译：《德国支付不能法》，法律出版社2002年版。本书统一使用《德国破产法》。

（3）对于此项裁定，破产管理人、债务人和任何破产债权人均有权提出即时抗告。《民事诉讼法》第567条第2款相应适用。

《日本破产法》

第87条　破产财产管理人可以接受预付的费用以及法院确定的报酬。

对于基于前款规定的决定，可以提起上诉。

前二款的规定准用于破产财产管理人代理。

《美国破产法》

第326条　（a）在本法第7章或第11章的案件中，法庭可以依据本法第330条的规定，对管理人提供的服务支付合理的报酬。该报酬在管理人实施服务后支付，并根据管理人在案件中向利益相关方（不包括债务人，但包括抵押债权人）分配或移交的所有款项来确定。金额在5000美元以内的部分，不应超过其款项的25%；金额在5000美元以上，5万美元以下的部分，不应超过其款项的10%；金额在5万美元以上，100万美元以下的部分，不应超过其款项的5%；金额在100万美元以上的部分，不应超过其款项的3%。

（b）在本法第12章或第13章的案件中，法庭不应向联邦管理人或根据美国法典第28编第586条（b）所指定的常任管理人支付报酬或偿付相应开支，但是可以向根据本法第1202条（a）或第1302条（a）所指定的管理人，根据本法第330条的规定支付合理的报酬。该报酬应不超过该计划中所有款项5%的范围内，且应在管理人实施服务后支付。

（c）如果案件中不止一位管理人，则向所有管理人支付报酬的总额不能超过根据本条（a）和（b）向提供相同服务的单个管理人所能够支付的报酬的最大额。

（d）如果管理人没有对本法第328条（c）所规定的可以不支付报酬的事项进行详尽的调查（而未了解该事实）或者在了解该事实的情况下，根据本法第327条的规定雇用了专业人员，则法庭可以拒绝向管理人的服务支付报酬或偿付开支。

第330条　（a）（1）在通知当事人和联邦托管人并召开听证会之后，根据第326、328和329条，法庭可以给予管理人、根据第332条所任命的消费者私人监察员、破产监督人、根据第333条任命的监察员以及根据第327条或第1103条雇佣的专业人士以下报酬：

（A）对管理人、监督人、监察员、专业人士、律师和辅助专职人员提

供的实际的、必要的服务给予合理的报酬;

（B）对实际必要开支的报销。

（2）法庭可以自己决定，或根据联邦管理人、地区管理人、管理人或其他任何利益相关方的决定，给予不超过其要求数额的报酬。

（3）在决定给予破产监督人、第11章中的管理人或专业人士报酬的合理数额时，法庭应当考虑该服务的性质、内容和价值，并考虑以下相关因素——

（A）在该项服务上所花费的时间;

（B）该项服务所要求的费用;

（C）该服务对于本法项下的破产案件的管理是否必要，或服务实施时是否有利于破产案件的处理;

（D）该服务是否是在与所处理的问题、事务或任务的复杂性、重要性和种类都相称的合理的期限内实施;

（E）对于专业人士，无论该人士是否已获委员会认证，或已显示在破产方面的技能和经验;并且

（F）该报酬是否是以合理的、由非破产案件相类似的熟练从业者提出的惯用报酬标准为基础。

（4）

（A）除非在本款（B）中另有规定，法庭不允许对下列事项给付报酬——

（i）不必要的重复服务;

（ii）不符合下列条件的服务——

（I）具有增加债务人财产合理的可能性;

（II）为破产案件管理所必须。

（B）在第12章、第13章的破产案件中，当债务人是个人时，法庭可以在考虑该服务对债务人的有益性和必要性以及其他本条所列的因素的基础上，允许对代表债务人与破产案件相关利益的律师给予合理报酬。

（5）法庭应当在本条所确定的报酬数额确定中减去根据本法第331条临时裁决的报酬数额，如果临时裁决的报酬数额超过了本条所确定的报酬数额，应将超过部分返还破产财产。

……

第331条 管理人、破产监督人、债务人的律师或根据本法第327

条、第 1103 条所雇佣的专业人士,在本法所规定的案件中破产令发出后,可以最多每隔 120 天一次,或经法院许可后更多次地向法院提出申请,要求支付提出申请之前所实施的服务的报酬,或根据本法第 330 条的规定,报销在该日期之前已产生的费用。在通知和听证之后,法庭可以批准并支付给申请人报酬或报销费用。

19. 债务人财产均为抵押财产,管理人与抵押权人对管理人报酬不能协商一致,按现行法规定所确认管理人报酬数额过低,如何处理?

【回答】

债务人财产均为抵押财产,管理人对担保物的维护、变现、交付等管理工作付出合理劳动的,有权向担保权人收取适当的报酬。如果管理人与抵押权人就管理人报酬协商不成,应当由人民法院综合考虑担保物的价值、性质、管理人对担保物管理所付出的时间和精力等事项,要求担保物权人承担相应的管理人报酬。

【理由】

原则上,确定管理人报酬时不需要考虑担保物权实现的问题。根据《关于审理企业破产案件确定管理人报酬的规定》第 2 条第 2 款的规定,担保物价值不纳入计算管理人报酬的财产价值总额,其理由在于土地使用权、商标权、专利权等担保物权的标的物不需要支出维护费用,而质押权、留置权的标的物由占有该标的物的担保物权人承担,也与管理人无关。① 对大部分担保物权而言,管理人无需付出劳动或支出费用,也就无权从中获得报酬。

当债务人进入破产程序后,原由其占有的财产应由管理人接管。抵押权以标的物不移转占有为特征,进入破产程序后,抵押物应由管理人接管与占有。根据《企业破产法》第 30 条以及《破产法解释二》第 3 条第 1 款的规定,破产申请受理时属于债务人已依法设定担保物权的特定财产属于债

---

① 王欣新:《破产费用、共益债务与物权担保债权间的清偿关系》,载《人民法院报》2015 年 9 月 2 日第 7 版。

务人财产。而根据《企业破产法》第 25 条第 1 款第 6 项的规定，应由管理人管理和处分债务人的财产。故抵押物作为设定有担保物权的特定财产，也应由管理人管理和处分。根据《企业破产法》第 41 条、第 43 条的规定，人民法院受理破产申请后，管理、变价和分配债务人财产的费用以及管理人执行职务的费用，属于破产费用，由债务人财产随时清偿。但《企业破产法》并未规定从何种债务人财产中清偿，需要对管理、处分抵押物的费用开支和管理人管理、处分抵押物所应获得报酬分别进行讨论。首先，根据《物权法》第 173 条（《民法典》第 389 条）的规定，保管担保财产和实现担保物权的费用应从担保物的变价款中支付。因此，对于管理人管理和处分抵押财产所支出的费用，应当从抵押物变现的价款中受偿，对此争议不大。其次，管理人为管理和处分抵押物付出了一定的劳动，理应获得相应的报酬。根据《关于审理企业破产案件确定管理人报酬的规定》第 13 条的规定："管理人对担保物的维护、变现、交付等管理工作付出合理劳动的，有权向担保权人收取适当的报酬。管理人与担保权人就上述报酬数额不能协商一致的，人民法院应当参照本规定第二条规定的方法确定，但报酬比例不得超出该条规定限制范围的 10%。"实践中往往因管理人报酬确认的问题引发争议。

当大部分或全部债务人财产均为抵押财产时，此时无抵押财产的价值可能不足以支付破产费用。若依据《企业破产法》第 43 条的规定而终结破产程序，又会遗留大量未经破产处置的抵押财产，导致破产制度的目标落空。若按照上述规定继续进行破产程序，可能无法完全回应现实的需求。抵押权人认为自己并未因破产程序的启动而获得更大的利益，反而可能因重整程序的启动导致行使权利受限。故抵押权人认为由其承担整个破产程序的费用不公平。对管理人而言，对担保物的报酬收取标准远远低于一般标准。而且实践中，银行、资产公司等抵押权人可能会以内部审批无法通过为由拒绝与管理人协商，直接引用上述 10% 的报酬标准规定径行确定管理人报酬。[1] 据此确定的报酬标准过低，管理人缺少履职的动力。

本书认为，在债务人财产之上全部或大部分负有抵押权的情形下，应当由抵押权人承担破产费用和共益债务。理由如下：首先，谁受益谁付费

---

① 范丰盛：《破产管理人报酬制度改革之我见》，载陈夏红、闻芳谊主编《破产执业者及行业自治》，法律出版社 2018 年版，第 270 页。

符合公平原则。当债务人的大部分乃至全部财产之上都存在抵押权时，破产程序主要围绕抵押财产的变价以及在抵押权人之间的分配进行，破产程序的目的主要是为了抵押权人的利益。所以抵押权人应当承担无担保财产不足以支付的全部破产费用和共益债务。当抵押人为多人时，应按照债权及担保物价值的比例分担。① 其次，无论是清算程序还是重整程序，抵押权人都可以从中获益，具体又体现在以下几个方面：第一，破产程序作为概括性的清偿程序，可以减少或避免享有抵押权的债权人在抵押财产不足以全额清偿债权时另行诉讼、申请保全、申请执行的支出。第二，破产程序将债务人财产视为整体，通过整体处置债务人财产，可以提升债务人财产的市场价值，往往也可以提升抵押物的价值。尤其是当抵押物难以立即变现或分散变现损失较大时，破产程序整体处置的优势更为明显。② 故要求担保物权人承担包括重整在内的破产程序所产生的破产费用及共益债务，具有正当性。

回到具体问题之中，若债务人的财产大部分或全部为抵押财产，管理人首先可与抵押权人就报酬问题积极协商，充分阐明破产程序中担保物权人所能获得的利益，尽量达成一致意见。若管理人与抵押权人不能达成一致意见，人民法院应当综合考虑担保物的价值、性质、管理人对担保物管理所付出的时间和精力等事项，及时、合理确定管理人就担保物已完成的管理工作应得的报酬。若担保物权人仍不愿意支付程序继续进行的费用，则只能根据《企业破产法》第 43 条的规定，终结破产程序。或者依照"无产可破"破产案件的处理模式，进行最低限度的处理。

【参考依据】

《企业破产法》

第 41 条 人民法院受理破产申请后发生的下列费用，为破产费用：

……

(二)管理、变价和分配债务人财产的费用；

---

① 王欣新：《破产费用、共益债务与物权担保债权间的清偿关系》，载《人民法院报》2015 年 9 月 2 日第 7 版。

② 许胜锋：《管理人制度适用的现实困局及立法建议》，载《法律适用》2017 年第 15 期。

......

第 43 条第 1 款 破产费用和共益债务由债务人财产随时清偿。

《物权法》

第 173 条 担保物权的担保范围包括主债权及其利息、违约金、损害赔偿金、保管担保财产和实现担保物权的费用。当事人另有约定的，按照约定。

《民法典》

第 389 条 担保物权的担保范围包括主债权及其利息、违约金、损害赔偿金、保管担保财产和实现担保物权的费用。当事人另有约定的，按照其约定。

《破产法解释二》

第 3 条第 1 款 债务人已依法设定担保物权的特定财产，人民法院应当认定为债务人财产。

《关于审理企业破产案件确定管理人报酬的规定》

第 13 条 管理人对担保物的维护、变现、交付等管理工作付出合理劳动的，有权向担保权人收取适当的报酬。管理人与担保权人就上述报酬数额不能协商一致的，人民法院应当参照本规定第二条规定的方法确定，但报酬比例不得超出该条规定限制范围的 10%。

20. 法律规定管理人应在人民法院受理破产申请的同时指定，但管理人的选任又需要经过相应的程序，实践中无法做到"同时指定"，如何解决？

【回答】

考虑到实践中大多数人民法院无法做到于裁定受理同一时间就指定管理人，应对"同时指定"作较宽松解释，只要指定管理人的时间与受理裁定时间相近即可。①

【理由】

《企业破产法》第 13 条的规定一定程度上导致了司法实践中管理人指

---

① 齐明：《中国破产法原理与适用》，法律出版社 2017 年版，第 58 页。

定时间与破产案件审查期限发生冲突。因"同时指定"的规定，人民法院需要在接收破产申请后，在立案审查期限内确认管理人。《关于推进破产案件依法高效审理的意见》则规定，人民法院根据案件具体情况，可以在破产申请受理审查阶段同步开展指定管理人的准备工作。《企业破产法》第 10 条对破产案件立案审查期限有严格规定。人民法院在有限的立案审查期限内，不仅须对所提交的材料进行形式审查，还要对债务人是否存在破产原因等问题进行实质审查。[①] 目前各地存在随机摇号、竞争选任、轮候摇号、直接指定等多种管理人指定方式，其中，较为常见的摇号方式指定管理人多需要一周以上时间。人民法院往往需要在十几天内完成所有的审查工作。如遇重大疑难案件，人民法院可能难以在如此短暂的期限内作出客观合理判断。[②] 而竞争选任更需要经历发布公告、评审申报材料、现场陈述、讨论研究等一系列流程，选任过程耗时少则半月，多则两月，几乎不可能做到"同时指定"。[③]

在我国同时采用破产案件受理开始主义与由人民法院指定管理人立法例的背景下，这一冲突不可避免，但存在一定缓和的方式。首先，从"同时指定"的目的来看，《企业破产法》第 13 条之所以要求人民法院应于裁定受理破产申请时同时指定管理人，其目的在于破产程序开始后债务人丧失对其财产的管理权和处分权。为了避免债务人财产无人管理而造成损失，应于破产程序开始的同时指定管理人，以有效地对债务人财产进行管理，维护债权人和债务人双方的利益。[④] 但是《企业破产法》采用的是广义的破产概念，包含和解、重整和破产清算三种程序，在人民法院受理破产案件之时，债务人与各债权人之间的利益冲突尚未达到宣告破产时的尖锐程度。国际通行惯例中管理人应自破产程序开始时就全面接管

---

① 李永军、王欣新、邹海林、徐阳光：《破产法》（第二版），中国政法大学出版社 2017 年版，第 28 页。

② 周焕然、范晓玲：《破产管理人"金字塔式"选任模式研究》，载广州市法学会编《法治论坛（2018 年第 1 辑）》，中国法制出版社 2018 年版，第 112~113 页。

③ 夏正芳、李荐、张俊勇：《管理人选任机制实证研究——以江苏法院管理人选任机制改革实践为蓝本》，载《法律适用》2017 年第 15 期。

④ 安建主编：《中华人民共和国企业破产法释义》，法律出版社 2006 年版，第 28 页。

债务人的财产。① 此处的"破产"当为狭义的破产，即仅指破产清算程序。在重整程序中，由处于经营状况的债务人(Debtor in Possession；DIP)继续履行控制权的现象十分常见。根据《企业破产法》第 15 条第 1 款第 1 项的规定，在指定管理人并接管债务人财产之前，应由债务人的有关人员妥善保管其占有和管理的财产。如果债务人的法定代表人或经人民法院决定的财务管理人员和其他经营管理人员能够按照该条的规定，积极履行保管义务，那么债务人的财产不会在人民法院受理后管理人指定前陷入管理真空期。其次，在人民法院受理破产申请后，除由管理人接管债务人财产外，还会产生个别清偿受到限制、债务人人身受到限制、保全措施和执行程序中止、排斥其他法院对新诉讼案件的管辖等其他效力，这些效力一定程度上也可以降低债务人财产价值受损的风险，减少债务人利用管理人尚未指定与接管其财产之机损害债权人利益的可能性。

为了缓解法律规定"同时指定"和事实上难以同时指定的矛盾，一方面，人民法院应当完善管理人的指定方式，缩短受理破产案件到指定管理人的时间间隔。《破产审判纪要》中提出要实行管理人分级管理。高级人民法院或者自行编制管理人名册的中级人民法院可以综合考虑管理人的专业水准、工作经验、执业操守、工作绩效、勤勉程度等因素，合理确定管理人等级，对管理人实行分级管理、定期考评。对于债务人财产数量不多、债权债务关系简单的破产案件，可以在相应等级的管理人中采取轮候、抽签、摇号等方式随机指定管理人。这一举措既可以减少因所指定的管理人不能胜任管理工作而产生的外部成本，也能避免因甄选不同层次管理人产生的内部成本。② 可以缩短指定管理人所需时间。在发布选任公告时，利用全国企业破产重整案件信息网，将公告周期缩短至 3~5 个工作日，同时加快评审和摇号程序的节奏，及时完成管理人选任工作。③ 另一方面，应当落实债务人的有关人员的保管义务，强化债务人的责任。根据《企业破产法》第 138 条和《破产法解释二》第 18 条的规定，债务人在破产

---

① 黄小丹：《反思与重塑：试论我国破产管理人制度的完善》，载王欣新、尹正友主编《破产法论坛(第 4 辑)》，法律出版社 2010 年版，第 102 页。

② 杜军：《管理人制度完善的路径与思考》，载《人民法院报》2018 年 3 月 21 日第 7 版。

③ 夏正芳、李荐、张俊勇：《管理人选任机制实证研究——以江苏法院管理人选任机制改革实践为蓝本》，载《法律适用》2017 年第 15 期。

程序启动前后实施破产可撤销行为或无效行为，造成债务人财产损失，损害债权人利益的，债务人的法定代表人和其他直接责任人员所涉债务人财产的相关行为存在故意或者重大过失，管理人可以代表债务人要求有关责任人员承担赔偿责任。且该责任存在民事权益救济途径的多元性，因债务人有关人员的行为利益受损之债权人也可要求有关人员承担侵权责任，直接请求有关人员就财产损失进行赔偿。① 避免出现债务人财产事实上无人管理的现象，造成不必要的损失。

【参考依据】

《企业破产法》

第 13 条 人民法院裁定受理破产申请的，应当同时指定管理人。

第 15 条 自人民法院受理破产申请的裁定送达债务人之日起至破产程序终结之日，债务人的有关人员承担下列义务：

（一）妥善保管其占有和管理的财产、印章和账簿、文书等资料；

……

第 128 条 债务人有本法第三十一条、第三十二条、第三十三条规定的行为，损害债权人利益的，债务人的法定代表人和其他直接责任人员依法承担赔偿责任。

《关于推进破产案件依法高效审理的意见》

5. 人民法院根据案件具体情况，可以在破产申请受理审查阶段同步开展指定管理人的准备工作……

《破产审判纪要》

第 6 条 实行管理人分级管理。高级人民法院或者自行编制管理人名册的中级人民法院可以综合考虑管理人的专业水准、工作经验、执业操守、工作绩效、勤勉程度等因素，合理确定管理人等级，对管理人实行分级管理、定期考评。对债务人财产数量不多、债权债务关系简单的破产案件，可以在相应等级的管理人中采取轮候、抽签、摇号等随机方式指定管理人。

《破产法解释二》

第 18 条 管理人代表债务人依据企业破产法第一百二十八条的规定，

---

① 张善斌主编：《破产法研究综述》，武汉大学出版社 2018 年版，第 629 页。

以债务人的法定代表人和其他直接责任人员对所涉债务人财产的相关行为存在故意或者重大过失，造成债务人财产损失为由提起诉讼，主张上述责任人员承担相应赔偿责任的，人民法院应予支持。

《德国破产法》

第 21 条 （1）破产法院应当采取一切必要措施，以防止在对申请作出裁判之前债务人财产状况发生不利于债权人的变动。债务人有权对采取措施命令提出即时抗告。

（2）法院尤其可以：

1. 指定一名临时管理人

……

21. 在破产申请受理前为企业预重整等提供专项顾问服务的社会中介机构，在企业进入破产程序后，是否会因为《企业破产法》第 24 条的规定，被认为与案件"有利害关系"，而不得担任管理人？

【回答】

在破产申请受理前为企业预重整等提供专项顾问服务的社会中介机构，在企业进入破产程序后，原则上不应认为与破产案件具有利害关系，可以担任管理人。

【理由】

《企业破产法》第 24 条第 3 款第 3 项以"与本案有利害关系"为管理人任职之消极要件，《关于审理企业破产案件指定管理人的规定》第 23 条、第 24 条则细化了这一条的规定，社会中介机构、清算组成员或清算组成员的派出人员、社会中介机构的派出人员、个人管理人"在人民法院受理破产申请前三年内，曾为债务人提供相对固定的中介服务"或"现在担任或者在人民法院受理破产申请前三年内曾经担任债务人、债权人的财务顾问、法律顾问"，可能影响其忠实履行管理人职责，可认为存在利害关系，不得担任管理人。

存在利害关系不得担任管理人，是回避制度在破产程序中的体现，目的在于保证破产程序顺利进行。① 司法解释规定中将"可能影响其忠实履行管理人职责"与其他条件相并列,对于这种规定的理解不能简单化,既不能认为只要存在法律明确规定的情形一概会影响到管理人忠实履职,也不能认为所有的情形下都需要再行判断是否会影响到管理人忠实履职,而应当从制度目的出发,区别不同的情形,分别从立法列举的范围之外和之内进行裁量认定。比如对于同学关系、同居关系、密友关系等,法院裁量的关键在于是否构成,一旦构成就应当排除其资格;而对于业务往来、经济联系而言,人民法院在判断是否构成之外,还须判断这种联系是否构成实质性利益冲突,如果存在一定的利益重叠,但是不至于影响破产程序公正、顺利进行,则仍可以由其担任管理人。②

为企业预重整提供专项顾问服务,应当属于后者。如果管理人与破产案件所涉及的当事人或破产财产存在的关系没有达到足以影响公正履行管理人职责的程度,可不受利害关系规定的制约。有观点认为,在破产案件受理前接受债务人委托的社会中介机构接受的是单方委托,其客观性、公正性不如随机指定的中介机构。③ 但是至少就为企业预重整提供专项服务的社会中介机构而言,其客观性、公正性不亚于随机指定的中介机构。预重整程序目的与重整程序相同,都是为了拯救企业的经济与社会价值。④在破产程序启动之前,债权人和债务人的利益是一致的,债务人的挽救与新生也符合债权人的期待,故为预重整提供中介服务并非代表债务人或债权人某一方主体的利益,也不存在于相互冲突的利益博弈中维护委托人一方的利益的问题。且为企业预重整等提供专项顾问服务的中介机构,其从事的活动同样具有中立性与独立性,破产预先服务与管理人在利益方面具有一致性和相容性,在事务性质上具有同一性和延续性。原则上由提供破产预先服务的中介机构担任管理人不会影响管理人公正忠实履职。而且由社会中介机构为企业提供预重整服务,是市场经济发展的客观需要,有助

<hr>

① 安建主编:《中华人民共和国企业破产法释义》,法律出版社 2006 年版,第42 页。

② 王欣新:《破产管理人指定中"与本案有利害关系"的认定》,载《人民法院报》2014 年 4 月 9 日第 7 版。

③ 沈志先主编:《破产案件审理实务》,法律出版社 2013 年版,第 118 页。

④ 张善斌主编:《破产法研究综述》,武汉大学出版社 2018 年版,第 264~265页。

于破产法的实施和破产程序的顺利进行，应当予以支持和鼓励。如果不允许提供预重整服务的社会中介机构在随后的破产程序中担任管理人，将会大大降低社会中介机构从事预重整工作的积极性，不利于破产程序的完善，不符合破产法的发展趋势与运作规律。①

破产程序应平衡公平和效率两大立法价值，过于追求公平而忽视效率也不可取。预先提供过服务的社会中介机构熟悉企业情况，能够有效地减少沟通与博弈成本，也能够保证重整工作获得专业力量的支撑，可以极大地提高破产程序处理的效率。提供过咨询服务的中介机构继续担任后续破产程序中的管理人所带来的执业风险和道德风险，可以通过加强监管与处罚来防范，无须将其完全排除于管理人之外。②

综上，在破产申请受理前为企业预重整等提供专项顾问服务，与《关于审理企业破产案件指定管理人的规定》第23条第4项规定的"现在担任或者人民法院受理破产申请前三年内曾经担任债务人、债权人的财务顾问、法律顾问"这类代表一方主体利益的情形并不完全相同，原则上可不作为该中介机构选任为管理人的消极条件。但是如果社会中介机构在提供前期服务之后，确实不能再依法公正地履行职务，则人民法院可以根据《企业破产法》第24条第3款第4项的规定，认为其属于不宜担任管理人的其他情形，不指定该社会中介机构为管理人。

【参考依据】

《企业破产法》

第24条 管理人可以由有关部门、机构的人员组成的清算组或者依法设立的律师事务所、会计师事务所、破产清算事务所等社会中介机构担任。

人民法院根据债务人的实际情况，可以在征询有关社会中介机构的意见后，指定该机构具备相关专业知识并取得执业资格的人员担任管理人。

有下列情形之一的，不得担任管理人：

（一）因故意犯罪受过刑事处罚；

---

① 王欣新：《破产管理人指定中"与本案有利害关系"的认定》，载《人民法院报》2014年4月9日第7版。

② 许胜锋：《管理人制度适用的现实困局及立法建议》，载《法律适用》2017年第15期。

(二)曾被吊销相关专业执业证书;

(三)与本案有利害关系;

(四)人民法院认为不宜担任管理人的其他情形。

个人担任管理人的,应当参加执业责任保险。

《关于审理企业破产案件指定管理人的规定》

第23条 社会中介机构、清算组成员有下列情形之一,可能影响其忠实履行管理人职责的,人民法院可以认定为企业破产法第二十四条第三款第三项规定的利害关系:

(一)与债务人、债权人有未了结的债权债务关系;

(二)在人民法院受理破产申请前三年内,曾为债务人提供相对固定的中介服务;

(三)现在是或者在人民法院受理破产申请前三年内曾经是债务人、债权人的控股股东或者实际控制人;

(四)现在担任或者在人民法院受理破产申请前三年内曾经担任债务人、债权人的财务顾问、法律顾问;

(五)人民法院认为可能影响其忠实履行管理人职责的其他情形。

第24条 清算组成员的派出人员、社会中介机构的派出人员、个人管理人有下列情形之一,可能影响其忠实履行管理人职责的,可以认定为企业破产法第二十四条第三款第三项规定的利害关系:

(一)具有本规定第二十三条规定情形;

(二)现在担任或者在人民法院受理破产申请前三年内曾经担任债务人、债权人的董事、监事、高级管理人员;

(三)与债权人或者债务人的控股股东、董事、监事、高级管理人员存在夫妻、直系血亲、三代以内旁系血亲或者近姻亲关系;

(四)人民法院认为可能影响其公正履行管理人职责的其他情形。

22. 管理人接管企业后,需要找相关单位或人员调查了解企业的资产、债权债务等情况,有些单位或人员不予配合,该如何处理?

【回答】

对于《企业破产法》规定有协助义务的相关主体,管理人可以请求法院对不配合调查的直接责任人员采取强制措施。对于《企业破产法》尚未规定有协助义务的相关主体，现行法下管理人可以请求人民法院出面协调。若相关主体不予配合，妨害破产程序的正常进行，人民法院可以适用《民事诉讼法》的规定对其进行制裁。

【理由】

《企业破产法》在管理人职责设计上基本上反映了管理人中心主义的要求，即破产程序中的事务性工作都由管理人来实施，管理人在破产程序开始后依法对债务人财产进行接管、清理、保管、运营以及必要的处分，以更好地保护债权人和债务人的利益。[①] 根据《企业破产法》第 25 条的规定，管理人负有接管债务人的财产、印章和账簿、文书等资料，调查债务人财产状况，制作财产状况报告等职责。与之相适应，管理人也应当享有履行职责所必需的权利。《律师法》第 35 条第 2 款规定："律师自行调查取证的，凭律师执业证书和律师事务所证明，可以向有关单位或者个人调查与承办法律事务有关的情况。"但是《企业破产法》并未明确规定管理人在破产程序中的调查权。[②] 各类主体于破产程序中协助义务的规定较为模糊和抽象。因此，管理人职责较为明确，但履行职责所应享有的权利目前还难以得到保障。下文针对不同主体分别分析其在现行法下的协助义务，以及不履行协助义务有可能承担的法律后果。

第一，对于债务人的有关人员和直接责任人违反破产法律义务，《企业破产法》明确规定了其应承担的相应法律责任。在管理人行使管理职责的过程中，根据《企业破产法》第 15 条的规定，债务人的有关人员在破产程序中负有合作与协助义务、信息提供义务和附属义务。[③] 债务人的有关人员应当妥善保管由其占有和管理的财产、印章和账簿、文书等资料；根据人民法院、管理人的要求进行工作，并如实回答询问；列席债权人会议并如实回答债权人的询问；未经人民法院许可，不得离开住所地。债务人

[①] 邹海林：《破产法——程序理念与制度结构解析》，中国社会科学出版社 2016 年版，第 137 页。

[②] 孙创前：《理想与现实：破产管理人功能定位的思辨》，载陈夏红、闻芳谊主编《破产执业者及行业自治》，法律出版社 2018 年版，第 267 页。

[③] 王卫国：《破产法精义》，法律出版社 2007 年版，第 40 页。

的有关人员是指企业的法定代表人，经人民法院决定，还可以包括企业的财务管理人员和其他经营管理人员。

《企业破产法》也规定了上述主体违反协助义务的法律后果。根据《企业破产法》第 127 条的规定，债务人违反本法规定，拒不向人民法院提交或者提交不真实的财产状况说明、债务清册、债权清册、有关财务会计报告以及职工工资的支付情况和社会保险费用的缴纳情况的；或债务人违反本法规定，拒不向管理人移交财产、印章和账簿、文书等资料的，或者伪造、销毁有关财产证据材料而使财产状况不明的，人民法院可以对直接责任人员依法处以罚款。需注意的是，本条中承担责任的主体不限于债务人的有关人员，还包括其他直接责任人员。换言之，除了履行经营管理职责的人员外，职务上不具有经营管理职责，但直接实施了上述行为的债务人的工作人员也要承担责任，人民法院也可以对其处以罚款。① 除此之外，根据《企业破产法》第 126 条、第 129 条的规定，有义务列席债权人会议的债务人的有关人员，经人民法院传唤，无正当理由拒不列席债权人会议的，人民法院可以拘传，并依法处以罚款。债务人的有关人员违反本法规定，拒不陈述、回答，或者作虚假陈述、回答的，人民法院可以依法处以罚款；债务人的有关人员擅自离开住所地的，人民法院可以予以训诫、拘留，可以依法并处罚款。情节严重的，可能构成《刑法》第 162 条所规定的妨碍清算罪，可以追究对其直接负责的主管人员和其他直接责任人员的刑事责任。

因此，债务人或者债务人的有关人员阻挠、妨害或拒绝协助调查的，管理人可以请求法院对不配合调查的直接责任人员采取强制措施。② 《企业破产法》对于罚款的金额和拘留的期限未作规定，可以参照适用《民事诉讼法》有关妨害民事诉讼程序的强制措施的规定，对个人罚款的金额，为人民币 1 万元以下；对单位的罚款金额，为人民币 1 万元以上 30 万元以下；拘留的期限为 15 日以下。③

---

① 许胜锋主编：《人民法院审理企业破产案件裁判规则解析》，法律出版社 2016 年版，第 376 页。

② 邹海林：《破产法——程序理念与制度结构解析》，中国社会科学出版社 2016 年版，第 173 页。

③ 李永军、王欣新、邹海林、徐阳光：《破产法》（第二版），中国政法大学出版社 2017 年版，第 200~201 页。

第二，对于破产债权人、破产债务人的关联公司、破产债务人原经营管理人等其他民事主体以及行政机关，管理人可以申请法院出面协调，若相关民事主体和行政机关不予配合会严重影响到破产程序的进行，可以准用《民事诉讼法》对妨害民事诉讼的强制措施的规定。这些民事主体和行政机关对破产程序的顺利进行也至关重要。首先，其他主体有可能掌握债务人的经营信息，了解债务人的财产状况。比如银行掌握有破产企业的账户信息，房产登记部门掌握有破产企业名下的所有房产信息，车辆登记部门掌握有破产企业名下的车辆登记信息。破产债务人的非为经营管理人员的工作人员、原经营管理人员也有可能因参与过破产债务人的经营活动，而掌握债务人的财产情况。其次，破产程序中行政机关的配合也十分重要，破产程序进行过程中存在股权与资产变更、营业业务调整等事项，以及企业注销登记等程序，需要工商、税务等机关的配合。如果相关主体、行政机关不予配合，既可能导致管理人无法充分准确掌握债务人的财产信息，导致全体债权人利益受损，也有可能导致破产程序无法继续进行。但是《企业破产法》并未规定这些主体的配合义务以及违反配合义务的法律后果。在实践中相关主体不予配合、影响破产程序进行的现象时有出现。在实践中，出于对破产程序不熟悉或对管理人不信任等原因，许多单位在规程中将法院的生效法律文书作为办理有关手续的要件。例如对上市公司原股东股权的划转，负责这一业务的中国证券登记结算有限责任公司北京分公司就要求股东股权在司法过户时必须提交由法院出具的"协助执行通知书"，否则不予办理。[1] 现阶段仅靠管理人显然无法完成破产程序中的各项工作。

对于管理人履行职务过程中因上述主体不配合而遇到的障碍，目前可能需要人民法院出面进行协调，"法官有时还得亲力亲为，如与政府相关部门协调、配合管理人做当事人工作，以及一些必须由法院出面才能解决的问题，由法官依法作为，事情进展才会快一些"[2]。人民法院可以应管理人的请求，出具调查令或协助执行通知书，要求相关主体配合管理人的工作，协助进行调查或者办理相关手续。人民法院在协调过程中应当注意

---

[1] 王欣新：《谈重整计划执行中的协助执行》，载《人民法院报》2016 年 7 月 13日第 7 版。

[2] 徐根才：《破产法实践指南》（第二版），法律出版社 2018 年版，第 81 页。

介入的程度，管理人是破产事务的执行者，人民法院工作的核心在于保障与监督，而不应完全替代管理人完成相关事务。管理人也应当认识到自己的独立地位，积极依法履行职责，避免为逃避责任事事请求人民法院协调。

一旦人民法院出具了相应的文书，被调查主体或行政机关仍不配合的，可以根据《民事诉讼法》的规定，对其进行制裁。无论将破产程序认定为诉讼事件、非诉事件还是特别事件，都不能否认破产法与民事诉讼法的紧密联系。为了减少立法重复与弥补破产法之不足，破产程序可以准用民事诉讼法的有关规定。① 有观点则认为破产程序本质上就是一种强制执行程序。② 根据《企业破产法》第 4 条规定，对于破产案件审理程序，《企业破产法》没有规定的，可以适用《民事诉讼法》的有关规定。若相关主体不配合人民法院出具的调查令或协助执行通知书，有害于破产程序的公正和有序进行，可以视为阻挠和干扰人民法院职权的行使或执行程序的进行。即使《企业破产法》无明文规定，仍为应予制裁的"妨害民事诉讼"行为，可以适用《民事诉讼法》第十章的规定。

从立法完善的角度来看，目前《企业破产法》对于管理人调查权的规定存在可调查的事项范围和被调查的主体范围过于狭窄、未规定政府有关部门配合义务、未规定被调查主体不予配合时的法律责任等问题。《企业破产法》修订时应将管理人可调查的范围扩大至所有与保护债权人利益、维护债务人财产等和破产案件相关的事项，被调查主体的范围也应当扩大到所有可能掌握被调查事项信息的主体，应规定政府有关部门配合管理人的调查活动的义务，并且明确被调查主体不配合时的法律责任。③

【参考依据】

《企业破产法》

第 4 条 破产案件审理程序，本法没有规定的，适用民事诉讼法的有

---

① 邹海林：《破产程序和破产法实体制度比较研究》，法律出版社 1995 年版，第 5 页。

② 李永军：《破产法——理论与规范研究》，中国政法大学出版社 2013 年版，第 5 页。

③ 王欣新、郭丁铭：《论我国破产管理人职责的完善》，载《政治与法律》2009年第 9 期。

关规定。

第 15 条 自人民法院受理破产申请的裁定送达债务人之日起至破产程序终结之日，债务人的有关人员承担下列义务：

（一）妥善保管其占有和管理的财产、印章和账簿、文书等资料；

（二）根据人民法院、管理人的要求进行工作，并如实回答询问；

（三）列席债权人会议并如实回答债权人的询问；

（四）未经人民法院许可，不得离开住所地；

（五）不得新任其他企业的董事、监事、高级管理人员。

前款所称有关人员，是指企业的法定代表人；经人民法院决定，可以包括企业的财务管理人员和其他经营管理人员。

第 126 条 有义务列席债权人会议的债务人的有关人员，经人民法院传唤，无正当理由拒不列席债权人会议的，人民法院可以拘传，并依法处以罚款。债务人的有关人员违反本法规定，拒不陈述、回答，或者作虚假陈述、回答的，人民法院可以依法处以罚款。

第 127 条 债务人违反本法规定，拒不向人民法院提交或者提交不真实的财产状况说明、债务清册、债权清册、有关财务会计报告以及职工工资的支付情况和社会保险费用的缴纳情况的，人民法院可以对直接责任人员依法处以罚款。

债务人违反本法规定，拒不向管理人移交财产、印章和账簿、文书等资料的，或者伪造、销毁有关财产证据材料而使财产状况不明的，人民法院可以对直接责任人员依法处以罚款。

第 129 条 债务人的有关人员违反本法规定，擅自离开住所地的，人民法院可以予以训诫、拘留，可以依法并处罚款。

《民事诉讼法》

第 111 条 诉讼参与人或者其他人有下列行为之一的，人民法院可以根据情节轻重予以罚款、拘留；构成犯罪的，依法追究刑事责任：

（一）伪造、毁灭重要证据，妨碍人民法院审理案件的；

（二）以暴力、威胁、贿买方法阻止证人作证或者指使、贿买、胁迫他人作伪证的；

（三）隐藏、转移、变卖、毁损已被查封、扣押的财产，或者已被清点并责令其保管的财产，转移已被冻结的财产的；

（四）对司法工作人员、诉讼参加人、证人、翻译人员、鉴定人、勘验人、协助执行的人，进行侮辱、诽谤、诬陷、殴打或者打击报复的；

（五）以暴力、威胁或者其他方法阻碍司法工作人员执行职务的；

（六）拒不履行人民法院已经发生法律效力的判决、裁定的。

人民法院对有前款规定的行为之一的单位，可以对其主要负责人或者直接责任人员予以罚款、拘留；构成犯罪的，依法追究刑事责任。

第114条 有义务协助调查、执行的单位有下列行为之一的，人民法院除责令其履行协助义务外，并可以予以罚款：

（一）有关单位拒绝或者妨碍人民法院调查取证的；

（二）有关单位接到人民法院协助执行通知书后，拒不协助查询、扣押、冻结、划拨、变价财产的；

（三）有关单位接到人民法院协助执行通知书后，拒不协助扣留被执行人的收入、办理有关财产权证照转移手续、转交有关票证、证照或者其他财产的；

（四）其他拒绝协助执行的。

人民法院对有前款规定的行为之一的单位，可以对其主要负责人或者直接责任人员予以罚款；对仍不履行协助义务的，可以予以拘留；并可以向监察机关或者有关机关提出予以纪律处分的司法建议。

第115条 对个人的罚款金额，为人民币十万元以下。对单位的罚款金额，为人民币五万元以上一百万元以下。

拘留的期限，为十五日以下。

被拘留的人，由人民法院交公安机关看管。在拘留期间，被拘留人承认并改正错误的，人民法院可以决定提前解除拘留。

《关于推进破产案件依法高效审理的意见》

8. 管理人应当及时接管债务人的财产、印章和账簿、文书等资料。债务人拒不移交的，人民法院可以根据管理人的申请或者依职权对直接责任人员处以罚款，并可以就债务人应当移交的内容和期限作出裁定。债务人不履行裁定确定的义务的，人民法院可以依照民事诉讼法执行程序的有关规定采取搜查、强制交付等必要措施予以强制执行。

……

《日本破产法》

第84条 破产财产管理人执行职务时受到抵抗的，为排除该抵抗，在取得法院的许可后，可以请求警察的协助。

23. 管理人对外委托中介机构进行鉴定、审计、评估等工作，是必须按照人民法院诉讼案件的委托程序进行，还是能够自行选定中介机构？

【回答】

根据《九民纪要》第116条，原则上破产程序中进行财务审计、资产评估的中介机构应由管理人公开选定、委托。当然，管理人对外委托中介机构进行鉴定、审计、评估等工作，也可以参考法院诉讼案件的委托程序。

【理由】

为了保障破产程序的顺利进行，适时对债务人财产进行鉴定、审计、评估当为必要之举。管理人在管理债务人财产、处理破产案件过程中，可能需要处理各领域的问题。管理人虽然应当具有处理破产案件的专业知识和技能，但术业有专攻，管理人总会有力有不逮之时。在破产财产调查、管理、变价的过程中，可能需要委托专业人员对债务人财产进行鉴定、审计或评估。[1] 例如《关于审理企业破产案件若干问题的规定》第83条即规定，处理破产财产前，可以确定有相应评估资质的评估机构对破产财产进行评估。《破产审判纪要》也要求，管理人在向人民法院提出宣告破产申请前，应当进行必要的审计和资产评估。《破产审判纪要》还规定，破产清算中财务审计、资产评价的中介机构由管理人聘请，并由管理人对其聘请机构或人员的相关行为进行监督，人民法院也应当依法规范和监督管理人委托审计、评估等财产管理工作。但对于管理人对外委托中介机构进行鉴定、审计、评估等工作的方式，现行法没有明确的规定。

从理论上来看，破产案件审理中需要委托专业中介机构进行鉴定、审计、评估、拍卖等相关工作的，对外委托主体应为破产企业的管理人而非人民法院。人民法院对委托工作依法进行监督，但不能代替管理人以人民

---

[1] 安建主编：《中华人民共和国企业破产法释义》，法律出版社2006年版，第46页。

法院的名义直接对外出具委托手续。《破产审判纪要》要求，人民法院应当支持和保障管理人依法履行职责，不得代替管理人作出本应由管理人自己作出的决定。管理人应当依法管理和处分债务人财产，审慎决定债务人内部管理事务，不得将自己的职责全部或者部分转让给他人。在管理人中心主义的指导下，破产程序中的各项事务性工作应由管理人而非人民法院完成。对外委托中介机构进行鉴定、审计、评估应为破产案件中的事务性工作，应由管理人完成。管理人非为人民法院的下设机构，其独立性要求其既不隶属于债权人和债务人，也不隶属于人民法院，而是以自己的名义从事职务范围内的活动。① 原则上，适用人民法院诉讼案件的委托程序规定的主体应为人民法院，管理人的委托行为并不受其调整，因此管理人不需要遵守法院诉讼案件委托程序的规定。

由管理人委托中介机构需要在公平和效率之间进行抉择。一方面，虽然根据《企业破产法》第 23 条的规定，管理人履行职责需向人民法院报告工作，并接受债权人会议和债权人委员会的监督，委托中介组织也不例外。只要对于管理人的监督机制能够正常运转，并辅之以管理人为忠实勤勉履行职务所应承担的责任，从理论上讲可以保障鉴定、审计、评估的结果公正、合理、可信。但是，实践中管理人与中介机构之间的隐性利益输送很难为债权人掌握，没有一定的程序约束，债权人可能会担心管理人滥用职权，与受委托组织沆瀣一气，损害债权人的利益。另一方面，人民法院作为行使裁判权的公权力机关，应当适用较为严格的委托程序，以保障其公正与中立。管理人若严格遵守相关规定，可能会使管理人丧失处理问题的灵活性，进而降低案件处理的效率，不利于破产财产价值的最大化。

为了最大限度降低道德风险，同时也降低管理人的责任风险，管理人可以参考法院诉讼案件中的委托程序。最高人民法院民二庭庭长宋晓明在"全国法院证券公司破产案件审理工作座谈会"上的总结讲话中也指出，为防止管理人可能发生的道德风险，管理人聘用的工作人员仍应按照人民法院目前聘用评估、拍卖机构的方法选择有关机构。

为了降低破产案件委托程序成本，提高破产程序处理的效率，在以参照人民法院委托程序为原则的同时，还应当赋予管理人于委托程序上一定的灵活性。四川省高级人民法院在《四川省高级人民法院关于审理破产案

---

① 张善斌主编：《破产法研究综述》，武汉大学出版社 2018 年版，第 398 页。

件若干问题的解答》中认为，在中介机构选定方式上，原则上按照《四川省高级人民法院委托鉴定管理办法》和《四川省高级人民法院委托评估拍卖和变卖管理办法》的规定选定中介机构，再由管理人对外出具委托手续。管理人经人民法院许可，也可以采用公开比选方式选定中介机构，但由此产生的费用和成本不得高于按照司法委托方式产生的费用和成本。但管理人与中介机构之间的利益输送不仅仅体现为委托鉴定费的形式，在没有经过司法委托的前提下，人民法院和债权人也不能确定"按照司法委托方式产生的费用和成本"。管理人可以在人民法院确认的司法鉴定机构等专业评估机构名单中采用抽签、公开比选等方式确认中介机构。

【参考依据】

《企业破产法》

第 23 条 管理人依照本法规定执行职务，向人民法院报告工作，并接受债权人会议和债权人委员会的监督。

管理人应当列席债权人会议，向债权人会议报告职务执行情况，并回答询问。

《关于推进破产案件依法高效审理的意见》

9. 管理人需要委托中介机构对债务人财产进行评估、鉴定、审计的，应当与有关中介机构签订委托协议。委托协议应当包括完成相应工作的时限以及违约责任。违约责任可以包括中介机构无正当理由未按期完成的，管理人有权另行委托，原中介机构已收取的费用予以退还或者未收取的费用不再收取等内容。

《九民纪要》

116. 要合理区分人民法院和管理人在委托审计、评估等财产管理工作中的职责。破产程序中确实需要聘请中介机构对债务人财产进行审计、评估的，根据《企业破产法》第 28 条的规定，经人民法院许可后，管理人可以自行公开聘请，但是应当对其聘请的中介机构的相关行为进行监督。上述中介机构因不当履行职责给债务人、债权人或者第三人造成损害的，应当承担赔偿责任。管理人在聘用过程中存在过错的，应当在其过错范围内承担相应的补充赔偿责任。

《破产审判纪要》

第 8 条 合理划分法院和管理人的职能范围。人民法院应当支持和保障管理人依法履行职责，不得代替管理人作出本应由管理人自己作出的决定。管理人应当依法管理和处分债务人财产，审慎决定债务人内部管理事务，不得将自己的职责全部或者部分转让给他人。

第23条　破产宣告的条件。人民法院受理破产清算申请后，第一次债权人会议上无人提出重整或和解申请的，管理人应当在债权审核确认和必要的审计、资产评估后，及时向人民法院提出宣告破产的申请。人民法院受理破产和解或重整申请后，债务人出现应当宣告破产的法定原因时，人民法院应当依法宣告债务人破产。

《关于审理企业破产案件若干问题的规定》

第83条　处理破产财产前，可以确定有相应评估资质的评估机构对破产财产进行评估，债权人会议、清算组对破产财产的评估结论、评估费用有异议的，参照最高人民法院《关于民事诉讼证据的若干规定》第二十七条的规定处理。

24.《企业破产法》第20条中"管理人接管债务人的财产后"这一状态如何确定？

【回答】

"管理人接管债务人的财产后"既不能理解为管理人开始接管债务人财产，也不能理解为管理人接管完全部债务人财产。管理人的忠实勤勉义务要求管理人在接受指定后，应尽快接管债务人财产、熟悉了解债务人的情况，主动通知恢复诉讼或仲裁程序。人民法院和仲裁机构为了避免程序拖延，应当在管理人已掌握诉讼证据材料后推断其已接管财产，及时恢复诉讼或仲裁程序的进行。实践中可以大致确定中止审理的期限，以指定管理人后1个月左右为宜。并允许管理人申请延期。

【理由】

破产程序开始后，债务人原则上丧失对债务人财产的管理与处分权，不具备由其继续参与有关民事诉讼或仲裁的可能。为了保障全体债权人的利益，也不应让其继续参加。债务人对债务人财产的管理与处分权移转给管理人，发生法定诉讼担当，应当由管理人来接管原有的诉讼或仲裁程序。根据《企业破产法》第20条的规定，已经开始而尚未终结的有关债务人的民事诉讼或者仲裁应于人民法院受理破产申请时中止，直至管理人接管债务人的财产后，该诉讼或者仲裁方得继续进行。现行法并未规定管理人应在人民法院受理破产案件后多长时间内接管债务人财产。对于"管理人接管债务人的财产后"可以有管理人开始接管债务人财产与管理人接管完债务人财产这两种不同的理解，但这两种理解都不够准确。

首先，在管理人开始接管债务人财产之时继续原诉讼或者仲裁并不现实。管理人负有代表债务人参加诉讼活动的职责，但是只有在管理人接管财产以及涉诉资料，基本了解债务人的财产状况以及诉讼或仲裁案情后，其代表债务人参加诉讼才成为可能。换言之，管理人代表债务人参加诉讼需要一定的准备时间。当人民法院指定管理人后，即可认定管理人开始接管债务人财产，但此时管理人可能尚未了解债务人的财产与经营状态，无法在诉讼或仲裁程序中为破产程序目标的实现作出最为合理的安排。实践中可能会遇到债务人财产较为复杂或债务人原经营管理层逃匿，导致接管较为困难的情况。此时管理人难以及时全面掌握债务人涉诉信息，要求其立即参与到原诉讼或仲裁之中应为强人所难，也不利于实现债务人财产价值最大化。

其次，待管理人全面接管债务人财产或管理人接管完成全部债务人财产后，再继续原诉讼和仲裁也不合理。因破产撤销权、取回权等制度的存在，债务人财产处于不断变动之中，债务人财产接管工作也有可能持续很长一段时间。诉讼或仲裁程序的久拖不决，也会影响到破产程序的进行。甚至有些诉讼或仲裁结果将直接影响到债务人财产的范围，只有尽快了结原诉讼或仲裁程序，才能最终确定债务人的财产。而且诉讼或仲裁的久拖不决，也会影响到另一方当事人的利益。是否能够作为破产债权人在债权人会议中行使表决权，是否能够在破产程序中行使担保物权，都有赖于诉讼或仲裁的结果。因此为保障破产程序的顺利进行，以及保护各方当事人利益，不应将诉讼或仲裁继续的时间推迟至管理人接管完所有债务人财产。

《企业破产法》之所以规定在管理人接管财产后法院恢复相关案件的审理，是因为管理人负有管理和处分债务人财产、代表债务人参加诉讼活动的职责，对恢复既有民事诉讼时间应以不影响管理人参加诉讼并能够行使诉讼权利为原则。同时也应当避免管理人以未接管债务人财产为由故意不应诉，拖延诉讼时间。一方面，管理人接受指定后，应尽快接管债务人财产，熟悉了解债务人的情况，积极了解和掌握破产中债务人涉诉的情况，致函中止诉讼的法院，及时更改涉诉案件中代表人（代理人）的信息，代表债务人出庭继续进行诉讼或仲裁。① 这是管理人忠实勤勉义务的要求。许多地方法院明确要求管理人在接管债务人财产后应当通知人民法院或仲裁机构恢复审理。如《北京市高级人民法院企业破产案件审理规程》中要求管理人接管债务人财产后，应当通知相关人民法院或者仲裁机关恢复已中止的诉讼或仲裁。《河北省高级人民法院破产案件审理规程（试行）》则规定，管理人在接管债务人的财产后，应当通知人民法院恢复审理。管理人因正当理由未完成诉讼准备工作而不能参加诉讼的，应当及时向人民法院申请延期审理。

另一方面，法院或仲裁机构也应该避免程序拖延。若管理人已掌握诉讼证据材料，应可推断其已接管财产。至于接管财产工作进行了多少在所不问。② 为了避免诉讼拖延，有的地方人民法院在破产案件审理指引中提出一个较为明确时间，供法官审理涉及破产的诉讼案件时参考。如四川省高级人民法院在《四川省高级人民法院关于审理破产案件若干问题的解答》中提出，为保证管理人有合理时间准备诉讼，同时也为避免因诉讼拖延破产进程，将指定管理人后的第 30 日确定为恢复审理的日期较为适宜。实践中，如管理人确因正当事由未完成诉讼准备工作，不能参加诉讼的，可以向人民法院申请延期审理。《北京市高级人民法院企业破产案件审理规程》中期限为 2 个月。《江苏省高级人民法院民二庭破产案件审理指南（修订版）》中将恢复审理的期限定为指定管理人之日起 25 日后。《云南省高级人民法院破产案件审判指引（试行）》中则要求管理人应在接管债务人财产后 10 日内主动对接受理民事诉讼的人民法院和受理仲裁案件的仲裁机构。

【参考依据】

《企业破产法》

第 20 条　人民法院受理破产申请后，已经开始而尚未终结的有关债务人的民事诉讼或者仲裁应当中止；在管理人接管债务人的财产后，该诉

---

① 徐根才：《破产法实践指南》（第二版），法律出版社 2018 年版，第 55 页；齐明：《中国破产法原理与适用》，法律出版社 2017 年版，第 67 页。

② 沈志先主编：《破产案件审理实务》，法律出版社 2013 年版，第 253 页。

讼或者仲裁继续进行。

《北京市高级人民法院企业破产案件审理规程》

第 49 条 人民法院指定管理人后，管理人应当及时接管债务人的财产、印章和账簿、文书等资料。

管理人接管债务人的财产，一般应当自管理人被指定之日起二个月内完成。确因客观原因无法在二个月内完成接管的，经人民法院许可，接管期限可相应延长。

第 57 条 人民法院受理破产申请后，已经开始而尚未终结的有关债务人的民事诉讼或者仲裁应当中止，等待管理人接管债务人财产。管理人应当向审理民事诉讼的人民法院或者进行仲裁的仲裁机关发送中止审理程序通知，并附破产申请受理裁定。

管理人接管债务人的财产后，应当通知相关人民法院或者仲裁机关恢复已中止的诉讼或者仲裁。

《江苏省高级人民法院民二庭破产案件审理指南(修订版)》

(六)与受理破产申请有关的事项

6. 有关债务人民事诉讼的恢复审理。人民法院受理破产申请后，已经开始而尚未终结的有关债务人的民事诉讼应当中止审理，自指定管理人之日起二十五日后，可以恢复审理。管理人因正当事由未完成诉讼准备工作，不能参加诉讼，申请延期审理的，可予准许。

《河北省高级人民法院破产案件审理规程(试行)》

第 128 条 人民法院受理破产申请后，已经开始而尚未终结的有关债务人的民事诉讼或者仲裁应当中止；在管理人接管债务人的财产后，该诉讼或者仲裁继续进行。管理人在接管债务人的财产后，应当通知人民法院恢复审理。管理人因正当理由未完成诉讼准备工作而不能参加诉讼的，应当及时向人民法院申请延期审理。

《云南省高级人民法院破产案件审判指引(试行)》

第 158 条 在破产申请受理前，已经受理但未审结的民事诉讼和仲裁，在破产申请受理后，应当及时中止。

债务人的委托诉讼代理人应及时向管理人报告，没有委托诉讼代理人的，受理民事诉讼的人民法院应通过受理破产案件的人民法院转告管理人，管理人应在接管债务人财产后十日内，主动对接受理民事诉讼的人民法院和受理仲裁案件的仲裁机构，诉讼或仲裁程序恢复。管理人应明确是否继续委托之前参与诉讼的委托诉讼代理人参与诉讼或仲裁。

25. "执转破"案件中，执行程序中以物抵债协议和裁定的性质及效力如何，管理人能否请求撤销？

【回答】

"执转破"案件中，执行程序中以物抵债裁定当为有效。除债务人和债权人恶意串通损害其他债权人利益外，管理人不得请求撤销。

【理由】

各地人民法院多认为，在"执转破"案件中，以物抵债的财产即使未实际交付，只要裁定书送达债权人就不再属于破产程序中的债务人财产。如《河北省高级人民法院执行案件移送破产审查规程(试行)》第28条第1款即规定，通过以物抵债偿还债务且抵债裁定书已送达债权人的抵债财产，不属于被执行人的财产，执行法院不再移交。《广西壮族自治区高级人民法院关于执行案件移送破产审查的规范指引(试行)》第27条、《湖南省高级人民法院关于执行移送破产案件决定和移送工作的若干意见(试行)》第17条、《江苏省高级人民法院关于规范执行案件移送破产的若干规定》第18条都有类似的规定。但是对于管理人能否撤销这种个别清偿尚未有明确规定。

执行程序中以物抵债应当为特殊的强制执行方式。根据《最高人民法院关于执行和解若干问题的规定》第6条的规定，原则上禁止人民法院依据当事人之间达成的以物抵债和解协议作出以物抵债裁定，但是存在两种例外情形。① 根据《民诉法解释》第491条、第492条的规定，在执行程序中，有两种情况可以以物抵债。一是经申请执行人和被执行人同意，二是被执行人的财产无法拍卖或者变卖，且经申请执行人同意。两种情况下都需要不损害其他债权人合法权益和社会公共利益。在此基础上，可以不经拍卖、变卖程序，直接将被执行人的财产作价交申请执行人抵偿债务。

在第一种情况下，对于以物抵债与执行和解的关系，以及人民法院是

---

① 最高人民法院民事审判第二庭编著：《〈全国法院民商事审判工作会议纪要〉理解与适用》，人民法院出版社2019年版，第304页。

否需要作出执行裁定对以物抵债协议加以确认，尚存在争议。从《民诉法解释》第 491 条的表述来看，抵充债务的主语是"人民法院"。申请执行人与被执行人达成以物抵债协议后，仍要由人民法院作出以物抵债裁定的理解可能更加准确。实务观点认为，如果不作出执行裁定，在抵债财产被查封的情形下，以物抵债协议难以履行。但为了避免当事人恶意串通损害第三人的权利，或者通过执行裁定来规避行政审查，执行法院须对以物抵债协议进行严格审查，只有在协议不损害其他债权人合法权益、社会公共利益的情况下才能裁定确认。① 严格来讲，在我国现行法下，仅有申请执行人与被执行人在执行程序中达成的以物抵债协议并不能直接产生以物抵债的效力，只有经人民法院审查、裁定确认后才能直接将被执行人财产交申请执行人抵偿债务。

在第二种情况下，以物抵债只须申请执行人一方的同意即可，显然与以物抵债合同以及执行和解不同。在这种情形下，人民法院同样须对拟抵债财产价值和债权额进行审查，确认其不损害其他债权人利益和社会第三人利益时，方得出具以物抵债裁定。

综上，执行程序中的以物抵债不同于民事实体法上的以物抵债协议，应当视为一种强制执行的方式，而非民事合同。在执行程序中无论哪种以物抵债的情形，都须人民法院审查后以裁定确认。而裁定生效后，当事人应当执行，人民法院也不得于法律未规定时改变或撤销已经生效的裁定。裁定的效力不会仅因被执行人进入破产程序而受到影响。

《企业破产法》第 31 条和第 32 条规定了管理人对欺诈行为和偏袒性清偿的撤销权。以物抵债的目的在于清偿债务或实现担保物权而非提供担保，故非为对没有财产担保的债务提供财产担保；在"执转破"案件中，被移转破产的主体当为被执行人，即民事法律关系中的债务人，故无放弃债权之可能；且因民事案件已经进入执行程序，说明债权已经到期，也无提前清偿未到期债权之可能。因此，只有在下列两种情形下以物抵债协议在移转破产之后有被撤销的可能性：一是以明显不合理价格进行交易，尤其是将价值远高于所负债务数额的财产抵偿债务，二是危机期间内的个别清偿。欺诈行为为人民法院作出裁定前审查的重点。一般情形下，含有以

---

① 沈德勇主编：《最高人民法院民事诉讼法司法解释理解与适用（下）》，人民法院出版社 2015 年版，第 1312 页。

价值远高于所负债务额的财产抵债等带有欺诈性质的以物抵债协议无法通过人民法院的审查，因此，管理人没有必要以《企业破产法》第 31 条的规定，撤销以物抵债的裁定。

而对于偏袒性清偿而言，既然执行中的以物抵债须由人民法院作出裁定，那么以物抵债不同于债务人主动清偿，应为债务人在执行程序中对当事人的个别清偿。此时，问题便转化为管理人能否撤销因执行程序而产生的个别清偿。曾有观点认为，基于执行行为的个别清偿可以被撤销。撤销基于执行行为的清偿与生效裁判的终局性和权威性无关。撤销基于执行行为的清偿并不影响据以执行的生效裁判的效力，所变化的仅是破产受理后实现执行力的方式，原来的个别清偿应变为通过集体性的破产程序得到清偿。① 但司法解释没有采用这种观点。根据《破产法解释二》第 15 条的规定，债务人经执行程序对债权人进行的个别清偿，原则上管理人不得撤销，只有在债务人与债权人恶意串通损害其他债权人利益时才可以撤销。其理由在于，被强制执行生效裁判在法律形式上是债务人的义务，如执行行为可以任意被推翻，也将影响到交易安全和经济秩序，原则上除人民法院依法定程序可以撤销执行行为外，其他人无权否认其效力并加以撤销。但在债务人丧失清偿能力的情况下，其在可撤销期间内为对个别债权人偏袒清偿等非法目的而利用执行名义进行的可撤销行为，违背破产法公平受偿的基本原则，损害多数债权人的利益，应予以撤销。对于例外可撤销的情形，法律应设置严格的条件，即以当事人存在主观恶意为前提，例如，如果有证据证明债务人和个别债权人恶意串通，为实现个别清偿的目的，假借诉讼、执行之手，实现偏颇性清偿，应当可以撤销。② 因此，以物抵债的裁定原则上也不得撤销，只有在债务人与债权人恶意串通，损害其他债权人利益时，才可以撤销。

【参考依据】

《企业破产法》

第 31 条 人民法院受理破产申请前一年内，涉及债务人财产的下列

---

① 沈志先主编：《破产案件审理实务》，法律出版社 2013 年版，第 150 页。

② 最高人民法院民事审判第二庭：《最高人民法院关于企业破产法司法解释理解与适用》，人民法院出版社 2017 年版，第 232~233 页。

行为，管理人有权请求人民法院予以撤销：

（一）无偿转让财产的；

（二）以明显不合理的价格进行交易的；

（三）对没有财产担保的债务提供财产担保的；

（四）对未到期的债务提前清偿的；

（五）放弃债权的。

第 32 条　人民法院受理破产申请前六个月内，债务人有本法第二条第一款规定的情形，仍对个别债权人进行清偿的，管理人有权请求人民法院予以撤销。但是，个别清偿使债务人财产受益的除外。

《民诉法解释》

第 491 条　经申请执行人和被执行人同意，且不损害其他债权人合法权益和社会公共利益的，人民法院可以不经拍卖、变卖，直接将被执行人的财产作价交申请执行人抵偿债务。对剩余债务，被执行人应当继续清偿。

第 492 条　被执行人的财产无法拍卖或者变卖的，经申请执行人同意，且不损害其他债权人合法权益和社会公共利益的，人民法院可以将该项财产作价后交付申请执行人抵偿债务，或者交付申请执行人管理；申请执行人拒绝接收或者管理的，退回被执行人。

《破产法解释二》

第 15 条　债务人经诉讼、仲裁、执行程序对债权人进行的个别清偿，管理人依据企业破产法第三十二条的规定请求撤销的，人民法院不予支持。但是，债务人与债权人恶意串通损害其他债权人利益的除外。

《广西壮族自治区高级人民法院关于执行案件移送破产审查的规范指引（试行）》

第 27 条　执行法院或执行部门收到受理裁定书之前，符合下列情形之一的，不属于被执行人的财产，执行法院或执行部门不再移交：

（一）已通过拍卖程序处置且成交裁定书已送达买受人的拍卖财产；

（二）通过以物抵债偿还债务且抵债裁定书已送达债权人的抵债财产；

（三）已完成转账、汇款、现金交付的执行款。

《河北省高级人民法院执行案件移送破产审查规程（试行）》

第 28 条　符合下列情形之一的，不属于被执行人的财产，执行法院不再移交：

（一）已通过拍卖程序处置且成交裁定书已送达买受人的拍卖财产；

（二）通过以物抵债偿还债务且抵债裁定书已送达债权人的抵债财产；

（三）已完成转账、汇款、现金交付的执行款。

前款所述拍卖财产所得的拍卖价款尚未分配的，仍属于被执行人的财产，执行法院应当移交。

《湖南省高级人民法院关于执行移送破产案件决定和移送工作的若干意见（试行）》

第 17 条　符合下列情形之一的，不属于被执行人的财产，执行法院或执行部门不再移交：

（一）已通过拍卖程序处置且成交裁定书已送达买受人的拍卖财产；

（二）通过以物抵债偿还债务且抵债裁定书已送达债权人的抵债财产；

（三）已完成转账、汇款、现金交付的执行款。

《江苏省高级人民法院关于规范执行案件移送破产的若干规定》

第 18 条　符合下列情形之一的，不属于被执行人的财产，执行法院或执行部门不再移交：

（一）已通过拍卖程序处置且成交裁定书已送达买受人的拍卖财产；

（二）通过以物抵债偿还债务且以物抵债裁定已送达接受抵债的申请执行人的抵债财产；

（三）已完成转账、汇款、现金交付的执行款。

26. 管理人在行使管理职责过程中，受到债权人、债务人侵害，人民法院能否以妨害清算为由对其进行惩戒？能否参照《民事诉讼法》的规定对行为人进行制裁？

【回答】

管理人在行使管理职责过程中，受到债权人、债务人侵害，不能直接依据《民事诉讼法》第十章的规定，要求人民法院对其进行制裁。如果债权人、债务人的行为构成侵权行为，则可以要求行为人承担侵权责任。债权人、债务人的侵害行为也可以按照《治安管理处罚法》的规定，由公安机关处理。如果侵害行为十分严重，已经构成犯罪，则直接按照《刑法》

的规定定罪处罚。

【理由】

《民事诉讼法》第十章所规定的妨害民事诉讼的行为主要包括妨害法庭秩序，妨碍法庭审理，虚假诉讼、调解以损害他人合法权益，恶意串通逃避执行行为以及不协助调查、执行等行为。其中与债权人、债务人侵害管理人，阻碍破产程序正常进行最为类似的当属《民事诉讼法》第 111 条所规定的妨碍法庭审理的行为。但是这一条的规定仍然与管理人履职受阻的情形存在区别。

《民事诉讼法》第 111 条规定所保护的受侵害主体是明确限定的，其中第 1 款第 4 项所保护的主体为"司法工作人员、诉讼参加人、证人、翻译人员、鉴定人、勘验人、协助执行的人"，第 1 款第 5 项所保护的主体为"司法工作人员"，都未包含破产程序中的管理人。须注意的是，管理人在破产程序中具有独立性，既包括身份上的独立性，也包括履职中的独立性。管理人既不隶属于债权人与债务人，也不隶属于人民法院，具有身份上的独立性，能够以自己的名义从事职责范围内的活动。管理人在履行职责的过程中，不是根据人民法院的指示、债权人或债务人的要求行事，而是依照法律规定，独立作出意思表示。① 因此管理人无论是身份上还是职务上都不能被视为"司法工作人员"，只有在管理人请求人民法院协助时，若债权人、债务人对协助的司法工作人员进行侮辱、诽谤、诬陷、殴打或打击报复，或者以暴力、威胁或其他方式阻碍司法工作人员执行职务，继续妨碍破产程序的进行，才可以直接适用《民事诉讼法》第 111 条的规定，由人民法院根据情节轻重予以罚款、拘留。破产程序虽在人民法院的主导之下进行，但不能将破产程序等同于普通的民事诉讼程序。在《企业破产法》修改过程中，可以考虑规定对阻碍管理人履职、妨碍破产程序正常进行行为的强制措施或法律责任。但是在目前直接适用《民事诉讼法》的规定，理由并不充分。

不能适用《民事诉讼法》对妨碍民事诉讼行为强制措施的规定并不意味着对于侵害行为没有任何解决办法。如果债权人、债务人的侵害行为给

---

① 范健、王建文：《破产法》，法律出版社 2009 年版，第 90 页。

管理人造成了损害后果，则管理人可以要求行为人承担民事侵权责任。若侵害行为违反《治安管理处罚法》的规定，管理人可以请求公安机关按照《治安管理处罚法》进行处罚。情节严重构成犯罪的，则可以按照《刑法》的规定定罪处罚。因此，为保障破产程序顺利进行，管理人在必要时可以请求人民法院和公安机关的协助。

【参考依据】

《民事诉讼法》

第 111 条 诉讼参与人或者其他人有下列行为之一的，人民法院可以根据情节轻重予以罚款、拘留；构成犯罪的，依法追究刑事责任：

（一）伪造、毁灭重要证据，妨碍人民法院审理案件的；

（二）以暴力、威胁、贿买方法阻止证人作证或者指使、贿买、胁迫他人作伪证的；

（三）隐藏、转移、变卖、毁损已被查封、扣押的财产，或者已被清点并责令其保管的财产，转移已被冻结的财产的；

（四）对司法工作人员、诉讼参加人、证人、翻译人员、鉴定人、勘验人、协助执行的人，进行侮辱、诽谤、诬陷、殴打或者打击报复的；

（五）以暴力、威胁或者其他方法阻碍司法工作人员执行职务的；

（六）拒不履行人民法院已经发生法律效力的判决、裁定的。

人民法院对有前款规定的行为之一的单位，可以对其主要负责人或者直接责任人员予以罚款、拘留；构成犯罪的，依法追究刑事责任。

27. 施工方在工程完工后，要求管理人对工程款优先权出具书面保证，并表示若不出具书面保证，拒绝交付所建的工程，不配合工程验收，应如何处理？

【回答】

工程价款优先权为法定权利，无书面保证之必要。在不违反法律规定并不损害其他债权人合法权益的前提下，管理人可以出具书面保证以争取到施工方对验收工作的配合。工程验收当为发包人的权利，管理人作为发包人财产的管理者应当组织竣工验收，若施工方不配合验收工作，不提交验收所需的材料，管理人可以请求人民法院协调处理，或者向人民法院提起诉讼。

【理由】

对于建设工程价款请求权在破产程序中的性质，因该请求权产生时间的不同而有所区别。根据《合同法》第 286 条(《民法典》第 807 条)的规定，建设工程的价款可以就该工程折价或拍卖的价款优先受偿。在人民法院受理破产案件之前所产生的建设工程价款请求权享有特别优先权，当债务人即发包方破产时可以构成别除权，可以于建设工程价值上优先获得清偿。而在人民法院受理破产案件之后，管理人可能为了实现债务人财产价值最大化的目标，采取种种措施推动在建工程的复工续建。此时如果管理人决定继续履行原施工合同，继续履行所产生的建设工程价款请求权属于"因管理人或者债务人请求对方当事人履行双方均未履行完毕的合同所产生的债务"，根据《企业破产法》第 42 条的规定，属于共益债务。如果管理人签订新的施工合同，则属于为破产企业继续营业而与第三人交易所负担的债务，目的是为了全体债权人的利益，也应当属于共益债务的范畴。根据《企业破产法》第 43 条第 1 款的规定，共益债务应当由债务人财产随时清偿。因此，无论建设工程价款请求权成立于破产案件受理之前还是之后，其相较于普通破产债权都可以优先获得清偿，而这一优先受偿权属于法定权利，未经建设工程承包方的同意不得于破产程序中减损其权利，因此即使管理人不出具书面保证，也不妨碍承包方行使其权利。当然，既然建设工程价款优先受偿权是法定权利，管理人出具书面保证也不会实质上影响破产程序中各方主体的利益，因此为了争取到施工方对工程竣工验收工作的支持，管理人也可以在不违反法律规定的前提下出具一份具有提示、说明意义的保证书，以保障破产程序的顺利进行。

如果施工方的要求超出建设工程价款优先权所保障的范围，管理人不能出具书面保障，此时问题转换为施工方不配合竣工验收时的处理方式。根据《合同法》第 279 条(《民法典》第 799 条)的规定，建设工程竣工后，是由发包人根据施工图纸及说明书、国家颁发的施工验收标准和质量验收标准及时进行验收。根据《建设工程质量管理条例》第 16 条第 1 款的规定，建设单位收到建设工程竣工报告后，应当组织设计、施工、工程监理等有关单位进行竣工验收。因此在建设工程施工合同中，组织竣工验收既是发包人的权利，也是发包人的义务。根据原住建部《关于加强住宅工程质量管理若干意见》第 3 条第 4 项的规定，住宅工程经竣工验收备案后，方可办理产权证。因此竣工验收对于建设工程而言至关重要。竣工验收需要承包人的配合，在《建设工程质量管理条例》第 16 条第 2 款、第 49 条第 1 款以及《房屋建筑和市政基础设施竣工验收备案管理办法》第 5 条所规定的竣工验收以及办理竣工验收备案所需要提交的材料中，就包括技术档案和施工管理材料、工程使用的主要建筑材料、建筑构配件和设备的进场试验报告、施工单位签署的质量合格文件和工程保修书等需要承包人提供的材料。如果承包人不予配合协助，竣工验收及备案工作便无法完成。实践中，承包人可能会以拒绝配合发包人办理竣工验收为手段，要求发包人支付工程价款，尤其是当发包人陷入破产境地，承包人更有可能以此手段实现自己权利最大化的目标。配合竣工验收当为承包人的义务，承包人不履行配合义务，在一般情形下发包人可以向人民法院提起诉讼。而在发包人破产的情况下，可以由管理人代表发包方向人民法院提起诉讼，要求承包人、施工方履行协助义务。

但是，因建设工程施工合同具有较强的专业性，在一般情形下就存在容易因诉请不明确被驳回起诉或者判决不具有可执行性等问题。而在破产程序中，费时甚久的诉讼程序与破产法立法目标相冲突，寄希望以诉讼的程序解决这一问题可能不是最佳选择。在破产案件处理过程中，竣工验收的重要性在于，取得竣工验收报告后方得办理竣工验收备案，进而才能办理相关产权证。办理产权证后，管理人才能及时处分债务人财产以实现破产财产价值最大化。实践中已经有个别地方尝试以房屋建筑安全性鉴定报告取代竣工验收报告，如《东莞市建设局关于工程竣工验收备案纠纷的处理办法》第 3 条第 3 项规定："施工单位拒不提交有关竣工验收资料的，建设单位可以委托有司法鉴定资格的鉴定机构出具房屋建筑安全性鉴定报告。以安全性鉴定报告代替竣工验收报告办理竣工验收备案。"依此规定，即使承包人不配合竣工验收，管理人也可以通过委托鉴定的方式取得竣工验收备案。至于承包人是否需要因不履行协助义务而应承担违约责任，则可以在管理人处分建设工程之后另行解决。这种解决方式的关键在于行政机关对鉴定报告效力的承认，以及对管理人职权和独立地位的充分理解。因此如果行政机关承认替代性措施，则可以按照其规定，由管理人委托或者管理人请求人民法院委托鉴定机构进行鉴定，取得安全性鉴定报告后办理备案。如果行政机关不承认替代性措施的效力，在现阶段，还是只能通过诉讼途径解决这一困境。

【参考依据】

《企业破产法》

第 42 条　人民法院受理破产申请后发生的下列债务，为共益债务：

（一）因管理人或者债务人请求对方当事人履行双方均未履行完毕的合同所产生的债务；

（二）债务人财产受无因管理所产生的债务；

（三）因债务人不当得利所产生的债务；

（四）为债务人继续营业而应支付的劳动报酬和社会保险费用以及由此产生的其他债务；

（五）管理人或者相关人员执行职务致人损害所产生的债务；

（六）债务人财产致人损害所产生的债务。

第 43 条第 1 款　破产费用和共益债务由债务人财产随时清偿。

《合同法》

第 279 条（《民法典》第 799 条）　建设工程竣工后，发包人应当根据施工图纸及说明书、国家颁发的施工验收规范和质量检验标准及时进行验收。验收合格的，发包人应当按照约定支付价款，并接收该建设工程。

建设工程竣工经验收合格后，方可交付使用；未经验收或者验收不合格的，不得交付使用。

第 286 条　发包人未按照约定支付价款的，承包人可以催告发包人在合理期限内支付价款。发包人逾期不支付的，除按照建设工程的性质不宜折价、拍卖的以外，承包人可以与发包人协议将该工程折价，也可以申请人民法院将该工程依法拍卖。建设工程的价款就该工程折价或者拍卖的价款优先受偿。

《民法典》

第 807 条　发包人未按照约定支付价款的，承包人可以催告发包人在合理期限内支付价款。发包人逾期不支付的，除根据建设工程的性质不宜折价、拍卖外，承包人可以与发包人协议将该工程折价，也可以请求人民法院将该工程依法拍卖。建设工程的价款就该工程折价或者拍卖的价款优先受偿。

《建设工程质量管理条例》

第16条 建设单位收到建设工程竣工报告后，应当组织设计、施工、工程监理等有关单位进行竣工验收。

建设工程竣工验收应当具备下列条件：

(一)完成建设工程设计和合同约定的各项内容；

(二)有完整的技术档案和施工管理资料；

(三)有工程使用的主要建筑材料、建筑构配件和设备的进场试验报告；

(四)有勘察、设计、施工、工程监理等单位分别签署的质量合格文件；

(五)有施工单位签署的工程保修书。

建设工程经验收合格的，方可交付使用。

第49条 建设单位应当自建设工程竣工验收合格之日起15日内，将建设工程竣工验收报告和规划、公安消防、环保等部门出具的认可文件或者准许使用文件报建设行政主管部门或者其他有关部门备案。

建设行政主管部门或者其他有关部门发现建设单位在竣工验收过程中有违反国家有关建设工程质量管理规定行为的，责令停止使用，重新组织竣工验收。

28. 出租人破产后，管理人是否有权解除破产申请受理前成立而债务人和对方当事人均未履行完毕的不动产租赁合同？

【回答】

出租人破产后，管理人有权解除破产申请受理前成立而债务人和对方当事人均未履行完毕的不动产租赁合同。但是管理人在解除之前应当充分考虑解除不动产租赁合同的后果，对于未给破产财产造成沉重负担或对承租人利益影响重大的租赁合同，可以与承租人协议变更租赁合同的内容，免除出租人修理维护等义务并允许承租人以按期支付租金为条件继续占有、使用租赁物。

【理由】

《企业破产法》对于管理人破产解除权的规定相对较为简单，且未对可得解除的合同类型加以限制。《企业破产法》第 18 条规定："人民法院受理破产申请后，管理人对破产申请受理前成立而债务人和对方当事人均未履行完毕的合同有权决定解除或者继续履行，并通知对方当事人。管理人自破产申请受理之日起二个月内未通知对方当事人，或者自收到对方当事人催告之日起三十日内未答复的，视为解除合同。管理人决定继续履行合同的，对方当事人应当履行；但是，对方当事人有权要求管理人提供担保。管理人不提供担保的，视为解除合同。"因此，《企业破产法》并未对待履行合同进行分类，而是统一赋予管理人以解除权，即对于未履行完毕的双务合同，管理人一概享有解除权，不动产租赁合同也不例外。另一方当事人则享有催告和要求提供担保的权利。但是理论观点多认为，对于不动产租赁合同，应当限制出租人破产时管理人的解除权。

通过赋予管理人以解除权或选择权，其可以继续履行有利于债务人财产价值提高的合同，也可以拒绝履行造成负担或继续履行成本大于收益的合同。通过解除合同增加可在破产清算程序中供债权人分配的债务人财产，以最大限度地保护一般债权人的利益。[1] 或在重整程序中使债务人能够尽可能不中断地生存或经营下去。但这种解除权当为利益衡量之产物，若出于公共利益的维护，法律有强制性规定，或合同性质具有特殊性，对方当事人因合同解除所受损失远大于解除合同增加的债务人的财产，也应当对管理人的解除权加以合理限制。一味追求破产财产价值的最大化，可能会危害合同关系的稳定性与可预测性，损害合同相对人的利益，甚至会影响市场交易安全和经济秩序。[2]

不动产租赁合同在性质上具有一定的特殊性。首先，这类合同的期限一般较长，且承租人为了从事经营活动往往根据业务所需对租赁标的物进行了装修改造。[3] 其次，不动产租赁合同的解除无益于保全或增加债务人财产。因为租赁合同的存在并不会影响合同标的物的转让，管理人可以通过转让标的物所有权的方式实现债务人财产保值增值的目的，反而解除租

---

① 李永军：《破产法——理论与规范研究》，中国政法大学出版社 2013 年版，第 116 页。

② 王欣新、乔博娟：《论破产程序中未到期不动产租赁合同的处理方式》，载《法学杂志》2015 年第 3 期。

③ 王欣新、乔博娟：《论破产程序中未到期不动产租赁合同的处理方式》，载《法学杂志》2015 年第 3 期。

赁合同一定会导致租金等收益的丧失。① 再次，房屋租赁合同的远期"信用"属性不明显，通常不会导致出租人破产，因此承租人对房屋占有使用的稳定预期具有正当性。② 最后，不动产租赁标的物往往与承租人的生产生活紧密相连，承租人若因出租人破产这一非己所致的事实而丧失基本生活的凭依或生产经营必需的生产资料，对承租人而言颇为不公。③

从域外立法比较来看，域外各破产法普遍都承认不动产租赁合同的特殊性，都对出租人破产时管理人不动产租赁合同的解除权进行了限制。《美国破产法》第 365 条（h）规定，当债务人是出租人时，管理人有权拒绝履行未到期的不动产租约，承租人可以以拒绝履行为由终止租约，也可以以按期支付房租为条件，保留依据租约所享有的权利，继续占有或使用不动产。此时出租人在合同之下承担的修理、维护等义务可因拒绝而免除。承租人可以以租金给付义务抵销不履行造成的损失。而《德国破产法》第108 条则规定，出租人破产不会对租赁合同的效力产生影响。实践中也有人民法院认为应当更加谨慎地回应不动产租赁破产解除的问题。北京市高级人民法院印发的《北京市高级人民法院审理民商事案件若干问题的解答之五（试行）》即规定，破产企业出租的房屋土地无租赁期限的，可以随时解除租赁合同，但应留给承租人合理的时间。破产企业出租的房屋土地有租赁期限但未到期的，应区别情况处理：①如果承租人的各项财产情况表明可以继续使用，且该位置适于承租人发展的，则可以考虑继续履行租赁合同。继续履行的，拍卖时应向竞拍人作出说明，适用买卖不破租赁的原则。②如果该地点作其他开发更有价值，解除合同更有利于财产变现的，应解除合同。解除合同的补偿属于共益债权性质，在解除合同时向承租人优先支付。

综上，理论界普遍认为，出租人破产原则上不应影响租赁契约的效力。但是因为《企业破产法》未对此作特殊规定，租赁合同作为双务合同，

① 兰晓为：《破产法上的待履行合同研究》，人民法院出版社 2012 年版，第204 页。

② 许德风：《破产法论——解释与功能比较的视角》，北京大学出版社 2015 年版，第 160 页。

③ 兰晓为：《破产法上的待履行合同研究》，人民法院出版社 2012 年版，第205 页。

管理人享有解除权。① 但是管理人可以不解除租赁合同，而是与承租人协商一致变更原租赁合同的内容，合理降低出租人对租赁物的维护与修理义务，适当降低承租人应支付的租金或允许承租人以租金抵销修理费用。还需要注意的是，若管理人解除租赁合同，因解除合同而产生的损害赔偿请求权是作为破产债权进行申报，但是租赁合同解除时装饰装修物的返还应属于基于财产返还义务所产生的债务，或属于取回权的客体，或属于共益债务，不能将其一概视为破产债权，否则会损害承租人的利益。②

【参考依据】

《企业破产法》

第18条 人民法院受理破产申请后，管理人对破产申请受理前成立而债务人和对方当事人均未履行完毕的合同有权决定解除或者继续履行，并通知对方当事人。管理人自破产申请受理之日起二个月内未通知对方当事人，或者自收到对方当事人催告之日起三十日内未答复的，视为解除合同。

管理人决定继续履行合同的，对方当事人应当履行；但是，对方当事人有权要求管理人提供担保。管理人不提供担保的，视为解除合同。

《北京市高级人民法院审理民商事案件若干问题的解答之五(试行)》

第51条 破产程序中，对破产企业出租的房屋土地如何处理？

破产企业出租的房屋土地无租赁期限的，可以随时解除租赁合同，但应留给承租人合理的时间。破产企业出租的房屋土地有租赁期限但未到期的，应区别情况处理：

(1)如果承租人的各项财产情况表明可以继续使用，且该位置适于承租人发展的，则可以考虑继续履行租赁合同。继续履行的，拍卖时应向竞拍人做出说明，适用买卖不破租赁的原则。

(2)如果该地点作其他开发更有价值，解除合同更有利于财产变现的，应解除合同。解除合同的补偿属于共益债权性质，在解除合同时向承

① 李永军：《破产法——理论与规范研究》，中国政法大学出版社2013年版，第126页。

② 王欣新、乔博娟：《论破产程序中未到期不动产租赁合同的处理方式》，载《法学杂志》2015年第3期。

租人优先支付。

《德国破产法》

第108条 （1）债务人关于不动产标的或房屋的使用租赁和收益租赁关系以及债务人的雇佣关系，以对破产财产具有效力的方式延续。对于债务人以出租人身份缔结的使用租赁关系和收益租赁关系，以上述标的已作为担保而移转给为购买或制造此种标的的融资的第三人为限，也适用本规定。

（2）对于在破产程序开始前的时间的请求权，对方当事人只能作为破产债权人予以主张。

《美国破产法》

第365条 （h）（1）（A）如果管理人拒绝履行债务人是出租人的未届期的不动产租赁，并且（i）管理人的拒绝导致违约，使得承租人依据条款性质、禁止破产的另行规定或者其他承租人达成的协议，享有终止合同的权利，承租人可以以拒绝履行为由终止租约；（ii）如果租约有关条款已经生效，承租人在剩余租期内，可以保留租约项下对租赁物及附属物的权利（包括关于支付租金的数额和时间、其他应由承租人负担的费用、使用、占有、安宁地享有、转租、转让或设置担保的权利）。若权利在非破产法中是可以强制执行的，则该权利可以更新或延展。

三、债务人财产

29. 买受人与出卖人签署《商品房买卖合同》并办理备案登记，出卖人未依约交付房屋及办理产权登记。过户前，出卖人被人民法院裁定破产。

(1)买受人是否可向出卖人行使案涉房屋之取回权？

【回答】

不可以。诉争房屋的所有权仍属出卖人享有，属于出卖人的财产，不属于买受人财产，买受人不享有取回权。

【理由】

在我国，不动产所有权移转以登记为生效要件，不动产自登记之日所有权发生转移。虽债务人在破产程序开始前承诺将不动产出售给债权人，但双方未于当时办理不动产变更登记。因此，未满足法定移转条件，不动产所有权未发生转移，该不动产所有权仍归属于债务人。进入破产程序后，债务人财产由管理人进行接管。债权人此时仅享有相应的债权。

因此，买受人不可向出卖人行使案涉房屋取回权。

【参考依据】

《企业破产法》

第113条 破产财产在优先清偿破产费用和共益债务后，依照下列顺序清偿：

(一)破产人所欠职工的工资和医疗、伤残补助、抚恤费用，所欠的应当划入职工个人账户的基本养老保险、基本医疗保险费用，以及法律、行政法规规定应当支付给职工的补偿金；

(二)破产人欠缴的除前项规定以外的社会保险费用和破产人所欠

税款;

(三) 普通破产债权。

破产财产不足以清偿同一顺序的清偿要求的, 按照比例分配。

破产企业的董事、监事和高级管理人员的工资按照该企业职工的平均工资计算。

《物权法》

第 9 条 不动产物权的设立、变更、转让和消灭, 经依法登记, 发生效力;未经登记, 不发生效力, 但法律另有规定的除外。

依法属于国家所有的自然资源, 所有权可以不登记。

《民法典》

第 208 条 不动产物权的设立、变更、转让和消灭, 应当依照法律规定登记。动产物权的设立和转让, 应当依照法律规定交付。

第 209 条 不动产物权的设立、变更、转让和消灭, 经依法登记, 发生效力;未经登记, 不发生效力, 但是法律另有规定的除外。

依法属于国家所有的自然资源, 所有权可以不登记。

(2) 管理人对已办理备案的房屋买卖合同是否享有单方解除权?

【回答】

若买受人已支付房屋总价款达 50% 以上, 则管理人不享有解除权。

【理由】

首先, 讨论当买受人已支付购房款全款情形。

《企业破产法》第 18 条第 1 款规定:"人民法院受理破产申请后, 管理人对破产申请受理前成立而债务人和对方当事人均未履行完毕的合同有权决定解除或者继续履行, 并通知对方当事人。管理人自破产申请受理之日起二个月内未通知对方当事人, 或者自收到对方当事人催告之日起三十日内未答复的, 视为解除合同。"该条规定赋予了管理人对待履行合同的选择权, 管理人可以选择解除合同也可以选择继续履行。法律上对该选择权的限制是:目标合同应当是债务人和对方当事人均未履行完毕的合同。因此原则上, 任一方已履行完毕合同义务者, 不在管理人享有解除权合同范围内。

买卖合同是出卖人转移标的物的所有权于买受人, 买受人支付价款的合同。商品房买卖合同是指房地产开发企业将尚未建成或者已经竣工的房屋向社会销售，转移房屋所有权于买受人，买受人支付价款的合同。对于管理人对已办理备案的房屋买卖合同是否具有单方解除权的问题，判断标准并非在于商品房是否办理了行政备案，而是在于该合同是否为债务人与对方当事人均未履行完毕的合同。因此，判断管理人是否享有解除权，关键在于房屋买受人是否履行完毕合同义务，即支付房屋价款。房屋买受人已经履行完毕全部的合同义务即付款义务时，管理人没有进行另行处理的权利，不享有《企业破产法》第18条规定的解除权，无权将已支付房屋价款的房屋作为破产财产，只能继续履行该房屋买卖合同。

因此，只要证明房屋买受人已交付全款，则管理人无权解除此房屋买卖合同。

其次，当买受人已支付购房款50%以上时，管理人不享有合同解除权，管理人应向债权人会议或人民法院报告提议办理诉争房屋的转移登记手续。若债权人会议不同意的，由人民法院裁定通过。

从最高人民法院办公室于2005年12月23日发布的《关于〈最高人民法院关于建设工程价款优先受偿权问题的批复〉中有关消费者权利应优先保护的规定应如何理解的答复》看，最高人民法院对于买受人权利优先保护的态度是："《最高人民法院关于建设工程价款优先受偿权问题的批复》（法释〔2002〕16号）第二条关于已交付购买商品房的全部或者大部分款项的消费者权利应优先保护的规定，是为了保护个人消费者的居住权而设置的，即购房应是直接用于满足其生活居住需要，而不是用于经营，不应作扩大解释。"对于已交付房屋总价款50%以上的买受人，出于保护个人居住权的考虑，购买该商品房用于满足生活需要而非经营的，即使房地产企业已经进入破产程序，只要房屋具备交付条件的，管理人亦不应享有合同解除权。

最后，若买受人未支付超过房屋总价款50%的，在未办理房屋所有权及相应土地使用权转移登记情况下，买受人与出卖人之间商品房买卖合同因破产程序变为未履行完毕的合同，由管理人依法行使选择权。管理人选择解除合同的，管理人返还买受人的已付购房款，作为共益债务按顺序清偿。

实务中在房地产企业破产审判实践中多采用50%标准，其理由除参照《关于人民法院办理执行异议和复议案件若干问题的规定》外，还综合考虑了在房价上涨背景下购房人群体利益诉求和生存权保障等因素。

【参考依据】

《企业破产法》

第 18 条　人民法院受理破产申请后，管理人对破产申请受理前成立而债务人和对方当事人均未履行完毕的合同有权决定解除或者继续履行，并通知对方当事人。管理人自破产申请受理之日起二个月内未通知对方当事人，或者自收到对方当事人催告之日起三十日内未答复的，视为解除合同。

管理人决定继续履行合同的，对方当事人应当履行；但是，对方当事人有权要求管理人提供担保。管理人不提供担保的，视为解除合同。

《合同法》

第 286 条　发包人未按照约定支付价款的，承包人可以催告发包人在合理期限内支付价款。发包人逾期不支付的，除按照建设工程的性质不宜折价、拍卖的以外，承包人可以与发包人协议将该工程折价，也可以申请人民法院将该工程依法拍卖。建设工程的价款就该工程折价或者拍卖的价款优先受偿。

《民法典》

第 807 条　发包人未按照约定支付价款的，承包人可以催告发包人在合理期限内支付价款。发包人逾期不支付的，除根据建设工程的性质不宜折价、拍卖外，承包人可以与发包人协议将该工程折价，也可以请求人民法院将该工程依法拍卖。建设工程的价款就该工程折价或者拍卖的价款优先受偿。

《关于人民法院办理执行异议和复议案件若干问题的规定》

第 28 条　金钱债权执行中，买受人对登记在被执行人名下的不动产提出异议，符合下列情形且其权利能够排除执行的，人民法院应予支持：

（一）在人民法院查封之前已签订合法有效的书面买卖合同；

（二）在人民法院查封之前已合法占有该不动产；

（三）已支付全部价款，或者已按照合同约定支付部分价款且将剩余价款按照人民法院的要求交付执行；

（四）非因买受人自身原因未办理过户登记。

《破产法解释二》

第 35 条 出卖人破产，其管理人决定继续履行所有权保留买卖合同的，买受人应当按照原买卖合同的约定支付价款或者履行其他义务。

买受人未依约支付价款或者履行完毕其他义务，或者将标的物出卖、出质或者作出其他不当处分，给出卖人造成损害，出卖人管理人依法主张取回标的物的，人民法院应予支持。但是，买受人已经支付标的物总价款百分之七十五以上或者第三人善意取得标的物所有权或者其他物权的除外。

因本条第二款规定未能取回标的物，出卖人管理人依法主张买受人继续支付价款、履行完毕其他义务，以及承担相应赔偿责任的，人民法院应予支持。

《关于建设工程价款优先受偿权问题的批复》

二、消费者交付购买商品房的全部或者大部分款项后，承包人就该商品房享有的工程价款优先受偿权不得对抗买受人。

(3) 能否请求房地产企业履行房屋过户义务？

【回答】

已支付完毕 50% 以上购房价款的买受人，在已经办理备案登记的情况下，可以要求继续履行房屋买卖合同，在支付全部购房款，且商品房符合交付的条件下，买受人可以要求办理产权证。

【理由】

根据《关于人民法院办理执行异议和复议案件若干问题的规定》的规定，已支付的价款超过合同约定总价款的 50%，承包人若强制执行买受人已经购买的房屋，买受人可以申请执行异议，保持自己对该房屋的所有权。可见，在承包人与买受人利益相冲突时，人民法院着重保护已支付价款超过合同约定总价款 50% 的这部分购房者。

结合最高人民法院办公室于 2005 年 12 月 23 日发布的《关于〈最高人民法院关于建设工程价款优先受偿权问题的批复〉中有关消费者权利应优先保护的规定应如何理解的答复》，最高人民法院对于该权利优先保护的态度是："《最高人民法院关于建设工程价款优先受偿权问题的批复》（法释[2002]16号)第二条关于已交付购买商品房的全部或者大部分款项的消费者权利应优先保护的规定,是为了保护个人消费者的居住权而设置的,即购房应是直接用于满足其生活居住需要,而不是用于经营,不应作扩大解释。"

综合以上两个相关规定,对于已交付购买商品房的全部或大部分款项的买受人,出于保护个人居住权,购买该商品房用于满足生活需要而非经营的,即使房地产企业已经进入破产程序,已支付完毕50%以上购房价款的买受人,在已经办理备案登记的情况下,可以要求继续履行房屋买卖合同。在支付全部购房款,且商品房符合交付的条件下,买受人可以要求办理产权证。

【参考依据】

《关于人民法院办理执行异议和复议案件若干问题的规定》

第29条 金钱债权执行中,买受人对登记在被执行的房地产开发企业名下的商品房提出异议,符合下列情形且其权利能够排除执行的,人民法院应予支持:

(一)在人民法院查封之前已签订合法有效的书面买卖合同;

(二)所购商品房系用于居住且买受人名下无其他用于居住的房屋;

(三)已支付的价款超过合同约定总价款的百分之五十。

(4)若管理人将房屋过户,是否构成《企业破产法》第16条规定的"无效个别清偿行为"?

【回答】

管理人将房屋过户给已支付完毕全部购房价款的买受人,不构成无效个别清偿行为。

【理由】

《企业破产法》第16条规定:"人民法院受理破产申请后,债务人对个别债权人的债务清偿无效。""无效个别清偿"的要件有三:第一,为债务人实施的;第二,债务为实际存在的;第三,为债务人在破产申请受理后实施的。依此条件对照,过户已支付完毕全部购房款、具备交付条件的房屋似符合无效个别清偿的定义。

对于过户具备交付条件的房屋似是符合无效个别清偿的定义的疑问，观察《企业破产法》第16条规定之要件，并结合《企业破产法》立法目的，不难得出将无效个别清偿的时间节点放置于人民法院受理破产申请时，系出于公平清偿考虑之结论。破产申请得到受理，破产程序即告开始，破产债权须通过破产程序获得清偿。清偿之中，同一顺序的所有债权人地位平等，债务人财产以同一顺序债权总额为基准，按比例分配。因此，如果人民法院受理破产申请后，债务人仍然对个别债权人的债权进行清偿，就会造成同一顺位获得清偿的个别债权人与其他债权人实际受偿的不平等，使得个别债权人得到清偿的数额及比例高于其他债权人，甚至债权获得全部清偿。此时其他债权人的受偿比例下降，甚至可能得不到清偿。为了保障债务人财产清偿的平等性和有序性，提振债权人对破产程序的信心，增加债权人参与破产程序的积极性，有必要在受理破产申请后，禁止债务人对个别债权人的清偿，否认这种清偿的法律效力，防止债务人以个别清偿为名转移或转让企业的财产。

由上可知，个别清偿无效是基于防止债务人以个别清偿为名转移或转让企业财产，使众多同一顺位债权人之间所获清偿比例不一致、清偿不公平现象出现所作的考虑。其关键点在于债权人之间顺位相同。但在不同清偿顺位之间，不存在上述疑虑。

其一，买受人债权的优先性决定不损害其他债权人合法权益。根据《关于建设工程价款优先受偿权问题的批复》《关于人民法院办理执行异议和复议案件若干问题的规定》的相关规定，买受人对房屋的债权优先于建设工程价款优先权、担保债权受偿，因此，该债权的实现并不会构成对其他破产债权人合法权益的损害，故不构成无效的个别清偿行为。其二，在维护其他债权人整体利益的同时，也应保护买受人个人的物权期待利益，维护交易安全和社会稳定。大多数买受人已经占有房屋并居住，若不能办证将会影响物权的归属，房产企业的破产涉及众多业主，业主可能会集体诉讼或信访，影响社会稳定，这可能增加破产企业因处理纠纷所带来的成本或负债。需要说明的是，这里所保护的买受人应限定为消费者购房人，其购房用于满足其生活居住需要。

实践中的人民法院裁判文书支持了这一观点。在北京英嘉房地产开发有限公司、杨飞与北京英嘉房地产开发有限公司、杨飞物权确认纠纷一案①中，人民法院认为交付了购买商品房全部或者大部分款项的买受人对于其所购房屋的权利，因其具有特定性和优先性，故该债权的实现并不会构成对其他破产债权人合法权益的损害，因此，出卖人履行商品房买卖合同约定的交付房屋并办理所有权变更登记的义务，并非《企业破产法》第16条所称的无效的个别清偿行为。

因此，履行房屋过户义务的行为不构成无效个别清偿行为。

【参考依据】

《企业破产法》

第 16 条 人民法院受理破产申请后，债务人对个别债权人的债务清偿无效。

《关于审理企业破产案件若干问题的规定》

第 71 条 下列财产不属于破产财产：

（一）债务人基于仓储、保管、加工承揽、委托交易、代销、借用、寄存、租赁等法律关系占有、使用的他人财产；

（二）抵押物、留置物、出质物，但权利人放弃优先受偿权的或者优先偿付被担保债权剩余的部分除外；

（三）担保物灭失后产生的保险金、补偿金、赔偿金等代位物；

（四）依照法律规定存在优先权的财产，但权利人放弃优先受偿权或者优先偿付特定债权剩余的部分除外；

（五）特定物买卖中，尚未转移占有但相对人已完全支付对价的特定物；

（六）尚未办理产权证或者产权过户手续但已向买方交付的财产；

（七）债务人在所有权保留买卖中尚未取得所有权的财产；

（八）所有权专属于国家且不得转让的财产；

（九）破产企业工会所有的财产。

《关于人民法院办理执行异议和复议案件若干问题的规定》

第 29 条 金钱债权执行中，买受人对登记在被执行的房地产开发企业名下的商品房提出异议，符合下列情形且其权利能够排除执行的，人民

---

① 最高人民法院（2015）民申字第 1158 号民事裁定书。

法院应予支持：

（一）在人民法院查封之前已签订合法有效的书面买卖合同；

（二）所购商品房系用于居住且买受人名下无其他用于居住的房屋；

（三）已支付的价款超过合同约定总价款的百分之五十。

《关于建设工程价款优先受偿权问题的批复》

二、消费者交付购买商品房的全部或者大部分款项后，承包人就该商品房享有的工程价款优先受偿权不得对抗买受人。

（5）若管理人认为房屋整体拍卖有利于价值最大化，买受人的权利应如何保护？赔偿额的计算方式如何？

【回答】

管理人不享有合同解除权时，若管理人认为诉争房屋整体拍卖有利于价值最大化，可询问买受人选择是否解除合同。若买受人选择继续履行合同，则管理人有义务履行合同。若买受人选择解除合同，管理人返还买受人的已付购房款。一般情况下作为共益债务按顺序清偿。支付50%以上购房款、房屋买卖合同已经公示的消费者，其权利优于工程价款，优于抵押债权。产生的损害赔偿请求权作为普通债权进行申报。赔偿额应以已付购房款的逾期罚息计算。

管理人享有合同解除权时，可决定解除合同，此时买受人仍可按照上述方式保护自身权利。

【理由】

由于案件经法院判决并进入执行程序，在执行过程中，出卖人被法院裁定破产，执行程序应当中止，便进入破产程序进行概括执行。

是否属于破产法规定的待履行合同，取决于出卖人及买受人双方是否均未履行完毕。从比较法的角度看，《美国破产法》认为只要合同"某种程序上尚未履行"即可构成待履行合同，那些一方已完全履行的合同，或未完全履行且尚未履行的那一部分并未构成对方拒绝履行抗辩依据的合同，不属于破产中未完全履行的合同。《德国破产法》规定原则上只要主义务（履行义务）没有完全履行即可构成待履行合同。因破产这一新的事实出现，导致原有判决执行中止，作为债务人的出卖人被管理人接管，债务人的清偿与重大财产的处理须经债权人会议同意。如同执行和解协议签订后不履行，一方可依新的事实重新起诉，债权人与管理人也可重新处理原有合同纠纷。

管理人办理诉争房屋的转移登记手续的程序问题。在已有生效法律文书支持的情况下，根据《破产法解释二》第 5 条、《民诉法解释》第 513 条、《执转破意见》第 8 条，买受人应根据《关于审理企业破产案件若干问题的规定》第 20 条，凭生效的法律文书向受理破产案件的人民法院申报债权。生效判决执行内容是办理房屋所有权转移登记这一行为，其本质是物权变动行为，债权人要求债务人交付不动产。《破产法解释三》第 15 条规定："管理人处分企业破产法第六十九条规定的债务人重大财产的，应当事先制作财产管理或者变价方案并提交债权人会议进行表决，债权人会议表决未通过的，管理人不得处分。管理人实施处分前，应当根据企业破产法第六十九条的规定，提前十日书面报告债权人委员会或者人民法院。债权人委员会可以依照企业破产法第六十八条第二款的规定，要求管理人对处分行为作出相应说明或者提供有关文件依据。债权人委员会认为管理人实施的处分行为不符合债权人会议通过的财产管理或变价方案的，有权要求管理人纠正。管理人拒绝纠正的，债权人委员会可以请求人民法院作出决定。人民法院认为管理人实施的处分行为不符合债权人会议通过的财产管理或变价方案的，应当责令管理人停止处分行为。管理人应当予以纠正，或者提交债权人会议重新表决通过后实施。"管理人办理房屋所有权转移登记，属处分行为，应向债权人会议或人民法院报告，债权人会议有异议的，最终由人民法院决定。

一般情形下，已付购房款作为共益债务，损失赔偿作为普通债权清偿，赔偿额应以实际损失为基础。管理人或买受人解除合同，债务人应返还已付购房款并承担合同不能履行的违约责任，有约定违约金的从约定，没有约定的应向买受人赔偿损失。关于已付购房款，因合同解除后，出卖人继续占有已付购房款无法律依据，故可依不当得利进行返还，该债权产生于破产案件受理以后。[1] 根据《企业破产法》第 42 条第 3 项规定，已付购房款可作为共益债务清偿。而损害赔偿请求权依据《企业破产法》第 53 条作为普通债权进行申报。关于赔偿额的计算方式，根据《合同法》第 113

---

[1] 法律出版社法规中心主编，李春双编著：《中华人民共和国企业破产法注释全书》，法律出版社 2015 年版，第 299 页。

条(《民法典》第 584 条），损失赔偿额应当相当于因违约所造成的损失，包括合同履行后可以获得的利益，但不得超过违反合同一方订立合同时预见到或者应当预见到的因违反合同可能造成的损失。《商品房买卖合同解释》第 18 条规定："由于出卖人的原因，买受人未能取得房屋权属证书的，除当事人有特殊约定外，出卖人应当承担违约责任……合同没有约定违约金或者损失数额难以确定的，可以按照已付购房款总额，参照中国人民银行规定的金融机构计收逾期贷款利息的标准计算。"管理人应以已付购房款的逾期罚息计算损失赔偿数额。有人可能认为赔偿额应包括房屋增值部分的可得利益，但买房屋时原本存在交易风险，无法预见房价涨跌。即便可以预见，也无法在订立合同时能确定损失的时间点和额度大小。

需要注意的是，对于支付 50% 以上购房款、房屋买卖合同已经公示的消费者，基于保护弱势消费者的精神，并结合《最高人民法院针对山东省高级人民法院就处置济南彩石山庄房屋买卖合同纠纷案请示的答复》，应认定为其权利优于工程价款和抵押债权。

【参考依据】

《企业破产法》

第 42 条 人民法院受理破产申请后发生的下列债务，为共益债务：

（一）因管理人或者债务人请求对方当事人履行双方均未履行完毕的合同所产生的债务；

（二）债务人财产受无因管理所产生的债务；

（三）因债务人不当得利所产生的债务；

（四）为债务人继续营业而应支付的劳动报酬和社会保险费用以及由此产生的其他债务；

（五）管理人或者相关人员执行职务致人损害所产生的债务；

（六）债务人财产致人损害所产生的债务。

第 53 条 管理人或者债务人依照本法规定解除合同的，对方当事人以因合同解除所产生的损害赔偿请求权申报债权。

第 69 条 管理人实施下列行为，应当及时报告债权人委员会：

（一）涉及土地、房屋等不动产权益的转让；

（二）探矿权、采矿权、知识产权等财产权的转让；

（三）全部库存或者营业的转让；

（四）借款；

（五）设定财产担保；

（六）债权和有价证券的转让；

（七）履行债务人和对方当事人均未履行完毕的合同；

（八）放弃权利；

（九）担保物的取回；

（十）对债权人利益有重大影响的其他财产处分行为。

未设立债权人委员会的，管理人实施前款规定的行为应当及时报告人民法院。

《破产法解释三》

第 15 条　管理人处分企业破产法第六十九条规定的债务人重大财产的，应当事先制作财产管理或者变价方案并提交债权人会议进行表决，债权人会议表决未通过的，管理人不得处分。

管理人实施处分前，应当根据企业破产法第六十九条的规定，提前十日书面报告债权人委员会或者人民法院。债权人委员会可以依照企业破产法第六十八条第二款的规定，要求管理人对处分行为作出相应说明或者提供有关文件依据。

债权人委员会认为管理人实施的处分行为不符合债权人会议通过的财产管理或变价方案的，有权要求管理人纠正。管理人拒绝纠正的，债权人委员会可以请求人民法院作出决定。

人民法院认为管理人实施的处分行为不符合债权人会议通过的财产管理或变价方案的，应当责令管理人停止处分行为。管理人应当予以纠正，或者提交债权人会议重新表决通过后实施。

《执转破意见》

第 8 条　执行法院作出移送决定后，应当书面通知所有已知执行法院，执行法院均应中止对被执行人的执行程序。但是，对被执行人的季节性商品、鲜活、易腐烂变质以及其他不宜长期保存的物品，执行法院应当及时变价处置，处置的价款不作分配。受移送法院裁定受理破产案件的，执行法院应当在收到裁定书之日起七日内，将该价款移交受理破产案件的法院。

案件符合终结本次执行程序条件的，执行法院可以同时裁定终结本次执行程序。

《民诉法解释》

第 513 条 在执行中，作为被执行人的企业法人符合企业破产法第二条第一款规定情形的，执行法院经申请执行人之一或者被执行人同意，应当裁定中止对该被执行人的执行，将执行案件相关材料移送被执行人住所地人民法院。

《破产法解释二》

第 5 条 破产申请受理后，有关债务人财产的执行程序未依照企业破产法第十九条的规定中止的，采取执行措施的相关单位应当依法予以纠正。依法执行回转的财产，人民法院应当认定为债务人财产。

《商品房买卖合同解释》

第 18 条 由于出卖人的原因，买受人在下列期限届满未能取得房屋权属证书的，除当事人有特殊约定外，出卖人应当承担违约责任：

（一）商品房买卖合同约定的办理房屋所有权登记的期限；

（二）商品房买卖合同的标的物为尚未建成房屋的，自房屋交付使用之日起 90 日；

（三）商品房买卖合同的标的物为已竣工房屋的，自合同订立之日起 90 日。

合同没有约定违约金或者损失数额难以确定的，可以按照已付购房款总额，参照中国人民银行规定的金融机构计收逾期贷款利息的标准计算。

《最高人民法院针对山东省高级人民法院就处置济南彩石山庄房屋买卖合同纠纷案请示的答复》

二、基于《批复》保护处于弱势地位的房屋买受人的精神，对于《批复》第二条"承包人的工程价款优先受偿权不得对抗买受人"的规定，应当理解为既不得对抗买受人在房屋建成情况下的房屋交付请求权，也不得对抗买受人在房屋未建成等情况下的购房款返还请求权。

《江苏省高级人民法院民二庭破产案件审理指南（修订版）》

七、破产债权及清偿顺序

2. 商品房买受人的权益。房地产开发企业破产中，关于商品房买受人的权益，应重点把握以下问题：

商品房的权属变动。物权法第九条规定，不动产物权的设立、变更、转让和消灭，经依法登记，发生效力；未经登记，不发生效力，但法律另有规定的除外。据此，商品房权属尚未办理变更登记，买受人以实际支付全部购房款或已实际占有为由，主张实际取得商品房权属的，不予支持。《最高人民法院关于审理企业破产案件若干问题的规定》第七十一条第五、六的规定，与其后颁布的物权法确立的不动产物权变动规则不相符，应适用物权法的有关规定。《关于人民法院办理执行异议和复议案件若干问题的规定》第二十八条、第二十九条系不动产买受人物权期待权的规定，并非不动产权属规定……

30. 破产程序中银行直接划扣债务人账户上资金用于抵偿该银行对破产企业的债权，管理人是否有权追回该笔扣划款项？

【回答】

管理人有权要求银行返还该笔扣划款项。

【理由】

欲解决该问题，需厘清债务人的银行存款的性质，破产抵销权的构成要件及行使条件以及破产抵销权与个别清偿的关系。

第一，银行单方扣款还贷是否构成行使破产抵销权。

破产法上的抵销权，是指债权人在破产申请受理前对债务人即破产人负有债务的，无论是否已到清偿期限、标的是否相同，均可在破产财产最终分配确定前向管理人主张相互抵销的权利。① 银行扣款还贷是否构成行使破产抵销权，在我国观点不一。主张银行可以行使抵销权的理由有：首先，一些国家存在允许银行行使抵销权的立法例。其次，银行行使抵销权是维护金融安全、保护银行金融债权的必要手段。再次，《企业破产法》允许债务抵销，银行的抵销行为也不属于《企业破产法》规定的禁止抵销的情况，所以银行可以进行抵销。最后，如果不允许银行进行破产抵销，则银行会采取相应措施规避、转移或化解其风险，如惜贷、严格控制贷款条件、设置更为苛刻的加速到期条款、提高利率、严管账户、进一步强制存款等，不仅会更加不利于借款人，而且对市场交易秩序及成本也将产生

---

① 王欣新：《破产法》(第四版)，中国人民大学出版社 2019 年版，第 184 页。

不利影响。主张不可以行使抵销权的理由为我国与其他国家情况不同。首先，从企业的角度看，与银行交叉债权的发生并非完全是自由契约的结果。其次，企业的流动资金都是通过其银行账户运行的，如果允许银行不加任何限制的进行破产抵销，债务人企业进入破产程序时的全部现金都可能被抵销掉，不仅企业的重整挽救程序无法进行，生产经营无法维持，连破产费用都无法支付，破产清算程序也无法进行。再次，企业在银行账户中的资金性质不同，全部抵销显然不妥。最后，维护金融安全、保护银行金融债权，不能成为损害其他债权人正当利益的理由。王欣新教授则认为应当区分不同情况确定相应规则。对企业定期存款账户中的资金银行可以抵销，但当债务人陷于破产境地时，其银行账户中已经不太可能有存款存在，所以承认这种抵销对银行实际意义不大。信托保管类账户中的资金禁止抵销，但是此类账户通常仅在少数特定行业中存在，禁止抵销对银行的影响也不大。对双方当事人实际利益影响最大的，是对借款人结算账户中的资金不允许进行抵销，这将成为各方争议的关键。[1]

区分银行账户资金性质的思考值得赞同，但本书认为银行单方扣款还贷不构成行使破产抵销权。"皮之不存，毛将焉附"，若该行为都不符合破产抵销权的法律要件，则无探讨银行账户资金性质之必要。下面从破产抵销权的构成要件、行使程序以及限制几个方面进行阐释。

其一，债务人与银行的存款关系为集保管、投资、服务等于一体的混合法律关系，债务人主张银行存款的返还是物权请求权而非债权请求权，即应当为取回权。破产抵销权的构成要件为：一是抵销双方互负债权债务，所负债权债务无须同一种类；二是互负的债权债务成立于破产受理前；三是双方均不属于不能抵销的债务。[2] 有观点认为，银行与存款人的存款关系同借款关系一样也是债权债务关系，所以银行可以主张双方的债务抵销。存款是商业银行的负债业务，因之形成商业银行与存款人之间的债权债务关系，这就是存款的法律性质。[3] 上述关于存款法律性质的观点

---

① 王欣新：《银行贷款合同加速到期清偿在破产程序中的效力研究》，载《法治研究》2015 年第 6 期。

② 《企业破产法》第 40 条，《破产法解释二》第 43 条、第 44 条、第 45 条、第 46 条。

③ 强力主编：《金融法学》，高等教育出版社 2003 年版，第 114 页。

值得商榷。其一，存款人通过存款行为将法定货币转化为存款货币，对其存款享有存款货币财产权，这是一种新的衍生财产权，在此基础上形成的存款法律关系是保管关系、投资关系和代理关系的综合。对于存款人而言，银行的存款账户具有保管和增值功能，而且是根据法律、政策规定而不得不开设的账户。[①] 从请求权的角度看，债务人对其银行存款享有所有权，[②] 只是交由银行保管、投资，享受金融服务。若是有偿的，债务人享有对银行的投资理财的收益权，或是银行对债务人享有保管费、服务费或理财费的债权。而破产抵销权是债权人与债务人基于互负的债权债务关系而行使的债权请求权。因此，债务人对银行是基于财产所有权的物权请求权，而非债权，不符合破产抵销权的构成要件。

其二，银行单方扣款行为实质是实际履行偿付，不符合破产抵销权的目的。银行将债务人的银行账户上相应存款单方划扣，改变了债务人存款数额，改变了扣划款项的归属，减少了债务人的财产，实际上是债的履行清偿，从而达到债的消灭。破产抵销权的本质特征为不存在现实的履行，债务不进行现实的交付行为，债权人与债务人互享期待利益，主动债权人依法行使抵销权作出抵销的意思表示，即可让双方之间的债权债务消灭，从而达到减少交易成本，维护债权人的整体利益的功能目的。《企业破产法》第 40 条规定破产债权人可以行使抵销权，而对管理人能否行使未作规定。《破产法解释二》则明确规定管理人不得主动抵销，仅在抵销使债务人受益情况下可行使抵销权。可见，管理人行使抵销权的目的在于使债务人财产最大化，从而使整体债权人利益最大化。因此，扣款还贷不符合破产抵销权的无须现实履行的本质特征。

其三，银行单方扣款行为也不符合破产抵销权行使的程序要求。即便银行享有抵销权，其行使程序应先按照《企业破产法》规定的程序申报债权，通过管理人、债权人会议核查，并经人民法院裁定确认。未申报的债权不能行使抵销权。《企业破产法》第 40 条规定，债权人要向管理人主张抵销，由管理人审查是否符合抵销情形。因此，银行单方扣款不符合破产

---

① 徐阳光：《破产法视野中的银行贷款加速到期与扣款抵债问题》，载《东方论坛》2017 年第 1 期。

② 孟勤国：《物权二元结构论——中国物权制度的理论重构》（第三版），人民法院出版社 2009 年版，第 296~297 页。

抵销权的行使程序。

第二，银行单方扣款行为构成个别清偿。

银行单方扣款行为实质是债务清偿行为。在破产程序中，应当依据《企业破产法》第16条及第32条的相关规定审查是否属于个别清偿行为，从而确定其效力。

《商业银行法》第6条规定："商业银行应当保障存款人的合法权益不受任何单位和个人的侵犯。"第30条规定："对单位存款，商业银行有权拒绝任何单位或者个人查询，但法律、行政法规另有规定的除外；有权拒绝任何单位或者个人冻结、扣划，但法律另有规定的除外。"可知，任何单位不得非法扣划存款人存款，任何单位当然包括银行。因此，为保护客户存款安全，银行不得径行单方扣款。但司法实践中，银行与债务人签订的贷款合同大多为格式合同，约定债务人不能到期还款或因债务人原因银行提前要求还款情况下，银行有权直接划扣债务人在本行的其他账户存款抵债，通过约定避开法律规定。即便如此，在破产程序中，银行单方扣款行为仍违反相关法律规定。根据《关于审理企业破产案件若干问题的规定》第15条第4项之规定，人民法院决定受理企业破产案件后，应当通知债务人的开户银行停止债务人的结算活动，并不得扣划债务人的款项抵扣债务。但经人民法院依法许可的除外。本书认为，该规定既有程序效果，也有实体效果。实体效果上，该规定系强制性规范，而非任意性规范，明确破产受理后，禁止银行扣划债务人的款项抵扣债务，因此，不得通过当事人约定来规避。《北京市高级人民法院企业破产案件审理规程》第119条规定："人民法院受理破产申请前六个月内，债权银行明知债务人已出现破产原因，仍然自行扣划债务人的银行存款清偿债务人对其负有的到期债务的，属于企业破产法第三十二条规定的应撤销的行为。"该条将银行在破产受理前6个月的单方抵扣行为认定为个别清偿行为，而破产受理后的单方抵扣行为则自不待言。因此，从最高人民法院司法解释到地方人民法院的规定，已明确禁止银行单方扣款抵债的行为，管理人有权要求银行返还已扣划的款项。

此外，银行单方扣款行为也不符合《企业破产法》第32条但书所规定的"个别清偿使债务人财产受益"的例外性规定。首先，债务人的现金存款对于破产程序的启动和进行具有重要作用。司法实践中，许多企业的破产程序无法启动，是因为债务人有资产但在短时间难以变卖或变现，无法开展破产事务支付破产费用。因此，从某种意义来说，银行扣款不利于债务人及时推进破产程序。其次，银行单方扣款造成债务人的资产减少，只可能带来债务人负债的减少，并未给债务人财产带来增值。最后，个别清偿无效制度的功能目的在于防止个别债权人受益而损害其他整体债权人的利益。银行对债务人的债权经申报在破产分配程序中不一定获得全部清偿，而其对债务人的债务则要全面清偿，其单方扣款实际上让银行的债权获得100%清偿，从而损害其他债权人利益。

第三，破产抵销权与个别清偿的关系。

司法实践中，之所以对于银行单方扣款行为性质认定不一，主要是因为破产抵销权与个别清偿行为同为债的消灭方式，存在诸多相似地方，但不同点在于概念性质、消灭债的途径方式及制度功能目的。破产抵销权作为一种法定的形成权，其与个别清偿制度中的破产撤销权相对应。而抵销与清偿相对应，两者的区别在于抵销并没有实际给付，而作为消灭债的方式之一的清偿则是实现了合同的目的。① 抵销制度的功能在于减少交易成本及具有担保功能，而清偿制度的功能在于贯彻债权人平等保护原则。② 此外，二者在权利行使程序和规则体系上也有不同。

【参考依据】

《关于审理企业破产案件若干问题的规定》

第 15 条 人民法院决定受理企业破产案件后，应当组成合议庭，并在十日内完成下列工作：

……

(四)通知债务人的开户银行停止债务人的结算活动，并不得扣划债务人的款项抵扣债务。但经人民法院依法许可的除外。

《北京市高级人民法院企业破产案件审理规程》

第 119 条 人民法院受理破产申请前六个月内，债权银行明知债务人已出现破产原因，仍然自行扣划债务人的银行存款清偿债务人对其负有的

---

① 刘少军、张桐：《银行抵销权的认定标准研究》，载李昌麟主编《经济法论坛》，群众出版社 2010 年版，第 166 页。

② 许德风：《破产法论——解释与功能比较的视角》，北京大学出版社 2015 年版，第 393 页。

到期债务的，属于企业破产法第三十二条规定的应撤销的行为。

31. 房地产案件破产程序中，担保债权人不同意、不配合或怠于配合解除债务人的财产抵押登记。

(1)管理人能否请求人民法院强制解除抵押？

【回答】

管理人在登记确认抵押权人的担保债权的前提下，可向人民法院申请强制解除抵押物的抵押登记，抵押权人对抵押物的变卖或拍卖所得享有优先受偿权。

【理由】

抵押权人在其债权受清偿前不愿解除担保物的抵押登记，情有可原。根据《物权法》第170条(《民法典》第386条)的规定，担保物权人在债务人不履行到期债务或者发生当事人约定的实现担保物权的情形时，依法享有就担保财产优先受偿的权利。抵押权属物权法中担保物权，担保物权是债权人担心债务人不能清偿到期债务而设定的。在债务人破产时，担保债权人倾向于尽早单独变现担保物从而实现其债权，而鉴于担保物单独拍卖或变卖，有可能影响债务人财产的整体价值以及造成其他成本或损失，如从债务人财产中分离担保物(可分离情形下)的成本、厂房拍卖导致停产损失等，因此，造成担保债权人与债务人的"尴尬"局面。根据《物权法》第187条(《民法典》第402条)的规定，不动产抵押以登记为生效要件。在破产程序中，债务人的厂房、土地等优质资产大多存有抵押担保情形，管理人如要拍卖或变卖该抵押财产则需通过与担保债权人协商解除抵押登记或第三人代为清偿消灭抵押权。为了使债务人财产变现价值最大化，一般需涂销抵押登记，将抵押财产清洁化，此时，抵押权人害怕因此丧失权利公示效果而不愿配合涂销抵押登记。

在现行法框架内，可通过管理人与抵押权人协商同意解除或由人民法院强制解除抵押登记两种方式。

方式一，协商解除抵押登记情况下，可通过第三人代为清偿或将抵押物直接变卖出售给抵押权人，从而清偿担保债权解除抵押。

基于《物权法》第191条规定："抵押期间，抵押人经抵押权人同意转让抵押财产的，应当将转让所得的价款向抵押权人提前清偿债务或者提存。转让的价款超过债权数额的部分归抵押人所有，不足部分由债务人清偿。抵押期间，抵押人未经抵押权人同意，不得转让抵押财产，但受让人代为清偿债务消灭抵押权的除外。"（《民法典》第 406 条："抵押期间，抵押人可以转让抵押财产。当事人另有约定的，按照其约定。抵押财产转让的，抵押权不受影响。抵押人转让抵押财产的，应当及时通知抵押权人。抵押权人能够证明抵押财产转让可能损害抵押权的，可以请求抵押人将转让所得的价款向抵押权人提前清偿债务或者提存。转让的价款超过债权数额的部分归抵押人所有，不足部分由债务人清偿。"）人民法院可通过第三人代为清偿制度，由第三人先行支付价款以清偿担保债权，从而解除抵押。《企业破产法》第 111 条规定："管理人应当及时拟订破产财产变价方案，提交债权人会议讨论。管理人应当按照债权人会议通过的或者人民法院依照本法第六十五条第一款规定裁定的破产财产变价方案，适时变价出售破产财产。"第 112 条第 1 款规定："变价出售破产财产应当通过拍卖进行。但是，债权人会议另有决议的除外。"上述两条规定赋予了债权人会议除拍卖外采取其他变价方式的权利，管理人可以向债权人会议申请自行变卖或直接出售给担保债权人。因为债务人财产通过拍卖程序变现的价格往往低于其正常市场价格，不利于破产财产变现价值最大化。例如，若担保债权总额 100 万元，担保财产市值 80 万元，拍卖价格 60 万元，担保债权人愿意以 70 万元购买担保财产，则担保债权人可以其债权抵销价款，无须向管理人支付现金，而只需管理人在债权清册中将其债权调整为剩余的 30 万元的普通债权。在此种情况下，可以减少交易成本和节约时间，从而增加破产财产的整体价值，既保障了担保债权人的合法权益，又不损害反而可能增加其他债权人的分配利益。

方式二，在抵押权人不同意或怠于解除债务人的抵押物登记时，可由管理人在登记确认抵押权人的担保债权的前提下，向人民法院申请强制解除抵押物的抵押登记，抵押权人对抵押物的变卖或拍卖所得享有优先受偿权。

抵押登记是抵押权这一担保物权成立的生效要件，具有公示公信效果，实质是为了保障抵押权人的抵押权实现的一种保护措施。在破产程序中，抵押权所担保的债权已经管理人审核登记并经法院裁定确认，抵押权人对抵押物的优先受偿权实质上获得人民法院在法律效力上的保障，解除抵押登记不影响抵押权人的优先受偿权的实现。《关于审理企业破产案件若干问题的规定》第 22 条第 1 款规定："人民法院在登记申报的债权时，应当记明债权人名称、住所、开户银行、申报债权数额、申报债权的证据、财产担保情况、申报时间、联系方式以及其他必要的情况。"因此，管理人可在债权清册上先登记抵押权人的债权性质、数额、担保财产名称等，以确保在解除抵押物的抵押登记后保证原抵押权人的优先受偿权。另一方面，破产程序是涉及多方利益的特别法律程序，抵押权人行使抵押权不能阻碍破产程序的有效推进。

【参考依据】

《企业破产法》

第 37 条 人民法院受理破产申请后，管理人可以通过清偿债务或者提供为债权人接受的担保，取回质物、留置物。

前款规定的债务清偿或者替代担保，在质物或者留置物的价值低于被担保的债权额时，以该质物或者留置物当时的市场价值为限。

第 38 条 人民法院受理破产申请后，债务人占有的不属于债务人的财产，该财产的权利人可以通过管理人取回。但是，本法另有规定的除外。

第 111 条 管理人应当及时拟订破产财产变价方案，提交债权人会议讨论。

管理人应当按照债权人会议通过的或者人民法院依照本法第六十五条第一款规定裁定的破产财产变价方案，适时变价出售破产财产。

第 112 条 变价出售破产财产应当通过拍卖进行。但是，债权人会议另有决议的除外。

破产企业可以全部或者部分变价出售。企业变价出售时，可以将其中的无形资产和其他财产单独变价出售。

按照国家规定不能拍卖或者限制转让的财产，应当按照国家规定的方式处理。

《物权法》

第 170 条 担保物权人在债务人不履行到期债务或者发生当事人约定的实现担保物权的情形，依法享有就担保财产优先受偿的权利。

第 179 条 为担保债务的履行，债务人或者第三人不转移财产的占有，将该财产抵押给债权人的，债务人不履行到期债务或者发生当事人约定的实现抵押权的情形，债权人有权就该财产优先受偿。

前款规定的债务人或者第三人为抵押人，债权人为抵押权人，提供担保的财产为抵押财产。

第 187 条 以本法第一百八十条第一款第一项至第三项规定的财产或者第五项规定的正在建造的建筑物抵押的，应当办理抵押登记。抵押权自登记时设立。

第 191 条 抵押期间，抵押人经抵押权人同意转让抵押财产的，应当将转让所得的价款向抵押权人提前清偿债务或者提存。转让的价款超过债权数额的部分归抵押人所有，不足部分由债务人清偿。

抵押期间，抵押人未经抵押权人同意，不得转让抵押财产，但受让人代为清偿债务消灭抵押权的除外。

第 208 条 为担保债务的履行，债务人或者第三人将其动产出质给债权人占有的，债务人不履行到期债务或者发生当事人约定的实现质权的情形，债权人有权就该动产优先受偿。

前款规定的债务人或者第三人为出质人，债权人为质权人，交付的动产为质押财产。

第 230 条 债务人不履行到期债务，债权人可以留置已经合法占有的债务人的动产，并有权就该动产优先受偿。

前款规定的债权人为留置权人，占有的动产为留置财产。

《民法典》

第 386 条 担保物权人在债务人不履行到期债务或者发生当事人约定的实现担保物权的情形，依法享有就担保财产优先受偿的权利，但是法律另有规定的除外。

第 394 条 为担保债务的履行，债务人或者第三人不转移财产的占有，将该财产抵押给债权人的，债务人不履行到期债务或者发生当事人约定的实现抵押权的情形，债权人有权就该财产优先受偿。

前款规定的债务人或者第三人为抵押人，债权人为抵押权人，提供担保的财产为抵押财产。

第 402 条 以本法第三百九十五条第一款第一项至第三项规定的财产或者第五项规定的正在建造的建筑物抵押的，应当办理抵押登记。抵押权自登记时设立。

第 406 条 抵押期间，抵押人可以转让抵押财产。当事人另有约定的，按照其约定。抵押财产转让的，抵押权不受影响。

抵押人转让抵押财产的，应当及时通知抵押权人。抵押权人能够证明抵押财产转让可能损害抵押权的，可以请求抵押人将转让所得的价款向抵押权人提前清偿债务或者提存。转让的价款超过债权数额的部分归抵押人所有，不足部分由债务人清偿。

第 425 条 为担保债务的履行，债务人或者第三人将其动产出质给债权人占有的，债务人不履行到期债务或者发生当事人约定的实现质权的情形，债权人有权就该动产优先受偿。

前款规定的债务人或者第三人为出质人，债权人为质权人，交付的动产为质押财产。

第 447 条 债务人不履行到期债务，债权人可以留置已经合法占有的债务人的动产，并有权就该动产优先受偿。

前款规定的债权人为留置权人，占有的动产为留置财产。

《关于审理企业破产案件若干问题的规定》

第 22 条 人民法院在登记申报的债权时，应当记明债权人名称、住所、开户银行、申报债权数额、申报债权的证据、财产担保情况、申报时间、联系方式以及其他必要的情况。

已经成立清算组的，由清算组进行上述债权登记工作。

(2) 能否在立法上规定其他解除抵押的方式？

【回答】

立法上可以考虑以现金补偿或替代担保方式解除抵押，通过支付现金补偿抵押权人从解除抵押之日至抵押物变卖或变现之日按同期银行贷款利率计算的利息损失，或提供其他担保的方式来弥补抵押权人的利息损失。若抵押物变现价格大于抵押债权，则利息损失可优先受偿。若抵押物变现价格小于抵押债权，则应扣减现金补偿金额后再将变现价款优先清偿担保债权。

【理由】

我国现行法在为实现提高破产程序效率、维护债权人整体利益的价值目标下，对担保债权人的权利保护不足或者说让担保债权人有所顾虑。因此，司法实践中担保债权人不愿配合管理人或债务人解除抵押登记，导致债务人财产因存有抵押而影响其变现价格。可参考类推适用《企业破产法》关于质物、留置物取回规定。我国《企业破产法》第 37 条第 1 款规定："人民法院受理破产申请后，管理人可以通过清偿债务或者提供为债权人接受的担保，取回质物、留置物。"管理人可以通过即时清偿或替代担保的方式取回质物、留置物。司法实践中可以将此条规定类推适用于抵押权，灵活处理债务人财产，以使债务人财产价值最大化。

同时，立法上可借鉴《美国破产法》第 361 条规定的充分保护制度。其目的是保护债权人在破产程序之外依协商所获取的权利。实践中，是否满足充分保护的要求，通常由法院根据当事人的证词及专业人士的评估意见认定。该规定认定以下几种情形为充分保护：①债务人向担保权人为定期或一次性的现金支付，且该支付足以弥补担保物的价值损失（第 1 款）；②债务人向担保权人提供额外或替代性的担保（第 2 款）；③债务人向担保权人提供无可置疑的等价财产，且其价值足以弥补担保权人所受的损失（第 3 款）。但对于破产债务是否应赔偿担保权人所受迟延损害，在美国颇有争议。此后，美国最高法院确认至少不应按主合同约定获得相应赔偿，认为担保权人主张主债权的利息，可能导致普通债权人承受破产程序的费用与重整失败的风险，危及破产财产最大化。① 因此，我国未来破产法修订时可引入充分保护制度，在保护担保债权人的基础上，作出进一步限制。一方面通过支付现金方式补偿担保债权人的主债务利息损失，或提供其他替代担保，以单独的便于操作的次优资产向担保人替代原有的优质的不动产抵押担保，从而快速推进破产变现程序，提高破产效率，节省成本。《企业破产法》第 46 条第 2 款规定："附利息的债权自破产申请受理时起停止计息。"有学者认为，实务中对破产中任何债权利息均不予保护的理解是不妥当的，周全的、符合现行法体系与文义的做法应是，担保债权在破产期间的利息，若担保物价值充足，应享有就该价值优先受偿的地位，普通债权的利息不应完全不保护而应列入后顺位债权。② 从文义上

---

① 许德风：《破产法论——解释与功能比较的视角》，北京大学出版社 2015 年版，第 311~312 页。

② 许德风：《破产法论——解释与功能比较的视角》，北京大学出版社 2015 年版，第 320 页。

看，该理解与现行法规定可能不符。但从立法论角度，该理解有可取之处。可以考虑对债权性质以及计息标准作明确规定，如担保债权与普通债权是否计息，或者计息标准可以按同期银行贷款利率计算，而不应按合同约定的违约金或逾期罚息计算。另一方面，要对"充分保护"作出一定限制。程序上，尽量缩短担保债权人考虑是否同意的时间，若担保债权人不同意则由法院审查后进行强裁，可以缩短担保债权人与管理人协议解除抵押的时间。范围上，若抵押物变现价格大于抵押债权，则利息损失可优先受偿。若抵押物变现价格小于抵押债权，则应扣减现金补偿金额后再将变现价款优先清偿担保债权，避免让不应优先受偿的剩余债务获得优先清偿，损害其他债权人的分配利益。

【参考依据】

《企业破产法》

第 37 条　人民法院受理破产申请后，管理人可以通过清偿债务或者提供为债权人接受的担保，取回质物、留置物。

前款规定的债务清偿或者替代担保，在质物或者留置物的价值低于被担保的债权额时，以该质物或者留置物当时的市场价值为限。

第 46 条　未到期的债权，在破产申请受理时视为到期。

附利息的债权自破产申请受理时起停止计息。

《德国破产法》

第 173 条

……经破产管理人申请，并经听取债权人的意见，破产法院可以为债权人确定一个变现标的的期限。期限届满后，破产管理人即有权变现。

《美国破产法》

第 361 条　当一个经济实体根据本法第 362 条、第 363 条或第 364 条提出充分保护其财产利益的要求，该充分保护可以这样提供。

（1）在根据本法第 362 条迟延支付、根据本法第 363 条使用、出售或租借，或者根据本法第 364 条的留置权许可的范围内导致该经济实体在该财产上的利益损失，则要求托管人向改经济实体现金付款或定期付款；

（2）在根据本法第 362 条迟延支付、根据本法第 363 条使用、出售或租借，或者根据本法第 364 条的留置权许可的范围内导致该经济实体在该财产上的利益损失，则要求向该经济实体提供额外的或替代的留置权；

（3）批准其他的债务免除方式，而非授权该经济实体根据本法第 503 条（b）（1）获得作为管理开支的合理的补偿，因其将导致该经济实体获得与该财产的收益确实等价的补偿。①

《日本破产法》

第 185 条 别除权人具有不依照法律规定的方法处分别处权标的物的权利，依据破产财产管理人的申请，法院可以确定别除权人应做出处分的期限。别除权人在前款的期限内未进行处分的，则失去前款的权利。

（3）债务人的土地使用权已抵押登记的，购房人如何办理房屋转移登记手续？

【回答】

若开发商预售期房时担保债权人已经出具同意函，可以将其作为担保债权人确定的意思表示。管理人可以与购房人合作，已缴纳房款的购房人可以要求抵押权人配合办理过户手续。若购房人依约支付了全部或者大部分购房款，亦可要求抵押权人配合办理过户手续。

如果管理人通过上述措施清偿担保债权后，担保债权人仍不配合或怠于配合解除债务人财产的抵押登记的，参考实践中的做法，管理人可以请求法院以向抵押登记机关发出协助执行通知的方式强制解除抵押登记，从而维护债务人合法权益，保障破产程序的顺利推进。

【理由】

房地产企业用土地使用权设定抵押后破产，由于抵押存在导致购房人无法办理房产证的问题较为普遍，具有代表性。

《最高人民法院针对山东省高级人民法院就处置济南彩石山庄房屋买卖合同纠纷案请示的答复》第 2 条表示："基于《批复》保护处于弱势地位的房屋买受人的精神，对于批复第二条'承包人的工程价款优先受偿权不得对抗买受人'的规定，应理解为既不得对抗买受人在房屋建成情况下的房屋交付请求权，也不得对抗买受人在房屋未建成等情况下的购房款返还请求权。"此系基于保护处于弱势地位的房屋买受人考虑。其第 4 条强调"在破产程序中，《批复》关于优先保护商品房买受人权利的规定也应予以

---

① 李飞主编：《当代外国破产法》，中国法制出版社 2006 年版，第 499 页。

适用";"如相关案件债务人不能进入破产程序,在房屋买受人的购房款返还请求权未经生效法律文书确认的情况下,根据现行法律规定,应通过参与分配程序实现其优先受偿。"

在最高人民法院发布的《2015 年全国民事审判工作会议纪要》中,关于物权纠纷案件问题部分,最高人民法院特别强调了关于抵押权与购房人住房保障权冲突的问题。该纪要第 39 条规定:"取得了房屋预售许可或者销售许可的房地产开发商以在建工程抵押取得银行贷款后,又同买受人签订了房屋买卖合同,买受人依约支付了全部或者大部分购房款,房地产开发商不能偿还银行贷款,抵押人向人民法院请求行使抵押权的请求,不予支持;对于买受人向人民法院请求确认其购买房屋的权利优先于银行抵押权的,人民法院应予支持。"

最高人民法院在"陈玉萍、陈善红再审审查与审判监督民事裁定书"中指出:买受人在购买已设定抵押的房产时,仅需考虑抵押权实现时可能面临的风险,由此导致案涉房屋物权未发生变更登记时不能据此认定其购买抵押物的行为本身存在过错。[①]

在实践中,若开发商预售期房时抵押权人已经出具了同意函,可以将其作为抵押权人确定的意思表示,则已缴纳房款的买受人可以要求抵押权人配合办理过户手续。法院亦可发出解除抵押的协助执行通知书,要求抵押权人协助办理解押手续。

在法院是否可以依据职权解除抵押登记这一问题上,有肯定与否定两种观点。前者认为,抵押登记解除权须由抵押权人自己行使,法院非该权利的主体;后者认为,考虑到效率与破产程序进行的顺畅性,法院可依职权解除抵押登记。因破产系通过程序使得债权受到平等清偿,确认债务人财产的范围十分重要,如果抵押权人怠于主动解除抵押登记,会导致破产程序陷于停滞。此外,由于抵押债权的实现最终仍需债权人会议通过并由法院裁定方可完成,依据职权解除抵押登记不会直接造成抵押权人权利无法行使,可以考虑法院依职权解除抵押登记。

在土地使用权已设定抵押,买受人要求办理房屋登记手续,抵押权人不配合解除抵押,买受人又不愿起诉债务人和抵押权人涂销抵押登记时,若破产法院未要求抵押权人协助办理过户手续,则买受人无法办理过户手

---

① 参见最高人民法院(2017)最高法民申 3536 号民事裁定书。

续。在该种情形下，房屋买卖合同若不存在无效情形，则视为有效合同，但因为买卖标的物房屋实际无法交付，合同实际无法履行，合同目的不能实现，买受人只能解除合同请求返还购房款。该购房款返还请求权应优先于建筑工程价款优先受偿。

【参考依据】

《关于审理企业破产案件若干问题的规定》

第 22 条 人民法院在登记申报的债权时，应当记明债权人名称、住所、开户银行、申报债权数额、申报债权的证据、财产担保情况、申报时间、联系方式以及其他必要的情况。

已经成立清算组的，由清算组进行上述债权登记工作。

《2015 年全国民事审判工作会议纪要》

第 39 条 取得了房屋预售许可或者销售许可的房地产开发商以在建工程抵押取得银行贷款后，又同买受人签订了房屋买卖合同，买受人依约支付了全部或者大部分购房款，房地产开发商不能偿还银行贷款，抵押人向人民法院请求行使抵押权的请求，不予支持；对于买受人向人民法院请求确认其购买房屋的权利优先于银行抵押权的，人民法院应予支持。

《最高人民法院针对山东省高级人民法院就处置济南彩石山庄房屋买卖合同纠纷案请示的答复》

二、基于《批复》保护处于弱势地位的房屋买受人的精神，对于《批复》第二条"承包人的工程价款优先受偿权不得对抗买受人"的规定，应当理解为既不得对抗买受人在房屋建成情况下的房屋交付请求权，也不得对抗买受人在房屋未建成等情况下的购房款返还请求权。

四、请你院依照《批复》的规定与精神，以你院审判委员会的多数人意见为基础，结合具体案情依法妥善处理相关案件。同时注意以下几个问题：

1. 对于房屋买受人主张的违约金是否优先保护问题，你院应当在兼顾建筑工程承包人、抵押权人等各方当事人合法权益的基础上妥善处理，避免相关主体之间的利益失衡。

2. 与执行程序相比，破产程序能更好地清理债权债务。在破产程序中，《批复》关于优先保护商品房买受人权利的规定也应予以适用，请你院考虑可否引导相关案件通过破产程序处理。

3. 如相关案件债务人不能进入破产程序，在房屋买受人的购房款返还请求权未经生效法律文书确认的情况下，根据现行法律规定，应通过参与分配程序实现其优先受偿。在参与分配程序中，应注意确保对各方当事人依法进行程序性救济。

32. 房地产企业在楼盘预售期间进入破产程序的，政府监管部门仍要求预售资金进入监管专用账户时，如何处理？

【回答】

债务人企业的楼盘预售资金在破产程序中属于债务人财产。管理人应按照《企业破产法》规定，依法履行职责，接管债务人财产，包括楼盘预售资金。

【理由】

商品房预售资金是开发商将正在建设中的商品房出售给购房人，购房人按照商品房买卖合同约定支付给开发商的购房款（包括定金、首付款、后续付款、按揭付款）。

商品房预售资金监管是指由房地产行政主管部门会同银行对商品房预售资金实施第三方监管，房产开发企业须将预售资金存入银行专用监管账户，只能用作本项目建设，不得随意支取、使用。

从上述定义看，商品房预售资金监管系房地产行政主管部门对开发商运用商品房预售资金的监管措施。此监管措施实施目的在于防止出现购房款资金被开发商挪作他用，影响商品房正常销售，造成"烂尾楼"等社会影响较大的不利后果。

破产财产是自破产程序开始时起由债务人所有的财产及财产权利构成的财产性集合体。房地产企业在楼盘预售期间进入破产程序后，针对该房地产企业的破产程序开始，此时债务人所有财产从意涵所指当然包括商品房预售资金，因此，其从性质上看属于破产财产。

从商品房预售资金监管的定义上看，该行政监管措施不会改变民事权利的性质及所有权的归属，而只是一种便于监察管理的措施。其设立目的在于确保该项资金用于房地产项目建设，不得随意支取、使用。当房地产企业进入破产程序后，破产财产由管理人进行接管，进而估价、变价和分配。此时，该项资金处于管理人的控制与监督之下，显然不存在由房地产企业挪作他用之可能。但在实务中，仅由管理人与政府监管部门进行沟通将预售资金纳入管理人账户一般存在难度，可通过受理破产申请的人民法院向有关政府机关发出司法建议函等方式协调处理。

综合破产财产的定义及商品房预售资金监管目的看，此时仍然要求预售资金进入原监管专用账户，理由和依据并不充分。

【参考依据】

《企业破产法》

第 25 条 管理人履行下列职责：

（一）接管债务人的财产、印章和账簿、文书等资料；

（二）调查债务人财产状况，制作财产状况报告；

（三）决定债务人的内部管理事务；

（四）决定债务人的日常开支和其他必要开支；

（五）在第一次债权人会议召开之前，决定继续或者停止债务人的营业；

（六）管理和处分债务人的财产；

（七）代表债务人参加诉讼、仲裁或者其他法律程序；

（八）提议召开债权人会议；

（九）人民法院认为管理人应当履行的其他职责。

本法对管理人的职责另有规定的，适用其规定。

33. 破产企业房屋预售过程中，因当时相关人民法院对该企业开发的并办有预售许可的房屋进行了查封，使得部分购房人缴纳了首付款而未能办理按揭手续，导致其达不到付款超过 50% 的消费者购房人的条件，能否认定为付款超过 50% 的消费者购房人？

【回答】

原则上不能。

【理由】

《关于建设工程价款优先受偿权问题的批复》中规定："消费者交付购买商品房的全部或者大部分款项后，承包人就该商品房享有的工程价款优先受偿权不得对抗买受人。"后《关于人民法院办理执行异议和复议案件若干问题的规定》第 29 条对此进行了进一步的明确："金钱债权执行中，买受人在被执行的房地产企业名下的商品房提出异议，符合下列情形且权利能够排除执行的，人民法院应予支持：（一）在人民法院查封之前已签订合法有效的书面买卖合同；（二）所购商品房系用于居住且买受人名下无其他用于居住的房屋；（三）已支付的价款超过合同约定总价款的百分之五十。"上述三种情形下，承包人若强制执行购房者已经购买的房屋，购房者可以申请执行异议，保持自己对该房屋的所有权。

在上述相关司法解释中最高人民法院的态度十分明确，要求具备"交付购买商品房的全部或者大部分款项"，强调系"已支付价款超过合同约定总价款的百分之五十"。此为房屋买受人具备可对抗承包人工程价款优先受偿权的必要条件。

房地产企业破产中需要平衡的多方利益较为复杂，若任意放宽限制，可能导致位于后顺位的债权人债权清偿比例降低甚至未获清偿。如大量破产案件中除涉及消费者购房人利益外，对于建筑工程施工的工程价款支付亦牵涉到承包人，若在此类案件中过度保护消费者购房人的利益，将会导致清偿顺位靠后的承包人及诸多劳动者的工程价款债权受偿比例下降。在相关司法解释保护消费者购房人的背后，其实隐藏的是生存权与经营权的考虑。由于消费者购房人购买房屋系出于生存居住的需要，相较承包人的经营获利需求，法院优先对其权利进行保护，无可厚非。但是此保护绝不宜过度倾斜。因承包人的经营获利对于建筑工程施工人员的生存生活亦十分重要，对维护社会稳定及保护弱势群体亦有极大意义。

除此之外，对于消费者购房人的保护并非仅此一条。未达到支付过半购房款的购房人只是不能享有商品房物权优先请求权，其仍可依据房屋买卖合同，行使相应的债权请求权。房屋买卖合同若不存在无效情形，则视为有效合同，因买卖标的物房屋实际无法交付，合同实际无法履行，购房人可得请求返还购房款。该购房款返还请求权应优先于建筑工程价款优先受偿。相比承包人，立法上对于消费者购房人的保护已十分到位，其核心是在于保障生存权的考虑。如在此已有倾斜的背景下，管理人仍将达不到付款超过 50% 条件的购房人认定为符合该条件的购房人，一则对法律文本有扩大解释之嫌疑，二则可能导致对包括承包人在内的后顺位受偿者之不公。

故缴纳了首付款而未能办理按揭手续，不满足付款超过 50% 条件的，原则上不能认定为可对抗承包人工程价款优先受偿权的买受人。

实务中，对消费者购房人享有优先受偿权的认定标准一般为：在人民法院查封之前已签订合法有效的书面买卖合同；所购商品房系用于居住且买受人名下无其他用于居住的房屋；已支付的价款超过合同约定总价款的 50%。其中"已支付的价款超过合同约定总价款的百分之五十"如何理解，审判实践中掌握的标准也不一致。如果商品房消费者支付的价款接近于 50%，且承诺按照合同约定支付剩余价款的，可以理解为符合上述标准。

【参考依据】

《关于人民法院办理执行异议和复议案件若干问题的规定》

第 29 条

金钱债权执行中，买受人对登记在被执行的房地产开发企业名下的商品房提出异议，符合下列情形且其权利能够排除执行的，人民法院应予支持：

(一)在人民法院查封之前已签订合法有效的书面买卖合同；

(二)所购商品房系用于居住且买受人名下无其他用于居住的房屋；

(三)已支付的价款超过合同约定总价款的百分之五十。

《关于建设工程价款优先受偿权问题的批复》

二、消费者交付购买商品房的全部或者大部分款项后，承包人就该商品房享有的工程价款优先受偿权不得对抗买受人。

34. 第三人的债权人撤销权之诉与破产撤销权交叉时如何适用？

【回答】

破产受理前第三人行使《合同法》第 74 条(《民法典》第 538 条、第 539

条)赋予的债权人撤销权提起撤销权之诉，与破产受理后管理人依据《企业破产法》行使破产撤销权交叉时，应优先适用破产撤销权，债权人应撤回起诉。若债权人不同意撤回，由法院驳回其起诉。

破产受理后，管理人怠于行使破产撤销权的，债权人向管理人提出异议后管理人仍不行使的，债权人可以向法院提起债权人撤销权之诉。

【理由】

《破产法解释二》第 13 条明确规定："破产申请受理后，管理人未依据企业破产法第三十一条的规定请求撤销债务人无偿转让财产、以明显不合理价格交易、放弃债权行为的，债权人依据合同法第七十四条等规定提起诉讼，请求撤销债务人上述行为并将因此追回的财产归入债务人财产的，人民法院应予受理。相对人以债权人行使撤销权范围超出债权人的债权抗辩的，人民法院不予支持。"据此，管理人未依《企业破产法》规定行使撤销权时，债权人可以《合同法》第 74 条规定（《民法典》第 538 条、第 539 条）提起撤销权诉讼。

合同法中的债权人撤销权，是指债权人对于债务人所为的危害债权的行为，可请求人民法院予以撤销以维持债务人责任财产的权利。[①] 破产撤销权是指接管破产财产的管理人对债务人在破产申请受理前的法定期间内进行的欺诈债权人或者损害对全体债权人公平清偿的行为，有申请人民法院予以撤销的权利。[②] 从文义上看，两个概念有着较强关联性，因此司法实践中容易混淆。下文通过比较分析破产撤销权与债权人撤销权的共性与区别，并从诉讼法理论方面探讨，既厘清两者之间的关系，又解答在两者交叉冲突时如何适用的困惑。

首先，破产撤销权与债权人撤销权的共性。

第一，权利行使的原因相同。《合同法》第 74 条第 1 款规定："因债务人放弃其到期债权或者无偿转让财产，对债权人造成损害的，债权人可以请求人民法院撤销债务人的行为。债务人以明显不合理的低价转让财产，对债权人造成损害，并且受让人知道该情形的，债权人也可以请求人

[①] 韩世远：《合同法总论》（第四版），法律出版社 2018 年版，第 453 页。
[②] 王欣新：《破产法》（第四版），中国人民大学出版社 2019 年版，第 131 页。

民法院撤销债务人的行为。"(《民法典》第 538 条："债务人以放弃其债权、放弃债权担保、无偿转让财产等方式无偿处分财产权益，或者恶意延长其到期债权的履行期限，影响债权人的债权实现的，债权人可以请求人民法院撤销债务人的行为。"第 539 条："债务人以明显不合理的低价转让财产、以明显不合理的高价受让他人财产或者为他人的债务提供担保，影响债权人的债权实现，债务人的相对人知道或者应当知道该情形的，债权人可以请求人民法院撤销债务人的行为。")债权人撤销权的发生原因是债务人与第三人的行为对债权人造成损害，导致其到期债权不能实现。《企业破产法》第 31 条规定破产撤销权的行使原因也是债务人的行为损害其他债权人利益。因此，债权人撤销权与破产撤销权在权利行使的原因上相同，均因债务人不能清偿到期债务，而其与第三人的行为损害了其他债权人的利益，从而"激活"撤销权。

第二，可撤销行为类型相近。《合同法》第 74 条和第 75 条规定的可撤销行为类型与《企业破产法》第 31 条和第 32 条的规定基本一致，包括无偿转让财产、以明显不合理的价格进行交易、放弃债权。因此，可撤销行为类型的相近容易导致两项权利行使时形成交叉冲突局面。

其次，破产撤销权与债权人撤销权的区别。

第一，主体不同。《企业破产法》中破产撤销权行使主体是管理人，而《合同法》中债权人撤销权行使主体是债务人的债权人。

第二，权利行使时效不同。《合同法》第 75 条(《民法典》第 541 条)中的债权人应当在知道或应当知道撤销事由之日起 1 年内行使。债务人行为发生之日起 5 年内没有行使撤销权的，撤销权消灭。《企业破产法》中的撤销权可在破产程序期间和破产程序终结之日起 1 年内行使。

第三，恶意推定期不同。破产撤销权的法定事由必须发生在破产申请被受理前 1 年内，除了个别清偿行为要求发生在破产申请被受理前 6 个月内，破产受理后的个别清偿行为则无期限限制。而债权人撤销权则没有恶意推定期的限定。

第四，适用对象不同。债权人撤销权只适用于诈害行为，而破产撤销权可适用于偏颇行为和诈害行为。

第五，主观恶意不同。债权人撤销权行使要求在有偿交易中相对人具有"明知"的主观恶意。而在我国《企业破产法》规定中破产撤销权对相对人的主观要件并未要求，理论界对此存有争议。① 但至少可以确定的是，债权人撤销权对于主观要件的要求标准高于破产撤销权。

再次，优先适用破产撤销权更能发挥《企业破产法》的功能与效益。

第一，破产撤销权相比债权人撤销权，更有利于保护债权人。通过上述比较分析，破产撤销权不要求主观要件或者要求标准低于债权人撤销权，使得破产撤销权的成立与举证更容易，减少诉讼成本。第二，破产撤销权统一由管理人行使，相较于单个债权人分别行使撤销权，降低债权实现成本且提高破产程序效率。② 第三，从诉讼目的及效果看，均为了撤销可撤销行为，恢复债务人的财产，以增加整体债权人的清偿利益。《破产法解释二》第13条第2款规定债权人撤销之诉追回的财产也不得用以清偿个别债权人。第四，从诉讼主体看，在破产撤销之诉中，管理人代表全体债权人，包括债权人撤销权之诉中的债权人。最高人民法院就《破产法解释二》答记者问时，认为破产撤销之诉在诉讼性质上属代表之诉，③ 应吸收单独的债权人撤销权之诉。因此，破产受理前债权人提起撤销之诉，与破产受理后管理人破产撤销权交叉时，应优先适用破产撤销权（甚至在破产程序中尽量适用破产撤销权），第三人应撤回债权人撤销之诉或由法院驳回其起诉。

当然，也并非完全排除债权人撤销权的行使。最高人民法院的相关裁判观点认为，由于合同法中的撤销权和破产法中的撤销权行使权利的方式和期限有所不同，有的情况下管理人依据破产法不能撤销的行为，债权人却可依据合同法撤销。④

最后，债权人撤销权之诉与破产撤销权之诉构成重复诉讼，后者系前者诉讼前置程序。

---

① 张善斌主编：《破产法研究综述》，武汉大学出版社2018年版，第193~194页。

② 许德风：《破产法论——解释与功能比较的视角》，北京大学出版社2015年版，第370页。

③ 马晓瑞、邹吉东、张余、李美欧编著：《破产案件审理指南》，人民法院出版社2018年版，第386页。

④ 参见(2017)最高法民终885号永安市燕城房地产开发有限公司与郑耀南、远东(厦门)房地产发展有限公司及第三人高俪珍第三人撤销之诉案，载《最高人民法院公报》2020年第4期。

《企业破产法》第 20 条规定：“人民法院受理破产申请后，已经开始而尚未终结的有关债务人的民事诉讼或者仲裁应当中止；在管理人接管债务人的财产后，该诉讼或者仲裁继续进行。”债权人撤销权之诉仍由原受理法院继续审理，不移送受理破产案件的法院管辖。在破产受理后，管理人行使破产撤销权之诉，则由受理破产案件的法院管辖。若债权人撤销权之诉在破产受理前已受理，破产受理后，管理人又提起破产撤销权之诉，两诉并存如何从诉讼程序上处理，则需要借助诉讼法理论进行解决。本书认为，两诉构成诉讼法上的重复诉讼。《民诉法解释》第 247 条第 1 款规定：“当事人就已经提起诉讼的事项在诉讼过程中或者裁判生效后再次起诉，同时符合下列条件的，构成重复起诉：（一）后诉与前诉的当事人相同；（二）后诉与前诉的诉讼标的相同；（三）后诉与前诉的诉讼请求相同，或者后诉的诉讼请求实质上否定前诉裁判结果。”该条第 2 款规定：“当事人重复起诉的，裁定不予受理；已经受理的，裁定驳回起诉，但法律、司法解释另有规定的除外。”禁止重复诉讼须满足以下构成要件：首先，前诉处于诉讼系属中。诉讼系属是指因诉讼的提起，使得诉讼上的请求处于法院审判中的状态。其次，案件的同一性。判断标准包括：一是案件主体同一。前诉与后诉原告、被告是可以相反的，即前诉的原告为后诉的被告，前诉的被告为后诉的原告，也属于诉讼主体相同。二是诉讼标的的同一。三是诉讼请求的同一性。四是诉讼争点的共通性。争点是相对于诉讼标的概念的，往往是诉讼中理由层面所包含的内容。① 因此，结合本问题，在诉讼系属上，第三人撤销权之诉作为前诉，处于诉讼系属中。在诉讼主体上，债权人撤销权之诉的原告是债权人，被告是债务人与相对人，而破产撤销权之诉的原告是管理人，被告是相对人，管理人代表着整体债权人，因此在这两个诉讼中，原、被告主体在整体上是相同的。在诉讼标的和诉讼请求上，两诉均为变更之诉，撤销债务人与相对人之间的法律关系。在诉讼争点上，均依据相同的事实，即债务人在破产受理前与相对人之间发生的事实。据此逻辑，债权人撤销之诉在前，法院应驳回后诉即破产撤销权之诉。

然而，如前所述，破产撤销权是合同法中债权人撤销权在破产法制度

---

① 张卫平：《重复诉讼规制研究：兼论“一事不再理”》，载《中国法学》2015 年第 2 期。

中的延伸，权利法理基础相同，破产撤销权较债权人撤销权具有诸多优势，同时破产法兼具实体法和程序法属性，在破产程序中，破产法作为特别法应优先适用。因此，管理人代表债权人的整体利益，其行使破产撤销权应优先于债权人撤销权，是启动债权人撤销权之诉的前置程序，即债权人通知管理人行使破产撤销权，管理人拒绝或怠于行使情况下，债权人可行使其合同法上享有的撤销权，同公司法中股东代表之诉原理。因此，在债权人不撤回先前的撤销权之诉情况下，法院应驳回其起诉。

【参考依据】

《企业破产法》

第20条 人民法院受理破产申请后，已经开始而尚未终结的有关债务人的民事诉讼或者仲裁应当中止；在管理人接管债务人的财产后，该诉讼或者仲裁继续进行。

第31条 人民法院受理破产申请前一年内，涉及债务人财产的下列行为，管理人有权请求人民法院予以撤销：

（一）无偿转让财产的；

（二）以明显不合理的价格进行交易的；

（三）对没有财产担保的债务提供财产担保的；

（四）对未到期的债务提前清偿的；

（五）放弃债权的。

《合同法》

第74条 因债务人放弃其到期债权或者无偿转让财产，对债权人造成损害的，债权人可以请求人民法院撤销债务人的行为。债务人以明显不合理的低价转让财产，对债权人造成损害，并且受让人知道该情形的，债权人也可以请求人民法院撤销债务人的行为。

撤销权的行使范围以债权人的债权为限。债权人行使撤销权的必要费用，由债务人负担。

第75条 撤销权自债权人知道或者应当知道撤销事由之日起一年内行使。自债务人的行为发生之日起五年内没有行使撤销权的，该撤销权消灭。

《民法典》

第538条 债务人以放弃其债权、放弃债权担保、无偿转让财产等方式无偿处分财产权益，或者恶意延长其到期债权的履行期限，影响债权人的债权实现的，债权人可以请求人民法院撤销债务人的行为。

第 539 条 债务人以明显不合理的低价转让财产、以明显不合理的高价受让他人财产或者为他人的债务提供担保，影响债权人的债权实现，债务人的相对人知道或者应当知道该情形的，债权人可以请求人民法院撤销债务人的行为。

第 541 条 撤销权自债权人知道或者应当知道撤销事由之日起一年内行使。自债务人的行为发生之日起五年内没有行使撤销权的，该撤销权消灭。

《破产法解释二》

第 13 条 破产申请受理后，管理人未依据企业破产法第三十一条的规定请求撤销债务人无偿转让财产、以明显不合理价格交易、放弃债权行为的，债权人依据合同法第七十四条等规定提起诉讼，请求撤销债务人上述行为并将因此追回的财产归入债务人财产的，人民法院应予受理。

相对人以债权人行使撤销权范围超出债权人的债权抗辩的，人民法院不予支持。

《民诉法解释》

第 247 条 当事人就已经提起诉讼的事项在诉讼过程中或者裁判生效后再次起诉，同时符合下列条件的，构成重复起诉：

（一）后诉与前诉的当事人相同；

（二）后诉与前诉的诉讼标的相同；

（三）后诉与前诉的诉讼请求相同，或者后诉的诉讼请求实质上否定前诉裁判结果。

当事人重复起诉的，裁定不予受理；已经受理的，裁定驳回起诉，但法律、司法解释另有规定的除外。

35. 债务人的境外财产如何追回？[①]

【回答】

总体上，管理人应加强与其他国家或地区与审该破产案件相关的法院

---

① 节选自张善斌主编：《破产法研究综述》，武汉大学出版社 2018 年版，第 579~600 页。有修改删节。

的联系。若我国与该国签订了双边民商事司法协助条约，已有相关判决的，承认与执行判决的主要程序是：先由当事人直接向被请求方的主管法院提出申请，再由主管法院对申请进行审查，作出承认或部分承认或拒绝的裁决。

【理由】

跨境破产是指含有涉外因素或国际因素的破产。对于破产的域外效力，主要分为普遍主义、属地主义和折中主义。普遍主义认为，一个企业应当只破产宣告一次，在破产债务人的住所或所在地国的破产宣告应包括债务人境内外所有财产。他国应当帮助破产财产的管理人收集当地的破产财产、禁止债权人的自行扣押。采普及主义可在同一案件中将适用的法律统一，降低成本；便于经营者理解、适用某一法律；对跨国企业破产具有重要的意义。但是普及主义对国家主权维护提出了较高的要求，可能导致企业选择不同国家或地区中相对有利的法律，对于判决的承认与执行有赖于不同国家或地区的法律规定。

属地主义又称为地域性原则。其主张各国依据本国破产法对境内财产作出破产宣告。破产宣告效力仅及于本国境内。属地主义可以在一定程度上避免在适用他国破产法时遭受歧视待遇，致使企业甚至国家利益损失的问题。

所谓的折中主义试图在普遍主义和属地主义之间寻找一个中间的方法。折中主义中，有主张依据财产的性质区别对待破产的域外效力者，认为一国的破产程序只及于域外的动产，不及于不动产。也有主张从国家主权角度解释，认为应当规定本国的破产宣告具有域外效力，外国的破产宣告只具有地域效力。

我国《企业破产法》第5条已规定本国破产裁判具有域外效力，域外破产裁判在一定条件下可得到我国法院的承认与执行。《贸易法委员会破产法立法指南》将普遍主义与属地主义结合，体现折中主义。普遍主义体现在：区分主要程序和非主要程序。属地主义体现在规定公共政策的例外、不限制平行破产的存在及赋予内国法院实质性损害评估裁量权。《欧盟规则》区分了主要程序和非主要程序，规定了附属程序。日本在2004年修改完善了《日本破产法》《民事再生法》和《公司更生法》，规定在符合一定条件时，日本可以承认与执行域外破产裁判。美国规定本国的破产具有域外效力的同时允许外国管理人在美国启动辅助程序，协助外国管理人。

一国法院或具有审判权的其他司法机关是否有受理和判决含有涉外因素的破产案件的权限，即管辖权的确定，一直是涉外案件关注的焦点，直接影响冲突规则的适用，决定适用哪国的准据法。而又由于长期以来，实践中普遍存在单纯适用法院地法处理跨境破产问题的情况，管辖权问题更加突出。

各国对于跨境破产管辖权的确定依据各不相同。如债务人住所地、国籍所在地、主要营业地或者主要办事机构所在地、资产所在地等因素均有被作为确定管辖权的连结点。并且同一连结点在不同的国家或地区可能有不同的定义。针对同一债务人的跨境破产程序，多个国家或地区主张的管辖权可能相同，因而可以采取如主破产程序与从属破产程序并行等多个国家或地区同时行使管辖权的方式来推进程序。

管辖权冲突原因主要包括：立法上的规定本身存在差异，或对标准的解释不一；司法上争夺对跨境破产案件的管辖权或均不行使管辖权的情况。当出现管辖权冲突时，理论界主要提出了两种途径：第一，通过国内立法或判例规定冲突发生时的解决规则；第二，国际协调。

通过国内立法或者判例解决管辖权冲突主要包括确定先受理原则、不方便法院原则、区分主要破产程序与非主要破产程序确定管辖权、追求协商合作、肯定协议管辖几种方式。《贸易法委员会破产法立法指南》以充分的联系作为标准判断连结点的正当性。此与英国的"适宜法院理论"相类似。

通过国际协调，签订国际条约来减少或避免管辖权的冲突也是解决跨境破产管辖权的一种途径。此举可以减少长臂管辖，促进国际合作解决跨境破产问题。

传统的管辖权理论在跨境破产中的缺陷于跨国企业集团破产中也有体现，甚至更甚。有学者提出通过主要利益中心地来解决跨国企业集团破产问题。对于如何确定跨国企业集团的主要利益中心，有命令控制说、管理中心说、债权人期待说和区分说。

在跨境破产实践中，各国基本上排除了冲突规则在跨境破产中的法律适用，而是更关注管辖权的确定问题。

承认与执行外国破产的方式主要有以下几种：①全面程序。当债务人在其他国家开始了外国破产程序，其有理由在本国提起破产程序。②辅助程序。当一个主要破产程序在外国有效开始后，其指定的管理人可以在本国申请开始一个简单的辅助程序，指定一个本国的清算人，管理债务人位于本国的破产财产，之后将这些财产移交给外国管理人。美国采取此类方法。③普通转让。即把破产看作向债权人全面转让财产，外国的管理人可以直接向当地法院提出请求而不需要开始当地破产程序。英美法系国家多采此法。④申请执行令。法院对受理的承认与执行某一外国法院破产裁判的请求进行形式上的审查。符合条件的，法院作出裁定，并发给执行令，从而赋予该外国法院裁判与法院裁判同等的效力。大陆法系国家多采此法。⑤登记程序。法院在收到外国管理人的书面请求后，只要查明有关的外国破产裁判符合本国法院所规定的条件，就可以只履行一个登记程序，由胜诉方在裁判作出后一定时间内进行登记。英国采用此方式。

在承认与执行问题上，在没有条约存在的情况下，不应当一概不予承认与执行外国破产裁判，法院之间应当加强合作。由于我国明确规定破产案件由债务人住所地法院管辖，不允许当事人之间协议管辖。在解决破产案件跨境管辖问题上，若寄希望于采用协议管辖原则并不现实，与我国现行法律相违背。然而这并不排除法院之间在没有管辖协议下，在个案中加强合作，这在国外已经有相关的实践。美国法院在一个案件中曾经向荷兰法院详细说明了美国的法律，并附文件说明了荷兰法院接受或者拒绝美国法院判决时，美国法院可能采取的行动。美国联邦第三巡回上诉法院也曾以法院之间应该有一个基本的对话，在交流的基础上尽力达成理解，努力寻求合作为由在一个案件中推翻了破产法院作出的禁诉令。① 而且在立法进程还没有开展之时，在现有法律体系的框架下开展一定的司法协作，且通过个案之间的交流合作，可以加强法院之间对彼此破产法律的认识和破产政策的理解，促进有关条约的达成。

此外，在实践中，有部分做法可供参考。②

如 2017 年 6 月第二届中国-东盟大法官论坛通过了《南宁声明》，其中

---

① 王晓琼：《跨境破产中的法律冲突问题研究》，北京大学出版社 2008 年版，第 64~65 页。

② 李静：《跨境破产制度现状及完善建议》，中豪律师网，http://www.zhhlaw.com/article/detail/144，访问日期：2020 年 5 月 21 日。

第 7 项明确规定："尚未缔结有关外国民商事判决承认和执行国际条约的国家，在承认与执行对方国家民商事判决的司法程序中，如对方国家的法院不存在以互惠为理由拒绝承认和执行本国民商事判决的先例，在本国国内法允许的范围内，即可推定与对方国家之间存在互惠关系。"因该声明本身为中国与东盟国家缔结，未排除破产案件适用，故可以引用。

2014 年，美国破产法院对海宁市人民法院作出的有关浙江尖山光电破产程序予以承认并给予了高效协助。案件中首先明确管理人有权作为债务人代表，寻求美国破产救济。其次，管理人任命了一位"指定授权人"，授权其全权负责在美国的司法程序。接着，代理律师提交了《承认外国主要程序和提供救济和帮助》的申请动议书。该动议对申请符合美国破产法对域外破产程序的承认条件进行了全面的阐述：该中国破产案构成美国破产法定义的"外国主要程序"；来自中国的"指定授权人"是符合美国破产法定义的"外国代表"；且本案具备来自中国法院的民事裁定书、决定书等全套证明文件。最后美国法院认定：第一，确认中国破产程序符合美国法定义下的"外国主要程序"的各项条件。第二，命令立即提供相应的美国司法救济，包括禁止所有债权人推进执行一切针对债务人在美国境内的任何财产，任何正在进行的涉及债务人在美资产及收益的行为均暂停实施，禁止任何针对债务人在美财产的转移处置等行为。

【参考依据】

《企业破产法》

第 5 条　依照本法开始的破产程序，对债务人在中华人民共和国领域外的财产发生效力。

对外国法院作出的发生法律效力的破产案件的判决、裁定，涉及债务人在中华人民共和国领域内的财产，申请或者请求人民法院承认和执行的，人民法院依照中华人民共和国缔结或者参加的国际条约，或者按照互惠原则进行审查，认为不违反中华人民共和国法律的基本原则，不损害国家主权、安全和社会公共利益，不损害中华人民共和国领域内债权人的合法权益的，裁定承认和执行。

《南宁声明》

第 7 条　区域内的跨境交易和投资需要以各国适当的判决的相互承认和执行机制作为其司法保障。在本国国内法允许的范围内，与会各国法院将善意解释国内法，减少不必要的平行诉讼，考虑适当促进各国民商事判决的相互承认和执行。尚未缔结有关外国民商事判决承认和执行国际条约的国家，在承认与执行对方国家民商事判决的司法程序中，如对方国家的法院不存在以互惠为理由拒绝承认和执行本国民商事判决的先例，在本国国内法允许的范围内，即可推定与对方国家之间存在互惠关系。

36. 划拨土地为破产企业全部资产，对于划拨土地是否完全由政府收回？[①]

【回答】

原则上，无偿划拨的土地使用权应当由国家无偿收回。若国有划拨土地使用权已由政府批准作价入股，成为企业注册资本的一部分，则转让或拍卖的土地使用权价款首先支付土地出让金，剩余部分列入破产财产。

【理由】

土地使用权问题自身具有复杂的历史渊源与社会背景，长期以来，国有与集体企业使用土地由国家统一划拨，并无偿、无限期地使用。直至20世纪90年代中期，全国新供应的土地中行政划拨的比例仍占98%。但是自1987年深圳拍出第一块国有土地使用权开始，土地使用就进入了双轨制，即行政划拨和有偿出让的双轨制度。在双轨制条件下，原本就呈现综合多元性质的破产企业土地的处理就变得更加复杂繁难。这种复杂矛盾交织体现在其是否属于破产财产上，引发了经久不息的讨论。

关于划拨土地使用权是否属于破产财产，理论与实务界存在争议。传统司法界认为，划拨土地使用者仅是以直接代行者的身份使用土地。若超出直接代行之范围，则国家作为所有者，有权回收划拨土地。因此，划拨土地使用权一般仅被视为企业的生产经营场所和全民所有的生产资料，而不作为企业财产或财产权利看待。[②]

原则上，无偿划拨的土地使用权应当由国家无偿收回。但是这种做法

---

① 节选自张善斌主编：《破产法研究综述》，武汉大学出版社2018年版，第123~125页。有修改删节。

② 叶健强：《破产企业划拨土地使用权的处置》，载《人民司法》1997年第10期。

在完全贯彻上存在现实困难，因为地上建筑物附着物是同土地使用权联系在一起的，土地使用权价值在这种联系中才呈现最大化。有学者将破产区分为政策性破产与非政策性破产，在无偿取得的土地使用权处置上，其主张政府可行使取回权。①

有学者认为，必须对划拨土地的收回与出让进行适当限制：一是立刻出让，于宣告后分配前作出；二是对象特定化，限定于破产债权人内部，且按债权担保有无确定先后顺序；三是出让价格低额化，应参照最低幅度确定，可考虑将此用于失业职工安置。破产企业土地使用权系通过缴纳出让金有偿取得的，土地使用权处分后的所得财产必须纳入破产财产，不得用于职工安置。② 债务人投资改造土地以及支付的征地费用所应获得的补偿列入破产财产。对于政策性破产，转让划拨土地使用权所得首先用于安置职工，剩余部分应列入破产财产。若国有划拨土地使用权已由政府批准作价入股，成为企业注册资本的一部分，则转让或拍卖的土地使用权价款首先支付土地出让金，剩余部分列入破产财产。

此外，在对待出让土地使用权问题上，学者们的态度可供参考。原则上，通过支付出让金取得的土地应当纳入破产财产的范围。有学者认为，国家应当分享出让土地使用权的增值部分。由此项处置中所得属于土地使用权出让金部分，应上缴财政，属于国有财产。③

有学者认为，若未设定抵押，则清算组（管理人）采取协议、招标、拍卖方式作出变价处理，价金计入破产财产范围。若设定抵押，抵押权人优先受偿。既然未要求以土地供求关系变化为基准，持续不断缴纳土地增值费，土地价格跌落后，国家也无补偿或者退还贬值费用的义务，则企业破产后，国家即无理由收取土地增值费。且不作区别地对于出让获得的土地与划拨获得的土地收取土地增值费，很容易造成土地使用权的有偿使用和无偿使用的界限混淆。④ 亦有学者认为，土地出让金上缴财政后，属于

---

① 李国光主编：《新企业破产法理解与适用》，人民法院出版社 2006 年版，第 207~210 页。

② 汤维建：《破产程序与破产立法研究》，人民法院出版社 2001 年版，第 266~269 页。

③ 王欣新：《试论破产立法与国企失业职工救济制度》，载《政法论坛》2002 年第 3 期。

④ 汤维建：《破产程序与破产立法研究》，人民法院出版社 2001 年版，第 266~269 页。

国有财产，国家有权将其用于职工安置。在实践中，该部分用于职工安置后如有剩余，仍属国有财产，理应上缴，可用于其他破产企业职工安置。除此之外的其余部分属于破产财产。①

37. 破产企业持有的其他企业的股权如何处置？在股权处置前，管理人应当如何行使权利？

【回答】

破产程序中，债务人持有的其他企业的股权可通过转让或拍卖等变价方式处置。股权处置前，管理人应勤勉尽责地行使权利。

【理由】

破产企业持有的其他企业的股权属于债务人财产，在破产宣告后属于破产财产。破产宣告后，管理人应当及时拟定破产财产处置变价方案，提交债务人会议讨论。破产财产的处置应当以价值最大化为原则，并兼顾效率。对于债务人持有的其他企业的股权，可通过转让或拍卖等方式处置。但应遵守股权转让的相关规定。若持有的是有限责任公司的股权，则应遵守《公司法》第71条股权转让的条件，并满足《公司法》第72条规定的其他股东的优先购买权；若持有的是股份有限公司的股权，同样应遵守有关股份有限责任公司股权转让的相关规定。

在股权处置前，管理人尽勤勉尽责地保管债务人财产。若债务人持有股权的公司盈利且股东大会已作出分配股利的决议，而存在尚未分配的股利时，则由管理人向该公司行使股利分配请求权；若债务人持有股权的公司解散，管理人就该公司清算后的剩余财产享有请求分配的权利。管理人通过上述两项请求权所得的财产应当归入债务人财产。

【参考依据】

《公司法》

第71条 有限责任公司的股东之间可以相互转让其全部或者部分

---

① 王欣新：《试论破产立法与国企失业职工救济制度》，载《政法论坛》2002年第3期。

股权。

股东向股东以外的人转让股权，应当经其他股东过半数同意。股东应就其股权转让事项书面通知其他股东征求同意，其他股东自接到书面通知之日起满三十日未答复的，视为同意转让。其他股东半数以上不同意转让的，不同意的股东应当购买该转让的股权；不购买的，视为同意转让。

经股东同意转让的股权，在同等条件下，其他股东有优先购买权。两个以上股东主张行使优先购买权的，协商确定各自的购买比例；协商不成的，按照转让时各自的出资比例行使优先购买权。

公司章程对股权转让另有规定的，从其规定。

第 72 条　人民法院依照法律规定的强制执行程序转让股东的股权时，应当通知公司及全体股东，其他股东在同等条件下有优先购买权。其他股东自人民法院通知之日起满二十日不行使优先购买权的，视为放弃优先购买权。

第 138 条　股东转让其股份，应当在依法设立的证券交易场所进行或者按照国务院规定的其他方式进行。

第 139 条　记名股票，由股东以背书方式或者法律、行政法规规定的其他方式转让；转让后由公司将受让人的姓名或者名称及住所记载于股东名册。股东大会召开前二十日内或者公司决定分配股利的基准日前五日内，不得进行前款规定的股东名册的变更登记。但是，法律对上市公司股东名册变更登记另有规定的，从其规定。

第 140 条　无记名股票的转让，由股东将该股票交付给受让人后即发生转让的效力。

第 141 条　发起人持有的本公司股份，自公司成立之日起一年内不得转让。公司公开发行股份前已发行的股份，自公司股票在证券交易所上市交易之日起一年内不得转让。

公司董事、监事、高级管理人员应当向公司申报所持有的本公司的股份及其变动情况，在任职期间每年转让的股份不得超过其所持有本公司股份总数的百分之二十五；所持本公司股份自公司股票上市交易之日起一年内不得转让。上述人员离职后半年内，不得转让其所持有的本公司股份。公司章程可以对公司董事、监事、高级管理人员转让其所持有的本公司股份作出其他限制性规定。

四、债权人会议

38.《破产法解释三》第 12 条中行使撤销权的期限如何适用?

【回答】

债权人对债权人会议作出的违法决议,应当从采取现场方式表决时作出决议之日或采取非现场方式表决时收到表决决议通知之日起 15 日内行使撤销权。

【理由】

《企业破产法》第 64 条第 2 款规定:"债权人认为债权人会议的决议违反法律规定,损害其利益的,可以自债权人会议作出决议之日起十五日内,请求人民法院裁定撤销该决议,责令债权人会议依法重新作出决议。"这是赋予债权人对债权人会议提出异议并获得救济的权利,是债权人维护自身合法权益的重要制度。但该条仅作了原则性的规定,而对于如何认定决议违法、程序违法和内容违法等均未作出明确规定。因此,《破产法解释三》第 12 条规定:"债权人会议的决议具有以下情形之一,损害债权人利益,债权人申请撤销的,人民法院应予支持:(一)债权人会议的召开违反法定程序;(二)债权人会议的表决违反法定程序;(三)债权人会议的决议内容违法;(四)债权人会议的决议超出债权人会议的职权范围。人民法院可以裁定撤销全部或者部分事项决议,责令债权人会议依法重新作出决议。债权人申请撤销债权人会议决议的,应当提出书面申请。债权人会议采取通信、网络投票等非现场方式进行表决的,债权人申请撤销的期限自债权人收到通知之日起算。"该条款是对《企业破产法》第 64 条的细化与具体,两个条款在逻辑上应属同一整体,相互解释与补充。因此,从体系解释看,《企业破产法》第 64 条第 2 款中关于撤销权行使期限的规定应适用于《破产法解释三》第 12 条，即债权人自债权人收到通知之日起 15 日内行使撤销权。

关于债权人行使撤销权期限起算点的问题，《企业破产法》第 64 条第 2 款规定是从"自债权人会议作出决议之日"起算，而《破产法解释三》第 12 条规定"自债权人收到通知之日起算"，两条文看似矛盾，但实际并不冲突。《企业破产法》第 64 条第 1 款规定："债权人会议的决议，由出席会议的有表决权的债权人过半数通过，并且其所代表的债权额占无财产担保债权总额的二分之一以上。但是，本法另有规定的除外。"将《企业破产法》第 64 条第 1 款和第 2 款结合看，第 1 款规定债权人出席会议进行表决，因此第 2 款规定的是现场方式表决情况下的债权人行使撤销权的期限自决议作出之日起算。在采取现场表决方式下，管理人于现场公布决议则债权人立即知晓。随着通信技术的发展和社会交易方式的变化，通过通信、网络投票等非现场表决方式所带来的迅捷、便利、经济效果使其成为提高破产程序效率的一项重要措施，可能将成为未来债权人会议的主要表决方式。因此，《破产法解释三》第 12 条对非现场方式表决决议行使撤销权起算时间所作的规定，即自债权人收到通知之日起算，此处的"通知"应是债权人会议表决决议通知。由于采取非现场表决方式可能无法即时通知债权人最终决议，因此，管理人可以会后书面通知告知全体债权人。若债权人未参与或拒绝、放弃表决的，债权人则仍以收到决议通知之日起算。无论《企业破产法》第 64 条还是《破产法解释三》第 12 条，旨在保护债权人对表决决议的知情权，从而保障债权人在债权人会议决议侵犯其合法权益时及时行使救济。

【参考依据】

《企业破产法》

第 64 条　债权人会议的决议，由出席会议的有表决权的债权人过半数通过，并且其所代表的债权额占无财产担保债权总额的二分之一以上。但是，本法另有规定的除外。

债权人认为债权人会议的决议违反法律规定，损害其利益的，可以自债权人会议作出决议之日起十五日内，请求人民法院裁定撤销该决议，责令债权人会议依法重新作出决议。

债权人会议的决议，对于全体债权人均有约束力。

《破产法解释三》

第 12 条 债权人会议的决议具有以下情形之一，损害债权人利益，债权人申请撤销的，人民法院应予支持：

（一）债权人会议的召开违反法定程序；

（二）债权人会议的表决违反法定程序；

（三）债权人会议的决议内容违法；

（四）债权人会议的决议超出债权人会议的职权范围。

人民法院可以裁定撤销全部或者部分事项决议，责令债权人会议依法重新作出决议。

债权人申请撤销债权人会议决议的，应当提出书面申请。债权人会议采取通信、网络投票等非现场方式进行表决的，债权人申请撤销的期限自债权人收到通知之日起算。

《北京市高级人民法院企业破产案件审理规程》

第 192 条 债权人认为债权人会议的决议违反法律规定、损害其利益，依据企业破产法第六十四条第二款规定申请人民法院裁定撤销债权人会议决议的，应在债权人会议决议作出之日起十五日内向人民法院提出书面申请。债权人会议采取非现场方式表决的，债权人申请撤销债权人会议决议，应自收到管理人决议通知之日起十五日内向人民法院提出书面申请。

39. 在召开债权人会议前，人民法院如何为债权尚未确定的债权人临时确认债权额，以便于其行使表决权？

【回答】

在召开债权人会议前，如果债权人的债权尚未确定的，可以由债权人或者管理人向人民法院提交相关证据，申请确定临时债权数额和性质。人民法院经初步审查证据，再结合利害关系人意见及给予临时表决权对破产程序的影响等因素，能基本确定债权是否真实存在、债权数额及债权性质的，可以作出临时确定债权额的决定书，向该债权申报人、债务人、管理人及异议人送达。债权人依决定书在债权人会议上行使表决权。人民法院经初步审查未能确定临时债权额的，债权人不得行使表决权。

如果最终被确认不属于破产债权，则不得继续参加破产分配，已按临时债权额行使的表决权不再纠正。如果被确认属于破产债权，则按最终确定的债权性质和数额参加分配。

【理由】

《企业破产法》第 59 条第 2 款仅规定："债权尚未确定的债权人，除人民法院能够为其行使表决权而临时确定债权额的外，不得行使表决权。"但对于如何确定临时债权、确定的程序、确定的效力均未规定。该规定不够具体给司法实践的具体操作带来困惑、迷茫和风险。例如法院认为债权人的债权不真实而不能确定其临时债权，债权人将无法行使表决权。即便法院依相关证据能够确认临时债权，如果所确定的临时债权数额与最终判决确认的债权数额之间存在重大差异，以致影响表决权份额乃至决议内容，将不利于争议债权人的利益保护，也会影响法院裁判的权威性。另一方面，由于破产程序涉及的利益主体众多，可能存在债务人或其他债权人滥用诉权，妨碍其他债权人取得表决权，影响破产程序中的公平决议。

但庆幸的是，有些地方人民法院从司法实践中探索总结出一些行之有效的经验，给实务操作带来一定的参考指引。通过比较分析各地方人民法院的相关解释条文，云南省高级人民法院对临时债权的确定规定较为具体明细，值得参考借鉴。各地人民法院均规定债权人或者管理人向法院申请确定临时债权，最终由人民法院审查确定临时债权额。因此，本书结合已有地方人民法院的处理经验以及实务观点①，对临时债权额的确定提出以下四点意见：

第一，在债权人会议前确定临时表决权，可以由管理人先行审查债权人的争议债权后向人民法院提出书面报告并附相关证据。确定临时债权是为了有效推进债权人会议，保障债权人会议的顺利进行。管理人接受债权申报时均要审查债权，因此由其进行初审"筛选"，并附债权人的意见和相关证据的审查报告，节省临时债权确定的时间，人民法院可以重点对争议债权进一步审查。

第二，人民法院确定临时债权应进行初步审查，估计临时债权数额。人民法院根据现有证据、争议债权人的意见及管理人的审查报告，依据基

---

① 朱竹梅：《临时表决权实操刍议》，载微信公众号"C. L 法律笔记"，2018 年 9 月 23 日。

础法律关系和相关法律规定，综合考虑给予临时表决权对破产程序的影响，可以预估确定债权是否存在以及债权数额，从而最大限度缩小临时债权额与最终确认债权额的差距。此外，人民法院无须就争议债权的确定举行债权人与管理人听证，以免与正在进行或可能进行的争议债权诉讼相冲突，同时也节省司法资源与破产程序时间。

第三，基于上述人民法院进行审查后，预估确定临时债权额，对最终确认的债权额影响较小的情况下，债权人会议决议则不被轻易撤销，从而保障破产程序顺利推进，提高破产效率。如果最终被确认不属于破产债权，则不得继续参加破产分配，已按临时债权额行使的表决权不再纠正。如果被确认属于破产债权，则按最终确定的债权性质和数额参加分配。

第四，当临时确认的债权额与最终确认的债权额之间出现差异时，应区分清算程序与重整程序。在清算程序中，制定清算分配方案时，有争议的债权人暂时不能得到实际的分配，但应将存在争议且处于裁决过程中的债权份额按较高份额进行预留，待债权确认后依照分配方案再行分配；在重整程序中，最为重要的是表决通过重整计划，因重整计划表决是分组表决，而非采用简单多数决原则，某些债权人的债权份额调整不会影响重整计划的通过，也不会影响人民法院强裁。[1]

应当注意的是，人民法院确定临时债权额的效力应当仅及于有争议债权所涉及的诉讼未作出生效裁判前，债权人参加债权人会议行使表决权的问题，不能作为破产分配的依据。从立法目的看，《企业破产法》第59条第2款解决的是应然上凡持有真实债权的债权人均有权在债权人会议上行使表决权，和实然上债权确认的延迟性问题之间矛盾，而非确定债权解决债权争议。[2] 因此，人民法院要坚持合法合理、公平公正，兼顾效率的原则，对临时债权额的确定无须做到精准，但尽量保持在实际数额的合理区间。

【参考依据】

《企业破产法》

第59条 依法申报债权的债权人为债权人会议的成员，有权参加债

---

① 参见《四川省高级人民法院关于审理破产案件若干问题的解答》。
② 齐明：《破产法学：基本原理与立法规范》，华中科技大学出版社2013年版，第145页。

权人会议，享有表决权。

债权尚未确定的债权人，除人民法院能够为其行使表决权而临时确定债权额的外，不得行使表决权。

对债务人的特定财产享有担保权的债权人，未放弃优先受偿权利的，对于本法第六十一条第一款第七项、第十项规定的事项不享有表决权。

债权人可以委托代理人出席债权人会议，行使表决权。代理人出席债权人会议，应当向人民法院或者债权人会议主席提交债权人的授权委托书。

债权人会议应当有债务人的职工和工会的代表参加，对有关事项发表意见。

《北京市高级人民法院企业破产案件审理规程》

第186条 债权尚未确定的债权人，可以申请人民法院为其行使表决权而临时确定其债权额。

人民法院应当根据申请人提交的证据材料进行形式审查，确定申请人的临时债权额。

《江苏省高级人民法院民二庭破产案件审理指南（修订版）》

八、债权人会议和债权人委员会

1. 临时债权额的赋予。企业破产法第五十九条第二款规定，债权尚未确定的债权人，除人民法院能够为其行使表决权而临时确定债权额的外，不得行使表决权。实践中，对于债权尚未确定的债权人，管理人可以申请人民法院为其行使表决权而临时确定债权额。

《江西省高级人民法院企业破产案件审理规程（试行）》

第103条 债权尚未确定的债权人，可以申请人民法院为其行使表决权而临时确定其债权额。

人民法院应当根据申请人提交的证据材料进行形式审查，确定申请人的临时债权额。

《云南省高级人民法院破产案件审判指引（试行）》

第92条 尚未确认债权的债权申报人或管理人申请人民法院临时确定债权额的，应当提交基础证据。

人民法院经初步审查证据，再结合利害关系人意见及给予临时表决权对破产程序的影响等因素，能基本确定债权数额及债权性质的，可以作出临时确定债权额的决定书，向该债权申报人、债务人、管理人及异议人送达。

债权人按照人民法院临时确定的债权性质和债权数额，在债权人会议上行使表决权。

如果最终被确认不属于破产债权，则不得继续参加破产分配，已按临时债权额行使的表决权不再纠正。如果被确认属于破产债权，则按最终确定的债权性质和数额参加分配。

《成都市中级人民法院破产案件管理人工作规范（试行）》

第58条 债权人申报债权属于企业破产法第五十九条规定的尚未确定的债权的，由管理人负责提请本院确定其临时债权额。

40. 在人数众多的破产案件中，如何有效组织召开网络债权人会议？①

【回答】

管理人应当注意与会议平台沟通，保证平台的技术支持，注意债权人信息的核对、会议测试、会议表决事项设置等环节。

网络债权人会议准备阶段流程如下：第一，编制网络债权人会议预案并报请法院；第二，与网络平台签订服务合同，委托网络技术部门提供技术支持；第三，整理与核对债权人信息；第四，起草会议及会务文件；第五，通知债权人；第六，开通会议债权人会议测试页面；第七，会议前一天准备工作。网络债权人会议召开流程如下：第一，会前一小时，开通网络会议端口，同时再次向参会人员发出通知，提示债权人登陆参会；第二，法官、管理人及债权人代表等人员入场，会议正式开始；第三，表决统计；第四，可以利用全国企业破产重整案件信息网，采取网络表决和现场表决同步的方式来最大限度保障债权人的知情权和参与权。

【理由】

河北联邦伟业房地产开发集团有限公司破产重整案的第一次债权人会

---

① 综合冯广益、君和诚：《如何召开大型网络债权人会议》，载微信公众号"君说破事儿"，2017年11月7日；佚名：《九江市首次召开网络债权人会议》，中国九江，http://www.jiujiang.gov.cn/zwzx/jrjj/201908/t20190802_2042058.html，访问日期：2020年6月3日。

议是全国首例使用网络召开的债权人会议，会议顺利完成了第一次债权人会议的全部法定议程并且表决通过了财产管理方案。第二次债权会议时，通过网上开会的债权人达到了 5700 余人，是当时全国规模最大的一次债权人会议。

自 2016 年 8 月 1 日起施行的《最高人民法院关于企业破产案件信息公开的规定(试行)》第 11 条第 1 款规定："人民法院、破产管理人可以在重整信息网召集债权人会议并表决有关事项，网上投票形成的表决结果与现场投票形成的表决结果具有同等法律效力。"该规定为网络债权人会议召开及网上投票提供了法律支撑。企业破产重整案件信息网开通，为网络债权人会议的召开提供了强大的信息技术支持。

网络债权人会议，大大简化了会务组织工作。相比线下债权人会议，网络债权人会议只需在会前进行设备调试、确保网络畅通，确保债权人信息准确，做好债权人信息的导入工作即可。不再设置会议签到、收发表决票、计票等会务环节，大大简化了组织工作。

具体而言，网络债权人会议的筹备流程如下：

第一，编制网络债权人会议预案并报请人民法院。网络债权人会议预案主要包括组织机构及职责；会议召开时间、地点、预计参会人数；会场设置及安排；会议主要议程；表决事项及表决规则；可能出现的问题及应对方案等。

第二，与网络平台签订服务合同，委托网络技术部门提供技术支持。包括调试网络及直播传输设备；导入债权人信息及生成登录账号与密码；发出会议及会前测试短信通知；建立表决事项及表决程序等。

第三，整理与核对债权人信息。债权人信息的准确是保证网络债权人会议成功的关键环节。核对债权人信息首要的是核对债权人身份证(组织机构代码证)、手机号码是否正确。身份证号或组织机构代码证号是债权人参加会议登录账号的，债权人通过手机短信接收会议通知及登录密码，因此身份信息及手机必须准确无误。同一债权人申报多笔债权进行合并，因为一个债权人对应一个登录账号及密码，该债权人的债权额为其债权额之和；同一债权人同时委托多位代理人的，则仅向其中一位代理人发送用户账号及密码。如表决事项需分组表决的，要根据债权人的不同性质区分表决组，如担保债权组、职工债权组、税收债权组、普通债权组、出资人组等，各表决组中的债权人信息特别是身份信息要求必须与导入的债权人信息一致。

第四，起草会议及会务文件。会务文件包括：会议通知书、会议议程、网络债权人会议操作手册。会议文件包括：主持词、管理人履职报告、债务人财产状况报告、债权审查报告等。

第五，通知债权人。根据《企业破产法》，召开债权人会议，管理人应当提前15日通知已知债权人，通过邮寄、短信方式，向债权人发送参会通知的同时，为便于债权人提前熟悉网络债权人会议，可将参会须知、会议议程、网络债权人会议参会手册一并邮寄各债权人。

第六，开通债权人会议测试页面。为债权人进一步熟悉网络参会方式、熟悉会议流程，应当在会前2到3天内建立债权人会议测试页面，并通过短信将参会债权人的账号、密码告知债权人，要求债权人登录网站进行测试。在债权人会议测试的同时，管理人可将相关会议文件、表决事项上传测试页面，供债权人提前查阅、熟悉会议内容，可充分保障债权人行使权利。

第七，会议前一天准备工作。正式会议前一天，布置会场，会场分设主席台区和列席区。会场正前方设审判员席，左侧设债权人会议主席位，正前方为书记员位，书记员位右侧设发言席。审判员席正前方列席区安排债权人代表、管理人及工作人员就座。

在会议召开流程上，可参考事项如下：

第一，会前一小时，开通网络会议端口，同时再次向参会人员发出通知，提示债权人登录参会。

第二，法官、管理人及债权人代表等人员入场，会议正式开始。债权人通过网络形式观看会议直播视频，并下载查阅相关文档。管理人应当向全体债权人作工作报告，并就债权人提出的问题认真解答，并完成债权核查、管理人报告工作及债权人委员会选举表决等议程。

第三，表决统计。会议开始后，可以与法院确定投票开始与截止时间，投票开始后，投票通道开启，债权人可以投票。投票时间截止时，债权人会议主席宣布投票时间截止，投票通道关闭。会议平台将投票数据回传至会议现场，由管理人根据回传数据进行统计表决结果，确认无误后，由债权人会议主席通过直播方式当场宣布投票结果。

第四，可以利用全国企业破产重整案件信息网，采取网络表决和现场表决同步的方式来最大限度保障债权人的知情权和参与权。

对于利用网络进行债权人会议可能出现的诸多问题，有律师提出了相应的应对方案。① 如当部分债权人提出希望提供线上线下两种会议选择时，律师团队认为此举弊大于利：其一，电子系统进行统计方便快捷，准确度高。如果允许部分债权人现场纸质投票，可能会大大降低投票统计效率和准确性。其二，现场出席的债权人代表不易确定，且可能造成因参会方式的不同引发债权人之间的不公平。其三，确实不会上网操作的债权人可以委托信任的亲友进行登录参会。如果能够推选人数不多的债权人代表或债权人委员会成员，则可以由其参与现场会议。如果涉及表决事项，则可以在会议现场通过网络方式进行电子投票，提高会议的效率。

对于确无能力操作电脑、登录网络会议的债权人，可通过集中设置"网络参会服务点"予以解决。例如，在债务人企业办公地点或其他指定地点，提供一定数量的电脑及观看网络视频的设备，由工作人员或志愿者协助登录网络会议。

在回答债权人质询的方式问题上，可以利用全国企业破产重整案件信息网作为债权人会议的网络系统平台，网站已提供了网络提问端口。债权人通过账号登录后，可以通过网络方式在会议期间向管理人进行提问和质询。

实务中，有经验的管理人会及时开通提问通道，由专人对债权人提出的问题进行整理。在会议期间，预留专门议程对债权人提出的共性问题进行专门解答。如此，既可以充分保障债权人的参与权和监督权，也可以更充分与参会者进行互动交流，提升会议质量。

对于是否需要就投票表决结果进行公证的问题，本书认为公证可以作为一种补强：其一，全国企业破产重整案件信息网可以对投票过程进行复现，并提供每个投票人的登录信息及投票结果。其二，全国企业破产重整案件信息网系最高人民法院委托开发的破产案件信息系统平台，自身具有相当的公信力。其三，对于重大表决事项，为增强表决结果的公信力，公证亦不失为一种可行的增信措施。

就质询的方式，有法官提出，可以在回答询问环节，管理人就表决事项作出陈述和说明后，安排有异议债权人集中提问，之后由管理人或评估

---

① 黄赢：《召开网络债权人会议值得关注的几个细节》，载微信公众号"破产重组法务"，2018 年 3 月 30 日。

机构等专业人员统一作答。实践中，"一问一答"的方式可能会造成无休止辩论甚至争论的局面，集中提问和统一作答的方式，有利于会议有序高效召开。①

【参考依据】

《最高人民法院关于企业破产案件信息公开的规定(试行)》

第11条第1款 人民法院、破产管理人可以在重整信息网召集债权人会议并表决有关事项，网上投票形成的表决结果与现场投票形成的表决结果具有同等法律效力。

41. 破产程序中，债权人的债权转让是否受到限制？将一笔债权转让给多个主体，或者多个债权人将债权转让给同一主体，受让债权的主体如何行使表决权？

【回答】

破产程序中，债权满足《合同法》(《民法典》)相关规定时即可转让，但债权转让不得影响原债权的表决权利。具体表现为：第一，若一个债权人将其债权进行分割后转让给多个主体，各受让人的表决金额可按其受让债权金额分别统计，但表决票数应合计按一票统计，各受让人的表决票数为其受让债权金额占分割转让前债权金额的比例；第二，若转让时多个主体对同一债权概括受让，新债权人彼此之间不区分份额，为共有关系，仍系同一主体，享有一个表决权；第三，若同一主体在破产程序中受让多个债权人的债权，则受让人以其受让的债权总额行使表决权，且享数个表决权。在分组表决时，如受让人受让的债权类型存在于多个表决组，则在各表决组分别享有数个表决权。

【理由】

第一，破产程序中债权仍可转让。

债务人进入破产程序后，债权人转让其债权的权利不受影响，理由

---

① 姚志坚：《完善债权人会议制度运行的实践探索》，载《人民法院报》2016年8月10日第7版。

如下。

其一，有关债权转让的法律无限制性规定。《合同法》第 79 条(《民法典》第 545 条)规定了债权不得转让的三种情形，其中并未规定破产程序中债权不可转让。《企业破产法》和相关司法解释对破产程序中的债权转让也无特殊规定。因此，在合同(债权)性质适合转让，且当事人无相反约定的情形下，债权人转让债权的行为不因债务人面临破产或已经进入破产程序而受影响。

其二，债权转让后，由新的债权人代替原债权人申报债权、行使表决权并接受清偿。但债权转让仅导致债权人数量的增加或减少，并不影响债权的总额及性质。因此全体债权人的受偿比例不受债权转让的影响。

其三，债权转让会导致债权人数量的变动，根据《企业破产法》，债权人数量的变动会影响债权人会议的表决结果。因此，应对债权转让给债权人会议表决结果造成的影响进行规制，防止一些债权人利用债权转让起到控制债权人会议表决结果的目的。

第二，转让后债权表决权受到的限制。

其一，限制的目的。债权转让可能导致债权人数量的增加或减少，而债权人会议表决采用双重标准，即"出席会议的有表决权的债权人过半数通过"和"其所代表的债权额占无财产担保债权总额的二分之一以上(或三分之二以上)"。若债权转让后的表决权利不加限制，一些债权人可能为控制债权人会议的表决结果，将其债权转让给数人。此行为虽不能增加债权占总债权的比例，但可以增加参与会议的享有表决权的债权人人数，可以对债权人会议的表决结果产生一定的影响。

其二，限制的合理性。原债权人在转让债权时，应当告知受让人债务人已经进入破产程序的情形，因此受让人当然应受破产程序的限制。并且根据《合同法》第 81 条(《民法典》第 547 条)，受让人取得与债权有关的从权利。在债权人会议上表决并享有相应的票数应属于从权利，随主债权的转让而转让。

其三，限制的起算时间。破产程序中存在各种时间节点，如申请破产、受理破产、申报债权等。从何时起转让的债权的表决权应受到限制应进一步明确。根据《企业破产法》第 14 条，人民法院应当自裁定受理破产申请之日起 25 日内通知已知债权人，并予以公告。对于一般的债权人，往往在人民法院或者管理人通知后才得知债务人破产的情形，但一些对债务人经营状况密切关注的债权人可能早早对债务人经营管理不善、可能进入破产程序有所了解，并为今后进入破产程序后自己获得更多的利益作打算。其中之一可能就是转让债权给若干债权人，以求影响债权人会议的表决结果，实现自己的利益。因此，应将债权转让表决权不受影响的时间定为受理破产申请前的一段时间。可参照《企业破产法》第 31 条和第 32 条的规定，认定受理破产申请前 6 个月内及破产申请受理后转让的债权的表决权受影响，此期间外转让的债权的表决权不受影响。

其四，债权转让后的表决权受影响的具体表现。对债权转让后的表决权进行限制的原因在于防止债权人通过转让债权在债权人会议表决中占据优势，以影响债权人会议表决的结果。因此，对转让后的债权的限制主要应体现在对表决权的限制上。为消除债权转让对表决权的影响，防止债权人通过债权转让的方式操控债权人会议，本书认为，应明确一定期限内的债权转让不得变动原债权的表决权的人数，具体如下：第一，若一个债权人将其债权进行分割后转让给多个主体，各受让人的表决金额可按其受让债权金额分别统计，但表决票数应合计按一票统计，各受让人的表决票数为其受让债权金额占分割转让前债权金额的比例。第二，若转让时多个主体对同一债权概括受让，新债权人彼此之间不区分份额，为共有关系，仍系同一主体，享有一个表决权。第三，若同一主体在破产程序中受让多个债权人的债权，则受让人以其受让的债权总额行使表决权，且同时享有原数个表决权。在分组表决时，如受让人受让的债权类型存在于多个表决组，则在各表决组分别享有原数个表决权。关于一个主体受让数个债权时的表决权计算，《四川省高级人民法院关于审理破产案件若干问题的解答》认为："若同一主体在破产程序中受让多个债权人的债权，则受让人以其受让的债权总额行使表决权，且仅享有一个表决权。"本书对此持不同观点，因为这样会使受让数个债权的主体处于不利地位，使其失去其原可能具备的对债权人会议的影响力。既然一个债权分别转让给数个债权人后，表决权的数量与原债权的表决权数量一致而不增加，那么若数个债权原由数个债权人享有，则由一个主体受让后其表决权的数量应不变。

第三，破产程序中债权转让时其他应注意事项。

其一，债权转让发生在债权申报前时，债权人申报债权时应注明其债权是受让而来，管理人在审查时亦应对债权的来源进行审查，以明确后续程序中对该债权的表决权的处理。

其二，在债权人会议表决时，受让债权的主体的表决权与其他债权人同样行使，管理人在进行表决权汇总时作相应处理即可。若为一个债权分割为数个债权，则分割后的表决票数按照所占比例计算最终的表决结果；若一个主体受让数个债权人的债权，则其表决权应乘原债权人人数。

其三，若在债权申报期限后发生债权转让，管理人在接到债权转让通知后应及时变更债权登记表上的相关信息，受让债权的主体也可携带相关材料请求管理人变更相关债权信息。

【参考依据】

《企业破产法》

第 64 条 债权人会议的决议，由出席会议的有表决权的债权人过半数通过，并且其所代表的债权额占无财产担保债权总额的二分之一以上。但是，本法另有规定的除外。

债权人认为债权人会议的决议违反法律规定，损害其利益的，可以自债权人会议作出决议之日起十五日内，请求人民法院裁定撤销该决议，责令债权人会议依法重新作出决议。

债权人会议的决议，对于全体债权人均有约束力。

第 84 条 人民法院应当自收到重整计划草案之日起三十日内召开债权人会议，对重整计划草案进行表决。

出席会议的同一表决组的债权人过半数同意重整计划草案，并且其所代表的债权额占该组债权总额的三分之二以上的，即为该组通过重整计划草案。

债务人或者管理人应当向债权人会议就重整计划草案作出说明，并回答询问。

第 97 条 债权人会议通过和解协议的决议，由出席会议的有表决权的债权人过半数同意，并且其所代表的债权额占无财产担保债权总额的三分之二以上。

《合同法》

第 79 条 债权人可以将合同的权利全部或者部分转让给第三人，但有下列情形之一的除外：

(一)根据合同性质不得转让；

(二)按照当事人约定不得转让；

（三）依照法律规定不得转让。

第 80 条　债权人转让权利的，应当通知债务人。未经通知，该转让对债务人不发生效力。

债权人转让权利的通知不得撤销，但经受让人同意的除外。

第 81 条　债权人转让权利的，受让人取得与债权有关的从权利，但该从权利专属于债权人自身的除外。

《民法典》

第 545 条　债权人可以将债权的全部或者部分转让给第三人，但是有下列情形之一的除外：

（一）根据债权性质不得转让；

（二）按照当事人约定不得转让；

（三）依照法律规定不得转让。

当事人约定非金钱债权不得转让的，不得对抗善意第三人。当事人约定金钱债权不得转让的，不得对抗第三人。

第 546 条　债权人转让债权，未通知债务人的，该转让对债务人不发生效力。

债权转让的通知不得撤销，但是经受让人同意的除外。

第 547 条　债权人转让债权的，受让人取得与债权有关的从权利，但是该从权利专属于债权人自身的除外。

受让人取得从权利不因该从权利未办理转移登记手续或者未转移占有而受到影响。

《四川省高级人民法院关于审理破产案件若干问题的解答》

五、债权人会议

1. 破产程序中，债权人将一笔债权转让给多个主体，或者多个债权人将债权转让给同一主体，受让债权的主体如何行使表决权？

答：债权让与是以债权为标的，通过法律行为在不同主体之间进行移转。破产程序中不禁止债权转让，但为了避免个别债权人利用债权分割达到多受偿或者控制表决结果的目的，破产程序中的债权转让应当予以规范，不能因债权转让而改变原债权的表决权利，包括金额和表决票数。具体区分下列情形：（1）若一个债权人将其债权进行分割后转让给多个主体，各受让人的表决金额可按其受让债权金额分别统计，但表决票数应合计按一票统计，各受让人的表决票数为其受让债权金额占分割转让前债权金额的比例。同时，为避免债权人利用债权分割转让而获益，债权分割转让后的债权受偿总额不得高于转让前原债权的受偿金额。(2)若转让时多个主体对同一债权概括受让，新债权人彼此之间不区分份额，为共有关系，仍系同一主体，享有一个表决权。(3)若同一主体在破产程序中受让多个债权人的债权，则受让人以其受让的债权总额行使表决权，且仅享有一个表决权。在分组表决时，如受让人受让的债权类型存在于多个表决组，则在各表决组分别享有一个表决权。

五、债权申报、审查与确认

42. 债权人不愿意申报，债权人的债权人是否可以代位申报债权？

【回答】

在债权人不愿意申报债权时，债权人的债权人符合《合同法》第 73 条（《民法典》第 535 条）的规定时，可以准许其代位申报债权。同时《民法典》第 536 条明确规定在第三人对债权人的债权尚未到期时，债权人未及时申报破产债权，影响债权人的债权实现的，债权人的债权人即可代位申报。债务人或债权人对该债权有异议的，可以依据《企业破产法》向人民法院提起诉讼。

债权人的债权人代位申报债权时，有必要进一步提供：第一，债权人逾期未申报或明确拒绝申报债权的证明；第二，债权人对其与其债权人之间债权债务予以认可的证明；第三，债权人有效的联系方式等。管理人可基于该材料进一步进行审核确认。

【理由】

关于破产程序中债权人不申报债权时，债权人的债权人能否代位申报债权的问题，存在两种观点。一种观点认为，债权人不申报债权，其在破产程序中不享有任何权利，债权人的债权人也就没有提出代位申报的基础，并且，因债权人未申报债权，其对债务人的债权是否成立还不确定，管理人对于债权人的债权人代位申报的债权更无法确认；另一种观点认为，虽然债权人未申报债权，但其对债务人的债权并未灭失，仍属于客观权利，通过一定程序即可转换为破产债权，在债权人怠于行使该权利的情况下，债权人的债权人可以根据代位权制度，代替债权人行使权利。① 本书同意第二种观点，认为在债权人不愿申报债权时，债权人的债权人符合《合同法》第 73 条的规定时，可以准许其代位申报债权。《民法典》第 536 条也明确允许代位申报。

在债务人进入破产程序后，若债权人不申报债权，则可能导致债权人的债权人利益得不到保护。并且，《企业破产法》也未明文禁止债权人的债权人代位申报债权，同时代位申报债权不会影响破产程序的顺利进行，也不会损害全体债权人的利益。此时，若债权人怠于申报债权，为保护债权人的债权人的合法权益，应当允许债权人的债权人代位申报债权。

债权人的债权人代位申报债权的条件应当参照《合同法》第 73 条（《民法典》第 535 条）及《合同法解释一》第 11 条和第 12 条有关代位权行使的规定。同时，应结合破产程序的特殊性而进行一些变通。具体而言，债权的代位申报要符合以下条件：

第一，债权合法。代位权性质上是债权效力的表现形式，因此作为其前提的债权必须合法。在债权代位申报中，第三人对债权人的债权也应当合法。第二，债权到期。债权人的债权未到期之时，债务人享有期限利益，债权人自然不能行使代位权。但根据《企业破产法》第 46 条第 1 款，未到期的债权，在破产申请受理时视为到期。因此，此条件自然满足。第三，债权人怠于行使其到期债权，对其债权人造成损害。代位权作为合同的保全方式，其目的在于防止债务人财产的不正当减少而危害债权实现。② 根据《合同法解释一》第 13 条，只有债务人不以诉讼或者仲裁方式向其债务人主张债权时，才能认定债务人怠于行使权利。而怠于行使权利这一要件，其表现形式应为根本不主张权利或迟延行使权利。③《合同法解释一》之所以规定诉讼或仲裁的方式，是因为此种方式具有一种客观明确的标准，能够用来判断是否构成怠于行使。④ 而在债务人破产时，债权人不申报债权，其债权就无法得到实现，其债权人的利益也无法得到保

---

① 许胜锋主编：《人民法院审理企业破产案件裁判规则解析》，法律出版社 2016 年版，第 72 页。

② 韩松主编：《合同法学》（第二版），武汉大学出版社 2014 年版，第 83 页。

③ 崔建远：《债权人的代位权新说》，载《法学》2011 年第 7 期。

④ 王利明：《论代位权的行使要件》，载《法学论坛》2001 年第 1 期。

护。同时，债权人是否申报债权也是一种客观的、容易判断的标准，因此，债权人不愿意申报债权，即可认定其怠于行使债权。关于如何认定债权人不愿申报债权，有学者认为，只有在申报期限届满，债权人仍未申报债权时，才能确认债权人有怠于行使债权的行为。[1] 本书基本同意此观点，但因为债权的补充申报不仅会影响破产程序的进程，还会造成额外的审查确认费用，因此本书补充认为，若债权人明确表示其不愿意申报债权或有证据证明债权人明知债务人破产但并无申报债权的准备时，也可认定其为怠于行使债权而赋予其债权人代位申报的权利。第四，债权非专属。根据《合同法解释一》第 12 条，专属于债务人自身的债权，是指基于扶养关系、抚养关系、赡养关系、继承关系产生的给付请求权和劳动报酬、退休金、养老金、抚恤金、安置费、人寿保险、人身伤害赔偿请求权等权利。债权人的债权人代位申报债权时，同样应符合上述条件。

因破产程序的特殊性，债权人的债权人代位行使债权申报时，也与普通代位权的行使有所不同。第一，行使名义。债权人代位权为债权人以自己的名义行使债务人权利的权利。[2] 因此应以自己的名义行使，并尽善良管理人的注意义务。但在债权代位申报时，申报的是债权人的债权，虽以债权人的债权人名义行使，但在管理人制作债权登记表时，该债权应当记载为债权人的债权。第二，行使方式。《合同法》(《民法典》)规定债权人代位权的行使要以诉讼的方式进行，其目的在于保证债权人之间的公平、防止债权人代位权的滥用、避免发生不必要的纠纷。[3] 但破产程序本来就在法院的主持下进行，因此债权的代位申报不必另行提起诉讼，直接申报即可。若有人对此债权提出异议，可以依据《企业破产法》第 58 条第 3 款的规定向人民法院提起诉讼。第三，行使范围。因管理人登记债权是以债权人的名义，若以第三人的全部债权进行核定清偿可能超过债权人的债权数额，对其他债权人不公。因此代位申报的债权应当以债权人的全部债权为限。第四，行使结果。代位权的行使要受入库规则的限制，即行使代位

① 许胜锋主编：《人民法院审理企业破产案件裁判规则解析》，法律出版社 2016 年版，第 73 页。
② 王利明主编：《民法》(第六版)，中国人民大学出版社 2015 年版，第 326 页。
③ 王利明、崔建远：《合同法新论·总则》，中国政法大学出版社 2000 年版，第 401 页。

权取得的财产应当加入债务人的责任财产，债权人不得自行受领给付。①债权代位申报时，同样应当受限制，即在债权人获得清偿后，清偿额归入债权人的责任财产，债权人的债权人可通过执行程序行使其债权获得清偿。

综上，在债权人不愿意申报债权导致其债权人无法获得清偿时，债权人的债权人可以在满足一定条件时代位申报债权。

【参考依据】

《企业破产法》

第58条 依照本法第五十七条规定编制的债权表，应当提交第一次债权人会议核查。

债务人、债权人对债权表记载的债权无异议的，由人民法院裁定确认。

债务人、债权人对债权表记载的债权有异议的，可以向受理破产申请的人民法院提起诉讼。

《合同法》

第73条 因债务人怠于行使其到期债权，对债权人造成损害的，债权人可以向人民法院请求以自己的名义代位行使债务人的债权，但该债权专属于债务人自身的除外。

代位权的行使范围以债权人的债权为限。债权人行使代位权的必要费用，由债务人负担。

《民法典》

第535条 因债务人怠于行使其债权或者与该债权有关的从权利，影响债权人的到期债权实现的，债权人可以向人民法院请求以自己的名义代位行使债务人对相对人的权利，但是该权利专属于债务人自身的除外。

代位权的行使范围以债权人的到期债权为限。债权人行使代位权的必要费用，由债务人负担。

相对人对债务人的抗辩，可以向债权人主张。

第536条 债权人的债权到期前，债务人的债权或者与该债权有关的从权利存在诉讼时效期间即将届满或者未及时申报破产债权等情形，影响

---

① 郭明瑞、房绍坤主编：《合同法学》（第三版），复旦大学出版社2016年版，第99页。

债权人的债权实现的，债权人可以代位向债务人的相对人请求其向债务人履行、向破产管理人申报或者作出其他必要的行为。

《合同法解释一》

第 11 条 债权人依照合同法第七十三条的规定提起代位权诉讼，应当符合下列条件：

（一）债权人对债务人的债权合法；

（二）债务人怠于行使其到期债权，对债权人造成损害；

（三）债务人的债权已到期；

（四）债务人的债权不是专属于债务人自身的债权。

第 12 条 合同法第七十三条第一款规定的专属于债务人自身的债权，是指基于扶养关系、抚养关系、赡养关系、继承关系产生的给付请求权和劳动报酬、退休金、养老金、抚恤金、安置费、人寿保险、人身伤害赔偿请求权等权利。

第 13 条 合同法第七十三条规定的"债务人怠于行使其到期债权，对债权人造成损害的"，是指债务人不履行其对债权人的到期债务，又不以诉讼方式或者仲裁方式向其债务人主张其享有的具有金钱给付内容的到期债权，致使债权人的到期债权未能实现。

次债务人（即债务人的债务人）不认为债务人有怠于行使其到期债权情况的，应当承担举证责任。

《重庆市高级人民法院关于审理破产案件法律适用问题的解答》

第 4 条 债权人怠于向管理人申报债权，债权人的债权人可否代位申报？

答：债权人怠于申报债权，该债权人的债权人代位申报债权符合《中华人民共和国合同法》第七十三条规定的，可以准许。申报的债权经管理人审查确认后，债务人或债权人有异议的，可以依据企业破产法第五十八条第三款的规定向人民法院提起诉讼。

43. 管理人对个别清偿行为行使撤销权后，未返还财产的债权人如何申报债权？

【回答】

未收回财产的债权人的权利不恢复先前状态，不得申报债权。若债权人进入强制执行程序或破产程序，则管理人及时参与分配或申报债权，债权被确认后，恢复其债权，允许申报。

【理由】

　　破产撤销权是指管理人拥有的对债务人临近破产程序开始的期间内实施的有害于债权人利益的行为，在破产程序开始后予以撤销并将撤销利益复归破产财团的权利。① 撤销权的设立，是为防止债务人在丧失清偿能力、对破产财产无实际利益的情况下，通过无偿转让、以明显不合理的价格交易，或者偏袒性清偿债务等方法损害全体或多数债权人的利益，破坏破产法的公平清偿原则。②

　　我国《企业破产法》仅规定撤销权行使后，由管理人追回债务人的财产，但并未明确规定破产撤销权行使对撤销相对人的法律后果。其他国家和地区的破产法对此多有规定，本书认为可以借鉴。例如，《德国破产法》第 144 条规定了撤销相对人的请求权：第一，可撤销给付的受领人返还所受领的财物的，其债权恢复。第二，以对待给付在支付不能财团中尚可区分为限，或以财团因之而得利为限，应当从支付不能财团归还对待给付。除此之外，可撤销给付的受领人只能作为支付不能债权人主张要求返还对待给付的债权。即撤销相对人只有在返还受领物后，其权利才可恢复。③《日本破产法》也有关于对方当事人债权的恢复的规定，根据其第 169 条规定，当破产人的行为被否认时，对方当事人返还其已取得的支付或者返还其数额时，则对方当事人的债权由此而恢复原状。④ 联合国国际贸易法委员会制定的《贸易法委员会破产法立法指南》也规定："破产法应规定，被撤销交易的对方必须把所获得的资产归还破产财产，或者在法院下达命令的情况下，向破产财产支付相当于该交易价值的现金。破产法应明确被撤销的交易的对方是否享有普通无担保债权。破产法可规定，如果对方不遵守撤销交易的法院令，除了撤销和任何其他救济外，该对方的债权可以不承认。"⑤

---

① 韩长印主编：《破产法》(第二版)，中国政法大学出版社 2016 年，第 114 页。
② 王欣新：《破产撤销权研究》，载《中国法学》2007 年第 5 期。
③ 李飞主编：《当代外国破产法》，中国法制出版社 2006 年版，第 144 页。
④ 李飞主编：《当代外国破产法》，中国法制出版社 2006 年版，第 787 页。
⑤ 联合国国际贸易法委员会：《贸易法委员会破产法立法指南》第一部分、第二部分，第 139 页。

国内学者也持类似的观点，如有学者认为，撤销权行使的法律后果是使债务人实施的损害债权人利益的行为，因被撤销而丧失效力，恢复原状，撤销权的相对人在返还所受清偿财产后，其因被撤销的债务清偿行为而消灭的债权连同所有的从权利和担保物权均予恢复。①

综合域外相关立法、国际条约与国内学者的观点，管理人对个别清偿行为行使撤销权时，撤销相对人在返还其所受清偿后，其权利恢复。若返还物为实物，且原物已灭失，则应原价赔偿。换言之，返还清偿是权利恢复的前提。若相对人未返还或无法返还财产，其自然也无法申报债权。

若债权人进入强制执行程序或破产程序，则管理人及时参与分配或申报债权。若债权被确认，则应恢复其债权，允许申报，但在获得其分配额或清偿额前，可将对债权人的分配额予以提存。

【参考依据】

《企业破产法》

第 32 条　人民法院受理破产申请前六个月内，债务人有本法第二条第一款规定的情形，仍对个别债权人进行清偿的，管理人有权请求人民法院予以撤销。但是，个别清偿使债务人财产受益的除外。

第 34 条　因本法第三十一条、第三十二条或者第三十三条规定的行为而取得的债务人的财产，管理人有权追回。

《德国破产法》

第 144 条　（1）可撤销给付的受领人返还所受领的财物的，其债权恢复。

（2）以对待给付在破产财产中尚可区分为限，或以破产财产因之而得利为限，应当从破产财产中归还对待给付。除此之外，可撤销给付的受领人只能作为破产债权人主张要去返还对待给付的债权。

《日本破产法》

第 169 条　第一百六十二条第一款所规定的行为被否认的，对方当事人返还其已取得的支付或者返还其数额时，则对方当事人的债权由此而恢

---

①　王欣新：《破产法》（第四版），中国人民大学出版社 2019 年版，第 148 页；乔博娟：《论破产撤销权之行使——兼析〈最高人民法院关于适用〈企业破产法〉若干问题的规定（二）〉》，载《法律适用》2013 年第 5 期。

复原状。

《贸易法委员会破产法立法指南》

第二部分

建议 98 破产法应规定，被撤销交易的对方必须把所获得的资产归还破产财产，或者在法院下达命令的情况下，向破产财产支付相当于该交易价值的现金。破产法应明确被撤销的交易的对方是否享有普通无担保债权。

建议 99 破产法可规定，如果对方不遵守撤销交易的法院令，除了撤销和任何其他救济外，该对方的债权可以不承认。

44. 在保证人和债务人先后破产的情况下，债权人在先破产企业申报债权并得到部分清偿后，再次就同一笔债权向后破产企业管理人申报债权，应如何认定？

【回答】

应当区分具体情形讨论。若债务人先破产，债权人在债务人处获得清偿后，向保证人申报的债权应当调整为未受清偿的部分。若保证人先破产，则应区分一般保证和连带责任保证。若为连带责任保证人先破产，则在后破产程序中申报的债权要作相应调整。若保证人为一般保证人，因一般保证人承担的是补充责任，所以一般保证人先破产，债权人获得的清偿额应提存，待债务人的清偿额确定后再行实际分配，若此时债务人破产，则应以债权全额申报。

【理由】

对于保证人和债务人先后破产的情况下，在先破产程序获得清偿后，在后破产程序中申报债权的数额是否需要调整，法律无明确规定。

若保证人为连带责任保证人，可以参照数个连带债务人进入破产程序的规定。《企业破产法》第 52 条规定："连带债务人数人被裁定适用本法规定的程序的，其债权人有权就全部债权分别在各破产案件中申报债权。"对该条中"全部债权"有不同的理解，域外也有不同的规定，大致可以分为三种。第一，成立时债权额主义。如根据《瑞士破产法》第 217 条，债权人自共同债务人受偿债权一部分时，无论共同债务人对破产债务人有无求偿权，债务人得于破产债务人之破产程序就原有全部金额行使权利。即无论是否清偿都可以在后开始的破产程序中申报债权的总额。第二，自愿清偿扣除额主义。根据《法国商法典》第542条，成立当时的债权额扣除自愿清偿而消灭的数额，余下的数额为破产债权数额。即仅扣除自愿清偿的数额，对于在前破产程序中清偿的数额不扣除。第三，现存额主义。根据《德国破产法》第68条，就同一给付负全部责任之一人或数人之财产开始破产程序时，债权人得于各破产程序，在其未受全部清偿以前，就破产程序开始当时所得请求的金额为主张。即扣除先前获得清偿的数额，仅以破产程序开始时的数额为准。

我国学者大多认为《企业破产法》第52条的规定为第3种模式，所谓"全部债权"，是指破产申报时债权人实际享有的债权总额。若数个连带债务人先后破产，在后一破产程序开始时，债权人已经由前一破产程序获得部分清偿，则债权人在后一破产程序中申报的债权应为扣除已清偿部分后的债权总额。[①] 对于债务人与连带责任保证人均破产时，可参照上述规定。债权人在后一破产程序中申报债权的，应扣除其在前一破产程序中的受偿数额。[②]

若保证人为一般保证人，本书认为，一般保证人虽然无法行使先诉抗辩权，但其责任仍为补充责任，应区分情形具体分析。

第一，先从一般保证人处获得清偿，再向债务人申报。一般保证人破产时，先诉抗辩权虽不能行使，但其承担的仍是补充责任。根据《破产法解释三》第4条，债权人可向一般保证人申报全部债权，获得清偿后提存，待债务人的清偿数额确定后再分配。此时，债权人并未获得实际清偿，其债权的总额并未减少。此后，若主债务人破产，债权人申报债权时的债权总额仍为其原债权额，无需调整。待债权人从债务人破产程序中实际获得清偿后，再根据剩余债权额确定从一般保证人处所应获得的清偿额。

第二，先从债务人处获得清偿，再向一般保证人申报。债权人先向债务人申报债权并获得清偿后，可根据《企业破产法》第124条，要求保证

① 王卫国：《破产法精义》，法律出版社2007年版，第155页。

② 邢立新编著：《最新企业破产法实务精答》，法律出版社2007年版，第113页。

人承担未受清偿的部分债权，在对保证人申报债权时，债权额应当调整。

【参考依据】

《企业破产法》

第 52 条 连带债务人数人被裁定适用本法规定的程序的，其债权人有权就全部债权分别在各破产案件中申报债权。

第 124 条 破产人的保证人和其他连带债务人，在破产程序终结后，对债权人依照破产清算程序未受清偿的债权，依法继续承担清偿责任。

《担保法》

第 17 条 当事人在保证合同中约定，债务人不能履行债务时，由保证人承担保证责任的，为一般保证。

一般保证的保证人在主合同纠纷未经审判或者仲裁，并就债务人财产依法强制执行仍不能履行债务前，对债权人可以拒绝承担保证责任。

有下列情形之一的，保证人不得行使前款规定的权利：

（一）债务人住所变更，致使债权人要求其履行债务发生重大困难的；

（二）人民法院受理债务人破产案件，中止执行程序的；

（三）保证人以书面形式放弃前款规定的权利的。

第 18 条 当事人在保证合同中约定保证人与债务人对债务承担连带责任的，为连带责任保证。

连带责任保证的债务人在主合同规定的债务履行期届满没有履行债务的，债权人可以要求债务人履行债务，也可以要求保证人在其保证范围内承担保证责任。

《民法典》

第 687 条 当事人在保证合同中约定，债务人不能履行债务时，由保证人承担保证责任的，为一般保证。

一般保证的保证人在主合同纠纷未经审判或者仲裁，并就债务人财产依法强制执行仍不能履行债务前，有权拒绝向债权人承担保证责任，但是有下列情形之一的除外：

（一）债务人下落不明，且无财产可供执行；

（二）人民法院已经受理债务人破产案件；

（三）债权人有证据证明债务人的财产不足以履行全部债务或者丧失履行债务能力；

（四）保证人书面表示放弃本款规定的权利。

第 688 条　当事人在保证合同中约定保证人和债务人对债务承担连带责任的，为连带责任保证。

连带责任保证的债务人不履行到期债务或者发生当事人约定的情形时，债权人可以请求债务人履行债务，也可以请求保证人在其保证范围内承担保证责任。

《破产法解释三》

第 4 条　保证人被裁定进入破产程序的，债权人有权申报其对保证人的保证债权。

主债务未到期的，保证债权在保证人破产申请受理时视为到期。一般保证的保证人主张行使先诉抗辩权的，人民法院不予支持，但债权人在一般保证人破产程序中的分配额应予提存，待一般保证人应承担的保证责任确定后再按照破产清偿比例予以分配。

保证人被确定应当承担保证责任的，保证人的管理人可以就保证人实际承担的清偿额向主债务人或其他债务人行使求偿权。

第 5 条　债务人、保证人均被裁定进入破产程序的，债权人有权向债务人、保证人分别申报债权。债权人向债务人、保证人均申报全部债权的，从一方破产程序中获得清偿后，其对另一方的债权额不作调整，但债权人的受偿额不得超出其债权总额。

45. 破产受理后，由谁负责通知债权人申报债权，如其未履行通知义务责任如何承担？

【回答】

根据《企业破产法》，人民法院有通知已知债权人和公告的义务，未履行义务时应承担责任。

【理由】

根据《企业破产法》第 14 条，受理破产案件的法院应当自裁定受理之日起 25 日内通知已知债权人，并予以公告。虽然在实务中，通知债权人的工作往往交由管理人来完成。有人民法院出台审理规程，明确人民法院可委托管理人通知已知债权人。如《北京高级人民法院企业破产案件审理规程》第 42 条第 1 款规定："人民法院受理破产申请后，应当自受理裁定或者上级人民法院指令受理裁定作出之日起二十五日内，自行或委托管理人向已知债权人发出书面受理通知，法院并应在人民法院报上予以公告。涉及境外已知债权人的，可通过邮寄、传真、电子邮件等能够确认收悉的适当方式通知。"还有法院在制定的破产审判指引中明确要求管理人协助法院通知已知债权人，如《云南省高级人民法院破产案件审判指引（试行）》第 78 条规定："破产案件受理后，人民法院应当及时确定申报债权的期限、地点和注意事项，在管理人的协助下，自裁定受理破产申请之日起二十五日内通知已知债权人，并予公告。"更多的地方法院直接依据《企业破产法》第 25 条第 9 项的兜底规定，在实践中采取由管理人通知的做法。

但是，上述规定和做法仍不能改变通知债权人是专属于人民法院的义务。一方面，《企业破产法》第 14 条明确规定的由法院通知债权人的职权，并非人民法院行使行政权的体现，而是人民法院行使审判权的体现。其不适用行政授权或行政委托的解释方法。对照《民事诉讼法》上由人民法院通知原被告，在《企业破产法》中当然地应当由人民法院对债权人进行通知，以使得破产程序能够公平进行。另一方面，管理人并非执行审判权的主体。法院将通知债权人职权交由管理人进行，会导致责任追究上的问题。因此，人民法院是通知债权人的义务主体。

通知和公告，是人民法院依法定程序和方式，向债权人以及其他利害关系人送达破产案件文书的法律行为。① 其中，通知是为了告知已知债权人债务人已进入破产程序的事实与债权申报等事项；而公告则是为了向全社会公开债务人进入破产程序的有关事项，告知未知的债权人以及其他利害关系人债务人已经进入破产程序的事实和相关注意事项。②

其一，通知已知债权人。对于已知债权人的范围，通常认为，已知债权人应当指法院根据债务人提供的债务清册、审计报告等资料，能够从形式上直接判断出来的债权人。对于通知的标准，通常认为只要人民法院依法通知上述已知债权人，就已经履行了《企业破产法》第 14 条规定的通知

---

① 李国光主编：《新企业破产法条文释义》（第二版），人民法院出版社 2008 年版，第 129 页。

② 李国光主编：《新企业破产法教程》，人民法院出版社 2006 年版，第 85 页

义务。即人民法院只需依照债务人提交的债务清册，以合理的书面方式，向记载的债权人地址发送通知即可，无论是否实质到达，也无论债权人是否收到。① 但若人民法院未通知已知债权人，则应对相关债权人的损失予以救济。②

其二，公告未知债权人。对于公告的方式，应当在全国企业破产重整案件信息网发布，同时还可以通过在破产案件受理法院公告栏张贴、人民法院官网发布、报纸刊登或者在债务人住所地张贴等方式进行公告。若因人民法院选择公告方式不合适等原因，给债权人造成损失，人民法院应承担相应责任。

【参考依据】

《企业破产法》

第 14 条 人民法院应当自裁定受理破产申请之日起二十五日内通知已知债权人，并予以公告。

通知和公告应当载明下列事项：

（一）申请人、被申请人的名称或者姓名；

（二）人民法院受理破产申请的时间；

（三）申报债权的期限、地点和注意事项；

（四）管理人的名称或者姓名及其处理事务的地址；

（五）债务人的债务人或者财产持有人应当向管理人清偿债务或者交付财产的要求；

（六）第一次债权人会议召开的时间和地点；

（七）人民法院认为应当通知和公告的其他事项。

第 25 条 管理人履行下列职责：

（一）接管债务人的财产、印章和账簿、文书等资料；

（二）调查债务人财产状况，制作财产状况报告；

（三）决定债务人的内部管理事务；

（四）决定债务人的日常开支和其他必要开支；

---

① 邢立新编著：《最新企业破产法实务精答》，法律出版社 2007 年版，第 30 页。

② 王艳华主编：《破产法学》，郑州大学出版社 2009 年版，第 74 页。

（五）在第一次债权人会议召开之前，决定继续或者停止债务人的营业

（六）管理和处分债务人的财产；

（七）代表债务人参加诉讼、仲裁或者其他法律程序；

（八）提议召开债权人会议；

（九）人民法院认为管理人应当履行的其他职责。

本法对管理人的职责另有规定的，适用其规定。

第 27 条　管理人应当勤勉尽责，忠实执行职务。

第 63 条　召开债权人会议，管理人应当提前十五日通知已知的债权人。

第 130 条　管理人未依照本法规定勤勉尽责，忠实执行职务的，人民法院可以依法处以罚款；给债权人、债务人或者第三人造成损失的，依法承担赔偿责任。

《关于推进破产案件依法高效审理的意见》

1. 对于企业破产法及相关司法解释规定需要公告的事项，人民法院、管理人应当在全国企业破产重整案件信息网发布，同时还可以通过在破产案件受理法院公告栏张贴、法院官网发布、报纸刊登或者在债务人住所地张贴等方式进行公告。

对于需要通知或者告知的事项，人民法院、管理人可以采用电话、短信、传真、电子邮件、即时通信、通讯群组等能够确认其收悉的简便方式通知或者告知债权人、债务人及其他利害关系人。

《北京高级人民法院企业破产案件审理规程》

第 42 条　人民法院受理破产申请后，应当自受理裁定或者上级人民法院指令受理裁定作出之日起二十五日内，自行或委托管理人向已知债权人发出书面受理通知，法院并应在人民法院报上予以公告。涉及境外已知债权人的，可通过邮寄、传真、电子邮件等能够确认收悉的适当方式通知。

　　……

已知债权人的范围可以根据债务人提交的债务清册，或者清算责任人提交的财务报告或清算报告确定。

按照债务清册、财务报告或清算报告的记载，无法与债权人取得联系的，该债权人视为未知债权人。

《云南省高级人民法院破产案件审判指引（试行）》

第 78 条　破产案件受理后，人民法院应当及时确定申报债权的期限、地点和注意事项，在管理人的协助下，自裁定受理破产申请之日起二十五日内通知已知债权人，并予公告。

46. 逾期申报债权如何收取为审查和确认补充申报债权的费用？

【回答】

根据《企业破产法》第 56 条规定，债权补充申报的费用为审查和确认补充申报债权的费用，由补充申报的债权人承担。但对于具体如何收取，并无规定。

对于费用计算标准，实践中存在参照诉讼费和律师费计算或者由管理人自行制定收费标准的做法，在法律和司法解释对此问题有明确规定之前可供参考，并综合债权审查确认的难易程度、逾期时间、逾期申报对于破产工作的影响等因素加以确定。

对于费用收取方式，实践中存在预先收取和事后收取两种做法。在事后收取时，可结合担保制度，在管理人认为有必要时，要求补充申报的债权人提供相应的担保，确保其支付补充申报的费用；在未要求提供担保时，可由人民法院督促债权人支付，或与补充申报债权人达成协议或通过人民法院的裁判强行从其分配额中扣除。

总的来说，《企业破产法》的规定及实践中的相关做法皆存在不足之处，有待进一步完善。

【理由】

《企业破产法》第 45 条规定了债权的申报期限，在期限经过后申报的债权即为逾期申报债权。世界各国对债权逾期申报采取不同规定。[1] 我国采取最宽松的模式，即允许债权人在申报期限经过后补充申报债权。但为了惩罚未按期申报债权的债权人，督促债权及时申报，《企业破产法》第

---

[1]　邹海林：《破产程序与破产法实体制度比较研究》，法律出版社 1995 年版，第 123 页。

56 条规定："为审查和确认补充申报债权的费用，由补充申报人承担。"

但此条规定模糊且不合理。首先，债权人未在申报期限内申报并不一定因为债权人自己的原因，还可能因债务人、管理人、人民法院等主体的原因或者不可抗拒的事由造成，相应的补充申报的费用也应当由不同的主体承担。其次，该条未规定债权补充申报费用的收费标准，而实践中，补充申报债权的收费标准并不统一，多根据补充申报债权的数额，按照一定比例收取费用。该做法并无法律依据，且补充申报所收取的费用应当为实际费用支出，根据债权数额确定也不合理。最后，关于费用的实际收取方式，《企业破产法》第 56 条也未明确规定，实践中存在不同的做法，需要对实践中的做法进行统一。

第一，补充申报费用的负担主体。

债权补充申报的受益主体仅限于补充申报的债权人，对于其他债权人来说并无任何利益，并且还会因债权总额的增加导致每个债权人所受清偿额的减少，因而将审查确认补充申报债权的费用作为破产费用，对其他债权人明显不公。① 因此《企业破产法》规定，审查和确认补充申报债权的费用由补充申报的债权人负担。但是，未在区分逾期申报债权原因的基础上确定费用的承担，对于非因自身过错而未按时申报债权的债权人明显不公。本书认为，费用的承担主体应当根据逾期申报的原因确定。

其一，因债权人自身原因导致逾期申报。

债权人未按期申报债权的原因很多，如故意不申报、记错时间等。因债权人自身原因而补充申报，所产生的费用由其承担，一方面是对其过错的惩罚，另一方面可以督促其他债权人及时按期申报债权。因债权人对债务人的资产状况应当负注意义务，在一般债权申报的情况下，只要不能证明未按期申报是其他主体造成的，就应当由其自行承担费用。

若因债务人提交的"债务清册"不完整或者存在错误，导致人民法院或者管理人在通知债权人时出现遗漏，该债权人应属于"未知债权人"，适用公告方式通知。若已经进行相关公告，该债权人仍逾期申报的，则应由其自行承担补充申报的费用。

其二，人民法院原因导致逾期申报。

根据《企业破产法》第 14 条，受理破产案件的法院应当自裁定受理之

---

① 沈志先主编：《破产案件审理实务》，法律出版社 2015 年版，第 188 页。

日起 25 日内通知已知债权人，并予以公告。对于通知的方式，法律并无明确的规定。有学者认为，该通知仅为形式上的通知，只需依照债务人提交的债务清册，以合理的书面方式，向记载的债权人地址发送通知即可，无论是否实质到达，也无论债权人是否收到。[1] 但若人民法院未通知已知债权人，则应对相关债权人的损失予以救济。[2] 若因人民法院选择公告媒体不合适等，导致债权人错过申报时间而补充申报，人民法院也应承担相应责任。

其三，管理人原因导致逾期申报。

首先，因管理人行使解除权而产生的损害赔偿请求权逾期申报。根据《企业破产法》第 18 条，人民法院受理破产申请后，管理人对双方均未履行完毕的合同有权决定是否解除，因此可能出现合同解除时债权申报期限已经过的情形。对于此类债权的补充申报，有学者认为应当作为破产费用收取。[3] 虽然债权人对此并无过错，补充申报的费用不应由其承认，但债务人和其他债权人亦无过错，作为破产费用支付不仅不符合破产费用的设置目的，而且对其他债权人也不公平。作为解除权行使主体的管理人，对人民法院确定的债权申报时间与逾期申报的法律后果熟知，应当及时行使解除权。若管理人未及时行使解除权而导致债权错过申报期间，且无法证明其未及时行使解除权是为债务人利益的最大化等正当理由，应当由其承担审查和确认补充申报的费用。但在实践中，管理人行使合同解除权时，对方债权人一般会及时知晓，即使超过债权申报时间，因双方均依法行使权利，管理人和债权人均不存有过错，由任何一方承担补充申报费用，既无依据又嫌不公。此时可直接申报，免除费用。

其次，管理人行使撤销权而恢复的债权。根据《企业破产法》第 31 条和第 32 条的规定，管理人可请求法院撤销债务人一定期限内欺诈债权人或者损害全体债权人公平清偿的行为。若被撤销的是债务人对未到期债务的提前履行或对债务的偏袒清偿，则撤销权的相对人在返还所受清偿财产

---

[1] 邢立新编著：《最新企业破产法实务精答》，法律出版社 2007 年版，第 30 页。

[2] 王艳华主编：《破产法学》，郑州大学出版社 2009 年版，第 74 页。

[3] 王欣新：《破产法》（第四版），中国人民大学出版社 2019 年版，第 200～201 页。

后，其因清偿而消灭的债权连同所有从权利和担保物权均恢复。① 债权债务关系恢复后，债权人要正常申报对债务人的债权，若此时申报期间已经经过，则需要补充申报。对于此债权补充申报费用的负担，有学者认为应考虑受优先清偿的债权人是否恶意，若债权人明知债务人不能清偿的事实或与债务人有关联关系或其他特殊关系，可认为其存在恶意，由其承担补充申报的费用。② 本书同意上述观点。在实践中，若因双方均不存在过错，可考虑免除逾期申报费用。

其四，其他原因导致逾期申报。

首先，不可抗拒的客观情形。根据《民事诉讼法》第83条，当事人因不可抗拒的事由或者其他正当事由耽误期限的，可申请期限顺延。有学者认为，若未按期申报债权是一些客观或其他不可归责于债权人的原因导致的，让该债权人与无正当理由而补充申报的债权人承担相同的法律后果，有违破产程序的公平价值理念。③ 并且不可抗力在责任承担上，为免责事由；在诉讼时效中，是诉讼时效中止事由。④ 因此，该费用可作为破产费用收取。但是，破产费用指破产程序中为全体债权人的共同利益而管理、变价和分配财产所负担的费用。⑤ 而债权的补充申报并非对全体债权人都有利，若将补充申报的费用作为破产费用支付，则相当于要求其他债权人分担该债权人所遭受的风险，对其他债权人不公。因此，本书认为，因不可抗力等事由造成的补充申报费用，应当作为债权人日常生活中应自己承受的风险而由其自行承担。

其次，第三人的原因。对于因第三人侵权行为导致债权人错过申报时间产生的补充申报费用，应由债权人承担。可从因果关系的角度进行分析。关于侵权责任构成要件中的因果关系，存在诸多学说，如条件说、原因说、相当因果关系说、法规目的说等。但条件说范围太宽，原因说则过

---

① 王欣新：《破产撤销权研究》，载《中国法学》2007年第5期。

② 邹玉玲：《我国破产法中债权补充申报制度的完善》，载《法制日报》2015年12月31日第12版。

③ 王艳林、朱春河：《破产债权的申报与调查制度研究》，载《河南大学学报（社会科学版）》2001年第5期。

④ 柴丽：《论破产债权补充申报制度》，载《濮阳职业技术学院学报》2014年第6期。

⑤ 王卫国：《破产法精义》，法律出版社2007年版，第122页。

严，唯有相仿因果关系说与民法公平原则最相符合，而被较为广泛地被采纳。① 相当因果关系的标准为：无此行为，虽不必生此损害，有此行为，通常即足以生此损害，是为有因果关系；无此行为，必不生此种损害，有此行为，通常亦不生此种损害，即无因果关系。② 其中，"通常"通说采取"客观说"，即以行为时所存在一切事实及行为后一般人预见之可能之事实为基础。③ 而被侵权人因侵权行为错过债权申报所遭受的损失，并非一般人可预见，因此不符合相当因果关系。无法要求侵权人承担责任赔偿相应费用，只能由债权人自己负担。

第二，补充申报费用的计算标准。

有关债权补充申报费用的计算标准，《企业破产法》与相关司法解释没有明确规定。实践中案件所采用的做法也各不相同，主要有以下几种。

其一，参照诉讼费收费标准计算。在一些破产案件中，补充申报债权的收费参照诉讼费的收费标准计算。如在"石家庄龙城房地产开发有限公司重整案"中，管理人在发布的债权申报须知中明确，债权人未按期申报，可以在重整计划草案提交债权人会议讨论前补充申报；但要承担为审查和确认补充申报债权所产生的费用，补充申报的费用以申报债权额为基数按《诉讼费用交纳办法》第 13 条第 1 款第 1 项的标准在补充申报时向管理人交纳。④ 在有的破产案件中，管理人则在债权申报通知中明确，补充申报债权的费用按照《诉讼费用交纳办法》收费标准的 50% 确定。⑤

其二，参照律师费的收取标准计算。在一些破产案件中，补充申报债权的费用参照律师费收取。如在江门泰达房地产开发有限公司破产重整案中，管理人在公示中明确，补充申报的费用收费标准；根据《广东省物价局、司法厅律师服务收费管理实施办法》《广东省律师服务政府指导价》的

---

① 杨立新：《侵权法判例与学说》，吉林人民出版社 2003 年版，第 41 页。

② 郑玉波：《民法债权总编》（修订第二版），陈荣隆修订，中国政法大学出版社 2004 年版，第 135 页。

③ 汪渊智：《侵权责任法》，法律出版社 2008 年版，第 86 页。

④ 石家庄龙城房地产有限公司管理人：《石家庄龙城房地产开发有限公司重整案申报债权须知》，载微信公众号"石家庄龙城房地产有限公司管理人"，2019 年 10 月 8 日。

⑤ 武汉双龙堂公司管理人：《关于双龙堂公司集中补充申报债权的公告》，载微信公众号"武汉双龙堂公司管理人"，2019 年 6 月 18 日。

相关规定，在收取基础费用 1000 元的基础上再按债权人最终受偿额分段按比例累加计算收取。5 万元（含 5 万元）以下：免加收；5 万~10 万（含 10 万元）：8%；10 万~50 万（含 50 万元）：5%；50 万~100 万（含 100 万元）：4%；100 万~500 万（含 500 万元）：3%；500 万~1000 万（含 1000 万元）：2%；1000 万~5000 万（含 5000 万元）：1%；5000 万元以上：0.5%。上述收费标准可根据工作量下浮不超过 20%。[①]

其三，由管理人自行制定收取标准。在一些破产案件中，补充申报债权的收费标准，由管理人自行制定。如在海南世知旅游有限公司破产清算案中，管理人自行制定关于审查和确认补充申报债权的收费办法。该办法明确，补充申报人承担债权审查和确认费用，不影响管理人报酬与担保物管理报酬的确定和收取。不超过 100 万元的，每件交纳 1000 元；超过 100 万元至 1000 万元的部分，按 0.15% 交纳；超过 1000 万元部分，按 0.05% 交纳；审查和确认补充申报债权的费用，由补充申报人在管理人指定的期限交纳，未在规定期限内交纳费用的视为未补充申报债权。[②]

本书认为，上述收费标准都有一定的道理，且有方便计算的确切标准在实践中较易付诸使用。但是，上述标准的适用并无法律依据。补充申报费用的收取一方面是为了督促债权人及时在申报期限内申报，但更重要的原因是，若债权的补充申报在集中审查之后才提出，则需要在对其进行单独审查，并召开债权人会议对其核查，最终由法院裁定确定。补充申报费用的收取，实际上是对上述过程中人力物力消耗的支付。因此，理论上应当以实际费用支出计算补充申报的费用。但实践中，实际费用大多难以计算，可参考常见做法，把实际可能发生的费用作为确定补充申报费用的因素之一，由管理人拟定费用确定标准和方案，报债权人会议和法院核准。

第三，补充申报费用的收取方式。

实务中常见的做法是，在债权申报期满前公布逾期申报费用的标准以及交纳方式，并在第一次债权人会议上进行报告并报法院核准，在受理债权补充申报时，按上述标准收费。若选择适用补充申报程序结束后收取相

---

① 江门泰达管理人：《关于尽快申报债权的提示和补充申报债权的费用收费标准的公示》，载微信公众号"光博汇资讯平台"，2019 年 8 月 13 日。

② 海南世知旅游公司管理人：《关于收取补充债权申报审查费用的公告》，载微信公众号"海南世知旅游公司管理人"，2019 年 9 月 15 日。

关费用，为保证相关费用的支付，有学者建议，可以规定债权补充申报费用的担保制度，即补充申报债权的债权人在补充申报时，应当向管理人就其债权的审查和确认所需费用提供担保；管理人也可以要求债权人提供担保，经管理人要求提供担保的，若债权人不提供担保，管理人可以拒绝其补充申报。[①] 本书认为，因为补充申报的费用通常不多，提供担保还要进行一系列程序，并且还有补充申报债权人的债权分配额作保证，要求所有补充申报的债权人都提供担保明显没有必要，因此将"应当"改为"可以"较为合适。在受理补充申报的债权之时，由管理人根据初步审查确定是否要求债权人提供担保及担保的数额；若管理人认为需要提供相应担保，而债权人不愿提供，管理人可以此为由拒绝其补充申报。对于管理人未要求补充申报的债权人提供担保，或者债权人提供的担保不足以支付费用的情形，管理人可要求债权人补充支付。若债权人拒绝支付，管理人可与债权人协议或者通过法院裁定认可，从该债权人的分配额中直接划取。

【参考依据】

《企业破产法》

第 45 条 人民法院受理破产申请后，应当确定债权人申报债权的期限。债权申报期限自人民法院发布受理破产申请公告之日起计算，最短不得少于三十日，最长不得超过三个月。

第 56 条 在人民法院确定的债权申报期限内，债权人未申报债权的，可以在破产财产最后分配前补充申报；但是，此前已进行的分配，不再对其补充分配。为审查和确认补充申报债权的费用，由补充申报人承担。

债权人未依照本法规定申报债权的，不得依照本法规定的程序行使权利。

《山东省高级人民法院企业破产案件审理规范指引（试行）》

第 91 条 在人民法院确定的债权申报期限内，债权人未申报债权的，可以在破产财产最后分配前补充申报；但是，此前已进行的分配，不再对其补充分配。为审查和确认补充申报债权的费用，由补充申报人承担，费用标准可以综合审查确认难易程度、逾期时间、逾期申报对破产工作的影响等因素加以确定。

---

① 邹海林：《破产法——程序理念与制度结构解析》，中国社会科学出版社2016 年版，第 124 页。

《江苏省高级人民法院民二庭破产案件审理指南(修订版)》

六、债权申报

8. 补充申报的处理。企业破产法第五十六条规定,在人民法院确定的债权申报期限内,债权人未申报债权的,可以在破产财产最后分配前补充申报;但是,此前已进行的分配,不再对其补充分配。为审查和确认补充申报债权的费用,由补充申报人承担。实践中应当注意,审查和确认补充申报债权的费用应当由补充申报人承担,费用标准可以综合审查确认难易程度、逾期期日、逾期申报对于破产工作的影响等因素加以确定。

47. 对于实践中无财产交接资料的企业,如何最大限度地查找其财产交接资料?

【回答】

对于无财产交接的企业,可分以下两种情况进行处理:

情况一,财产资料存在,相关责任人拒不提交,此时应重在督促相关责任人尽快提交财产资料。对此,管理人应先向破产企业的高管、实际控制人、财务负责人等可能掌握财务资料的人员正式发函,督促其提供财产交接资料。相关责任人仍拒不移交有关材料的,人民法院可以根据《企业破产法》第 127 条和《破产法解释一》第 6 条对直接责任人员采取罚款等强制措施。情节严重构成隐匿、故意销毁会计凭证、会计账簿、财务会计报告罪等刑事犯罪者,管理人应及时向公安机关报案。

情况二,若财产资料因意外事件、不可抗力等不可归责于债务人的原因损毁灭失,导致债务人无法移交,此时应重在从各合法渠道收集债权人财务资料。管理人可以通过人民法院的协助,从银行、市场监督管理局、证券登记结算公司、税务机关、社保机构、房地产权登记中心等第三方机构获取相关财产信息,通过对各方材料加以印证,作为认定债权的部分依据。①

【理由】

在企业破产司法实践中,存在部分破产企业基于各种主观或客观原因

---

① 朱倩云:《破产企业不移交财务资料的解决方案初探》,载微信公众号"亚和太法制圈",2018 年 12 月 19 日。

不移交财务资料，阻碍了破产程序正常推进，实务中应区分具体情况进行处理：

第一种情况，财务资料存在，债务人试图通过拒交以隐瞒资产状况，阻碍债权确认工作的进行。该现象多伴随于破产企业出资存在问题或相关负责人不正当挪用款项等情况，管理人应及时、正式地通知破产企业的高管、实际控制人、财务负责人，告知其提供财务资料。若相关人员仍拒交财务资料，则可通过司法途径解决：从民事途径，人民法院可以根据《企业破产法》第 127 条的规定，对债务人的直接责任人员依法采取罚款等强制措施；从刑法途径，若情节严重满足法定要件的，管理人也可以根据《刑法》第 162 条第 2 款之规定向公安机关报案。

第二种情况，因非可归责于债务人的原因导致财务资料损毁，债务人确实无法移交。此时管理人可以通过法院的协助，与银行、税务机关、社保机构、会计师事务所等第三方机构进行徇证调查。具体可参考深圳市律师协会《律师担任破产清算案件管理人业务指导标准》第 58 条，债务人的工商内档可到深圳市市场监督管理局查询大厅查询打印；债务人的银行流水可到企业的开户行查询打印；债务人的债权债务、存货、设备等状况可通过查阅接管的材料以及询问债务人相关人员进行调查；债务人的不动产状况可到深圳市房地产权登记中心进行查询打印；债务人的车辆状况可到深圳市公安局交通警察支队车辆管理所进行查询打印；债务人的证券信息可到证券登记结算公司查询打印；债务人的无形资产状况可登录中华人民共和国国家知识产权局网站、中国商标网、中国版权保护中心等相关网站进行查询打印。上述机构管理科学、专业化水平高、资料留存时间长，对于债务人财务状况留存着真实性较高的信息。当然，该处理方式在实践中也面临着获取困难、资料有限等缺陷，但管理人仍应勤勉尽责地完成对债务人财产状况的调查，最大限度地还原债务人财产信息。

【参考依据】

《企业破产法》

第 11 条 人民法院受理破产申请的，应当自裁定作出之日起五日内送达申请人。

债权人提出申请的，人民法院应当自裁定作出之日起五日内送达债务人。债务人应当自裁定送达之日起十五日内，向人民法院提交财产状况说明、债务清册、债权清册、有关财务会计报告以及职工工资的支付和社会保险费用的缴纳情况。

第 127 条　债务人违反本法规定，拒不向人民法院提交或者提交不真实的财产状况说明、债务清册、债权清册、有关财务会计报告以及职工工资的支付情况和社会保险费用的缴纳情况的，人民法院可以对直接责任人员依法处以罚款。

债务人违反本法规定，拒不向管理人移交财产、印章和账簿、文书等资料的，或者伪造、销毁有关财产证据材料而使财产状况不明的，人民法院可以对直接责任人员依法处以罚款。

《破产法解释一》

第 6 条　债权人申请债务人破产的，应当提交债务人不能清偿到期债务的有关证据。债务人对债权人的申请未在法定期限内向人民法院提出异议，或者异议不成立的，人民法院应当依法裁定受理破产申请。

受理破产申请后，人民法院应当责令债务人依法提交其财产状况说明、债务清册、债权清册、财务会计报告等有关材料，债务人拒不提交的，人民法院可以对债务人的直接责任人员采取罚款等强制措施。

深圳市律师协会《律师担任破产清算案件管理人业务指导标准》

第 54 条　管理人进行清算时发现债务人的有关人员隐匿财产，对资产负债表或者财产清单作虚伪记载或者在未清偿债务前分配债务人财产，严重损害债权人或者其他人利益的，应当及时向公安机关报案。

管理人发现债务人的有关人员隐匿或者故意销毁依法应当保存的会计凭会计账簿、财务会计报告，情节严重的，应当及时向公安机关报案。管理人发现债务人的有关人员伪造、销毁有关证据材料，通过隐匿财产、承担虚假的债务或者以其他方法转移、处分财产，实施虚假破产，严重损害债权人或者其他人利益的，应当及时向公安机关报案。

管理人进行清算时发现债务人的财产存在被其他人（包括但不限于债务人的债权人等）哄抢、盗卖等情况，应当及时向公安机关报案。

第 55 条　对债务人有关人员（包括但不限于法定代表人、财务负责人以及资料保管人等）下落不明或者无法接管资料，管理人应当依据工商内档查询的有关人员身份信息以书面方式向其告知不履行法定义务应当承担的法律责任，其行为导致无法清算或者造成损失，可能承担的法律后果。

上述法律责任和法律后果应同时告知企业股东。

第 58 条 管理人应当勤勉尽责地完成对债务人财产状况的调查：

(一)债务人的工商内档可到深圳市市场监督管理局查询大厅查询打印；

(二)债务人的银行流水可到企业的开户行查询打印；

(三)债务人的债权债务、存货、设备等状况可通过查阅接管的材料以及询问债务人相关人员进行调查；

(四)债务人的不动产状况可到深圳市房地产权登记中心进行查询打印；

(五)债务人的车辆状况可到深圳市公安局交通警察支队车辆管理所进行查询打印；

(六)债务人的证券信息可到证券登记结算公司查询打印；

(七)债务人的无形资产状况可登录中华人民共和国国家知识产权局网站、中国商标网、中国版权保护中心等相关网站进行查询打印。

《刑法》

第 162 条 公司、企业进行清算时，隐匿财产，对资产负债表或者财产清单作虚伪记载或者在未清偿债务前分配公司、企业财产，严重损害债权人或者其他人利益的，对其直接负责的主管人员和其他直接责任人员，处五年以下有期徒刑或者拘役，并处或者单处二万元以上二十万元以下罚金。

第 162 条之一 隐匿或者故意销毁依法应当保存的会计凭证、会计账簿、财务会计报告，情节严重的，处五年以下有期徒刑或者拘役，并处或者单处二万元以上二十万元以下罚金。

单位犯前款罪的，对单位判处罚金，并对其直接负责的主管人员和其他直接责任人员，依照前款的规定处罚。

48. 确认债权所依据的民事判决因再审等原因被撤销后，人民法院在破产程序中已经依据该判决确认的债权该如何处理？

【回答】

再审案件撤销了确认依据，原债权从有名义债权沦为无名义债权，亟需重新进行债权确认。首先，管理人应对债权再次进行审核；其次，将审核后的债权结果提交债权人会议核查（建议采用书面核查等简易方式）；最后，法院以裁定的形式对原债权表进行修正。

在财产分配方面，若以上程序结束于破产财产分配前，管理人应根据新的债权确认结果对全体债权人进行清偿；若破产财产分配开始后，以上程序仍在进行，管理人应预先提存异议债权的分配额。

【理由】

《企业破产法》第 58 条将人民法院确认债权的方式分为两种：直接裁定确认无异议债权（第 2 款）和通过诉讼方式确认异议债权（第 3 款）。对于债权确认裁定的效力，有观点认为，其只有形式上的确定力，并非对债权是否存在以及数额大小形成的最终判定。[①] 因此，当事人发现裁定错误后可就此提出债权确认诉讼。其理由在于：第一，人民法院对债权的确认并非实质审查，其目的只是明确债权人破产程序的参与权问题，并不具有确认每项债权真实、合法的实体效力；第二，该裁定未经过诉讼审理程序，属于程序性裁定，不能解决实体争议；第三，通过民事诉讼程序解决债权债务问题尚有两审终审制，而通过破产程序进行债权确认却试图一步到位，对破产债权人不公。[②] 但更多观点认为，经人民法院确认的债权表具有与生效判决相同的法律效力，任何人不得再对其提起债权确认之诉。[③]《企业破产法》对异议债权人债权的保护均有明确规定，异议人应及时积极地行使自身权利。一旦人民法院确认债权，该裁定即赋予债权表以程序强制和实体确定的效力，对债务人和全体债权人皆有约束力。[④] 另外，现行法也无针对债权确认裁定的上诉规定，该裁定具有终审效力。[⑤]

[①] 汤维建：《破产程序与破产立法研究》，人民法院出版社 2001 年版，第 215 页。

[②] 王欣新：《论破产债权的确认程序》，载《法律适用》2018 年第 1 期。

[③] 许德风：《破产法论——解释与功能比较的视角》，北京大学出版社 2015 年版，第 198 页。

[④] 最高人民法院民事审判第二庭：《企业改制、破产与重整案件审判指导》，法律出版社 2015 年版，第 471 页。

[⑤] 许胜锋主编：《人民法院审理企业破产案件裁判规则解析》，法律出版社 2016 年版，第 156 页。

概言之，面对人民法院对债权确定裁定作出后发现存在错误的情况，《企业破产法》对此付之阙如，学界的讨论也多建立在确认裁定的效力上。

对于肯定裁定既判力的一方，有学者主张异议权人通过"再审"渠道救济，类似于申请撤销已生效的判决。① 对此，反对意见认为根据《民诉法解释》第 380 条，对破产程序审理的案件能否适用再审程序提出质疑。② 另外，即使立法上承认再审救济，其也存在程序繁琐、周期过长的问题，对异议权人和破产程序的高效推进都弊大于利。

对于只承认裁定形式上的确定力的一方，学者主张异议权人可对人民法院裁定确认的债权表再次提出债权确认之诉，但此举可能造成破产程序的反复和不当拖延。

本书认为，实务中可以跳出通过诉讼程序救济的框架，在破产程序内部构建一个合理的异议程序。破产债权确认虽不属于《民事诉讼法》中所规定的狭义上的特别程序，但基于其非讼性质，可参考《民事诉讼法》第 374 条的异议程序，通过新的裁定对原有的债权表进行修正。③ 对于因再审被否定确定性的债权，应分类进行讨论：其一，再审案件中已对原债权的金额和性质作出判决，判决的结果与人民法院债权确认的结果确不一致，人民法院应根据再审结果直接通过新裁定对原裁定予以更改，管理人更正原有债权表的错误记载。其二，再审案件只是否定了原债权的确定性（即本问题所讨论的情况），亟需重新对债权进行确认。首先，管理人应对债权再次进行审核；然后，将审核后的债权结果提交债权人会议核查（建议采用书面核查等简易方式）；最后，人民法院以裁定的形式对原债权表进行修正。如此制度设计，在保证异议权人相关权利的同时，兼顾了债权人知情权，也能尽快结束债权的不确定状态，最大化平衡当事人的利益。

在财产分配方面，若以上程序结束于破产财产分配前，管理人应根据

---

① 许德风：《破产法论——解释与功能比较的视角》，北京大学出版社 2015 年版，第 197 页。

② 王欣新：《论破产债权的确认程序》，载《法律适用》2018 年第 1 期。

③ 冯坚、王鹏权、范平淹：《破产债权确认程序若干问题探讨——法院裁定确认债权后债权人救济途径的发掘》，载微信公众号"破产法之家"，2019 年 9 月 3 日。

新的债权确认结果在全体债权人间进行清偿；若破产财产分配开始后，以上程序仍在进行，管理人应预先提存异议债权的分配额。

【参考依据】

《企业破产法》

第 4 条　破产案件审理程序，本法没有规定的，适用民事诉讼法的有关规定。

第 58 条　依照本法第五十七条规定编制的债权表，应当提交第一次债权人会议核查。

债务人、债权人对债权表记载的债权无异议的，由人民法院裁定确认。

债务人、债权人对债权表记载的债权有异议的，可以向受理破产申请的人民法院提起诉讼。

《民事诉讼法》

第 199 条　当事人对已经发生法律效力的判决、裁定，认为有错误的，可以向上一级人民法院申请再审；当事人一方人数众多或者当事人双方为公民的案件，也可以向原审人民法院申请再审。当事人申请再审的，不停止判决、裁定的执行。

《民诉法解释》

第 374 条第 1 款　适用特别程序作出的判决、裁定，当事人、利害关系人认为有错误的，可以向作出该判决、裁定的人民法院提出异议。人民法院经审查，异议成立或者部分成立的，作出新的判决、裁定撤销或者改变原判决、裁定；异议不成立的，裁定驳回。

49. 人民法院裁定确认债权后，有人对债权的数额、性质提出异议，如何处理？

【回答】

途径一：诉讼程序，如经管理人解释或调整后，异议人仍然不服的，或者管理人不予解释或调整的，异议人应当在债权人会议核查结束后 15 日内向人民法院提起债权确认的诉讼。当事人之间在破产申请受理前订立有仲裁条款或仲裁协议的，应当向选定的仲裁机构申请确认债权债务关系。

途径二：破产程序内，异议权人提出异议的同时应提交相关证据材料，管理人根据证据材料尽快进行审核；若管理人认为原债权确认存在错误，应将新的审核结果提交提请债权人会议等利害关系人核查(可以采用书面审核等简易方式)；债权人会议核查完毕后，管理人将债权人核查后的债权向人民法院作出说明，人民法院经听证后认为确需对相关债权金额、性质予以纠正，则作出新裁定修改原债权表上的债权确认。

以上债权异议的处理不影响原破产程序的推进。管理人应在破产财产未分配时提存相关异议债权的分配额。

【理由】

对于人民法院裁定确认的债权存在错误的救济，现行《企业破产法》和司法解释未明确规定，理论和实务界看法各异，但争议集中于人民法院确认的债权表是否具有既判力的问题。本书认为，虽破产程序具有不可逆之性质，但实践中应不承认法院裁定确认债权的既判力，允许异议人对其提出债权确认之诉。其理由可从既判力的本质进行分析：既判力是指因存在实体或程序之关联，民事诉讼中前诉对后诉产生的不同程度的效力，各国既判力理论多建立在对诉讼标的或诉讼请求的分析之上。[①] 而人民法院确认债权是破产法规定的程序，未涉及对破产债权债务关系的实体审理，不具有实体上的既判力，不能排斥后续通过诉讼手段对其进行否定。因此，采取《破产法解释三》第9条规定的债权确认之诉进行救济有其合理性。

另一方面，考虑到诉讼程序成本较高且周期漫长，本书建议可从破产程序内部构建合理的异议处理机制。落实到本案具体情况，异议人提出异议的同时应提交相关证据材料，初步证明该债权的确定性存疑；管理人应根据证据材料尽快进行审核，若认为原债权确认确实存在错误，应将审核结果提请债权人会议等利害关系人核查(建议采用书面审核等简易方式)；

[①] 如规范导向型的诉讼标的理论、事实导向型的诉讼标的理论。详见陈晓彤：《既判力理论的本土化路径》，载《清华法学》2019年第4期。

核查完毕后，管理人将核查后的债权向法院作出说明，人民法院经过听证认为确需对相关债权额予以纠正的，则作出新的裁定修改原债权表上的争议债权额。①

以上债权异议的处理均不影响原破产程序的推进。管理人应在破产财产未分配时预留并提存相关异议债权的分配额，待法院重新确认债权表后再对其进行分配。

【参考依据】

《企业破产法》

第 119 条 破产财产分配时，对于诉讼或者仲裁未决的债权，管理人应当将其分配额提存。自破产程序终结之日起满二年仍不能受领分配的，人民法院应当将提存的分配额分配给其他债权人。

《破产法解释三》

第 8 条 债务人、债权人对债权表记载的债权有异议的，应当说明理由和法律依据。经管理人解释或调整后，异议人仍然不服的，或者管理人不予解释或调整的，异议人应当在债权人会议核查结束后十五日内向人民法院提起债权确认的诉讼。当事人之间在破产申请受理前订立有仲裁条款或仲裁协议的，应当向选定的仲裁机构申请确认债权债务关系。

《德国破产法》

第 178 条 (3)得到确认的债权就其数额和顺位而言，一经登记入债权表，即相对于破产管理人和所有破产债权人具有等同于发生既判力的判决的效力。

《日本破产法》

第 124 条 为破产财产管理人在破产的调查中所确定且提出申报的破产债权人在一般调查期间内、特别调查期间内、或一般调查日期、或特别调查日期提出异议的，则第一百一十七条第一款各项(第四款除外)所列事项即为确定。

法院书记员必须将遗产债权的调查结果记载于破产债权人表内。

---

① 黄承军：《破产裁定确认债权异议程序建构》，http://www.360doc.cn/mip/802963255.html，访问日期：2020 年 5 月 21 日。

就基于第一款的规定确定的事项，即破产债权表内的内容，对于全体破产债权人，具有与确定判决同样的效力。

50. 破产债权确认或者破产衍生诉讼中，原被告如何确定？

【回答】

破产衍生诉讼中，一般情况应以债务人为案件当事人，管理人作为债务人的诉讼代表人参加诉讼。而对于破产撤销权诉讼、确认债务人行为无效之诉、管理人赔偿责任诉讼中，管理人应依据法定职责作为当事人参加诉讼。结合管理人在破产程序中的地位分析，本书建议参考最高人民法院在 2011 年 10 月印发的《人民法院破产程序法律文书样式(试行)》对相关诉讼主体进行列明，具体情况参见下表：

案由	原告	被告	法条依据
破产撤销权纠纷(包括请求撤销个别清偿行为的纠纷)	管理人	受益人	《企业破产法》第31、32 条
请求确认债务人行为无效的纠纷	管理人	无效行为的相对人	《企业破产法》第33 条
管理人责任纠纷	遭受损害的债权人、债务人(以原法定代表人或法院指定其他合适人员)、第三人	管理人	《企业破产法》第130 条
破产抵销权纠纷	要求行使抵销权的债权人	债务人(管理人为诉讼代表人)	《企业破产法》第40 条《破产法解释二》第 41、42 条

案由	原告	被告	法条依据
破产取回权纠纷	该财产的权利人	债务人（管理人为诉讼代表人）	《企业破产法》第38条
破产别除权纠纷	要求行使别除权的权利人	债务人（管理人为诉讼代表人）	《企业破产法》第109条
对外追收债权或财产纠纷	债务人（管理人为诉讼代表人）		《企业破产法》第17条
追收未缴纳出资纠纷	债务人（管理人为诉讼代表人）	违反出资义务的股东	《企业破产法》第35条
追收非正常收入纠纷	债务人（管理人为诉讼代表人）	债务人的董事、监事、高级管理人员	《企业破产法》第36条
职工破产债权确认纠纷	职工	债务人（管理人为诉讼代表人）	
损害债务人利益赔偿纠纷	债务人（管理人为诉讼代表人）	债务人的董事、监事、高级管理人员、法定代表人或直接责任人	《企业破产法》第125、128条
追收抽逃出资纠纷	债务人（管理人为诉讼代表人）	被告为抽逃出资的股东。协助抽逃出资的其他股东、董事、高级管理人员或者实际控制人对此承担连带责任的，也可作为被告。	《公司法解释三》第14条

债权确认诉讼中当事人的确定：

情况	原告	被告	其他当事人
债务人对债权表记载的债权有异议	债务人（债务人的法定代表人作为诉讼代表人）	被异议人	
债权人针对本人债权提出异议	债权人	债务人（管理人为诉讼代表人）；如其他债权人否认其债权的，可将其列为共同被告。	
债权人针对他人的债权提出异议	债权人	被异议人	债务人为第三人（管理人为诉讼代表人）

情况	申请人	被申请人	其他当事人
破产中的审判监督程序	管理人	原则上为撤销生效法律文书之利益相关者（再审申请书载明的被申请人列为"被申请人"；未提出再审申请或者未被列为被申请人的原审其他当事人按照其在一审、二审中的地位依次列明，如"一审原告、二审被上诉人"）。	《破产法解释三》第7条

【理由】

第一，管理人代表债务人参加诉讼时当事人的确定。

《企业破产法》第25条赋予了管理人代表债务人参加诉讼及其他法律

程序的职责。但由于实务中各法官对管理人法律地位的认识不同，对"代表诉讼"具体含义的理解不同，导致破产衍生诉讼中对当事人确定的不统一。本书认为，此时应以债务人作为当事人为一般原则，理由如下：首先，从债务人角度而言，根据《企业破产法》和《民法总则》(《民法典》)的相关规定，破产程序的启动限制了债务人的民事行为能力和诉讼行为能力，但并不必然消灭其法人资格，企业可能在经历破产预防程序后涅槃重生。而破产衍生诉讼的法律后果(除管理人责任纠纷外)均归属于债务人，债务人对其中的权利义务也较为清楚，故不应在破产程序进行中否定债务人的诉讼主体资格。其次，从管理人角度而言，有观点认为《企业破产法》赋予管理人接管和处分债务人财产的实体权利，也同时赋予了其参加诉讼的程序权利。① 本书对此有不同认识。一般情况下，管理人的接管工作只是对原有债务人管理层经营管理权的替代，其参加诉讼的身份也类似于债务人原有的法定代表人，而非对债务人法人主体资格的承接。② 在此情况下，管理人作为一个中立机构根据法律处理破产事宜，对诉讼标的并无诉的利益。概言之，一般情况下管理人代表债务人参加诉讼时应以债务人为当事人，管理人为诉讼代表人。

但在破产撤销权诉讼、确认债务人行为无效之诉、管理人赔偿责任诉讼中，则应以管理人为诉讼主体。前两种情况下，管理人的诉讼主体地位并非来源于自身民事权利，也非是对债务人原法定代表人职责的替代，而是《企业破产法》所直接规定的独立职责。③ 此时，管理人通过提起诉讼来纠正债务人先前的错误处分行为，破产企业即是被告，若认为只有破产企业是诉讼当事人，则会出现原被告为同一主体的局面，在法理和实践上难以操作。④ 但可以将该种情况视为管理人是作为原告代表债权人行使权利，维护全体债权人平等受偿。⑤ 而在管理人赔偿责任诉讼中，管理人未

① 沈志先主编：《破产案件审理实务》，法律出版社 2013 年版，第 249 页。

② 谷景生、李刚：《浅析破产衍生诉讼中管理人的诉讼地位》，载微信公众号"国浩律师事务所"，2019 年 2 月 26 日。

③ 王欣新：《破产撤销权研究》，载《中国法学》2007 年第 5 期。

④ 雷震、帅晓东：《破产派生诉讼若干问题探讨》，载《人民司法》2010 年第 17 期。

⑤ 沈志先主编：《破产案件审理实务》，法律出版社 2013 年版，第 250 页。

依法履职而导致债权人、债务人或者第三人遭受损失，相应的行为后果也由管理人承担，其成为被告并无争议。另外，管理人针对确认债权所依据的生效的法律文书提审的再审案件，也是《破产法解释三》所直接规定的管理人的独立职责，此时也存在债权人和债务人同时列为被申请人的可能，应该将管理人列为申请人，撤销生效法律文书之利益相关者为被申请人。

第二，破产债权确认诉讼中原被告的确定。其一，债务人提出的债权确认之诉中诉讼代表人的确定。《破产法解释三》中规定了在债务人提起的债权确认之诉中，应以债务人为原告，被异议人为被告，但未明确此时债务人的诉讼代表人。对此，学界存在一定争议：有学者直接否定了债务人提出债权确认之诉的合理性。在其看来，在破产程序开始后，债务人仅能对管理人的询问发表意见，而不能直接面对债权人，更非破产程序调查债权时的当事人或参加人，对债权表的记载不能提出异议;① 还有学者质疑债务人债权确认诉讼制度的操作性，认为破产法规定一般情况下管理人作为诉讼代表人进行诉讼在此时已不适用，但债务人聘请代理人提起诉讼存在难度;② 还有学者认为，债务人的异议之诉可由债务人的法定代表人或代表债务人财产的管理人提出。③

针对该问题，2019 年 1 月 24 日最高人民法院公布的《破产法解释三（征求意见稿）》第 9 条曾明确规定在债务人起诉的情况下，应由债务人的法定代表人作为诉讼代表人，只有其法定代表人无法履职时，股东可代表债务人参加诉讼。本书认为其具有一定参考价值。债权表由管理人编制，若仍允许管理人代表债务人参加诉讼，则会出现管理人自己否定自己的尴尬局面，其独立的法律地位和也难以保障，应由债务人的法定代表人作为此时的诉讼代表人。

其二，管理人能否作为债权确认之诉的被告？由于管理人编制债权表的职责，债权确认之诉是针对债权表上所记载的债权提出，实务中则存在着将管理人视为债权确认之诉被告的观点。④ 但此时管理人的债权审查具

---

① 邹海林：《破产法——程序理念与制度结构解析》，中国社会科学出版社 2016 年版，第 129 页。

② 齐明：《中国破产法原理与适用》，法律出版社 2017 年版，第 125 页。

③ 王卫国：《破产法精义》，法律出版社 2007 年版，第 165 页。

④ 张芳芳、林敏聪：《论我国债权确认诉讼制度》，载《政法学刊》2017 年第 6 期。

有准司法意义，其异议的产生也并不满足管理人赔偿责任的构成要件。类似于当事人不能因对人民法院一审判决不服而将法院列为被告，此时的诉讼关系应当在实质当事人债权人和债务人之间形成，管理人不宜成为债权确认之诉的被告，[1]《破产法解释三》第 9 条也对其作出明确规定。

综上，在债权确认之诉中：第一，在债权人针对自身债权提出异议并起诉时，将该债权人列为原告，债务人列为被告，管理人作为债务人的诉讼代表人。第二，在债务人对某项债权提出异议并起诉时，将债务人列为原告，由债务人的法定代表人或股东会另行委托代理人参加诉讼，受异议的债权人列为被告。第三，债权人对他人债权提出异议并起诉时，将该债权人列为原告，受异议的债权人即异议债权的当事人列为被告，债务人列为第三人。债务人参与诉讼的，由管理人代表债务人进行诉讼。此时如有其他债权人就该债权提出异议，可列其为共同原告参加诉讼。

【参考依据】

《破产法解释三》

第 9 条 债务人对债权表记载的债权有异议向人民法院提起诉讼的，应将被异议债权人列为被告。债权人对债权表记载的他人债权有异议的，应将被异议债权人列为被告；债权人对债权表记载的本人债权有异议的，应将债务人列为被告。

对同一笔债权存在多个异议人，其他异议人申请参加诉讼的，应当列为共同原告。

51. 债权人对确认债权有异议，但又未根据《破产法解释三》第 8 条在债权核查结束后 15 日内提起诉讼的，此后又提起确认债权诉讼如何处理？

【回答】

在债权人会议核查债权表后，管理人应及时向债权人、债务人送达核

---

[1] 谷景生、封海波：《浅议破产债权异议诉讼》，载微信公众号"国浩律师事务所"，2019 年 9 月 5 日。

查意见，并注明起诉期间及逾期后果。债权人应在债权人会议核查结束后15 日内向人民法院提起诉讼，否则该债权将被视为无异议债权提请人民法院裁定确认，人民法院应及时对无异议债权制作确认债权的裁定书。

【理由】

《破产法解释三》第 8 条为权利人行使异议权设置了"15 日"的起诉期限，但未明确逾期起诉的具体后果，由此引发了学界和实务界对该期限性质的诸多争议。在本书撰写过程中，实务界和学界也未就此达成一致，仍处众说纷纭之态势。整理相关讨论，大致分为如下两种观点：

一方面，有观点认为 15 日经过仅引起附不利后果承担的引导性作用，[①] 异议权人仍可就此提出债权确认之诉。其指出：第一，债权审查和确认事关债权人自身实体权利、破产财产的分配，是公平价值在破产程序的体现。若不允许异议权人 15 日经过后对确有错误的债权表提出破产确认之诉，是对相关债权及破产财产分配过程正确性的忽视。第二，将 15 日期间理解成诉讼时效，将会导致部分异议人起诉期间不足。第三，时效制度涉及异议人的诉讼权利，必须以明确的法律规定为前提，司法解释不能超越《企业破产法》第 58 条对债权人的诉权限制。第四，将该期限理解为诉讼时效或除斥期间，而又未对相应仲裁方式确立时限，将会驱赶异议权人以仲裁方式解决争议。[②]

另一方面，有观点主张"15 日"经过后异议人则丧失破产债权确认诉讼之诉权。本书倾向于此观点，其理由大致为以下几点：首先，司法解释作为最高人民法院制定、具有法律约束力的规定，"15 日"应理解为法律上的期间，其经过会产生相应的法律后果，而非单纯的倡导性规范，《最高人民法院关于企业破产法司法解释(三)的理解与适用》一书中也采此观点。其次，债权审查和确认事关债权人自身实体权益和破产财产的分配，是破产程序推进的基石。尽快确认债权，加快破产程序进程，是实现全体债权人的利益最大化的保障，是公平和效率价值在破产程序中的体现。若

---

① 王欣新：《破产法司法解释三第八条之解读》，载《人民法院报》2019 年 8 月 15 日第 7 版。

② 王欣新：《破产法司法解释三第八条之解读》，载《人民法院报》2019 年 8 月 15 日第 7 版。

允许异议权人经过合理期限后再提出破产确认之诉,既不利于程序高效推进,也可能造成已分配财产的执行回转等问题,违背破产程序的不可逆性。再者,设立"15 日"的起诉期限并不必然导致异议期不足。管理人在审核债权时一般会多次与债权人进行交流,告知其具体情况并提醒其补充材料等,债权人对自身债权情况有大致了解。另外,《破产法解释三》第 8 条也为提起债权确认之诉设置了前置程序,管理人须对异议债权人的异议进行解释和调整,债权人经此阶段对整体的债权债务基本情况也进一步熟悉,故"债权人会议核查后十五日内"的起诉期间并不仓促,反而能有效督促异议债权人行使权利。① 最后,全国各地人民法院的司法实践证明了其可行性。《破产法解释三》出台前,全国较多法院基于提高破产程序效率的要求,参照《民事诉讼法》提起上诉的 15 日期限,采取若异议权人超过 15 日期限未提起诉讼,管理人即将其视为无异议债权的做法,起到了良好的实践效果。②

但如何从理论上逻辑周密地解释"15 日"的具体性质,如何考虑实践中"债权人会议核查结束后"可能面临的不同起算时间点,如何有效落实债权人的异议权,以及司法解释是否应就其作出更为细致的规定等问题,都有待学界和实务界同仁继续研究、共同探讨。

【参考依据】

《破产法解释三》

第 8 条 债务人、债权人对债权表记载的债权有异议的,应当说明理由和法律依据。经管理人解释或调整后,异议人仍然不服的,或者管理人不予解释或调整的,异议人应当在债权人会议核查结束后十五日内向人民法院提起债权确认的诉讼。当事人之间在破产申请受理前订立有仲裁条款或仲裁协议的,应当向选定的仲裁机构申请确认债权债务关系。

---

① 张芳芳、林敏聪:《论我国破产债权确认诉讼制度》,载《政法学刊》2017 年第 6 期。

② 如《重庆市高级人民法院关于审理破产案件法律适用问题的解答》《云南省高级人民法院破产案件审判指引(试行)》《上海市高级人民法院破产审判工作规范指引(试行)》《四川省高级人民法院关于审理破产案件若干问题的解答》。

《上海市高级人民法院破产审判工作规范指引(试行)》

六、债权申报

9. 管理人收悉债权异议后，应当与异议人及时沟通并复核。异议成立的，管理人应当对债权表作相应调整。管理人认为异议不成立的，应当将反馈意见以书面形式及时通知异议人，并在通知中再次确定合理期限（一般不低于 15 日），敦促异议人就债权异议提起相关诉讼。债权人未在该合理期限内提起诉讼的，视为同意，管理人应当将债权表提交债权人会议表决。

债权人会议就行权期间、逾期失权事项及债权表等依法作出决议，债权人仍有异议的，应当按《企业破产法》第六十四条的规定及时提起诉讼，无正当理由逾期行权的，人民法院不予支持。

《深圳市中级人民法院破产案件债权审核认定指引》

第 31 条第 1 款 债权人和债务人对债权表记载的内容有异议的，管理人应告知其自债权人会议核查债权之日或收到债权表之日起十五日内向本院提起诉讼。逾期不起诉的，管理人应当申请本院裁定确认。

《北京市高级人民法院企业破产案件审理规程》

第 174 条第 1 款 债务人、债权人对债权表记载的债权有异议的，应当说明理由和法律依据。经管理人解释或者调整后，仍有异议的，按照以下原则处理：

(1)债务人、对他人债权有异议的债权人，可以在核查债权之债权人会议结束后十五日内，向受理破产案件的人民法院提起债权确认诉讼。逾期未起诉的，该债权确定；

(2)对本人债权有异议的债权人，可以向受理破产案件的人民法院提起债权确认诉讼。

52. 对于以破产企业股东持有的股权设定质押的，质押权人的债权是优先债权还是普通债权？

【回答】

股东对破产企业持有的股权并不属于破产财产，以其为质押的债权是普通债权，并不享有破产程序中的优先受偿权。如破产企业为主债务人或保证人，质押权人可向管理人申报债权。

【理由】

作为权利质押的典型，股权质押是以出质人拥有的股权作为质押标的物而设立的。① 属于担保物权之一，股权质权也具有优先受偿效力——质权人就出质股权之价值优先于出质人的其他债权人受偿。但一旦债务人进入破产程序，股权质权人和其他以公司财产设立担保物权的权利人在受偿顺位上则相去甚远，具体表现为后者就特定的破产财产享有优先受偿的权利，学界谓之破产别除权。而股权质权并不具备该待遇，其主要是由股权质押的自身特性决定：

首先，从法律关系而言，股权质押是质权人和出质股东就公司债务或个人债务设立的质押担保，股权质权人的优先受偿权是相对于出质股东的其他债权人，而非破产企业的其他债权人；以公司财产设立的质押权是以公司法人名义和担保权人发生的债权担保，质押权人的优先受偿权是相对于破产企业的其他债权人。根据《企业破产法》第 113 条，当企业破产清算时，股东列为普通债权人受偿。另外，对于出资不实等问题股东，司法实践中也存在利用"衡平居次原则"对股东债权作出劣后调整的案例。② 申言之，破产企业债权人在获得部分清偿的同时，股东可能一无所获，而股权质权又无法超越和摆脱股权自身的局限性，即使股权质权人取得股东地位，也至多居于普通债权人的地位受偿。③

其次，从标的物的性质来看，股权质权的标的物是股权，其价值因市场风险和公司经营状况处于不断变化之中：当公司经营良好，市场繁荣时，股权价值不断增加，股权质押的担保功能也随之增强；当公司进入破产阶段，股权中所包含的利润分配请求权和公司事务的参与权已无价值，公司的股权价值极速缩水，股权质押的担保功能也大大降低，设定的股权质权已无法对应"特定财产"以实现自身权利；而在公司其他担保物上设

---

① 阎天怀：《论股权质押》，载《中国法学》1999 年第 1 期。

② 最高院 2015 年 4 月 1 日发布的典型案例"沙港公司诉开天公司执行分配方案异议案"。

③ 徐海燕：《有限责任公司股权质押效力规则的反思与重构》，载《中国法学》2011 年 3 期。

立质押的权利人，其标的物的价值相对固定，较难因公司经营状况恶化而出现价值陡降的局面，并且能在破产财产分配时就其单独、及时变价受偿。① 因此，在接受股权质押时，质权人应充分认识到股权抵押不具有别除权的优先效力，企业破产所带来的风险应由其自行承担。②

【参考依据】

《企业破产法》

第 109 条　对破产人的特定财产享有担保权的权利人，对该特定财产享有优先受偿的权利。

第 113 条　破产财产在优先清偿破产费用和共益债务后，依照下列顺序清偿：

（一）破产人所欠职工的工资和医疗、伤残补助、抚恤费用，所欠的应当划入职工个人账户的基本养老保险、基本医疗保险费用，以及法律、行政法规规定应当支付给职工的补偿金；

（二）破产人欠缴的除前项规定以外的社会保险费用和破产人所欠税款；

（三）普通破产债权。

破产财产不足以清偿同一顺序的清偿要求的，按照比例分配。

破产企业的董事、监事和高级管理人员的工资按照该企业职工的平均工资计算。

《担保法解释》

第 103 条　以股份有限公司的股份出质的，适用《中华人民共和国公司法》有关股份转让的规定。

以上市公司的股份出质的，质押合同自股份出质向证券登记机构办理出质登记之日起生效。

以非上市公司的股份出质的，质押合同自股份出质记载于股东名册之日起生效。

---

① 陈晓军、李琪：《股权质押中的几个特殊问题》，载《法律适用》2004 年第 11 期。

② 陈晓军、李琪：《股权质押中的几个特殊问题》，载《法律适用》2004 年第 11 期。

53. 政府出资解决职工问题，该出资属于什么性质？

【回答】

政府出资解决职工问题，若有确切证据证明该垫资行为是以实现职工利益为目的，以《企业破产法》第 113 条规定的职工债权为范围，即便该出资行为发生在法院受理破产申请之前，也可以按照职工债权予以确认和公告，享有同样的优先受偿顺位，但不应免除政府对该债权的申报义务。

【理由】

其一，对该出资性质的认定。

破产企业职工的安置问题事关职工的基本生存权，进而对社会稳定和国家整体经济秩序产生深刻影响。而债务人企业一旦濒临破产，常涌现大量欠薪纠纷，劳资关系极其严峻。政府为维护职工利益，将风险扼杀在萌芽状态，甚至会在法院受理破产案件前出资解决职工问题。对于该出资的认定，学界和实务界存在将其认定为破产企业向政府的借款，被列于普通债权受偿的观点。但结合最高人民法院出台的相关文件，本书建议将其视为职工债权，政府作为职工债权的代位人优先受偿。理由如下：第一，立足于社会整体利益，政府出资能及时保护职工权益，维护社会稳定，符合破产法的立法宗旨。第二，根据《企业破产法》第 113 条，职工问题是破产企业必然面对、亟待解决的要务之一，无论政府出资与否，破产财产都必须优先满足职工债权。是否将政府垫资视为职工债权并不影响其他债权的具体数额和清偿顺序，最终的清偿结果也不会对其他债权人造成不利影响。综上，只要企业处于破产边缘且有政府出资解决职工问题的必要性和紧迫性，即使政府出资时破产案件尚未受理，也可将其认定为职工债权。

其二，在破产程序中的具体处理。

首先，在具体司法实务中，政府应提供其垫付资金是用于解决且最终实现了职工债权的具体证明。垫付资金的用途应限定在《企业破产法》113 条所规定的职工债权的范围之内，否则保障其优先受偿权的同时将会对其他债权人产生不利影响。

其次，具体到各个破产程序中，管理人对其可以按照职工债权予以确认和公告，并按照职工债权清偿顺位受偿，但政府相关部门应在申报期内进行申报。出于维护职工利益和职工债权申报成本过高的原因，破产法免除了职工债权的申报义务。但一旦政府代位成为债权人，上述困难皆不存在，理应按照《企业破产法》相关规定进行申报。① 在比较法视野下，类似制度在 1986 年即出现于《英国破产法》中，银行和其他债权人在垫付职工报酬后可代位参加破产清偿，成为优先债权人。②

最后，有学者提出立法应立足长远，参考域外经验，在我国建立职业劳动债权保障基金制度，更加充分全面地保障职工的合法权益。保障基金在破产财产分配时可就垫付部分优先受偿，并在破产财产不足清偿垫付部分时，可向违法欠薪的相关责任人追偿。③

【参考依据】

《企业破产法》

第 113 条　破产财产在优先清偿破产费用和共益债务后，依照下列顺序清偿：

(一)破产人所欠职工的工资和医疗、伤残补助、抚恤费用，所欠的应当划入职工个人账户的基本养老保险、基本医疗保险费用，以及法律、行政法规规定应当支付给职工的补偿金；

(二)破产人欠缴的除前项规定以外的社会保险费用和破产人所欠税款；

(三)普通破产债权。

破产财产不足以清偿同一顺序的清偿要求的，按照比例分配。

破产企业的董事、监事和高级管理人员的工资按照该企业职工的平均工资计算。

《破产审判纪要》

第 27 条　企业破产与职工权益保护破产程序中要依法妥善处理劳动

---

① 李永军：《破产法——理论与规范研究》，中国政法大学出版社 2013 年版，第 209 页。

② 王欣新、杨涛：《破产企业职工债权保障研究——改革社会成本的包容与分担》，载《法治研究》2013 年第 1 期。

③ 王欣新、杨涛：《破产企业职工债权保障研究——改革社会成本的包容与分担》，载《法治研究》2013 年第 1 期。

关系，推动完善职工欠薪保障机制，依法保护职工生存权。由第三方垫付的职工债权，原则上按照垫付的职工债权性质进行清偿；由欠薪保障基金垫付的，应按照企业破产法第一百一十三条第一款第二项的顺序清偿。债务人欠缴的住房公积金，按照债务人拖欠的职工工资性质清偿。

《最高人民法院关于正确审理企业破产案件为维护市场经济秩序提供司法保障若干问题的意见》

第 5 条 ……有条件的地方，可通过政府设立的维稳基金或鼓励第三方垫款等方式，优先解决破产企业职工的安置问题，政府或第三方就劳动债权的垫款，可以在破产程序中按照职工债权的受偿顺序优先获得清偿。

54. 管理人审核债权时，对于依据中国人民银行同期同类贷款利率计算利息时，适用利率的标准应按照一年档期贷款利率还是按照未履行期限的长短适用分期利率？

【回答】

此时应按照中国人民银行同期的一年档期贷款利率计息。

【理由】

根据《企业破产法》第 46 条规定，附利息的债权自破产申请受理时起停止计息，破产申请后产生的利息不计入破产债权。而当管理人采用"中国人民银行同期同类贷款利率"的标准计算利息时，由于不同管理人对"同期"的理解各异，导致实务中出现了"一年档期"和"未履行期限确定利率"两种分歧。中国人民银行挂牌公告的基准利率分为不同档次，相应利率随着贷款期限的增加不断攀升，两种方式所确定的利息受债权额大小影响可能产生巨大差异。对此，现行法条和相应司法解释未作出明确规定。

本书认为，从立法目的而言，停止计息的本质是通过固定债务人财产，以高效推进破产程序。[①] 因此，在计算具体利息时，也应以中国人民银行同期的一年档期贷款利率为统一标准，以尽早结束破产债权的不确定状态。若按照未履行期限的长短确定利率，可能造成破产程序的不当拖

---

① 王欣新：《论债务人进入破产程序后其保证债权应否停止计息》，载《人民法院报》2018 年 12 月 12 日第 7 版。

延，违背了停止计息的制度本意。对此，深圳市中级人民法院出台的《广东省深圳市中级人民法院破产案件债权审核认定指引》第 58 条和深圳市律师协会发布的《律师担任破产案件管理人债权申报及审查业务指导标准》均明确了应以一年档期贷款利率为标准，银行贷款利率在一年内出现变动的，对其进行分期计算。①

实践中，另一不容忽视的争议是，债务人未执行生效法律文书应当加倍支付的迟延履行期间的利息是否属于破产债权。《破产法解释三》第 3 条对此作出了明确规定：破产案件受理后所产生的加倍利息不应被认定为破产债权。而对于破产案件受理前所产生的加倍利息，本书认为，由于其带有惩罚性质，应将其认定为劣后清偿的破产债权。

【参考依据】

《企业破产法》

第 46 条　未到期的债权，在破产申请受理时视为到期。

附利息的债权自破产申请受理时起停止计息。

《广东省深圳市中级人民法院破产案件债权审核认定指引》

第 58 条　债权申报依据合同未约定利息或者生效法律文书未明确给付利息的，不予认定债权利息，但履行期限届满后或者法律规定催告后的利息除外。

债权申报依据的合同约定利息不明，但根据交易习惯应当计算利息或者资金占用费的，可以按照中国人民银行公布的同期银行一年期贷款利率计算利息。中国人民银行不公布基准利率的，参照银行同业机构或者主要国有银行公布的同期利率计算。

55. 主债务人破产后，主债务停止计息是否及于保证人？

【回答】

主债务人破产后，主债务停止计息的效力不应及于保证人。保证人应按照合同对利息继续承担责任至债权得到完全清偿。

---

① 曹丽、李国军主编：《破产案件操作指引》，人民法院出版社 2018 年版，第 93 页。

【理由】

《企业破产法》第 46 条第 2 款规定："附利息的债权自破产申请受理时起停止计息。"对此条的理解，理论界和实务界均存在不同的观点，可归纳为肯定说与否定说，肯定说认为停止计息及于保证人，否定说则认为停止计息不及于保证人，并且都给出了相应的理由。

通过对理论界和实务界相关观点的分析，可发现肯定说的理由主要从以下三个角度进行论述：第一，通过对《企业破产法》第 46 条第 2 款进行文义解释可以得出停止计息及于保证人的结论，① 并且结合相关条款进行体系解释，印证停止计息及于保证人；② 第二，根据《企业破产法》第 46 条第 2 款，停止计息导致主债权减少，根据保证的从属性规定，进而得出停止计息及于保证人；③ 第三，通过论述若停止计息不及于保证人，保证人的利益将严重受损，违背担保功能的实现，对保证人不公平，侧面论证停止计息应当及于保证人。④

相较之下，否定说的理由较为复杂，主要从以下几个方面进行论述：第一，通过对《企业破产法》第 46 条第 2 款进行目的解释，认为该款的目的是为了固定债权，保证破产程序的顺利进行和债权人公平受偿，而非消灭债权，⑤ 并结合《企业破产法》第 92 条第 3 款、第 101 条、第 124 条等

---

① 齐明：《中国破产法原理与适用》，法律出版社 2017 年版，第 110 页；李忠鲜：《担保债权受破产重整限制之法理与限度》，载《法学家》2018 年第 4 期。

② 齐明：《中国破产法原理与适用》，法律出版社 2017 年版，第 110 页；夏群佩、洪海波：《主债务人进入破产程序后连带保证人的责任范围》，载《人民司法（案例）》2017 年第 14 期。

③ 刘毅、王剑锋：《保证人承担破产债权利息范围的界定》，载《天津政法报》2014 年 10 月 14 日第 3 版；夏群佩、洪海波：《主债务人进入破产程序后连带保证人的责任范围》，载《人民司法（案例）》2017 年第 14 期；朱李江：《破产程序中停止计息的效力范围》，载《人民司法》2020 年第 8 期。裁判文书参见最高人民法院（2018）最高法民再 19 号民事判决书等。

④ 夏群佩、洪海波：《主债务人进入破产程序后连带保证人的责任范围》，载《人民司法（案例）》2017 年第 14 期。裁判文书参见辽宁省高级人民法院（2015）辽民二终字第 00321 号民事判决书等。

⑤ 许德风：《论破产债权的顺序》，载《当代法学》2013 年第 2 期；许德风：《破产中的连带债务》，载《法学》2016 年第 12 期；康靖：《保证人是否应承担债务人破产后的债务利息》，载《山东审判》2016 年第 1 期；李遵礼：《破产债权清偿后仍有剩余应先清偿停止计付的利息》，载《人民司法（案例）》2019 年第 29 期。

进行体系解释，综合认为停止计息不及于保证人；① 第二，区分破产法律
关系与担保法律关系，认为《企业破产法》第46条第2款调整的是破产法
律关系，而保证责任处于担保法律关系之中，不受《企业破产法》的调
整；② 第三，区分破产债权与实体债权，停止计息仅适用于破产债权而不
适用于实体债权，而根据保证的从属性，其从属的是实体债权而非破产债
权，因此停止计息不及于保证人不违背保证的从属性；③ 第四，认为破产
程序中保证的从属性可突破，从而保证责任的承担可不受从属性限制；④
第五，从立法论角度，认为停止计息规则已不合适，应取消停止计息规
则，引入劣后债权，停止计息是否及于保证人的问题便迎刃而解；⑤ 第
六，从担保的设立目的入手，认为担保设立的目的是为了使债权人在债务
人丧失清偿能力时获得清偿，且债务人破产即为保证人提供保证时应当考
虑的风险，同时保证人的责任实际上并未加重，进而认为不停止计息符合
破产法和担保法的立法目的。⑥

　　本书认为，主债务人破产后，主债务停止计息的效力不应及于保证
人，除上述否定说的理由外，还基于以下理由：

---

① 对于具体结合哪些条款分析，则存在不同观点。
② 胡政：《关于破产程序中主债权停止计息效力能否及于保证人问题的探讨》，
载《柳州职业技术学院学报》2019年第12期。裁判文书参见最高人民法院（2018）最高
法民申6063号民事裁定书等。
③ 于焕超：《破产程序中债权人对保证人的利息请求权分析》，载《海南金融》
2016年第11期；易名洋：《主债务人破产程序中债权人债权保证研究》，载《海南金
融》2018年第8期。裁判文书参见最高人民法院（2018）最高法民申6063号民事裁定
书等。
④ 王欣新：《论债务人进入破产程序后其保证债权应否停止计息》，载《人民法
院报》2018年12月12日第7版；沈伟、吕启民：《破产止息规则下保证责任从属性之
惑及疑解——兼议独立保证入典》，载《上海财经大学学报》2020年第1期。
⑤ 贺丹：《企业拯救导向下债权破产止息规则的检讨》，载《法学》2017年第5
期。
⑥ 贾林青、杨习真：《保证责任在破产程序中的特点研究与处置对策》，载《法
学研究》2007年第6期；王欣新：《论债务人进入破产程序后其保证债权应否停止计
息》，载《人民法院报》2018年12月12日第7版；胡政：《关于破产程序中主债权停
止计息效力能否及于保证人问题的探讨》，载《柳州职业技术学院学报》2019年第12
期。裁判文书参见上海市高级人民法院（2018）沪民终381号民事判决书；最高人民法
院（2018）最高法民申6063号民事裁定书等。

首先，我国《企业破产法》欠缺关于劣后债权的规定。其他国家和地区的破产法大多规定附利息的债权不停止计息，而将破产程序开始后产生的利息债权作为劣后债权，后于普通债权受偿。如《德国破产法》第 39 条、《日本破产法》第 97 条和 99 条、《英国破产法》第 328 条和《美国破产法》726 条。① 此做法不仅能在破产程序开始时将破产债权数额固定，方便债权的审查与清偿，而且明确债权利息的计算不停止，只是劣后受偿，避免了实践中对停止计息是否及于保证人的争议。因此，停止计息不及于保证人为多数国家的立法选择，我国理论与实践界对此问题存在争议，很大程度上是因为我国没有劣后债权的规定，若我国在将来立法中确立劣后债权的相关规定，此问题便可迎刃而解。

其次，除诸多司法判例外，地方人民法院发布的文件也多认为停止计息不及于保证人，如《四川省高级人民法院关于审理破产案件若干问题的解答》第 4 条、《云南省高级人民法院破产案件审判指引（试行）》第 82 条和第 164 条、《广东省高级人民法院执行局关于执行程序法律适用若干问题的参考意见》第 3 问和《浙江省高级人民法院民事审判第五庭关于主债务人破产后保证人是否停止计息问题的解答》等。

再次，《九民纪要》第 55 条虽明确担保人承担的担保责任范围不应当大于主债务，是担保从属性的必然要求。但停止计息规定于《企业破产法》中，只对在破产程序中申报附利息债权的当事人有拘束力，并不能当然及于保证人。

最后，建议通过建立个人破产制度保护诚信且善良的保证人，防止其因承担过重的保证责任而影响正常生活。

综上所述，主债务人破产后，主债务停止计息，不应及于保证人。为避免理论与实践中的争议，今后仍需通过法律修改或者制定相关司法解释对此问题进行明确。

【参考依据】

《企业破产法》

第 46 条第 2 款 附利息的债权自破产申请受理时起停止计息。

---

① 贺丹：《企业拯救导向下债权破产止息规则的检讨》，载《法学》2017 年第 5 期。

第 92 条第 3 款　债权人对债务人的保证人和其他连带债务人所享有的权利，不受重整计划的影响。

第 101 条　和解债权人对债务人的保证人和其他连带债务人所享有的权利，不受和解协议的影响。

第 124 条　破产人的保证人和其他连带债务人，在破产程序终结后，对债权人依照破产清算程序未受清偿部分的债权，依法继续承担清偿责任。

《四川省高级人民法院关于审理破产案件若干问题的解答》

四、债权申报与审查

4. 主债务人破产后，主债务停止计息的效力是否及于担保人？

答：破产案件受理后，主债务所产生的利息仍然可以向保证人主张。破产法停止计息的规定并非为减轻主债务人的责任，而是出于维护全体债权人公平受偿的价值考虑，保护的对象是全体债权人，而非保证人；保证人承担破产程序受理之后的利息，属于保证人应当预见及承担的正常的商业风险，且主债务停止计息并未损害保证人原有权益或不当加重其责任。对于连带责任保证人，债权人享有直接主张全部债权的权利，不能因为债权人参加了破产申报程序，而减轻保证人的责任。

《云南省高级人民法院破产案件审判指引(试行)》

第 83 条　债务人的保证人或其他连带债务人尚未代债务人清偿债务的，可就其将来追偿权申报债权。债权人已向管理人申报全部债权的，保证人和其他连带债务人无需另行申报。

债权人申报债权后，在通过破产程序实际获得清偿前，保证人或者其他连带债务人代债务人清偿债务的，保证人或者其他连带债务人可在债权人申报债权的范围内依据破产程序受偿。保证人或其他连带债务人无权就其已清偿的债务人进入破产程序之后产生的利息部分向债务人追偿。

第 164 条　主债务人进入破产后，债权人有权申报债权，也可以向保证人主张权利。

债权人仅起诉未进入破产程序的连带责任保证人，未起诉主债务人的，不属破产衍生诉讼的范畴，不受破产集中管辖的限制。

连带责任保证人承担保证责任的范围，不受主债务人因破产而停止计息的影响。

《广东省高级人民法院执行局关于执行程序法律适用若干问题的参考意见》

问题三：主债务人破产后，《中华人民共和国企业破产法》第四十六条第二款规定的主债权停止计息的效力是否及于担保债权，担保责任是否受破产程序影响而减少？

处理意见：《中华人民共和国企业破产法》第四十六条第二款"附利息的债权自破产申请受理时停止计息"的规定，仅适用于进入破产程序的主债务人，不适用于担保债权。担保责任范围应为基于担保合同产生的担保债权，不应仅限于破产程序中债权人申报的对主债务人的破产债权。

主要理由：司法实践对此问题存在两种观点。第一种观点认为，担保责任应受破产程序影响而减少。主要理由是，基于担保责任的从属性，担保责任范围不应大于主债权。债权人所享有的主债权范围为破产债权时，作为担保人所承担的担保责任亦应为破产债权。第二种观点认为，担保责任不应受破产程序影响而减少。主要理由是，《中华人民共和国企业破产法》第四十六条第二款是法律针对破产程序中破产债权作出的特殊规定，担保人的责任范围应依据担保合同进行确定，因此，利息、违约金等不因主债务人破产而停止计算。

《中华人民共和国企业破产法》规范的是破产债务人与债权人的破产法律关系，除非破产法有特别规定，担保人对破产债务人的担保责任应当适用担保法律规定，不受破产法调整。《中华人民共和国企业破产法》第四十六条第二款关于破产债权在破产申请受理后停止计息的规定，是对破产债权数额的限制，并不能因此推导出破产受理之后的利息债权的消灭，该债权实质上仍然存在，只不过无法在破产程序中得到保护。

担保制度的目的和功能就是为了预防债务人不能清偿的风险，以期在债务人不能清偿时债权人能从担保人处获得救济。债务人破产本身就是担保人所要承担的担保风险，除非当事人在担保合同中明确约定主债务人破产情形下减轻或者免除担保责任，否则担保人即应对担保合同项下的全部债务承担担保责任。如果打破当事人的约定，把担保责任限定在破产债权范围，亦与担保制度的目的和当事人的初衷相违背。

对此，法律和司法解释均作出相应规定。《中华人民共和国企业破产法》第九十二条第三款规定："债权人对债务人的保证人和其他连带债务人所享有的权利，不受重整计划的影响。"第一百零一条规定："和解债权人对债务人的保证人和其他连带债务人所享有的权利，不受和解协议的影响。"第一百二十四条规定："破产人的保证人和其他连带债务人，在破产程序终结后，对债权人依照破产清算程序未受清偿的债权，依法继续承担清偿责任。"《最高人民法院关于适用〈中华人民共和国担保法〉若干问题的解释》第四十四条第一款规定："保证期间，人民法院受理债务人破产案件的，债权人既可以向人民法院申报债权，也可以向保证人主张权利。"

《浙江省高级人民法院民事审判第五庭关于主债务人破产后保证人是否停止计息问题的解答》

按照《企业破产法》第四十六条规定，针对债务人的破产申请被人民法院裁定受理时，破产程序中针对债务人申报的附利息的债权自破产申请受理时起停止计息，但该停止计息的效力不及于保证人。

按照《企业破产法》第五十一条规定，债务人的保证人或者其他连带债务人已经代替债务人清偿债务的，以其对债务人的求偿权申报债权。但是管理人在审查保证人的求偿权时，同样应当扣除保证人所承担的自债务人破产申请被受理时起产生的债务利息或者将破产申请受理时起发生的利息债权单独登记。

《德国破产法》

第 39 条 （1）下列债权按所列顺序后于破产债权人的其他债权受偿，顺序相同的，按债权数额比例受偿。

1. 破产债权人债权的自破产程序开始时继续产生的利息。

......

《美国破产法》

726 条

（a）除本法第 510 条另有规定外，财团财产将按照下列规定进行分配：

......

（5）第五，本款（1）、（2）、（3）或（4）之下的债权从破产申请日开始按法定利率计算的利息。

（6）第六，剩余财产返还债务人。

《日本破产法》

第 97 条 下列债权包括在破产债权之中；

1. 破产程序开始后对于利息的请求权。

......

第 99 条　下列债权（称为"劣后的破产债权"），劣后于其他的破产债权（后款规定的约定劣后破产债权除外）。

1. 第九十七条第一款至第七款所列的请求权。

......

《英国破产法》

第 328 条

......

（4）在优先或根据第 3 款规定顺序平等的债务被偿付后剩余的任何余额应用于支付该债务在破产开始后未被偿付期限产生的利息；并且优先债务产生的利息与非优先债务产生的利息顺序相同。

......

56. 共益债务是否需要申报？

【回答】

无需申报。

【理由】

共益债务，又称财团债务或财团债权，是在破产程序中为全体债权人利益而由债务人财产负担的债务的总称。① 《企业破产法》第 42 条规定："人民法院受理破产申请后发生的下列债务，为共益债务：（一）因管理人或者债务人请求对方当事人履行双方均未履行完毕的合同所产生的债务；（二）债务人财产受无因管理所产生的债务；（三）因债务人不当得利所产生的债务；（四）为债务人继续营业而应支付的劳动报酬和社会保险费用以及由此产生的其他债务；（五）管理人或者相关人员执行职务致人损害所产生的债务；（六）债务人财产致人损害所产生的债务。"

共益债务涉及全体债权人的共同利益，并从债务人财产中支付，具有优先受偿的效力，且无需申报。② 虽然共益债务无需申报，但仍应经过一

---

① 王欣新：《破产法》（第四版），中国人民大学出版社 2019 年版，第 353 页。
② 王欣新：《破产法》（第四版），中国人民大学出版社 2019 年版，第 353 页。

定的审核认定程序。其一，可以参考劳动债权的审核认定方式予以处理，由管理人调查后在债权表中予以列示并提交债权人会议核查。如果债权人对债权表记载的共益债务有异议的，可以要求管理人更正；管理人不予更正的，债权人可以向人民法院提起诉讼。其二，如果债权人在管理人调查审核前主动进行申报的，管理人应当接受申报，并结合调查情况予以审核确定是否列入共益债务。对共益债务是否存在以及金额发生争议的，可向人民法院提起诉讼。

【参考依据】

《企业破产法》

第 42 条 人民法院受理破产申请后发生的下列债务，为共益债务：

（一）因管理人或者债务人请求对方当事人履行双方均未履行完毕的合同所产生的债务；

（二）债务人财产受无因管理所产生的债务；

（三）因债务人不当得利所产生的债务；

（四）为债务人继续营业而应支付的劳动报酬和社会保险费用以及由此产生的其他债务；

（五）管理人或者相关人员执行职务致人损害所产生的债务；

（六）债务人财产致人损害所产生的债务。

第 43 条 破产费用和共益债务由债务人财产随时清偿。

债务人财产不足以清偿所有破产费用和共益债务的，先行清偿破产费用。

债务人财产不足以清偿所有破产费用或者共益债务的，按照比例清偿。

债务人财产不足以清偿破产费用的，管理人应当提请人民法院终结破产程序。人民法院应当自收到请求之日起十五日内裁定终结破产程序，并予以公告。

六、重整、和解与清算

57. 重整申请审查阶段如何判断、查明企业是否具有重整价值？

【回答】

根据《破产审判纪要》和《最高人民法院关于当前商事审判工作中的若干具体问题》，人民法院在审查重整申请时，应当根据债务人的资产状况、技术工艺、生产销售、行业前景、陷入困境的原因等因素，将明显不具备重整价值以及拯救可能性的债务人排除出重整的受理范围。

根据《破产审判纪要》，人民法院在审查债权债务关系复杂、债务规模较大，或者涉及上市公司重整案件的重整申请时，可以组织申请人、被申请人听证。此外，参考部分地方法院发布的破产审判指引性文件，人民法院在查明债务人是否具备重整希望及重整价值时可以通过以下途径：可以召集申请人、债务人、出资人、政府及有关部门、专业中介机构举行听证会；商请相关专业机构、专业人员提出专业意见；可以向债务人所在地政府及行业主管等部门征询意见；社会中介机构、预重整管理人出具的报告可以作为判断债务人重整价值的参考。

【理由】

第一，对于重整申请审查阶段企业重整价值的判断：

《破产审判纪要》第 14 条列举了债务人的资产状况、技术工艺、生产销售、行业前景等参考因素，对重整价值的认定从反面进行规定。

理论界对此问题进行了细化讨论，李曙光教授认为可以从以下三个维度进行衡量：其一，企业是否具有营运价值，即企业重整价值是否高于清偿价值，具体而言判断标准有四，即企业所处行业的前景及企业在行业中的地位、① 企业的股权结构状况及股东实力、企业自身的治理情况和内部文化、企业的信用能力和负债水平；其二，企业是否具有资质价值；其三，企业是否具有公共价值。② 王欣新教授认为，判断企业重整价值，除了考虑债务人的资产状况、技术工艺、生产销售、行业前景等经营方面的因素外，还应当着重考虑评价企业的重整经济价值：其一，对企业存续价值与清算价值比较，主要包括依附于企业而存在，但在破产清算时丧失价值或可能大幅贬值的无形资产、企业经营过程中形成的活体生命体系、企业的专用设备、基础设施等；其二，企业的重整价值得到市场的认可。③

司法实践中，根据舟山市华泰石油有限公司破产重整案的裁判要旨："判断一个已经陷入严重债务危机、资不抵债不能清偿到期债务的企业是否具有重整的价值，主要是看这个企业是否具有相当价值的无形资产。重整中的无形资产既可以是企业产品的市场前景、企业的商誉、企业的商业秘密，还可以是企业已经取得的非物质性稀缺资源，如与项目相关的行政审批手续等。对企业无形资产有无价值的判断必须接受市场的检验，有市场才能说有价值，在重整案中则还必须体现为重整计划能否最后被债权人会议表决通过。"④

第二，对于重整申请审查阶段企业重整价值的查明：

《破产审判纪要》第 15 条规定了人民法院审查重整申请阶段，在债权债务关系复杂、债务规模较大，或者涉及上市公司重整时可以组织听证，从而帮助法院对重整价值等问题进行判断。

江苏、山东、深圳、四川等地通过发布地方人民法院破产审判指引性

① 《最高人民法院关于正确审理企业破产案件为维护市场经济秩序提供司法保障若干问题的意见》："对于虽然已经出现破产原因或者有明显丧失清偿能力可能，但符合国家产业结构调整政策、仍具发展前景的企业，人民法院要充分发挥破产重整和破产和解程序的作用，对其进行积极有效的挽救。"

② 李曙光：《如何判断企业是否有重整价值》，载微信公众号"破产法快讯"，2017 年 5 月 12 日。

③ 王欣新：《〈全国法院破产审判工作会议纪要〉要点解读》，载《法治研究》2019 年第 5 期。

④ 浙江省高级人民法院编：《案例指导（2011 年卷）》，中国法制出版社 2012 年版，第 222 页。

文件的方式对重整价值的查明措施和程序进行了细化, 兹列举于下文, 可供参考。

理论界有观点认为, 人民法院可以组织专家组成专门的审查机构来辅助法院进行审查工作;① 在审查中可以采取征询、调查、听证等方法辅助法院对重整的必要性和可行性进行必要的商业判断。②

【参考依据】

《破产审判纪要》

第 14 条 重整企业的识别审查。破产重整的对象应当是具有挽救价值和可能的困境企业; 对于僵尸企业, 应通过破产清算, 果断实现市场出清。人民法院在审查重整申请时, 根据债务人的资产状况、技术工艺、生产销售、行业前景等因素, 能够认定债务人明显不具备重整价值以及拯救可能性的, 应裁定不予受理。

第 15 条 重整案件的听证程序。对于债权债务关系复杂、债务规模较大, 或者涉及上市公司重整的案件, 人民法院在审查重整申请时, 可以组织申请人、被申请人听证。债权人、出资人、重整投资人等利害关系人经人民法院准许, 也可以参加听证。听证期间不计入重整申请审查期限。

《最高人民法院关于当前商事审判工作中的若干具体问题》

五、关于企业破产案件的受理审理问题

第三, 要正确把握破产重整制度精神, 发挥重整积极作用。有的地方当事人申请破产重整的积极性很高, 法院受理的破产重整案件也较多。对此, 我们认为:

1. 法院在受理重整申请时应当严格按照《企业破产法》第二条进行判断, 明确重整所属的法定情形。从破产重整成功的案例看, 重整程序一般适合于较大规模且明显具有运营价值的企业。在适用重整程序时, 应当结合企业所属产业前景、陷入困境的原因、企业财务目标或指标等因素综合判断, 严格控制增量, 防止新的产能过剩。

---

① 张善斌主编:《破产法研究综述》, 武汉大学出版社 2018 年版, 第 263~264 页。

② 王欣新:《破产法》(第四版), 中国人民大学出版社 2019 年版, 第 303 页。

《江苏省高级人民法院民二庭破产案件审理指南(修订版)》

九、重整和解

1. 重整制度适用范围。重整制度具有保留企业营业价值、挽救危困企业的重要作用,但相对而言程序复杂,费用高昂,耗时较长,实践中主要适用于大型企业破产,中小型企业的挽救一般采取程序相对简单的和解制度加以解决。对于长期持续不能清偿到期债务、挽救无望的企业,应及时破产清算。

……

3. 重整希望及重整价值的查明。人民法院可以通过以下途径,查明债务人是否具备重整希望及重整价值:一是可以召集申请人、债务人、出资人、政府及有关部门、专业中介机构举行听证会;二是可以商请会计师事务所、律师事务所、资产评估事务所等中介机构提出专业意见;三是可以向债务人所在地政府及行业主管等部门征询意见。

《山东省高级人民法院企业破产案件审理规范指引(试行)》

第133条 债务人具有重整价值是指债务人的继续经营价值大于清算价值。

判断债务人是否具有重整价值,应综合考虑债务人的行业地位和行业前景、经营情况、资质价值、品牌价值、社会公共价值,以及能够体现债务人重整价值的其他情形。

人民法院对重整价值进行判断时,可以根据案件情况,征询市场监管部门、企业主管部门、行业协会以及行业专家的意见。

债务人自行重组重整期间由社会中介机构出具的报告可以作为判断债务人重整价值的参考。

《深圳市中级人民法院审理企业重整案件的工作指引(试行)》

第22条 债务人具有重整价值是指,债务人的继续经营价值大于清算价值。

判断债务人的重整价值,应当综合考虑下列因素:

(一)债务人的行业地位和行业前景,包括债务人的市场认可度、产能先进性等;

(二)债务人的经营情况,包括债务人经营模式的成熟程度、经营团队的稳定性和经营管理的运行情况等;

(三)债务人的资质价值,包括债务人的资本价值、特许经营权或者生产资质等；

（四）债务人的品牌价值，包括债务人的营销网络、客户关系、品牌效应及其商誉等；

（五）债务人的社会公共价值，包括债务人对国计民生及公共利益的重大影响等；

（六）能够体现债务人重整价值的其他情形。

社会中介机构、预重整管理人出具的报告可以作为判断债务人重整价值的参考。

《四川省高级人民法院关于审理破产案件若干问题的解答》

六、破产重整、和解与清算

1. 在重整申请审查阶段对企业是否具有重整价值应如何进行判断及查明？

答：重整程序社会代价大、成本高，在重整申请审查阶段即应对企业是否具有重整价值进行审查判断。人民法院在审查重整申请时，可根据债务人的资产及债务状况、股权结构状况、内部治理、技术工艺、生产销售、行业前景及在行业中的地位等因素，综合内外部情况对其是否具有重整价值进行判断。涉及重整价值的商业判断和市场判断问题，人民法院可以召集申请人、债务人、出资人、政府及有关部门、专业中介机构举行听证会，或是商请相关专业机构、专业人员提出专业意见，也可以向债务人所在地的政府及行业主管、发改、国资、税务等部门征询意见。

58. 债务人清算状况下的偿债能力分析是否属于重整计划草案的必备要素？哪些中介机构有资格出具这方面的分析报告？

【回答】

债务人清算状况下的偿债能力分析是重整计划草案的必备要素，应当由法院鉴定名册中的专业资产评估机构和专业的资产评估师出具。

【理由】

第一，偿债能力分析报告有助于人民法院及债权人判断企业是否具有重整价值。

首先，《破产审判纪要》第 14 条明确规定了具有挽救价值和可能的企业才可进入重整程序，偿债能力分析报告作为债务人资产状况的一个重要反映，是人民法院据以判断债务人是否满足重整条件的重要参考依据。若偿债能力分析报告指出普通债权人清偿比例过低，则企业极有可能不具备挽救价值，人民法院应直接裁定进入破产清算程序，而不必再耗时耗力进行重整。

第二，偿债能力分析报告有利于重整程序的进行。

我国《企业破产法》第 81 条并没有明确将偿债能力分析纳入重整计划草案的必备要素，但其设置了兜底条款，规定有利于债务人重整的其他方案也应当包括其中，因此，判断偿债能力分析报告是否有利于重整程序是判断其必要性的关键因素。

《企业破产法》第 87 条第 2 款第 3 项"按照重整计划草案，普通债权所获得的清偿比例，不低于其在重整计划草案被提请批准时依照破产清算程序所能获得的清偿比例"的规定，具体体现了破产法保护债权人利益的精神。试想，若较之清算程序相对复杂的重整程序反而使得普通债权的清偿比例降低，那重整程序就丧失了其制度价值——相较于破产清算，使债权人获得更高的清偿率。① 因此，只有先通过假设清算法进行偿债能力分析从而得出普通债权依照破产清算程序所能获得的清偿率，才能使得重整计划草案中制定的普通债权的清偿率有一个最低基准。基于此，债权人能够对重整情况下的最低清偿率有所了解，并据此对重整计划草案中规定的受偿方案作出分析和判断。若重整程序下普通债权的受偿率高于清算状况下的受偿率，则可合理推断普通债权人会对重整计划草案投赞成票，即使普通债权人组因其他原因未能通过重整计划草案而进入法院强制裁定通过程序，则偿债能力分析也能够为法院判断重整计划草案是否符合强制裁定通过的条件提供依据，从而推动重整计划草案的顺利通过；若重整程序下普通债权的受偿率等于或低于清算状况下的受偿率，则可合理推断普通债权人组不会通过重整计划草案，这种情况下，应及时将重整程序转入清算程序。因此，将偿债能力分析规定为重整计划草案的必备要素在一定程度上能够提高重整程序的效率，有其必要性。

目前学界对此问题的研究成果较少，有学者建议在司法解释中明确规

---

① BGH NJW 1997，524，525，转引自［德］莱因哈德·波克：《德国破产法导论》，王艳柯译，北京大学出版社 2014 年版，第 186 页。

定重整计划草案应当包括该草案被提请批准时普通债权依照破产清算程序所能获得的清偿比率的计算依据，以及按照重整计划草案普通债权所能获得清偿比率计算依据的详细说明。① 此外，还有学者认为偿债能力分析报告是制作重整计划草案的重要依据，也是人民法院强制批准重整计划的重要依据，其分析结论是否客观公正、是否公允，将对每一位债权人的利益构成潜在的实质性影响。债务人或者管理人应当将偿债能力分析报告有关数据、计算方法和依据进行充分披露；同时，评估人员应当出席债权人会议接受债权人的质询。② 上述观点不仅承认了重整计划草案中偿债能力分析的必要性，而且进一步建议将相关计算数据、依据和方法在偿债能力分析报告中充分披露，从而使得债权人的知情权得到充分保障，最大限度地保护债权人利益，实现重整制度的价值。

【参考依据】

《企业破产法》

第 81 条 重整计划草案应当包括下列内容：

（一）债务人的经营方案；

（二）债权分类；

（三）债权调整方案；

（四）债权受偿方案；

（五）重整计划的执行期限；

（六）重整计划执行的监督期限；

（七）有利于债务人重整的其他方案。

第 87 条第 2 款 未通过重整计划草案的表决组拒绝再次表决或者再次表决仍未通过重整计划草案，但重整计划草案符合下列条件的，债务人或者管理人可以申请人民法院批准重整计划草案：

……

（三）按照重整计划草案，普通债权所获得的清偿比例，不低于其在

---

① 王欣新：《试论重整制度之立法完善》，载《昆明理工大学学报（社会科学版）》2010 年第 5 期。

② 刘敏、池伟宏：《法院批准重整计划实务问题研究》，载《法律适用》2011 年第 10 期。

重整计划草案被提请批准时依照破产清算程序所能获得的清偿比例，或者该表决组已经通过重整计划草案；

……

《破产审判纪要》

第 14 条　破产重整的对象应当是具有挽救价值和可能的困境企业；对于僵尸企业，应通过破产清算，果断实现市场出清。人民法院在审查重整申请时，根据债务人的资产状况、技术工艺、生产销售、行业前景等因素，能够认定债务人明显不具备重整价值以及拯救可能性的，应裁定不予受理。

《山东省高级人民法院企业破产案件审理规范指引(试行)》

第 147 条第 2 款　重整计划草案还应当全面披露债务人的破产原因、资产和负债状况、清算和重整状态下普通债权的清偿率比较以及有关债务人资产的重大不确定事项等。

59. 重整中债转股，出资人下落不明或者不配合时，出资人权益如何调整？

【回答】

在重整计划草案通过之前，出资人下落不明或者不配合影响的是出资人表决组的表决程序的推进及结果。对此，考虑到重整制度的效率、公平及公正，本书建议在《企业破产法》中增加出资人组的表决程序，具体规定为："出资人组对重整计划草案所涉及的出资人权益调整事项的表决，经由出资人权益调整事项而权益受损且出席出资人组会议的出资人过半数通过，且其所持表决权占总出资额三分之二以上的，即为该组通过重整计划草案。"①如此，可通过多数中小出资人与少数大出资人之间的相互制衡以实现实质公平。在上述表决机制下，若出资人组因参会的出资人所占出资额达不到总出资额三分之二以上的标准而无法通过权益调整方案，管理人或者债务人可依据《企业破产法》第 87 条的规定，向人民法院申请强制批准重整计划草案。在重整计划草案对出资人权益的调整公平、公正的情

---

①　曹文兵：《上市公司重整中出资人权益调整的检视与完善——基于 51 家上市公司破产重整案件的实证分析》，载《法律适用》2018 年第 17 期。

况下，人民法院应当批准，出资人权益调整方案自然得到确认；若出席会议的出资人所代表的出资额达到了出资总额的三分之二，但最后赞成出资人权益调整方案的出资人所代表的出资额还是低于出资总额的三分之二，则可根据《企业破产法》第87条的规定，由债务人或者管理人同出资人组协商，重整计划草案制定人在听取出资人意见后，可对出资人权益调整方案进行适当的调整，出资人对调整后的出资人权益调整方案可再表决一次。若表决仍未通过，在重整计划草案对出资人权益调整事项公平公正时，则还是由人民法院采取强制批准措施。当然，在采取法院强制批准措施前，管理人应穷尽手段去寻找下落不明的出资人或与不配合的出资人协商，使其参加到表决程序中。

在重整计划草案通过之后，若部分出资人下落不明或者不配合执行，则需要人民法院衡量部分出资人下落不明或不配合执行对落实重整计划草案执行的不利影响，在必要时直接以裁定形式执行重整计划草案，以保障重整程序的顺利推进。

【理由】

第一，在重整计划草案通过之前。

其一，出资人组表决程序的制定。

在重整计划草案通过之前，出资人下落不明或者不配合影响的是出资人表决组表决程序的推进及结果。而出现此问题的根本原因在于，我国现行《企业破产法》虽然在第85条中明确规定重整计划草案涉及出资人权益调整事项的，应当设置出资人组对该事项进行表决，但并未规定具体的表决程序和表决规则。重整程序中的债转股必然会涉及原债务人的部分出资人的股东权益变动，因此出资人组对重整计划草案的表决有其必要性。而当出资人下落不明或不配合时，在现行出资人表决制度不完善的情况下，出资人表决程序和结果会受到影响，从而影响重整计划草案的通过。因此，对出资人组的表决规则亟需明确规定。从理论上看，我国学者也普遍认为需要在破产法中设置专门条款对此进行规定，但在具体的规则设计上，则存在分歧。具体包括出资人组成员的确定和表决通过标准及比例两方面。

首先，关于出资人组成员的确定。经总结，大致有以下观点：①出资人组的成员应当仅包括由于出资人权益调整方案，其权益受损的出资人，而将其他权益未变动的股东排除在出资人组之外，不赋予其表决权，① 以避免不受出资人权益调整方案影响的出资人随意行使表决权，影响表决结果的公正性和客观性；②出资人组的成员包括出席出资人组表决会议的所有股东。② 本书认为，出资人组的成员应当仅包括其权益由于出资人权益调整方案受损的且出席出资人表决会议的股东。理由如下：①考虑到重整程序的效率以及最大限度保证出资人权益调整方案的公平、公正，没有必要将权益未受损的股东纳入范围内；②以出席会议的人数为基数计算，可以避免因部分出资人不参加会议而导致会议一开始就无法召开的情形，从而推动程序进行。

其次，关于出资人组的表决通过标准及比例。至于采用股权额的单一标准还是要兼顾人数的要求，各个国家和地区立法并不统一，例如美国采用"双重标准制"，在要求三分之二以上份额的基础上，还要求二分之一以上的出席会议的人数，③ 日本、韩国等则只对所占份额有所要求。我国《公司法》第 43 条关于公司重大调整事项的表决只采用三分之二以上份额的单一标准，未对人数作出要求。但《企业破产法》第 84 条关于重整计划草案的表决则采用了"双重标准制"。借鉴以上规定，同时考虑到中小出资人与少数大出资人之间的相互制衡以实现实质公平，本书建议采用"双重标准制"，同时参照《企业破产法》第 84 条，具体规定可表述为："权益受损且出席会议的有表决权的出资人过半数通过且其所占出资份额占出资总额的三分之二以上的，即为该组通过出资人权益调整方案。"

其二，部分出资人下落不明或不配合导致出资人组达不到出资总额三分之二以上的通过标准时的处理。

在实践中，存在着权益受损的大额出资人为逃避债务而下落不明或者小额出资人因不愿支付参加出席会议的费用而不配合相关程序的情况，这

---

① 曹文兵：《上市公司重整中出资人权益调整的检视与完善——基于 51 家上市公司破产重整案件的实证分析》，载《法律适用》2018 年第 17 期。

② 李妍静：《论我国破产重整中出资人权益的调整》，苏州大学 2011 年硕士学位论文。

③ 《美国破产法》第 1126 条规定：对每一组债权人而言，如果代表该组债权总额三分之二或更多，并且代表该组债权人总数二分之一或以上的债权人投票赞成重整计划的，该计划即被认为已获得该组债权人通过。各组股东中有已申报股份总数三分之二以上同意即为通过。

会导致两种情形的出现：一是出席会议的人所代表出资额根本达不到出资总额的三分之二；二是即使出席会议的人所代表的出资额达到了出资总额的三分之二，但最后赞成出资人权益调整方案的出资人所代表的出资额还是低于出资总额的三分之二。以上两种情况所导致的共同后果是，出资人权益调整方案由于达不到赞成者所代表出资额占总出资额三分之二以上的标准而不能被通过，从而使得重整计划草案也不能被通过。

对出席会议的人所代表出资额一开始就未达到出资总额的三分之二的情况，应由管理人穷尽手段去寻找下落不明的出资人或与不配合的出资人协商，使其参加到表决程序中。若还是无法找到出资人或出资人仍然不配合，则可根据《企业破产法》第 87 条的规定，由债务人或者管理人申请人民法院批准重整计划，在重整计划草案对出资人权益的调整公平公正时，人民法院可以强制批准草案。

对出席会议的人所代表的出资额达到了出资总额的三分之二，但最后赞成出资人权益调整方案的出资人所代表的出资额还是低于出资总额的三分之二的情况，可根据《企业破产法》第 87 条的规定，由债务人或者管理人同出资人组协商，重整计划草案制定人在听取出资人意见后，可对出资人权益调整方案进行适当的调整，出资人对调整后的出资人权益调整方案可再表决一次。若表决仍未通过，在重整计划草案对出资人权益调整事项公平公正时，则还是由人民法院采取强制批准措施。

当然，管理人仍然要采取措施使下落不明或不配合的出资人参与到表决程序中。

第二，在重整计划草案通过之后进入重整计划执行阶段。

关于债转股中出资人组通过重整计划草案或者人民法院强制通过重整计划草案后进入重整计划执行阶段，部分出资人下落不明或者不配合执行时出资人权益如何调整，《企业破产法》及其他相关规定同样没有给出答案。

在一些破产案例中，因原出资人不配合办理股东变更工商登记，根据管理人提出的申请，法院直接裁定将债务人股东由原出资人变更为选择债转股的出资人并确认了相应的持股比例。《企业破产法》虽然在第 92 条中规定经人民法院裁定批准的重整计划对债务人和全体债权人均有约束力，在第 93 条中也规定了债务人不能执行重整计划或不执行重整计划的法律后果，但对债务人的出资人不执行重整计划的法律后果并未作出规定。因此，管理人申请无疑缺乏明确的法律依据。但重整计划系经出资人组表决通过且获人民法院裁定批准的，对出资人具有约束力，出资人应执行重整计划中与其有关的内容。同时，裁定变更原债务人的股东及确认其相应的持股比例，虽然在法律上缺乏依据，但反过来看也并不存在法律上的障碍。因此，针对此案例，人民法院的处理方式是一次成功的创新。① 因此，碰到类似情况时，我们不妨借鉴此案例的做法，在衡量部分出资人下落不明或不配合执行对落实重整计划的不利影响后，在必要时直接以裁定形式执行重整计划的相关内容。

【参考依据】

《企业破产法》

第 85 条第 2 款　重整计划草案涉及出资人权益调整事项的，应当设出资人组，对该事项进行表决。

第 87 条　部分表决组未通过重整计划草案的，债务人或者管理人可以同未通过重整计划草案的表决组协商。该表决组可以在协商后再表决一次。双方协商的结果不得损害其他表决组的利益。

未通过重整计划草案的表决组拒绝再次表决或者再次表决仍未通过重整计划草案，但重整计划草案符合下列条件的，债务人或者管理人可以申请人民法院批准重整计划草案：

……

(四)重整计划草案对出资人权益的调整公平、公正，或者出资人组已经通过重整计划草案；

……

《河北省高级人民法院破产案件审理规程(试行)》

第 89 条　重整计划草案涉及出资人权益调整事项的，应当设出资人组，对该事项进行表决。

有限责任公司的出资人权益调整事项经股东所持表决权的三分之二以上同意，即为通过。

股份有限公司的出资人权益调整事项经出席出资人组会议的股东所持

---

① 汤海庆、施迎华：《民营企业破产重整之司法探索——南望信息产业集团有限公司重整案的总结与反思》，载《法治研究》2011 年第 12 期。

表决权的三分之二以上同意，即为通过。

60. 重整计划草案涉及出资人权益调整事项且该出资权益附有股权质押权，应当如何调整出资人股权及相关权利人的权益？

【回答】

此时，可参照《四川省高级人民法院关于审理破产案件若干问题的解答》分类处理：第一，当债务人企业资不抵债时，所有者权益为负，出资人的权益价值为零，对出资人权益的调整由出资人行使表决权，股权价值调整为零，不影响出资人本应向股权负担相关权利人承担的债务偿还责任以及其导致质权人设立股权质押的目的落空所遭受损失的损害赔偿责任；第二，当债务人企业资产大于负债，但又缺乏及时清偿能力的，出资人权益仍具有账面价值，出资人权益调整方案应同时兼顾股权质押权人的权益。股权质押权人对方案有异议的，受理破产重整的人民法院可以组织召开听证会听取各方利害关系人的意见，尽量通过协商解决。若协商不成，重整计划草案中的出资人权益调整方案应确保出资人权益调整后股权质押权人的利益不低于调整前其就股权质押权可以获得的利益。

【理由】

根据《企业破产法》第 85 条和第 87 条之规定，重整计划草案可以对原出资人的权益进行相应调整。但《企业破产法》第 93 条未明确规定重整计划的效力是否及于受限股权的权利人。同时，《企业破产法》第 87 条未规定股权被质押后就不能调整。并且，不调整股权，几乎不可能有新的投资人进驻，这对重整企业乃至全体债权人都是不利的。如果股权不能过户，那重整计划方案势必无法继续执行，重整程序也面临着失败的风险。

虽然强行过户意味着查封申请人的债权将丧失相应的清偿担保，这对担保权人显然是不公平的。但重整计划既然可以对股权进行相应调整，乃至削减为零，说明为了重整程序的顺利进行，在一定条件下可以对利害关系人作出某种不利的决定。

在实务案例中，各人民法院及管理人采取不同的解决方式。如在"南昌宝葫芦农庄有限公司案中"中，江西省高级人民法院直接作出裁定，解除了出资人股权的工商质押登记，并出具《协助执行通知书》，要求工商局协助解除质押登记并办理工商变更手续，最终将股权转让到了投资人名下。

根据《物权法》第226条第2款(《民法典》第443条第2款)的规定，股权出质后，只能经出质人与质权人协商一致后才可以转让。而在重整计划中，出资人同意对出资人权益进行调整后，若其股权已经设立质押登记，也应当协助管理人与质权人协商。

【参考依据】

《企业破产法》

第85条 债务人的出资人代表可以列席讨论重整计划草案的债权人会议。

重整计划草案涉及出资人权益调整事项的，应当设出资人组，对该事项进行表决。

第87条 部分表决组未通过重整计划草案的，债务人或者管理人可以同未通过重整计划草案的表决组协商。该表决组可以在协商后再表决一次。双方协商的结果不得损害其他表决组的利益。

未通过重整计划草案的表决组拒绝再次表决或者再次表决仍未通过重整计划草案，但重整计划草案符合下列条件的，债务人或者管理人可以申请人民法院批准重整计划草案：

(一)按照重整计划草案，本法第八十二条第一款第一项所列债权就该特定财产将获得全额清偿，其因延期清偿所受的损失将得到公平补偿，并且其担保权未受到实质性损害，或者该表决组已经通过重整计划草案；

(二)按照重整计划草案，本法第八十二条第一款第二项、第三项所列债权将获得全额清偿，或者相应表决组已经通过重整计划草案；

(三)按照重整计划草案，普通债权所获得的清偿比例，不低于其在重整计划草案被提请批准时依照破产清算程序所能获得的清偿比例，或者该表决组已经通过重整计划草案；

(四)重整计划草案对出资人权益的调整公平、公正，或者出资人组已经通过重整计划草案；

(五)重整计划草案公平对待同一表决组的成员，并且所规定的债权清偿顺序不违反本法第一百一十三条的规定；

（六）债务人的经营方案具有可行性。

人民法院经审查认为重整计划草案符合前款规定的，应当自收到申请之日起三十日内裁定批准，终止重整程序，并予以公告。

第 92 条 经人民法院裁定批准的重整计划，对债务人和全体债权人均有约束力。

债权人未依照本法规定申报债权的，在重整计划执行期间不得行使权利；在重整计划执行完毕后，可以按照重整计划规定的同类债权的清偿条件行使权利。

债权人对债务人的保证人和其他连带债务人所享有的权利，不受重整计划的影响。

《物权法》

第 226 条 以基金份额、股权出质的，当事人应当订立书面合同。以基金份额、证券登记结算机构登记的股权出质的，质权自证券登记结算机构办理出质登记时设立；以其他股权出质的，质权自工商行政管理部门办理出质登记时设立。

基金份额、股权出质后，不得转让，但经出质人与质权人协商同意的除外。出质人转让基金份额、股权所得的价款，应当向质权人提前清偿债务或者提存。

《民法典》

第 443 条 以基金份额、股权出质的，质权自办理出质登记时设立。

基金份额、股权出质后，不得转让，但是出质人与质权人协商同意的除外。出质人转让基金份额、股权所得的价款，应当向质权人提前清偿债务或者提存。

《民诉法解释》

第 165 条 人民法院裁定采取保全措施后，除作出保全裁定的人民法院自行解除或者其上级人民法院决定解除外，在保全期限内，任何单位不得解除保全措施。

《四川省高级人民法院关于审理破产案件若干问题的解答》

六、破产重整、和解与清算

4. 重整计划草案涉及出资人权益调整事项且该出资权益附有股权质押权，应当如何调整出资人及股权负担相关权利人的权益？

答：重整计划草案涉及出资人权益调整事项的，应当设出资人组对该事项进行表决。当债务人企业资不抵债时，所有者权益为负，出资人的权益价值为零，对出资人权益的调整由出资人行使表决权，股权价值调整为零，不影响出资人本应向股权负担相关权利人承担的债务偿还责任以及其导致质权人设立股权质押的目的落空所遭受损失的损害赔偿责任；当债务人企业资产大于负债，但又缺乏及时清偿能力的，出资人权益仍具有账面价值，出资人权益调整方案应同时兼顾股权质押权人的权益，股权质押权人对方案有异议的，受理破产重整的人民法院可以组织召开听证会听取各方利害关系人的意见，尽量通过协商解决，若协商不成，重整计划草案中的出资人权益调整方案应确保出资人权益调整后股权质押权人的利益，不低于调整前其就股权质押权可以获得的利益。

《河北省高级人民法院破产案件审理规程(试行)》

第 94 条 重整计划涉及出资人权益调整事项的，原出资人应当配合办理股权变更登记。

无法办理股权变更登记的，管理人可以依据人民法院批准重整计划裁定书申请强制执行。

61. 重整计划涉及出资人权益调整的，面临应调整的部分出资人权益被查封，应如何处置？

【回答】

重整计划涉及出资人的权益被查封时，因重整计划对出资人的债权人(即查封申请人)不具有强制执行效力，因此无法强制执行，并且《企业破产法》仅规定债务人财产保全的解除，对出资人权益保全的解除无规定。在现行法的框架下，可以由法院、管理人积极与利害关系人协商请求其配合重整计划的执行。在协商不成的情况下，可借鉴实践中的做法请求共同上级人民法院解除查封。

【理由】

根据《企业破产法》第 85 条、第 87 条的规定，重整计划草案可以对原出资人的权益进行相应调整。但根据《最高人民法院关于人民法院执行工作若干问题的规定(试行)》第 53 条第 2 款之规定，冻结投资权益或股权的，应当通知有关企业不得办理被冻结投资权益或股权的转移手续，不得向被执行人支付股息或红利；被查封的股权不得自行转让。且《企业破产法》第 93 条未明确规定重整计划的效力是否及于受限股权的权利人（包括质押权人和查封申请人），以及该效力能否对抗人民法院的查封裁定。

事实上，对股权的调整是必要的。而且，《企业破产法》第 87 条也未规定股权被查封后不能调整。并且，不调整股权会影响新的投资人进驻，这对重整企业乃至全体债权人都是不利的。如果股权不能过户，重整计划势必无法继续执行，重整程序也面临着失败的风险。

重整计划既然可以对股权作相应调整，乃至削减为零，这就说明，为了保证重整程序的顺利进行，在一定条件下可以对利害关系人作出某种不利的决定。并且，如果原出资人的股权被调整为零，此时的查封根本不具有实际意义，因为查封申请人不可能从查封的股权中享受到任何经济利益，更何况大多数企业重整时已经资不抵债。如果此时仍不允许过户，只能是一种损人不利己的行为，也有违破产重整制度的立法目的。因此，即使对于查封的股权，仍应当允许办理过户手续。

实务案例中，各地人民法院及管理人在解决此问题时，都依据个案情况而采取不同的解决方式。如在"北京五谷道场食品技术开发有限公司破产重整案"中，房山区人民法院将出资人的股权被其他法院冻结而无法将股权变更到投资人名下的情况上报到北京市高级人民法院，北京市高级人民法院又上报给了最高人民法院。随后，最高人民法院就该情况作出特例批复，要求广东、山东等地法院在不损害权利人利益的前提下，协调处理股权解冻事项。此后，北京市高级人民法院与房山区人民法院也多次与相关人民法院沟通协调，最终对出资人股权解除冻结，完成工商变更登记。

依据《民诉法解释》第 165 条之规定，对于保全措施，只能是作出保全裁定的人民法院及其上级人民法院解除。因此，在重整计划执行时，如果出资人股权被保全而无法过户，在重整受理法院和裁定保全法院是同一法院的情况下，可以自行解除保全；不是同一人民法院的，可以向作出查封裁定的人民法院协调解除，或者由重整受理法院逐级上报共同上级法院，请求共同上级法院解除保全，进而完成股权过户。

【参考依据】

《企业破产法》

第 19 条 人民法院受理破产申请后，有关债务人财产的保全措施应当解除，执行程序应当中止。

第85条 债务人的出资人代表可以列席讨论重整计划草案的债权人会议。

重整计划草案涉及出资人权益调整事项的，应当设出资人组，对该事项进行表决。

《民诉法解释》

第165条 人民法院裁定采取保全措施后，除作出保全裁定的人民法院自行解除或者其上级人民法院决定解除外，在保全期限内，任何单位不得解除保全措施。

62. 破产重整案件中，在重整方案裁定批准后仍有逾期申报债权的，如何最大程度降低重整方的重整计划执行风险？

【回答】

此问题的根源在于《企业破产法》规定不合理，导致重整方的重整计划执行风险增大。应对《企业破产法》第92条第2款进行修改完善，明确重整程序中债权补充申报的相关规定。应规定重整程序中债权的补充申报在重整计划草案送债权人会议表决之前完成；补充申报期限经过后，债权人不得在重整计划执行期间行使权利，也不得在重整计划执行完毕后，要求债务人清偿。

而在该款规定修改之前，可以对该款的适用设置合理的条件：一是若管理人或人民法院在案件受理时已向债权人送达申报债权通知，债权人仍放弃权利不在破产程序中申报债权或补充申报的，在重整计划执行完毕后再要求清偿的，人民法院应不予支持；二是凡是在破产程序中未按照规定的期限申报债权的，诉讼时效当然不予中止。①

【理由】

根据《企业破产法》第92条第2款的规定，未申报债权的债权人可以

---

① 王欣新：《论破产程序中的债权申报》，载《人民法院报》2010年8月4日第7版。

在重整计划执行完毕后，按照重整计划规定的同类债权的清偿条件行使权利。但是，此条规定存在诸多问题：第一，《企业破产法》第 92 条第 2 款虽然规定了未按期申报的债权在重整程序中的处理方式，但却相当粗糙，对于一些重要问题，如债权申报截止时间、相关费用承担以及债权审查确认程序等缺少规定，不利于在实践中适用；第二，容易造成债权人、债务人、投资人等相关主体间利益的不平衡。

对现行法的完善可从以下几个方面进行：①

第一，应选择补充申报作为破产程序中未按期申报债权的处理方式。对于未按期申报债权的处理，我国学界一直存在利用顺延申报制度处理未按期申报债权的建议。虽然顺延申报制度能够区分未申报的原因而给予不同债权人不同的保护，但《企业破产法》已规定补充申报制度，在对其进行完善后，可以合理解决未按期申报债权的问题，而引入新的制度对现行法的冲击可能更大，成本也将更高。并且，申报期限顺延后，对已分配的财产重新分配，不仅在操作上十分困难，而且也会破坏法律关系的稳定，虽然满足了破产申报制度公平分配破产财产的目的，但却阻碍了破产程序及时、有效地进行。②

第二，应在重整计划草案提交债权人会议表决前完成补充申报。《企业破产法》第 92 条第 2 款未明确重整程序中补充申报的截止时间，学者的观点大致可以分为三类：其一，重整计划草案提交债权人会议表决前；③ 其二，重整计划报送人民法院批准前；④ 其三，重整计划执行完毕前。⑤ 本书认为，虽然将补充申报的时间定在重整计划执行完毕之前，可最大限度地保护未按期申报债权的债权人，但却会导致程序的反复，在相当程度上损害了破产法作为商法部门法对效率的追求，使程序缺

---

① 此处仅对此问题进行初步讨论，详细论述过程将另文分析。

② 张善斌主编：《破产法研究综述》，武汉大学出版社 2018 年版，第 148 页。

③ 王欣新主编：《破产法原理与案例教程》（第二版），中国人民大学出版社 2015 年版，第 169~170 页。

④ 郑志斌、张婷：《困境公司如何重整》，人民法院出版社 2007 年版，第 140 页。

⑤ 许德风：《破产法论——解释与功能比较的视角》，北京大学出版社 2015 年版，第 506 页。

少可预测性。① 而将补充申报的时间定在重整计划提交人民法院裁定之前，虽能在一定程度上兼顾公平与效率，但成本与收益明显不成比例。相较而言，将补充申报时间定在重整计划草案提交债权人会议表决之前，更为合适。此做法不仅能够防止程序的反复带来额外成本，同时，较短的申报时间也可督促债权人积极补充申报。

第三，期限经过后未申报的不得在重整计划执行完毕后要求债务人清偿。无论未申报的原因为何，在重整计划执行完毕后再要求债务人清偿，均会导致债权人与债务人之间的利益不平衡并影响重生后企业的生产经营。因此，应当规定补充申报的期限经过后，尚未申报的债权，均不能在重整计划执行完毕后要求债务人清偿。但若重整计划执行完毕后，债务人企业自愿偿还，债权人所获利益仍受法律保护。同时，若重整失败而转入破产清算程序，则未申报的债权还可按照破产清算程序中补充申报的规定，进行补充申报。② 对于非因自己原因而未申报债权导致债权无法获得清偿的债权人，可在补充申报期限经过后另案请求相关主体承担赔偿其损失的责任。

【参考依据】

《企业破产法》

第 45 条　人民法院受理破产申请后，应当确定债权人申报债权的期限。债权申报期限自人民法院发布受理破产申请公告之日起计算，最短不得少于三十日，最长不得超过三个月。

第 56 条　在人民法院确定的债权申报期限内，债权人未申报债权的，可以在破产财产最后分配前补充申报；但是，此前已进行的分配，不再对其补充分配。为审查和确认补充申报债权的费用，由补充申报人承担。

债权人未依照本法规定申报债权的，不得依照本法规定的程序行使权利。

第 92 条　经人民法院裁定批准的重整计划，对债务人和全体债权人均有约束力。

债权人未依照本法规定申报债权的，在重整计划执行期间不得行使权

---

① 齐明：《中国破产法原理与适用》，法律出版社 2017 年版，第 122 页。

② 李永军、王欣新、邹海林、徐阳光：《破产法》（第二版），中国政法大学出版社 2017 年版，第 165 页。

利；在重整计划执行完毕后，可以按照重整计划规定的同类债权的清偿条件行使权利。

债权人对债务人的保证人和其他连带债务人所享有的权利，不受重整计划的影响。

《北京市高级人民法院企业破产案件审理规程》

第150条第2款 在人民法院确定的债权申报期限内，债权人未申报债权的，可以在最后一次破产分配方案提交债权人会议表决之前，或者和解协议或重整计划草案提交债权人会议表决之前补充申报。但此前已进行的分配不再对其补充分配。为审查和确认补充申报债权的费用，由补充申报人承担。

63. 重整计划草案约定的执行期限是否可以短于该草案约定的偿债期限？

【回答】

重整计划草案约定的执行期限原则上不短于约定的偿债期限，至少与偿债期限相同。但重整债务人在执行期限内与未受偿或未完全受偿的债权人达成不损害其他债权人权益的债务清偿协议的，可变更重整计划的执行期限，使其短于草案约定的偿债期限。此种变更应属于重整计划的变更，应参照重整计划草案表决程序进行重新表决并按照《企业破产法》第86条和第87条的规定裁定是否同意变更。不受该事项影响的表决组，原则上可不安排其重新表决。考虑到重整计划处在执行阶段，重新召集关系人会议存在困难且会增加重整成本，且考虑到重整程序的效率，可采取变通方式，如通过书面函件、电子邮件、传真等方式进行表决。①

【理由】

我国《企业破产法》第81条规定了重整计划草案应当包括债权受偿方案与重整计划的执行期限，但考虑到重整程序的复杂性、个体差异性以及出于对当事人意思自治的尊重，立法者并未对重整债务的执行期限及偿债

---

① 崔明亮：《破产重整计划执行法律问题研究》，载《中国政法大学学报》2018年第2期。

期限作出具体规定，而是采用了"自由主义"模式。从最大限度保护债权人的角度考虑，重整计划的执行期限应该与偿债期限保持一致，实践中大部分破产案件也遵循此规则。但在重整计划执行过程中，若部分债务得到清偿后，剩余的债务未受清偿或未受到全部清偿的债权人自愿与债务人达成债务清偿协议，约定缩短该债务的执行期限至短于该债务的偿债期限，且该约定未损害其他债权人的合法利益及社会公共利益，不属于合同无效情形，法律不应禁止。

需要说明的是，此种约定从实质上变更了经债权人会议同意并经法院批准的生效重整计划的内容，涉及重整计划的变更。目前我国立法对重整计划的变更程序无相关规定，本书认为，考虑到重整计划在重整程序中的重要地位，其应适用与重整计划草案表决、通过、批准等相一致的程序。但出于对重整效率和成本的考量，与执行期限变更无利益相关的其他债权人可不参与表决，同时，参与表决的利益相关债权人可采用函件、邮件、传真、视频会议等方式参与表决，而不必强制其到会。

【参考依据】

《企业破产法》

第81条 重整计划草案应当包括下列内容：

（一）债务人的经营方案；

（二）债权分类；

（三）债权调整方案；

（四）债权受偿方案；

（五）重整计划的执行期限；

（六）重整计划执行的监督期限；

（七）有利于债务人重整的其他方案。

64. 重整计划依法应当严格执行，但如果遇到客观条件变化，是否允许对重整计划进行变更？如果能够变更，需要遵循何种程序？

【回答】

根据《破产审判纪要》第19条，重整计划变更条件为出现国家政策调整、法律修改变化等特殊情况，导致原重整计划无法执行的，债务人或管理人可以申请变更重整计划一次。为了适应实际情况，建议对第 19 条作合目的性扩张解释，允许法官在裁量中适当放宽重整计划变更条件。执行过程中重整计划变更的程序，适用《破产审判纪要》第 19 条和第 20 条的规定。

【理由】

第一，重整计划执行期间变更的条件。

重整计划在具体执行过程中存在一些普遍需要遵守的原则，其中一项就是情势变更原则，一般认为是指在执行过程中，若发生不得已的情形而必须变更重整计划的，应允许对重整计划进行变更,① 在此原则的支持下，重整计划的变更成为可能。

我国《破产审判纪要》第 19 条将重整计划变更的条件限于"出现国家政策调整、法律修改变化等特殊情况，导致原重整计划无法执行的"，问题在于这两种明确列举的情况十分少见。对于是否应当对重整计划的变更条件作扩张解释，学界存在不同观点。

观点一：在重整计划执行过程中，如果出现计划制定时没有预料到而影响计划执行的情况，并且这种变化可能最终导致重整计划因不具有可行性而不得不终止执行，此时法律应当允许重整计划进行适当的变更。② 客观情况发生重大变化，且只有对重整计划作适当修改才能实现企业拯救和保护债权人的利益，不能不加变更而坐等计划失败。③

观点二：如果出现特殊事由，使得重整计划必须变更后方能实施的，计划执行人可申请人民法院变更重整计划。④ 重整计划执行过程中总是不可避免地会出现重整计划有误、重整计划执行所依赖的情况发生重大变化或者不可抗力的事件，导致重整计划的执行产生障碍、商业上不可行，或

---

① 罗培新主编：《破产法》，格致出版社 2009 年版，第 277~278 页。

② 韩长印主编：《破产法学》（第二版），中国政法大学出版社 2016 年版，第 179 页。

③ 孟凡麟、闫宝龙主编：《新编经济法教程》，中国政法大学出版社 2013 年版，第 127 页。

④ 李永军：《破产重整制度研究》，中国人民公安大学出版社 1996 年版，第 311~312 页。

者执行不能，这需要变更重整计划后再予执行。①

观点三：重整计划的内容可以大致分成债务清偿方案和经营方案两个部分，对于债务清偿方案，除非债权人可以得到实质上更多的清偿，或者受到不利益影响的债权人全部同意，否则原则上不可变更；债务人的经营方案有时会由于情况变化而不得不进行一些变更，这应是可以允许的，但是必须符合相应的法律程序。②

《破产审判纪要》并没有明确规定"等特殊情况"可包括哪些情况，这事实上赋予了法官一定的自由裁量权。理论上讲，"等"前后的情况应当在性质与程度上大体相当。但是，导致原重整计划无法执行的，多是市场变化、债务人或战略投资者情况变化等情况，少有与国家政策调整、法律修改变化对等分量的其他特殊情况，因此建议对第 19 条作合目的性扩张解释，应当允许法官在裁量中适当放宽，更多地将是否变更重整计划的权利交由因重整计划变更而可能遭受不利影响的债权人和出资人，通过债权人会议决定。涉及当事人对自身权益的判断与调整的，应当更多地尊重利害关系人的意愿。③

第二，重整计划执行期间变更的程序。

对于重整计划执行期间变更的程序，《破产审判纪要》已有明确规定，在此不再赘述。

【参考依据】

《破产审判纪要》

第 19 条 重整计划执行中的变更条件和程序。债务人应严格执行重整计划，但因出现国家政策调整、法律修改变化等特殊情况，导致原重整计划无法执行的，债务人或管理人可以申请变更重整计划一次。债权人会议决议同意变更重整计划的，应自决议通过之日起十日内提请人民法院批

---

① 中国人民银行西宁中心支行法律事务处课题组、张云莉：《企业破产重整制度研究》，载《青海金融》2017 年第 7 期。

② 王欣新：《试论重整制度之立法完善》，载《昆明理工大学学报（社会科学版）》2010 年第 5 期。

③ 王欣新：《〈全国法院破产审判工作会议纪要〉要点解读》，载《法治研究》2019 年第 5 期。

准。债权人会议决议不同意或者人民法院不批准变更申请的，人民法院经管理人或者利害关系人请求，应当裁定终止重整计划的执行，并宣告债务人破产。

第 20 条 重整计划变更后的重新表决与裁定批准。人民法院裁定同意变更重整计划的，债务人或者管理人应当在六个月内提出新的重整计划。变更后的重整计划应提交给因重整计划变更而遭受不利影响的债权人组和出资人组进行表决。表决、申请人民法院批准以及人民法院裁定是否批准的程序与原重整计划的相同。

《美国破产法》

第 1127 条(b) 重整计划的提出者或者重组后的债务人，可以在确认之后以及基本上完成该计划之前的任何时间修改此类计划，但不得使修改之后的计划超出本编第 1122 条和第 1123 条的要求。

《日本更生法》

第 233 条 在做出更生计划的决定之后，因不得已的事由需要改变更生计划的，限于在更生计划结束前，法院可根据管理人、公司、已进行申报的更生债权人、更生担保权人或股东的申请，变更计划。

65. 重整投资人在重整计划执行期间投入款项性质为何？重整失败后，该资金如何处理？

【回答】

重整投资人在重整计划执行期间投入款项是法定共益债务。在管理人与重整投资人签订的重整投资协议中应明确该款项为共益债务。重整失败后，重整投资人的投入按照共益债务的规定仅次于破产费用，优先于普通破产债权，由债务人财产随时清偿、优先清偿。

【理由】

由《企业破产法》第 42 条可知，构成共益债务的条件有二：一是时间要素，即发生在人民法院受理破产申请后；二是为列举的 6 种情况中的一种。重整投资人投入款项的行为发生在重整计划执行期间，显然是在人民法院受理破产申请后，满足了时间要素。同时，管理人同意重整投资人投入款项是为了让更多的资金注入破产企业，从而增大重整债务人得以继续维持经营的可能性，可认定为"为债务人继续营业而应支付的劳动报酬和社会保险费用以及由此产生的其他债务"中的"其他债务"。

本书认为，应将其规定为法定的共益债务，理由如下：

其一，重整投资款项符合共益债务的法律特征。

一是发生在破产申请受理后。关于共益债务发生的时间界限，学者大多认为是在破产申请受理后破产程序终结前，对此基本无争议。

二是为了全体债权人的共同利益。"共益"是共益债权区分于其他债权的独有特征，大多数学者认为这是共益债务的核心价值。[①] 共益债权产生的目的在于实现破产财产的保值增值，但是对于破产财产保值增值的判断标准，究竟是根据一种具有不确定性的目的即可，还是需要一种确定的实实在在的结果，值得深思。本书认为，在需要判断某项债务是否为共益债务时，如果按照理性衡量债务本身能够为破产企业带来经济利益，则可确认其"共益"性。具体到重整投资人的投入，在管理人与重整投资人签订重整投资协议书时，如果管理人在考虑到各种市场风险后仍认为此项重整投资能够在将来为企业带来经济利益，有利于企业的再生与全体债权人的共同利益，则可将其纳入共益债务。因此，在破产清偿顺序上对重整投资人予以保护，以使其无顾虑地同破产企业交易，同时也是希望破产企业从这些交易中获取利益，争取更多债务人财产或者能够重整成功，终结破产程序，恢复正常营业。[②] 再者，在市场经济背景下，风险与收益往往并存，若在企业确定实际投资收益时才将投资人的投资确认为共益债务，则在让重整投资人承担较大风险的同时，没有相应的可抵收益，有不公平之嫌。因此，从鼓励投资人投资重整企业与市场经济风险理论来看，在确认共益债务时应采用"目的说"而非"结果说"。在"目的说"的背景下，一旦管理人决定与重整投资人签订重整投资协议，就可视为管理人认可了其对破产财产保值增值的积极价值，进而认可了其"共益性"。

其二，将重整投资款项纳入法定共益债务符合法经济学原理。

法经济学根据当事人交易成本的高低提出了这样一种模型：法律通过

---

① 闫妙霞：《论我国共益债务制度的完善》，西南政法大学 2018 年硕士学位论文。

② 唐艳：《论共益债务制度》，西南政法大学 2014 年硕士学位论文。

模拟理性当事人的谈判，对交易花费的成本进行核算，进而设计法律制度。如果用很低的成本就可以顺利达成谈判，法律尊重当事人的意思自治，规定备用或非强制性条款即可达到理想的法律实施效果。但如果交易成本过高，此时任由当事人谈判，可能费时费力且无法保证交易顺利达成，则法律设计强制性条款规定权利义务的配置，模拟交易成本低的情形，节约交易成本。① 具体到共益债务，由于其属于非常规的不确定性支出，且其随时、优先清偿的特点对于债权人有较强的吸引力，因此，如果赋予当事人以意思自治的权利，允许双方当事人基于合意而决定重整投资款项的性质，则大部分情况下，重整投资人会倾向于将其定性为共益债务，而管理人则倾向于将其定义为普通破产债权，双方基于此的谈判必将耗费大量时间和精力，从而增大交易成本，降低重整程序的效率。因此，出于节省交易成本与提高重整程序效率的考虑，本书倾向于将其直接定性为法定的共益债务而排除当事人双方意思自治在此问题上的适用。

综上，根据《企业破产法》第 43 条和第 113 条的规定，若重整失败，则作为共益债务的重整投资人投入款项仅次于破产费用，由债务人财产随时清偿、优先清偿。

【参考依据】

《企业破产法》

第 42 条 人民法院受理破产申请后发生的下列债务，为共益债务：

（一）因管理人或者债务人请求对方当事人履行双方均未履行完毕的合同所产生的债务；

（二）债务人财产受无因管理所产生的债务；

（三）因债务人不当得利所产生的债务；

（四）为债务人继续营业而应支付的劳动报酬和社会保险费用以及由此产生的其他债务；

（五）管理人或者相关人员执行职务致人损害所产生的债务；

（六）债务人财产致人损害所产生的债务。

---

① Pierre Schlag, "An Appreciative Comment on Coase, the Problem of Social Cost: A View from The Left ", Wisconsin Law Review, 1986, pp. 919-967. 转引自李曙光：《破产法的转型》，法律出版社 2013 年版，第 143 页。

第 43 条　破产费用和共益债务由债务人财产随时清偿。

债务人财产不足以清偿所有破产费用和共益债务的，先行清偿破产费用。

债务人财产不足以清偿所有破产费用或者共益债务的，按照比例清偿。

债务人财产不足以清偿破产费用的，管理人应当提请人民法院终结破产程序。人民法院应当自收到请求之日起十五日内裁定终结破产程序，并予以公告。

第 113 条　破产财产在优先清偿破产费用和共益债务后，依照下列顺序清偿：

（一）破产人所欠职工的工资和医疗、伤残补助、抚恤费用，所欠的应当划入职工个人账户的基本养老保险、基本医疗保险费用，以及法律、行政法规规定应当支付给职工的补偿金；

（二）破产人欠缴的除前项规定以外的社会保险费用和破产人所欠税款；

（三）普通破产债权。

破产财产不足以清偿同一顺序的清偿要求的，按照比例分配。

破产企业的董事、监事和高级管理人员的工资按照该企业职工的平均工资计算。

《破产法解释三》

第 2 条第 1 款　破产申请受理后，经债权人会议决议通过，或者第一次债权人会议召开前经人民法院许可，管理人或者自行管理的债务人可以为债务人继续营业而借款。提供借款的债权人主张参照企业破产法第四十二条第四项的规定优先于普通破产债权清偿的，人民法院应予支持，但其主张优先于此前已就债务人特定财产享有担保的债权清偿的，人民法院不予支持。

66.《企业破产法》第 79 条关于破产重整程序与清算程序衔接的规定不清晰，未提出重整计划草案即导致破产宣告，是否过于片面？

【回答】

根据《企业破产法》第 79 条，在 6 个月内未提出重整计划草案的，可以申请人民法院延期 3 个月。未按期提交重整计划草案的，人民法院应在期限到达前数日对债务人是否具有破产原因进行审查，以决定期限届满后程序的选择。对于进入重整程序的大型企业，因财产和债权债务的清理未完成、相关诉讼未结束等而不能按时提交重整计划草案的，为最大限度地拯救企业，可以考虑再次适当延期。

【理由】

重整程序应当遵循效率原则，为防止重整计划草案的提交过于迟延损害各方利害关系人的合法权益，重整计划草案的提交时间有着相对严格的限制。根据《企业破产法》第 79 条的规定，重整计划草案应当在 6 个月内提交，若存在正当理由无法提交，可以延期 3 个月。

但现行法规定存在一定的缺陷，主要表现为以下方面：

第一，正当理由不明确。

对于正当理由的具体内容，我国法律无明确规定，可从比较法上寻找借鉴。《美国破产法》也未具体规定延期的正当理由，但法院的判决确定了三个主要的理由：①案件规模大、案情复杂；②为各方接受方案的协商所需要；③债务人正陷入一场诉讼之中，这场诉讼必须在提出方案之前审结。① 我国可以借鉴其做法，即在申请延期时，由申请人证明其未在法定期限内提出重整计划草案是因为案件规模较大、案情较为复杂等正当理由，并且在延长期间内能够提出重整计划草案。

第二，不区分重整原因皆宣告破产不合理。

根据《企业破产法》第 2 条第 2 款，企业"有明显丧失清偿能力可能"时，即可申请进入重整程序，在此情况下，即使重整不成功，企业也未必存在破产原因。即便债务人企业符合破产原因而申请重整，重整计划草案的提出期间最长为 9 个月，在此期间债务人企业可能因生产经营状况发生较大改善而不具备破产原因。因此，应当以重整程序的基本目的为基点，通过限缩解释将不应当宣告债务人破产清算的案件排除于第 79 条的规范之外，避免对债务人不当适用破产清算程序。② 实践中，对于未按期提交

① ［美］大卫·G. 爱泼斯坦等：《美国破产法》，韩长印译，中国政法大学出版社 2003 年版，第 815~817 页。

② 邹海林：《我国企业再生程序的制度分析与适用》，《政法论坛》2007 年第 1 期。

重整计划草案的债务人，人民法院也不应直接宣告其破产，而应在期限到达前数日对债务人是否具有破产原因进行审查，以决定期限到达后程序的选择。

第三，是否应当允许再次延期。

《企业破产法》第79条严格规定重整计划提出的期限，是因为若债务人和管理人怠于制定重整计划草案时，基本上可以表明其对重整采取消极立场，继续重整程序将有害于各方当事人的合法权益。重整程序存在成本，而这种成本最终由债权人承担，且重整的营业保护制度使担保物权被冻结，若任由无效率的重整长时间进行，会损害债权人的利益。因此，有学者认为，债务人或管理人在法定期限内不能提出重整计划草案的，无论是由于何种原因，人民法院均应裁定终止破产程序并宣告债务人破产。[1] 并且，虽然法律无明文规定，但多数学者认为只能延长一次。

考察众多版本的《企业破产法（草案）》可以发现，在1995年的《企业破产法（草案）》中，重整计划草案的提出时间为12个月并可无限延长，在2000年的《企业破产法（草案）》中重整计划草案的提出时间为6个月并可延长6个月，而在2004年的《企业破产法（草案）》和2006年的《企业破产法》中，重整计划草案的提出时间为6个月并可延长3个月。法律之所以如此规定，是因为立法者认为缩短重整期间可以鼓励当事人在启动程序前就重整计划草案进行充分协商，有利于节约重整成本和减少重整失败的风险。[2] 但是在实践中，现行法的规定并未得到严格执行。以2009—2012年10月之间人民法院受理的11个重整案件为例，拟定并提交重整计划草案所花费的平均时间就超过了8个月，其中，最长花费14个月的时间，最短也花费3个月的时间。[3]

本书认为，实践中可能因破产案件较为复杂、破产企业资产与债权债务众多、债务人和管理人对重整前的协商程序不够了解等原因，导致在重整受理后需要处理诸多问题而无法在规定的时间内完成重整计划草案的拟

---

① 邹海林：《破产法——程序理念与制度结构解析》，中国社会科学出版社2016年版，第401页。

② 王卫国：《破产法精义》，法律出版社2007年版，第240页。

③ 李曙光、郑志斌主编：《公司重整法律评论（第3卷）》，法律出版社2013年版，第502~503页。

定工作。此时若直接宣告债务人破产，一方面使管理人和债务人前期为重整成果所做的努力化为泡影，另一方面也不符合重整程序拯救企业的制度设计目的。同时，也可能因为不可抗拒的事由等原因导致债务人财产的清理程序无法顺利进行以致无法按时提出重整计划草案。因此，可以考虑参照《民事诉讼法》的相关条文，在有正当理由申请延期并且能够证明重整存在成功可能时，经受理重整案件人民法院院长批准酌情再次延期。

【参考依据】

《企业破产法》

第 79 条 债务人或者管理人应当自人民法院裁定债务人重整之日起六个月内，同时向人民法院和债权人会议提交重整计划草案。

前款规定的期限届满，经债务人或者管理人请求，有正当理由的，人民法院可以裁定延期三个月。

债务人或者管理人未按期提出重整计划草案的，人民法院应当裁定终止重整程序，并宣告债务人破产。

《民事诉讼法》

第 149 条 人民法院适用普通程序审理的案件，应当在立案之日起六个月内审结。有特殊情况需要延长的，由本院院长批准，可以延长六个月；还需要延长的，报请上级人民法院批准。

67. 破产重整、和解、清算三个程序中如何转换及限制？

【回答】

第一，和解转为重整。法院受理破产和解申请后，和解协议提交债权人会议表决前，对于具有再生希望和价值的债务人，债务人或债权人可以申请转为重整程序。人民法院应在 7 日内作出是否准许程序转换的裁定。建议以上程序转换后，提交重整计划草案的时间应由 6 个月缩短至 4 个月。

第二，重整转为和解。在人民法院受理重整申请后，重整计划草案提交债权人会议表决通过前，若债权人、债务人达成了破产和解的合意，并主动申请转为和解程序，人民法院可以许可程序转换的申请。债务人应在申请程序转换的同时提交和解协议草案。

第三，清算转为和解、重整。人民法院受理破产申请后、宣告债务人破产前，债务人可以提出和解申请，达成清算向和解的程序转换，同时应提交和解协议的草案。在债权人启动破产清算程序后、宣告债务人破产前，债务人和出资额占债务人注册资本 1/10 以上的出资人也可提出后续的重整申请，将清算程序转为重整程序。

在人民法院宣告债务人破产后，不得向和解、重整程序转换。

【理由】

第一，和解转为重整之理由分析。

其一，和解转为重整符合拯救债务人的立法追求。和解与重整虽均为破产预防制度，但重整重在拯救，和解重在清偿。在和解程序中，债权人最关心的是自己的债权如何得到有效清偿而非债务人的生死存亡。[①] 在破产法越来越转为"社会本位"的今天，和解向重整的转换符合破产法的再生主义理念。其二，重整是较和解更为高级的再生手段，和解转为重整后具有成功拯救债务人的可能性。在重整程序中，不仅担保债权的优先受偿权被限以满足债务人日常经营之需，且在法定条件下，人民法院可以强制批准重整计划以推动程序顺利推进。对于有再建希望的债务人，即使和解失败，也存在重整成功的可能。申言之，虽破产重整、和解均为破产预防制度，但二者效力差异巨大，在第三人对破产制度不甚了解的情况下，提起的程序也不一定最利于债务人的挽救，[②] 立法允许和解向重整的转化可以起到更佳的拯救效果，将破产当事人和社会整体的利益最大化。其三，他国立法和我国司法实务中均存在和解向重整转换的先例。比较法视野下，法国曾实行"和解前置主义"，[③] 在重整或清算前须先进行司法强制和解，自然允许和解失败后向重整的转化。另外，我国司法实践中也存在着和解转为重整的成功案例，为相应立法奠定了实践基础。[④] 其四，禁止和解向重整程序的转换不利于和解功能的发挥。根据《企业破产法》相关

---

① 李永军：《强制和解与重整的制度差异及价值考量》，载《私法研究》2002 年第 2 期。

② 王欣新：《破产法》（第四版），中国人民大学出版社 2019 年版，第 300 页。

③ 法国《困境企业司法重整与清算法》第 2 条、第 4 条。

④ 浙江省律师协会：《破产疑难案件实务应对》，法律出版社 2010 年版，第 221 页。

规定，债务人选择和解程序只存在成功和宣告破产两种结果。若不是对和解成功十拿九稳，债务人会更倾向于选择能有效恢复债务人经营能力的重整制度，大大降低了和解制度的适用率。① 若和解失败后仍存在向重整转化的可能，能提升债务人申请和解程序的信心和可能。

程序转换后，为防止程序过分拖延，应对提交重整计划草案的时间进行压缩。在和解过程中，破产当事人已就债务清偿问题进行了初步协商，对企业财务状况有了较为深入的了解。但考虑到重整计划草案的拟定涉及对企业经营方案的拟定等复杂问题，提交重整计划草案的时间宜缩短至自法院裁定程序转为重整起 4 个月内，且不得延期。

第二，重整转为和解之理由分析。

学界普遍认为重整程序有排除和解程序适用的效力，否定重整程序向和解转换的可行性，此观点有简化问题之嫌。② 对此，本书分以下两种情况进行分析：

对于重整程序失败后再转为和解，学界观点确有道理。重整程序较和解对债务人的拯救更为有力，若经过重整中多方主体多次谈判、限制担保债权的行使、公权力介入以及一系列经营措施都无法挽救债务人，和解程序事后力挽狂澜的概率也微乎其微。另外，经过在先的成本高昂、周期漫长的重整程序，债务人财产大大缩水，若再转为和解程序，一旦担保债权人优先行使自身权利，可分配财产则所剩无几。该种情况下的程序转换既不利于债权人利益，又违背了程序经济原则，已无意义。

但在人民法院受理重整申请后，重整计划提交债权人会议表决通过前，和解转为重整仍具可行性。在最初申请破产程序时，破产当事人（特别是"企业外部"的债权人）对企业的具体情况及制度可能不甚了解，难以作出正确的程序选择。通过重整初期多方的沟通和磋商，若债权人和债务人达成了破产和解的合意，并主动申请转为和解程序，人民法院可以许可程序转换的申请。理由在于：首先，债务人此时刚进入重整程序，重整费用对债务人财产的折耗较少，和解程序具有一定的资金保证。其次，此时

---

① 邹海林：《破产法——程序理念与制度结构解析》，中国社会科学出版社 2016 年版，第 79 页。

② 邹海林：《破产法——程序理念与制度结构解析》，中国社会科学出版社 2016 年版，第 79 页。

重整计划尚未生效，此举并不涉及对已清偿债务的撤销或违背重整计划等棘手问题。① 最后，和解较重整程序具有成本低、灵活简便、周期短等天然优势，可能更符合债务人自身状况。若在债权人、债务人确定达成程序转换的意思合意下，公权力对此不宜作出太多干涉。

【参考依据】
《企业破产法》
第 70 条 债务人或者债权人可以依照本法规定，直接向人民法院申请对债务人进行重整。

债权人申请对债务人进行破产清算的，在人民法院受理破产申请后、宣告债务人破产前，债务人或者出资额占债务人注册资本十分之一以上的出资人，可以向人民法院申请重整。

第 78 条 在重整期间，有下列情形之一的，经管理人或者利害关系人请求，人民法院应当裁定终止重整程序，并宣告债务人破产：

(一)债务人的经营状况和财产状况继续恶化，缺乏挽救的可能性；

(二)债务人有欺诈、恶意减少债务人财产或者其他显著不利于债权人的行为；

(三)由于债务人的行为致使管理人无法执行职务。

第 79 条 债务人或者管理人应当自人民法院裁定债务人重整之日起六个月内，同时向人民法院和债权人会议提交重整计划草案。

前款规定的期限届满，经债务人或者管理人请求，有正当理由的，人民法院可以裁定延期三个月。

债务人或者管理人未按期提出重整计划草案的，人民法院应当裁定终止重整程序，并宣告债务人破产。

第 88 条 重整计划草案未获得通过且未依照本法第八十七条的规定获得批准，或者已通过的重整计划未获得批准的，人民法院应当裁定终止重整程序，并宣告债务人破产。

第 93 条第 1 款 债务人不能执行或者不执行重整计划的，人民法院经管理人或者利害关系人请求，应当裁定终止重整计划的执行，并宣告债务人破产。

---

① 牛超群：《破产程序转换问题研究》，上海交通大学 2010 年硕士学位论文。

第 95 条 债务人可以依照本法规定，直接向人民法院申请和解；也可以在人民法院受理破产申请后、宣告债务人破产前，向人民法院申请和解。

债务人申请和解，应当提出和解协议草案。

第 99 条 和解协议草案经债权人会议表决未获得通过，或者已经债权人会议通过的和解协议未获得人民法院认可的，人民法院应当裁定终止和解程序，并宣告债务人破产。

第 103 条 因债务人的欺诈或者其他违法行为而成立的和解协议，人民法院应当裁定无效，并宣告债务人破产。

有前款规定情形的，和解债权人因执行和解协议所受的清偿，在其他债权人所受清偿同等比例的范围内，不予返还。

第 104 条第 1 款 债务人不能执行或者不执行和解协议的，人民法院经和解债权人请求，应当裁定终止和解协议的执行，并宣告债务人破产。

《破产审判纪要》

第 24 条 破产宣告的程序及转换限制。相关主体向人民法院提出宣告破产申请的，人民法院应当自收到申请之日起七日内作出破产宣告裁定并进行公告。债务人被宣告破产后，不得再转入重整程序或和解程序。

《俄罗斯联邦无能力支付法》

第 150 条 在仲裁法院审理破产协议的任何阶段，债务人、其他破产债权人，以及被授权机关，有权签订和解协议

68. 若债务人法定代表人下落不明，破产清算转破产重整，债权人委员会是否可以作为申请主体？

【回答】

根据《企业破产法》，债权人可以直接向人民法院提出对债务人进行重整的申请，对于破产清算向破产重整转换中债权人或债权人委员会的申请权，现行法无明确规定。债务人的法定代表人下落不明时，倾向认为应当承认在取得债权人会议授权的情况下债权人委员会可继受享有后续重整申请权。

【理由】

《企业破产法》第 7 条和第 70 条规定了债权人向人民法院提出对债

务人进行重整的直接申请的权利，但是对于破产清算向破产重整转换中债权人的后续申请权，现行法并无明确规定。对此问题，学界存在以下观点：

观点一：债权人无权申请转化为重整。主要理由为：第一，《企业破产法》第70条第2款属于赋权性条款，从法条规定来看，该条仅赋予了债务人或出资额占其注册资本十分之一以上的出资人在债权人申请破产清算后申请破产重整的权利。第二，相比债权人而言，债务人更加清楚自身财务状况，在债务人认为自身不具备重整能力而选择申请破产清算的情况下，应当尊重其选择。①

观点二：债务人申请破产清算的情况下，债权人有权申请转化为重整。主要理由为：第一，《企业破产法》第70条规定确立债务人与出资人重整申请权，是要明确人民法院受理破产清算后，在债务人及其股东对企业财产的权利受到实质性限制或禁止的情况下，为了倡导重整制度的使用而允许债务人和出资人的重整转换申请权，并无意限制或剥夺此种情形下债权人申请重整的权利，且这种限制并不符合《企业破产法》重整制度的立法本意。第二，从实践情况分析，债权人往往在破产案件受理之后才较为深入地了解债务人的具体情况，此时才能作出是否重整的决定。第三，是否同意破产程序转换，归根结底还是要关注这种转换是否符合破产法的立法意旨和重整制度的设立目的。人民法院不能以此已受理部分债权人清破产清算申请，不便转换为由拒绝再受其他债权人的重整申请。② 第四，《破产审判纪要》第23条规定："人民法院受理破产清算申请后，第一次债权人会议上无人提出重整或和解申请的，管理人应当在债权审核确认和必要的审计、资产评估后，及时向人民法院提出宣告破产的申请。"此条并未将第一次债权人会议上提出重整或和解申请的主体限定于债务人或出资人，隐含的法律逻辑是，破产清算程序启动之后的第一次债权人会议上，债权人也可以提出重整或和解申请。因此从解释论的角度分析，债权人也拥有重整的后续申请权。

---

① 邹文里：《浅析破产程序中债务人申请破产清算后，债权人是否有权申请重整》，载微信公众号"凌科安时法律评论"，2019年5月16日。

② 王欣新：《破产法》(第四版)，中国人民大学出版社2019年版，第295~297页。

本书更倾向于承认债权人也享有重整的后续申请权的观点。

另外，我国破产程序中的债权人委员会由依法申报债权的债权人组成，保障债权人的共同利益，举轻以明重，债权人委员会的后续申请也应当被承认。

【参考依据】

《企业破产法》

第7条 债务人有本法第二条规定的情形，可以向人民法院提出重整、和解或者破产清算申请。

债务人不能清偿到期债务，债权人可以向人民法院提出对债务人进行重整或者破产清算的申请。

企业法人已解散但未清算或者未清算完毕，资产不足以清偿债务的，依法负有清算责任的人应当向人民法院申请破产清算。

第70条 债务人或者债权人可以依照本法规定，直接向人民法院申请对债务人进行重整。

债权人申请对债务人进行破产清算的，在人民法院受理破产申请后、宣告债务人破产前，债务人或者出资额占债务人注册资本十分之一以上的出资人，可以向人民法院申请重整。

《破产审判纪要》

第23条 破产宣告的条件。人民法院受理破产清算申请后，第一次债权人会议上无人提出重整或和解申请的，管理人应当在债权审核确认和必要的审计、资产评估后，及时向人民法院提出宣告破产的申请。人民法院受理破产和解或重整申请后，债务人出现应当宣告破产的法定原因时，人民法院应当依法宣告债务人破产。

《江苏省高级人民法院民二庭破产案件审理指南(修订版)》

九、重整和解

2. 重整程序的启动条件。依照企业破产法第七十条的规定，破产重整申请由债权人、债务人提出，债务人以及出资比例占债务人注册资本十分之一以上的出资人可以提出清算转入重整程序申请。审判中需要注意，一是数个出资人共同提出清算转入重整程序申请的，出资比例可以合并计算。二是基于债权人自治要求，经债权人会议决议通过，债权人可以申请清算转入重整程序。

69. 宣告破产后或执行重整计划中，债务人的诉讼主体资格是否存在？

【回答】

宣告破产后或执行重整计划中，债务人的诉讼主体资格仍然存在。

【理由】

企业法人的主体资格终止于注销登记，破产宣告后或在重整协议执行期间，债务人企业的主体资格仍然存在，只有依《企业破产法》第121条注销后才消灭。因此在宣告破产后或执行重整计划中债务人仍有权以自己的名义进行诉讼活动。

根据《企业破产法》第25条第7款的规定，管理人的职责为代表债务人参加诉讼、仲裁或者其他法律程序，而非作为诉讼主体起诉应诉。以上所有行为的最终承担主体仍为债务人。

【参考依据】

《企业破产法》

第25条 管理人履行下列职责：

(一)接管债务人的财产、印章和账簿、文书等资料；

(二)调查债务人财产状况，制作财产状况报告；

(三)决定债务人的内部管理事务；

(四)决定债务人的日常开支和其他必要开支；

(五)在第一次债权人会议召开之前，决定继续或者停止债务人的营业；

(六)管理和处分债务人的财产；

(七)代表债务人参加诉讼、仲裁或者其他法律程序；

(八)提议召开债权人会议；

(九)人民法院认为管理人应当履行的其他职责。

本法对管理人的职责另有规定的，适用其规定。

第121条 管理人应当自破产程序终结之日起十日内，持人民法院终结破产程序的裁定，向破产人的原登记机关办理注销登记。

70. 在宣告破产前或裁定进入重整前,《财产变价方案》是否提交债权人大会审核?

【回答】

为提高案件效率,必要的情况下,管理人可以在第一次债权人会议上将债务人财产变价方案、分配方案以及破产程序终结后可能追加分配的方案一并提交债权人会议表决。

【理由】

第一,《企业破产法》及相关规定并未严格限制财产变价方案提交表决的时间。换言之,在破产宣告前或裁定重整前提交债权人会议表决并不违反《企业破产法》及相关规定。

第二,财产处分变价应更注重债权人权益保护,即使在破产宣告前依法不必报债权人大会讨论表决,但实际提交表决也并非错误,而且能更好地维护债权人合法权益。

第三,《破产法解释三》第 15 条第 1 款明确规定了管理人处分债务人重大财产应当提交债权人会议表决。《关于推进破产案件依法高效审理的意见》第 17 条则明确规定管理人所在第一次债权人会议上将债务人财产变价方案等提交表决。

第四,在司法实践中,部分管理人出于处分财产效率性的考虑,一般在第一次债权人会议上即将财产变价方案提交债权人会议进行表决。

综上,本书认为,《财产变价方案》可以在破产宣告前或裁定重整前提交债权人会议表决。

【参考依据】

《破产法解释三》

第 15 条第 1 款 管理人处分企业破产法第六十九条规定的债务人重大财产的,应当事先制作财产管理或者变价方案并提交债权人会议进行表决,债权人会议表决未通过的,管理人不得处分。

《关于推进破产案件依法高效审理的意见》

17. 在第一次债权人会议上,管理人可以将债务人财产变价方案、分配方案以及破产程序终结后可能追加分配的方案一并提交债权人会议表决。

债务人财产实际变价后，管理人可以根据债权人会议决议通过的分配规则计算具体分配数额，向债权人告知后进行分配，无需再行表决。

71. 经生效裁判文书确认的董事、监事和高级管理人员的劳动报酬，在破产程序中是否按照《企业破产法》第113条第1款规定的第一顺位清偿？

【回答】

应当根据《企业破产法》和《破产法解释二》的规定，将破产企业的董事、监事和高级管理人员的工资高出该企业职工平均工资的部分，作为普通破产债权获得清偿，按照该企业职工的平均工资计算的部分按职工债权优先清偿。

【理由】

经生效裁判文书确认的董事、监事和高级管理人员的劳动报酬，虽然属于合法报酬，但是这并不与《企业破产法》对经营管理不善、长期亏损并进入破产程序企业的董事、监事、高级管理人员的报酬进行限制的规定相冲突，后者是对于进入破产程序企业的其他债权人的特殊保护。因此，对于董事、监事和高级管理人员的劳动报酬，即便其已经生效裁判文书确认，也需要接受《企业破产法》和《破产法解释二》的限制，对于高出该企业职工平均工资的部分，应当将其作为普通破产债权获得清偿。

【参考依据】

《企业破产法》

第36条　债务人的董事、监事和高级管理人员利用职权从企业获取的非正常收入和侵占的企业财产，管理人应当追回。

第113条　破产财产在优先清偿破产费用和共益债务后，依照下列顺序清偿：

（一）破产人所欠职工的工资和医疗、伤残补助、抚恤费用，所欠的应当划入职工个人账户的基本养老保险、基本医疗保险费用，以及法律、行政法规规定应当支付给职工的补偿金；

(二)破产人欠缴的除前项规定以外的社会保险费用和破产人所欠税款;

(三)普通破产债权。

破产财产不足以清偿同一顺序的清偿要求的,按照比例分配。

破产企业的董事、监事和高级管理人员的工资按照该企业职工的平均工资计算。

《破产法解释二》

第 24 条 债务人有企业破产法第二条第一款规定的情形时,债务人的董事、监事和高级管理人员利用职权获取的以下收入,人民法院应当认定为企业破产法第三十六条规定的非正常收入:

(一)绩效奖金;

(二)普遍拖欠职工工资情况下获取的工资性收入;

(三)其他非正常收入。

债务人的董事、监事和高级管理人员拒不向管理人返还上述债务人财产,管理人主张上述人员予以返还的,人民法院应予支持。

债务人的董事、监事和高级管理人员因返还第一款第(一)项、第(三)项非正常收入形成的债权,可以作为普通破产债权清偿。因返还第一款第(二)项非正常收入形成的债权,依据企业破产法第一百一十三条第三款的规定,按照该企业职工平均工资计算的部分作为拖欠职工工资清偿;高出该企业职工平均工资计算的部分,可以作为普通破产债权清偿。

《四川省高级人民法院关于审理破产案件若干问题的解答》

四、债权申报与审查

12. 经生效裁判文书所确认的董事、监事和高级管理人员的劳动报酬,在破产程序中是否按照《企业破产法》第一百一十三条第一款规定的第一顺位清偿?

答:不必然直接按照生效裁判文书确定的劳动报酬数额认定为职工债权,并按照《企业破产法》第一百一十三条第一款规定的第一顺位清偿。在企业经营管理不善、长期亏损并进入破产程序的情形下,破产企业的董事、监事和高级管理人员对于企业的破产应负有责任,对其较高的工资收入的清偿应进行一定限制,以体现与其他普通劳动者在清偿顺序上的公平性。为此,《企业破产法》第一百一十三条第三款明确规定破产企业的董事、监事和高级管理人员的工资按照该企业职工的平均工资计算。对于高出该企业职工平均工资的部分，虽经生效裁判文书确认为合法劳动报酬，但应根据《企业破产法》第三十六条、《企业破产法司法解释二》第二十四条之规定，将其作为普通破产债权获得清偿。

72. 债权中涉及有业主交房债权、工程款债权、抵押担保债权、预告登记债权、税款共五项优先权时，这五项优先权清偿顺序如何处理？

【回答】

房地产开发企业破产涉及的利益主体广泛，情形复杂，应综合考虑各种情形平衡各方利益。房地产企业优先权的清偿应遵循以下顺序：第一，已交付但未办理产权登记的登记请求权、支付全部房款的交房债权、消费者支付购房款50%以上的交房债权、预告登记债权；第二，工程款债权；第三，抵押担保债权；第四，税款。

【理由】

我国采不动产物权登记生效主义，在不动产交易中办理变更登记的物权发生变动。买受人取得房屋所有权始于登记之时，下文将结合未办理变更登记的具体情形，对房地产优先权的顺位问题展开论述。

第一，优先保护买受人登记请求权的情形。

其一，已交付未办理产权登记。在实践中，房屋的交付与登记是有一定时间差的。如果在此期间房地产企业破产，仅以未办理产权登记为由将房屋纳入破产财产，这对于已支付购房款并交付使用的购房者过于不公。因此，房地产企业进入破产程序后，对于已建成并交付买受人使用而尚未办理产权证的房屋，买受人有权请求债务人企业为其办理房屋所有权登记，以确保其合法权益。

其二，买受人支付全部购房款。虽债务人在破产程序开始前承诺将不动产出售给债权人，但双方未于当时办理不动产变更登记，因此不享有取回权。但出于保护个人居住权，在消费者已支付全部购房款且商品房符合办证条件的前提下，买受人可以请求房地产企业履行房屋过户义务。

其三，买受人支付购房款50%以上。《合同法》第286条(《民法典》第807条)规定了工程价款优先权，《关于建设工程价款优先受偿权问题的批复》肯定了工程价款优先受偿权优于抵押权和其他债权，但同时规定该优先权不得对抗已交付全部或者大部分购房款的消费者。《关于人民法院办理执行异议和复议案件若干问题的规定》第 29 条将可排除执行的买受人限定于所购商品房系用于居住，买受人名下无其他用于居住的房屋，且已支付的价款超过合同约定总价款的 50% 的买受人。司法解释如此规定的理由是，如果优先清偿建设工程价款，无异于用消费者的资金去清偿开发商的债务，等于将开发商的债务转嫁给广大消费者，严重违背特殊保护消费者的法律政策。就建设工程承包人而言，其债权体现的主要是经营利益，而对消费者而言，在商品房上体现的还有其生存利益。依据生存利益大于经营利益的社会政策原则，立法赋予买受人在法定情况下对其购买的尚未交付或未办理产权过户的商品房享有优于建设工程承包人工程款的权利。

第二，工程款债权优先于抵押权。

根据《关于建设工程价款优先受偿权问题的批复》第 1 条，人民法院在审理房地产纠纷案件和办理执行案件中，应当依照《合同法》第 286 条（《民法典》第 807 条）的规定，认定建筑工程承包人的优先受偿权优于抵押权和其他债权。在破产程序中，承包人的工程价款优先权同样优于抵押权和其他债权。

第三，预告登记的债权不受管理人解除权影响。

我国现行法确立了不动产预告登记制度，即违反预告登记的处分行为对所有人都无效，第三人无法基于该处分行为获得所有权。如果允许管理人解除经预告登记的购房合同，买受人将无法获得房屋的所有权，对合同标的物的所有权的期待权将无法实现，预告登记制度的实用价值将大打折扣。从他国立法经验来看，《德国民法典》第 883 条规定预告登记的担保效力、顺位效力和完全效力，同时《德国破产法》第 106 条第 1 款在完全效力基础上进一步规定，在不动产交易中，如果受让人已经进行了预告登记，则破产管理人不得依照第 103 条的规定拒绝履行合同，以防止预告登记所担保的权利受到伤害。[①] 我国现行法中已预告登记的破产保护效力应该作出如同德国法上的理解，对于这样的买卖合同，管理人不能随意行使

---

① [德]莱因哈德·波克：《德国破产法导论》，王艳柯译，北京大学出版社 2014 年版，第 91 页。

解除权。① 因此，预告登记完成后，在本登记进行之前，如果作为转让人的债务人破产而进入破产程序的，应当允许预告登记权利人继续推进本登记，进而获得相应的物权。即只要办理了预告登记的购房合同，管理人便不能行使解除权。

【参考依据】

《企业破产法》

第18条 人民法院受理破产申请后，管理人对破产申请受理前成立而债务人和对方当事人均未履行完毕的合同有权决定解除或者继续履行，并通知对方当事人。管理人自破产申请受理之日起二个月内未通知对方当事人，或者自收到对方当事人催告之日起三十日内未答复的，视为解除合同。

管理人决定继续履行合同的，对方当事人应当履行；但是，对方当事人有权要求管理人提供担保。管理人不提供担保的，视为解除合同。

第38条 人民法院受理破产申请后，债务人占有的不属于债务人的财产，该财产的权利人可以通过管理人取回。但是，本法另有规定的除外。

第42条 人民法院受理破产申请后发生的下列债务，为共益债务：

（一）因管理人或者债务人请求对方当事人履行双方均未履行完毕的合同所产生的债务；

（二）债务人财产受无因管理所产生的债务；

（三）因债务人不当得利所产生的债务；

（四）为债务人继续营业而应支付的劳动报酬和社会保险费用以及由此产生的其他债务；

（五）管理人或者相关人员执行职务致人损害所产生的债务；

（六）债务人财产致人损害所产生的债务。

第53条 管理人或者债务人依照本法规定解除合同的，对方当事人以因合同解除所产生的损害赔偿请求权申报债权。

第109条 对破产人的特定财产享有担保权的权利人，对该特定财产享有优先受偿的权利。

第113条 破产财产在优先清偿破产费用和共益债务后，依照下列顺

---

① 李永军：《论破产管理人合同解除权的限制》，载《中国政法大学学报》2012年第6期。

序清偿：

（一）破产人所欠职工的工资和医疗、伤残补助、抚恤费用，所欠的应当划入职工个人账户的基本养老保险、基本医疗保险费用，以及法律、行政法规规定应当支付给职工的补偿金；

（二）破产人欠缴的除前项规定以外的社会保险费用和破产人所欠税款；

（三）普通破产债权。

破产财产不足以清偿同一顺序的清偿要求的，按照比例分配。

破产企业的董事、监事和高级管理人员的工资按照该企业职工的平均工资计算。

《合同法》

第 286 条 发包人未按照约定支付价款的，承包人可以催告发包人在合理期限内支付价款。发包人逾期不支付的，除按照建设工程的性质不宜折价、拍卖的以外，承包人可以与发包人协议将该工程折价，也可以申请人民法院将该工程依法拍卖。建设工程的价款就该工程折价或者拍卖的价款优先受偿。

《民法典》

第 807 条 发包人未按照约定支付价款的，承包人可以催告发包人在合理期限内支付价款。发包人逾期不支付的，除根据建设工程的性质不宜折价、拍卖外，承包人可以与发包人协议将该工程折价，也可以请求人民法院将该工程依法拍卖。建设工程的价款就该工程折价或者拍卖的价款优先受偿。

《关于建设工程价款优先受偿权问题的批复》

一、人民法院在审理房地产纠纷案件和办理执行案件中，应当依照《中华人民共和国合同法》第二百八十六条的规定，认定建筑工程的承包人的优先受偿权优于抵押权和其他债权。

二、消费者交付购买商品房的全部或者大部分款项后，承包人就该商品房享有的工程价款优先受偿权不得对抗买受人。

《关于人民法院办理执行异议和复议案件若干问题的规定》

第 29 条 金钱债权执行中，买受人对登记在被执行的房地产开发企业名下的商品房提出异议，符合下列情形且其权利能够排除执行的，人民法院应予支持：

（一）在人民法院查封之前已签订合法有效的书面买卖合同；

（二）所购商品房系用于居住且买受人名下无其他用于居住的房屋；

（三）已支付的价款超过合同约定总价款的百分之五十。

《德国破产法》

第 106 条 （1）为担保一项要求给付或撤销对债务人土地的权利或对为债务人而登记在册的权利上的权利的请求权，或为担保一项要求变更此种权利的内容或顺位的请求权而在土地登记簿上作出预告登记的，债权人可以为其请求权要求从破产财产中受偿。债务人对债权人还负有其他义务且此种义务尚未得到或尚未完全得到履行的，也适用本规定。

……

73. 破产清算中，抵押债权、建设工程款等优先债权是否一定要经过审判程序的认定？

【回答】

抵押债权、建设工程款等优先债权无需经过审判程序认定，按照《企业破产法》的规定进行申报，由管理人审查后，若无异议则由法院确认即可。若存在异议，则应提起异议之诉，经审判程序进行认定。

【理由】

破产法理论上通常认为，别除权是指债权人因其债权设有物权担保或享有特别优先权，而在破产程序中就债务人特定财产享有的优先受偿权利，担保债权、建筑工程款等优先债权是别除权的权利基础。① 优先债权与普通债权的不同之处在于，其对债务人的财产享有不依破产程序而优先受偿的权利。债权人设置物权担保的目的是为了保障债权人能够就特定财产优先受偿，而法律设定某种特定优先权，也是出于社会政策、公共利益的考量使得债权人能够就特定财产享有优先受偿的权利。因此在债务人丧失清偿能力之时，不应限制这一优先权的行使，否则会与立法宗旨或当事人本意相悖。而且，别除权的行使不会影响其他破产债权人的合法权益，

---

① 王欣新：《破产别除权理论与实务研究》，载《政法论坛》(中国政法大学学报)2007 年第 1 期。

也不会影响破产程序的正常进行。① 因此，享有别除权的债权人原则上可以相较其他破产债权人于特定财产优先受偿。

至于抵押债权、建设工程款等优先债权的审查与确认，《企业破产法》未规定特别的认定程序，因此，只要债权人按时申报债权并提供相应证据即可。在管理人审查后，他人无异议的，人民法院即可裁定认可。若有人异议，则需要提起债权异议之诉，通过审判程序认定。

【参考依据】

《企业破产法》

第 44 条 人民法院受理破产申请时对债务人享有债权的债权人，依照本法规定的程序行使权利。

第 109 条 对破产人的特定财产享有担保权的权利人，对该特定财产享有优先受偿的权利。

74. 为处置破产财产所产生的费用（如契税、搬迁费、所得税等）可否列入破产的共益债务？

【回答】

处置破产财产所产生的契税、搬迁费等税（费）应当作为《企业破产法》第 41 条第 2 项中的破产费用支付。而破产企业清算所得税的支付应按照《中华人民共和国企业所得税法》《中华人民共和国企业所得税法实施条例》《最高人民法院关于企业清算业务企业所得税处理若干问题的通知》的规定进行。

【理由】

债务人企业虽然进入破产程序，但在企业注销之前，其主体资格仍然存在，若因处置财产等行为产生相关费用及税费，仍需支付。

对于处置破产财产所产生的费用，本书认为，应当作为《企业破产法》所规定的破产费用支付。

---

① 王欣新：《破产别除权理论与实务研究》，载《政法论坛》（中国政法大学学报）2007 年第 1 期。

首先，处置破产财产所产生的费用不应作为破产债权。破产债权，是指在破产程序开始前成立的，经依法申请并获得确认，可从破产财产中获得清偿的可强制执行的财产请求权。① 而为处置破产财产所产生的税款和费用，在企业进入破产程序后才产生，因此不应属于破产债权。

其次，处置破产财产所产生的费用符合破产费用设置的目的。破产费用，是在破产程序中为全体债务人共同利益而支付的各项费用的总称，② 主要包括为破产程序的顺利进行以及破产财产的管理、分配等必须随时支付的费用。处置财产的费用，主要包括对债务人财产进行鉴定、评估、招商洽谈、拍卖等处分行为发生的费用，以及变价环节的税收、变更权属和移交手续等费用。破产程序中处置破产财产是为了破产程序的顺利进行和向全体债权人分配，产生的费用应当属于破产费用。如处置破产财产新生的增值税、印花税等积极性质的税种，可以归为破产费用中的"变价和分配债务人财产的费用"，持续产生的房产税、城镇土地使用税等消极性质的税种，可以归为破产费用中的"管理债务人财产的费用"。

再次，在比较法上，一些国家和地区的破产法也将处置破产财产所产生的费用和税款作为破产费用。在美国，破产程序期间形成的税款属于破产费用，位于未担保债权中的第一清偿顺位。

最后，我国一些地方立法，将破产程序中为处置破产财产所产生的费用明确规定为破产费用。如南京市中级人民法院和国家税务总局南京市税务局制定的《破产清算程序中税收债权申报与税收征收管理实施办法》第2章第4条规定，破产程序中"为债权人利益继续生产经营，或者在纳税人财产的使用、拍卖、变现过程中产生的应当由纳税人缴纳的税（费），属于《中华人民共和国企业破产法》第四十一条破产费用中的'管理、变价和分配债务人财产的费用'，依法由纳税人的财产及时清偿"。《四川省高级人民法院关于审理破产案件若干问题的解答》第13条也有类似的规定。

但根据《中华人民共和国企业所得税法》《中华人民共和国企业所得税法实施条例》《财政部、国家税务总局关于企业清算业务企业所得税处理若干问题的通知》，处置债务人财产时产生的企业所得税应当另行处理。因为破产环节的企业所得税债权不是按单项资产增值收益分别计算的，而

---

① 王欣新：《破产法》（第四版），中国人民大学出版社 2019 年版，第 196 页。

② 王欣新：《破产法》（第四版），中国人民大学出版社 2019 年版，第 352 页。

是最终作为清算所得产生的企业所得税债权一并计算。即使破产企业的财产在变卖环节有增值收益，对应这些资产增值收益的企业所得税也是不能作为破产费用优先受偿的。

根据《财政部、国家税务总局关于企业清算业务企业所得税处理若干问题的通知》，清算所得=全部资产的可变现价值或交易价格-各项资产的计税基础-清算费用-相关税费+债务清偿损益。其中企业的全部资产可变现价值，指企业清理所有的债权债务关系后，将剩余的全部资产折现计算的价值。企业所得税=清算所得＊税率。

【参考依据】

《企业破产法》

第 41 条　人民法院受理破产申请后发生的下列费用，为破产费用：

（一）破产案件的诉讼费用；

（二）管理、变价和分配债务人财产的费用；

（三）管理人执行职务的费用、报酬和聘用工作人员的费用。

《中华人民共和国企业所得税法》

第 53 条　企业所得税按纳税年度计算。纳税年度自公历 1 月 1 日起至 12 月 31 日止。

企业在一个纳税年度中间开业，或者终止经营活动，使该纳税年度的实际经营期不足十二个月的，应当以其实际经营期为一个纳税年度。

企业依法清算时，应当以清算期间作为一个纳税年度。

第 55 条　企业在年度中间终止经营活动的，应当自实际经营终止之日起六十日内，向税务机关办理当期企业所得税汇算清缴。

企业应当在办理注销登记前，就其清算所得向税务机关申报并依法缴纳企业所得税。

《中华人民共和国企业所得税法实施条例》

第 11 条　企业所得税法第五十五条所称清算所得，是指企业的全部资产可变现价值或者交易价格减除资产净值、清算费用以及相关税费等后的余额。

投资方企业从被清算企业分得的剩余资产，其中相当于从被清算企业累计未分配利润和累计盈余公积中应当分得的部分，应当确认为股息所得；剩余资产减除上述股息所得后的余额，超过或者低于投资成本的部分，应当确认为投资资产转让所得或者损失。

《财政部、国家税务总局关于企业清算业务企业所得税处理若干问题的通知》

四、企业的全部资产可变现价值或交易价格，减除资产的计税基础、清算费用、相关税费，加上债务清偿损益等后的余额，为清算所得。

企业应将整个清算期作为一个独立的纳税年度计算清算所得。

五、企业全部资产的可变现价值或交易价格减除清算费用、职工的工资、社会保险费用和法定补偿金，结清清算所得税、以前年度欠税等税款，清偿企业债务，按规定计算可以向所有者分配的剩余资产。

被清算企业的股东分得的剩余资产的金额，其中相当于被清算企业累计未分配利润和累计盈余公积中按该股东所占股份比例计算的部分，应确认为股息所得；剩余资产减除股息所得后的余额，超过或低于股东投资成本的部分，应确认为股东的投资转让所得或损失。

被清算企业的股东从被清算企业分得的资产应按可变现价值或实际交易价格确定计税基础。

《国家税务总局关于企业清算所得税有关问题的通知》

一、企业清算时，应当以整个清算期间作为一个纳税年度，依法计算清算所得及其应纳所得税。企业应当自清算结束之日起 15 日内，向主管税务机关报送企业清算所得税纳税申报表，结清税款。

企业未按照规定的期限办理纳税申报或者未按照规定期限缴纳税款的，应根据《中华人民共和国税收征收管理法》的相关规定加收滞纳金。

南京市中级人民法院、国家税务总局南京市税务局《破产清算程序中税收债权申报与税收征收管理实施办法》

二、破产清算程序中的纳税申报

(四)人民法院受理破产清算后，纳税人经人民法院许可，为债权人利益继续生产经营，或者在纳税人财产的使用、拍卖、变现过程中产生的应当由纳税人缴纳的税(费)，属于《中华人民共和国企业破产法》第四十一条破产费用中的"管理、变价和分配债务人财产的费用"，依法由纳税人的财产及时清偿。

管理人应当在破产财产的变价方案或者分配方案中列明应由纳税人财产及时清偿的税款。

《四川省高级人民法院关于审理破产案件若干问题的解答》

六、破产重整、和解与清算

13. 在破产清算程序中处置财产所产生的应由债务人承担的税款，属于破产费用还是税收债权？

答：破产程序中处置破产财产新产生的增值税、附加税、印花税、契税等税费，属于在破产程序中为实现全体债权人的共同利益而必须支付的费用或者承担的必要债务，可以归为破产费用中"变价和分配债务人财产的费用"，由债务人的财产随时清偿。如处置的破产财产系担保物，则处置破产财产所产生的税费从担保物处置价款中优先清偿。

75. 破产清算程序中，最后变现数额与理论分配数据差别较大时，是否需要重新裁定分配方案？

【回答】

破产清算程序中，最后变现数额与理论分配数据差别较大时，不需要重新裁定分配方案。

【理由】

第一，分配方案的主要内容包括：参加破产财产分配的债权人名称或者姓名、住所；参加破产财产分配的债权额；可供分配的破产财产数额；破产财产分配的顺序、比例及数额；实施破产财产分配的方法等内容。同时，分配方案还应当规定分配额、分配比例及计算方式。因此，当债务人财产数量发生变化时，按照财产分配方案中的计算方式计算出新的分配额与分配比例即可，无需再由法院重新裁定。

第二，根据《企业破产法》第123条之规定，追加分配时，债权人可以请求人民法院按照破产财产分配方案进行追加分配，无需再裁定。

第三，若因实际变现数额与理论分配数额存在差距而重新裁定分配方案，则意味着要将已分配给债权人的财产重新收回，这无疑操作起来较困难，也降低了法律公信力。同时，重新裁定分配方案需要管理人重新制定分配方案并再一次召开债权人大会，费时费力，增加了破产程序的成本，降低了效率。

【参考依据】

《企业破产法》

第115条 管理人应当及时拟订破产财产分配方案，提交债权人会议讨论。破产财产分配方案应当载明下列事项：

（一）参加破产财产分配的债权人名称或者姓名、住所；

（二）参加破产财产分配的债权额；

（三）可供分配的破产财产数额；

（四）破产财产分配的顺序、比例及数额；

（五）实施破产财产分配的方法。

债权人会议通过破产财产分配方案后，由管理人将该方案提请人民法院裁定认可。

第 123 条　自破产程序依照本法第四十三条第四款或者第一百二十条的规定终结之日起二年内，有下列情形之一的，债权人可以请求人民法院按照破产财产分配方案进行追加分配：

（一）发现有依照本法第三十一条、第三十二条、第三十三条、第三十六条规定应当追回的财产的；

（二）发现破产人有应当供分配的其他财产的。

有前款规定情形，但财产数量不足以支付分配费用的，不再进行追加分配，由人民法院将其上交国库。

《民事诉讼法》

第 124 条第 5 项

人民法院对下列起诉，分别情形，予以处理：

……

（五）对判决、裁定、调解书已经发生法律效力的案件，当事人又起诉的，告知原告申请再审，但人民法院准许撤诉的裁定除外；

……

76. 在破产清算中，债务人的法定代表人或公司实际控制人，采取不入账，或资金体外循环的方式运作公司财产，债务人不能说明资金去向。

（1）上述行为是否构成隐匿公司财产或转移公司财产？

【回答】

构成隐匿公司财产或转移公司财产。

【理由】

客观上来说，"隐匿公司财产"是指债务人在破产程序前的特定时间内或在破产程序进行中，以采取他人不知的手段对有关破产企业的财务信息不予披露或藏匿本应用于清偿债务的财产及财产权利凭证的行为。① 所谓"隐匿"，即是指秘密收藏或隐瞒不报破产企业所拥有的财产。隐匿不以转移财产所在地为要件，只要是秘密收藏，意欲不为债权人及其他相关人知晓，不论财产留在原处或藏于他处，均构成隐匿行为。② 隐匿既包括积极隐匿行为，也包括消极隐匿行为。前者主要表现为积极地藏匿、转移其财产，后者主要表现为隐瞒财务信息。从行为结果上来说，隐匿导致了破产财产的减少，使债权人的整体利益受到了侵害。此外，隐匿还具有相对性，即相对于债权人或管理人。除此之外，即使被其他人知道，也不改变行为的隐匿性。③

在破产清算中，债务人的法定代表人或公司实际控制人，采取不入账或资金体外循环的方式运作公司财产，债务人不能说明资金去向，即是债务人的法定代表人或公司实际控制人消极地隐瞒破产企业的财务信息，使得管理人或债权人不能得知相关财产，从而使得破产财产减少，债权人利益受损。

主观上来说，隐匿、转移财产的行为必须以逃避债务为目的。也就是说，债务人在主观上表现为故意，如果债务人的行为是正常的生产经营活动所必需，而不是为了逃避债务，则不属于隐匿、转移财产的行为。显然，债务人的法定代表人或公司实际控制人，采取不入账或资金体外循环的方式运作公司财产的行为，是为了让管理人不能有效控制、接管财产，从而逃避债务，是有意而为之。

综上，在破产清算中，债务人的法定代表人或公司实际控制人，采取不入账或资金体外循环的方式运作公司财产，债务人不能说明资金去向，

---

① 何荣功：《虚假破产罪的理解与适用》，载李洁、张军、贾宇主编《2007 年刑法学年会论文集》，中国人民公安大学出版社 2007 年版，第 1436~1437 页。

② 王作富：《刑法分则实务研究（上）》（第三版），中国方正出版社 2007 年版，第 379~382 页。

③ 刘青一：《虚假破产罪研究》，湖南大学 2010 年硕士学位论文。

构成隐匿公司财产或转移公司财产的行为。

（2）人民法院采取训诫、罚款等处罚措施后仍不能追回时应如何处理？

【回答】

法院采取训诫、罚款等处罚措施后仍不能追回时，管理人可根据《企业破产法》第 33 条、《破产法解释二》第 17 条主张该行为无效，并将因此追回的财产归入债务人财产中进行清偿债务，情节严重涉及刑事犯罪的，应当移送公安机关。

【理由】

依据《破产法解释二》第 17 条，对于隐匿、转移公司财产的行为，管理人可主张被隐匿、转移财产的实际占有人返还债务人财产，所返还的财产归属于破产企业，作为破产财产清偿债务。

根据《刑法》第 162 条之二关于虚假破产罪的规定，若相关行为情节严重，则需要移送公安机关，寻求刑事法律规制。

【参考依据】

《企业破产法》

第 33 条　涉及债务人财产的下列行为无效：

（一）为逃避债务而隐匿、转移财产的；

（二）虚构债务或者承认不真实的债务的。

《破产法解释二》

第 17 条　管理人依据企业破产法第三十三条的规定提起诉讼，主张被隐匿、转移财产的实际占有人返还债务人财产，或者主张债务人虚构债务或者承认不真实债务的行为无效并返还债务人财产的，人民法院应予支持。

《刑法》

第 162 条之二　公司、企业通过隐匿财产、承担虚构的债务或者以其他方法转移、处分财产，实施虚假破产，严重损害债权人或者其他人利益的，对其直接负责的主管人员和其他直接责任人员，处五年以下有期徒刑或者拘役，并处或者单处二万元以上二十万元以下罚金。

77. 房地产破产案中，"以房抵债"的效力如何认定？

【回答】

根据《民法典》第 401 条之规定，债务履行期限届满前达成的以房抵债合同，债权人可依法就房屋优先受偿。

债务履行期限届满后达成以房抵债合同并已办理了产权转移手续，若无其他无效、可撤销情形，则该合同应属有效。此时抵债房屋的所有权已经发生移转，以房抵债协议已经实际履行，这种情形便构成代物清偿，导致原债务消灭，管理人审查此类债权时应当以以房抵债协议为准。

债务履行期限届满后达成以房抵债合同但未办理产权转移手续，建议实务中从严把握，宜认为以房抵债协议未履行，该债权只能作为普通债权清偿。

同时，还要结合具体行为内容和时点，考察债务履行期限届满后达成的以房抵债合同是否属于《企业破产法》第 31 条、第 32 条规定的可撤销行为，以及《企业破产法》第 33 条规定的破产无效行为。

【理由】

房地产破产案件中的以房抵债问题在实务中争议较大，也未有规则有针对性地对此问题加以规定，在此只能通过对既有法律规定、理论等加以梳理得出倾向性观点。在《民法典》出台前后，对这一问题的解决也存在变化，在此一并加以罗列。

第一，基本界定。

以房抵债协议是指债务人企业以房屋交付来抵偿基础债务。从类型上来看，以房抵债大致可以通过两个标准进行区分，下文将以此划分作为框架进行分析：

其一，以设立时间为标准，可划分为债务履行期限届满前和债务履行期限届满后签订的以房抵债合同；

其二，以合同的履行情况为标准，可划分为已经办理物权变更登记和还未办理物权变更登记的以房抵债合同。

第二，具体分析。

其一，在《民法典》出台之前，对于债务履行期限届满前的以房抵债，主要争议在于这种约定是否属于流押条款而应当归于无效。

观点一：债务履行期限届满前签订的以房抵债合同具有流押条款的性质，这种条款因违反流押禁止条款，应属无效。

观点二：以房抵债并非法律所明确规定的担保行为，抵债存在对价，且未对所有权的归属直接作出约定，故不属于流押条款。

观点二的主要理由在于，以房抵债协议并不符合法定的担保形式，因此也不构成法定的流押条款。这种观点并不十分可靠，因为以房抵债协议根据当事人的意思在客观上具有担保债权实现的目的，法律对这种行为的认可会导致流押禁止规定在实践中被规避，因此，本书认为，应当认为债务履行期限届满前签订的以房抵债合同具有流押条款的性质。

《民法典》第 401 条规定："抵押权人在债务履行期限届满前，与抵押人约定债务人不履行到期债务时抵押财产归债权人所有的，只能依法就抵押财产优先受偿。"当事人之前签订的流押条款并不当然无效，而是由债权人依法就抵押财产优先受偿。

其二，对于债务履行期限届满后的以房抵债，争议主要源于对于代物清偿性质的不同观点，即其属于诺成合同还是实践合同？此时需要区分合同履行的具体情况讨论：

首先，已经办理过户登记手续。此时合同已经完全履行，无论代物清偿合同的性质属于诺成合同还是实践合同，合同均已生效。《八民纪要》对此种情况下的处理也已明确："当事人在债务清偿期届满后达成以房抵债协议并已经办理了产权转移手续，一方要求确认以房抵债协议无效或者变更、撤销，经审查不属于合同法第五十二条、第五十四条规定情形的，对其主张不予支持。"

其次，还未办理过户登记手续。此前由于法律和司法解释均无明确规定，实务中做法也并不统一。《九民纪要》首次回应了这一问题，规定只要以物抵债协议不存在恶意损害第三人合法权益且无其他无效事由的，债权人请求债务人交付的，人民法院予以支持。换言之，此时双方达成的以房抵债协议构成新的债权债务关系，对于这一未完全履行的债务，结合《企业破产法》第 18 条，并考虑到对于债权人的保护和破产程序公平受偿原则，实务中有一种建议：若债权人已抵充全部或大部分房款，或债权人已办理按揭贷款，或债权人已办理预告登记，则该以房抵债协议应视为已经履行，在房屋已建成的情况下，债权人可以要求债务人交付房屋；当房屋未建成或以房抵债债权人只抵充了少部分房款时，以房抵债协议未履行，该债权只能作为普通债权清偿。对此问题，本书认为还应从严把握。

【参考依据】

《企业破产法》

第 18 条 人民法院受理破产申请后，管理人对破产申请受理前成立而债务人和对方当事人均未履行完毕的合同有权决定解除或者继续履行，并通知对方当事人。管理人自破产申请受理之日起二个月内未通知对方当事人，或者自收到对方当事人催告之日起三十日内未答复的，视为解除合同。

管理人决定继续履行合同的，对方当事人应当履行；但是，对方当事人有权要求管理人提供担保。管理人不提供担保的，视为解除合同。

《物权法》

第 186 条 抵押权人在债务履行期届满前，不得与抵押人约定债务人不履行到期债务时抵押财产归债权人所有。

《民法典》

第 401 条 抵押权人在债务履行期限届满前，与抵押人约定债务人不履行到期债务时抵押财产归债权人所有的，只能依法就抵押财产优先受偿。

《最高人民法院关于审理民间借贷案件适用法律若干问题的规定》

第 24 条 当事人以签订买卖合同作为民间借贷合同的担保，借款到期后借款人不能还款，出借人请求履行买卖合同的，人民法院应当按照民间借贷法律关系审理，并向当事人释明变更诉讼请求。当事人拒绝变更的，人民法院裁定驳回起诉。

按照民间借贷法律关系审理作出的判决生效后，借款人不履行生效判决确定的金钱债务，出借人可以申请拍卖买卖合同标的物，以偿还债务。就拍卖所得的价款与应偿还借款本息之间的差额，借款人或者出借人有权主张返还或补偿。

《九民纪要》

44. 当事人在债务履行期限届满后达成以物抵债协议，抵债物尚未交付债权人，债权人请求债务人交付的，人民法院要着重审查以物抵债协议是否存在恶意损害第三人合法权益等情形，避免虚假诉讼的发生。经审查，不存在以上情况，且无其他无效事由的，人民法院依法予以支持。

当事人在一审程序中因达成以物抵债协议申请撤回起诉的，人民法院可予准许。当事人在二审程序中申请撤回上诉的，人民法院应当告知其申请撤回起诉。当事人申请撤回起诉，经审不损害国家利益、社会公共利益、他人合法权益的，人民法院可予准许。当事人不申请撤回起诉，请求人民法院出具调解书对以物抵债协议予以确认的，因债务人完全可以立即履行该协议，没有必要由人民法院出具调解书，故人民法院不应准许，同时应当继续对原债权债务关系进行审理。

45. 当事人在债务履行期届满前达成以物抵债协议，抵债物尚未交付债权人，债权人请求债务人交付的，因此种情况不同于本纪要第71条规定的让与担保，人民法院应当向其释明，其应当根据原债权债务关系提起诉讼。经释明后当事人仍拒绝变更诉讼请求的，应当驳回其诉讼请求，但不影响其根据原债权债务关系另行提起诉讼。

《八民纪要》

四、关于房地产纠纷案件的审理

……

（三）关于以房抵债问题

……

16. 当事人达成以房抵债协议，并要求制作调解书的，人民法院应当严格审查协议是否在平等自愿基础上达成；对存在重大误解或显失公平的，应当予以释明；对利用协议损害其他债权人利益或者规避公共管理政策的，不能制作调解书；对当事人行为构成虚假诉讼的，严格按照民事诉讼法第一百一十二条和《最高人民法院关于适用〈中华人民共和国民事诉讼法〉的解释》第一百九十条、第一百九十一条的规定处理；涉嫌犯罪的，移送刑事侦查机关处理。

17. 当事人在债务清偿期届满后达成以房抵债协议并已经办理了产权转移手续，一方要求确认以房抵债协议无效或者变更、撤销，经审查不属于合同法第五十二条、第五十四条规定情形的，对其主张不予支持。

《江苏省高级人民法院关于以物抵债若干法律适用问题的审理纪要》

二、关于债务未届清偿期之前以物抵债行为的性质及效力认定会议认为，对当事人在债务未届清偿期之前达成的以物抵债协议，应区分不同情形进行认定与处理：

（一）当事人在债务未届清偿期之前达成的以物抵债协议，该协议具有担保债权实现的目的，如债权人以债务人违反以物抵债的约定而要求继续履行以物抵债协议或对所抵之物主张所有权的，人民法院应驳回其诉讼请求。但经人民法院释明，当事人变更诉请要求继续履行原债权债务合同的，人民法院应当继续审理。

（二）当事人在债务未届清偿期之前达成以物抵债的协议，同时明确约定在债务清偿期届满时应进行清算，该以物抵债协议在当事人之间具有法律效力，但该约定不具有对抗其他债权人的效力。

（三）当事人在债务未届清偿期之前约定以房屋或土地等不动产进行抵债，并明确在债务清偿后可以回赎，债务人或第三人根据约定已办理了物权转移手续的，该行为符合让与担保的特征，因违反物权法定原则，不产生物权转移效力。债权人如根据抵债协议及物权转移凭证要求原物权人迁让的，人民法院应不予支持。

三、关于债务清偿期届满之后以物抵债行为的性质及效力认定

会议认为，对当事人在债务清偿期届满后的以物抵债协议，应区分两种情况进行认定与处理：

（一）债务清偿期届满后当事人达成以物抵债协议，在尚未办理物权转移手续前，债务人反悔不履行抵债协议，债权人要求继续履行抵债协议或要求确认所抵之物的所有权归自己的，人民法院应驳回其诉讼请求。但经释明，当事人要求继续履行原债权债务合同的，人民法院应当继续审理。

（二）当事人在债务清偿期届满后达成以物抵债协议并已经办理了物权转移手续后，一方反悔，要求认定以物抵债协议无效的，人民法院不予支持。但如当事人一方认为抵债行为具有《中华人民共和国合同法》第五十四条规定的可变更、可撤销情形的，可以依法请求人民法院或仲裁机构变更或撤销。

债权人在债务清偿期届满后通过以物抵债协议取得了所抵之物的所有权，后要求债务人承担标的物瑕疵担保责任的，人民法院可参照《中华人民共和国合同法》关于买卖合同的相关规定进行处理。

78. 破产清算案中, 原股东未履行出资义务便转让股权给现股东, 现股东亦未履行出资义务, 管理人是否仍可追究原股东的出资责任?

【回答】

破产清算案中, 原股东未履行出资义务便转让股权给现股东, 现股东亦未履行出资义务, 管理人仍然可以追究原股东的出资责任。

【理由】

第一, 法条分析。

根据《公司法解释三》第 13 条以及第 18 条的规定, 股东未履行或者未全面履行出资义务即转让其瑕疵股权的, 受让人知道或者应当知道的情况下, 公司可以请求原瑕疵出资股东在未出资本息范围内对公司债务不能清偿的部分承担补充赔偿责任, 同时受让股东也应当对此补充责任承担连带责任。按照此规定可知, 在公司不能清偿债务时, 原股东的出资义务不因其转让股权而免除, 原股东应当基于其法定的出资义务, 在未出资本息范围内承担补充责任。至于现股东是否应承担连带责任, 则由其当时是否知道或者应当知道原股东存在瑕疵出资状况而定。需要说明的是, 在实践中, 由于股权转让行为涉及较大资金投入, 一般认为受让人为了维护自身利益, 会对原股东及相关公司进行详尽的尽职调查, 再加上出于对商事交易安全及效率的考虑及对外部不知情债权人的保护, 法官一般都会推定受让人知道或应当知道其受让股权存在未履行或未全部履行的瑕疵, 要求其承担连带责任。

再者,《最高人民法院关于民事执行中变更、追加当事人若干问题的规定》第 19 条明确规定了在强制执行程序中, 债权人可申请未依法履行出资义务即转让其股份的原出资人在未依法出资的范围内承担其出资责任。此项规定可应用于作为概括执行程序的破产程序中, 即若原股东未依法履行出资义务就转让其股权, 则管理人可代表破产企业申请转让其股份的原破产企业出资人在未依法出资的范围内承担其出资责任, 从而最大限度地保护债权人利益。因此, 本书认为, 判断原出资人是否仍应承担补足出资义务的关键在于其是否"未依法履行出资义务"。《企业破产法》第 35 条则表明了当公司进入破产清算程序后, 股东的出资义务不受出资期限的限制，由居于中立地位的管理人要求股东补足其出资额。同时，破产企业的管理人对该出资人的追讨权不受诉讼时效的影响，也不受出资人在出资协议或者公司章程中所约定的出资期限是否届至的影响。在此情形下，实际上相当于破产企业对出资人所享有的未到期债权，因企业破产而视为到期，即法律强令出资人提前履行出资缴纳义务。此安排的意图在于，在公司破产时，令债务人的出资人承担一定的法律风险，以更为周全地保护其债权人的利益。再者，尽管原出资人已将其股权转让给了现股东，但因现股东也未履行出资义务，因此对于破产企业来说，"出资缺口"还是客观存在的。因此，在破产企业对出资人所享有的未到期债权因企业破产而加速到期且破产企业因此瑕疵出资而存在"出资缺口"的情况下，原出资人可认定为"未依法履行出资义务"。

第二，理论分析。

对瑕疵股权转让后股东出资义务的承担主体，学界存在如下三种观点：其一，出让股东完全承担责任说。赞成该观点的学者认为，股东出资的法定义务是一项恒定义务，不因股权流转而消灭，也就是说只要曾取得过公司股东的身份，就负有向公司出资的义务，这是股东与公司及其他股东间形成的合意，这个合意被赋予了法律上的意义，即股东出资义务的法定性和强制性。① 据此，"不管瑕疵出资股东持有的股权是否已经让渡给他人，也不问该股权嗣后又辗转流通若干次，瑕疵出资股东作为过错行为的始作俑者都要对自己的瑕疵出资行为负责"②。其二，受让股东完全承担责任说。赞同该观点的学者认为，股东资格既已经变更，附着于其上的权利义务也应当一并变更。其三，出让股东与受让股东承担连带清偿责任说。该学说以《公司法解释三》第 18 条为主要依据，认为出让股东应当当然承担责任，但受让股东是否承担连带责任则取决于受让人善意与否。如果股权转让时受让人明知或应知该股权存在问题，则受让人应与转让人共同承担连带清偿责任。如果股权转让时受让人并不知道相关事实，则仍由转让人承担股权出资义务，受让人不承担该义务。③

① 林芳、金玉：《瑕疵出资股权转让时受让人的责任承担及救济》，载《长春理工大学学报（社会科学版）》2016 年第 6 期。

② 刘俊海：《现代公司法》，法律出版社 2011 年版，第 163 页。

③ 虞政平：《公司法案例教学》，人民法院出版社 2018 年版，第 162 页。

本书赞同第一种观点，理由如下：

首先，股权转让不等同于股东出资义务转移。股权转让行为是转让方与受让方之间的合意，不涉及第三方，然而股东出资义务是股东与公司之间由于股东的出资承诺而产生的具有法律强制性的法定义务，两者的主体和性质不同，不能混为一谈。即使转让方与受让方约定股权转让后转让方未履行的出资义务由受让方承担，这也只是当事人双方的合意，根据合同相对性原理，该约定对第三方公司没有约束力。因此，从公司的角度上看，股东出资义务还是未转移，由转让方承担。①

其次，股东出资义务带有法律强制性，除非法律规定或满足特定条件不能转移。股东出资义务来源于股东对公司出资的承诺，具有私法性质，但《公司法》第 3 条规定了股东对公司的出资义务，带有一定的法律强制性。从《公司法》第 3 条的立法目的来看，此处的应承担出资义务的股东特指"原股东"，继受股东并不一定当然对公司承担出资义务。当然，在法律明确规定或满足特定条件(如公司、公司全体债权人均同意股东出资义务转让)时，原股东的出资义务可转让给现股东。

最后，免除原股东出资义务无法抑制"恶意串通"之行为。现实中不乏原股东为逃避出资义务而将其瑕疵股权转让给债务清偿能力较之原股东差的现股东，此即我们这里所说的"恶意串通"之行为。在这种情况下，若原股东出资义务被免除，则管理人只能追究债务清偿能力较差的现股东的责任，从而减少了可追回的财产，给破产企业和债权人都造成了损失。

第三，司法判例。

序号	案号	案件名称	裁判要旨
1	上海市第一中级人民法院(2003)沪一中民(三)商终字第 319 号	上海保税生产资料市场中国通信产品交易中心诉上海宝安企业有限公司等企业间借款案(股权转让)	另从公平原则出发，即使有债务随股权转让而转让的约定，作为出资不到位的原始股东，投资公司并不能因已将瑕疵股权转让而完全免除其对实业公司应负的责任，在受让股东不能偿还公司债务时，其仍应承担补充清偿责任。

① 张军强、张煜：《认缴制背景下瑕疵股权转让后股东出资责任承担问题研究》，载《北京政法职业学院学报》2019 年第 3 期。

续表

序号	案号	案件名称	裁判要旨
2	浙江省高级人民法院（2012）浙民再字第93号	沈阳汽车工业有限公司与沈阳市资产经营有限公司买卖合同纠纷	根据《最高人民法院关于适用〈中华人民共和国公司法〉若干问题的规定（三）》第18条规定，股东若未履行或者未全面履行出资义务即转让股权，受让人对此知道或者应当知道的，应对转让方的出资瑕疵行为承担连带责任，承担责任后，可以向出资瑕疵的股东追偿。可见，无论股权受让方是否知道出资瑕疵的事实，作为股权转让方的原股东均应就自身出资瑕疵行为承担责任。
3	河南省焦作市山阳区人民法院（2018）豫0811民初963号	郭某诉某轮胎公司等执行异议之诉案	公司股东在认缴出资期限未届至即转让股权，应视为其以行为明确表示不再履行未届的出资义务，属于未依法履行出资义务即转让股权的情形，依申请执行人申请，应追加其为被执行人。

【参考依据】

《企业破产法》

第35条 人民法院受理破产申请后，债务人的出资人尚未完全履行出资义务的，管理人应当要求该出资人缴纳所认缴的出资，而不受出资期限的限制。

《公司法》

第3条 公司是企业法人，有独立的法人财产，享有法人财产权。公司以其全部财产对公司的债务承担责任。

有限责任公司的股东以其认缴的出资额为限对公司承担责任；股份有限公司的股东以其认购的股份为限对公司承担责任。

第28条第1款 股东应当按期足额缴纳公司章程中规定的各自所认缴的出资额……

《公司法解释三》

第13条 股东未履行或者未全面履行出资义务，公司或者其他股东请求其向公司依法全面履行出资义务的，人民法院应予支持。

公司债权人请求未履行或者未全面履行出资义务的股东在未出资本息范围内对公司债务不能清偿的部分承担补充赔偿责任的，人民法院应予支持；未履行或者未全面履行出资义务的股东已经承担上述责任，其他债权人提出相同请求的，人民法院不予支持。

......

第18条 有限责任公司的股东未履行或者未全面履行出资义务即转让股权，受让人对此知道或者应当知道，公司请求该股东履行出资义务、受让人对此承担连带责任的，人民法院应予支持；公司债权人依照本规定第十三条第二款向该股东提起诉讼，同时请求前述受让人对此承担连带责任的，人民法院应予支持。

受让人根据前款规定承担责任后，向该未履行或者未全面履行出资义务的股东追偿的，人民法院应予支持。但是，当事人另有约定的除外。

《最高人民法院关于民事执行中变更、追加当事人若干问题的规定》

第19条 作为被执行人的公司，财产不足以清偿生效法律文书确定的债务，其股东未依法履行出资义务即转让股权，申请执行人申请变更、追加该原股东或依公司法规定对该出资承担连带责任的发起人为被执行人，在未依法出资的范围内承担责任的，人民法院应予支持。

79. 破产终结裁定下达二年后发现破产企业财产如何处理？

【回答】

依据《企业破产法》第123条，自破产程序终结之日起2年内，债权人可以请求人民法院按照破产财产分配方案进行追加分配。申请追加分配的2年期间届满后，债权人能否申请追加分配，目前尚无明确规定。但是，为了防止恶意讨债等违法行为，有效保护债权人的合法权益，倾向认为在超过2年债权人无法通过破产程序获得救济的情况下，不应否定根据相关债权人的申请启动执行程序的合理性。

【理由】

按照《企业破产法》第123条，债权人请求人民法院对应当用于分配而未纳入破产财产的破产人的财产进行追加分配的，必须在破产程序终结之日起 2 年的法定期间内提出。

有观点认为，这个 2 年期间是权利的除斥期间，超过除斥期间行使权利，人民法院不予支持。①

相反观点认为，《企业破产法》将破产财产追加分配的除斥期间限定为 2 年，而不考虑可能存在的以隐匿、转移财产和虚构债务等方式恶意逃债行为以及破产企业管理人员利用职权侵占企业财产的行为，难以有效保护债权人的合法权益，甚至会纵容部分违法行为。因此，若存在破产企业以隐匿、转移财产和虚构债务等方式恶意逃债以及破产企业管理人员利用职权侵占企业财产等行为，应当放宽特定情形的救济时效，从权利人知道或应当知道之日而非破产程序终结之日起计算诉讼时效。②

最高人民法院亦有判例支持此种观点。其在白银有色金属公司破产清算组、光大兴陇信托有限责任公司执行审查类执行裁定书中指出："破产程序终结后，原则上应当不再可能根据个别债权人的申请启动个别执行程序。破产程序启动前债务人对个别债权人未能受偿是否存在过错，并不能作为破产程序终结后启动执行程序的理由。但如果确实存在异议裁定中实质上认定的本案执行中所查封的资产未被纳入破产财产，也未被政府收回的事实，则该财产相当于破产终结后发现破产人有应当供分配的其他财产，依照破产法第一百二十三条的规定，自破产程序终结之日起二年内，债权人可以请求人民法院按照破产财产分配方案进行追加分配。因本案债权人申请追加分配的二年期间已经届满，债权人应无通过破产法上的程序获得救济的可能。此时能否再启动执行程序进行处理，目前尚无明确的规则，但实务中不应否定根据相关债权人的申请启动执行程序的合理性，至于债权人之间是否及如何进行分配问题，可在财产处分阶段考虑。"③

【参考依据】

《企业破产法》

第 123 条　自破产程序依照本法第四十三条第四款或者第一百二十条

---

①　吴高盛主编：《〈中华人民共和国企业破产法〉条文释义与适用》，人民法院出版社 2006 年版，第 256 页。

②　王邦习：《破产程序终结后民事权利救济的现实考量与破解路径——基于 222 个案例的实证分析》，载《政法论坛》2018 年第 6 期。

③　最高人民法院 (2016) 最高法执复 69 号执行裁定书。

的规定终结之日起二年内，有下列情形之一的，债权人可以请求人民法院按照破产财产分配方案进行追加分配：

（一）发现有依照本法第三十一条、第三十二条、第三十三条、第三十六条规定应当追回的财产的；

（二）发现破产人有应当供分配的其他财产的。

有前款规定情形，但财产数量不足以支付分配费用的，不再进行追加分配，由人民法院将其上交国库。

80. 在破产财产拍卖流拍时，破产财产如何分配处置？破产案件如何结案？

【回答】

对于拍卖不成的破产财产，可以在破产分配时进行实物分配或者作价变卖，具体分配方案由管理人拟定，并由债权人会议通过。如果经债权人会议二次表决未通过破产财产变价方案的，可以由人民法院裁定。

【理由】

根据《关于审理企业破产案件若干问题的规定》第 85 条之规定，对于拍卖不成的破产财产，可以在破产分配时进行实物分配或者作价变卖。根据《企业破产法》第 111 条，破产财产流拍之后的实物分配或作价变卖，破产财产的分配方案由管理人拟定，并由债权人会议通过；根据《企业破产法》第 61 条和第 65 条，为了保证破产程序顺利进行、保障债权人利益，从兼顾公平和提高破产程序效率的角度出发，如果经债权人会议二次表决未通过破产财产变价方案的，可以由人民法院裁定。

另外，现行规定中并没有明确实物分配或作价变卖的程序，拍卖程序的公开和公正性的缺位极易导致暗箱操作，损害破产企业、职工或者债权人的利益。因此，应尽可能严格规范破产财产流拍后的处理程序。有观点认为，人民法院可以参照当前有关流拍处理的司法解释处理，即《最高人民法院关于冻结、拍卖上市公司国有股和社会法人股若干问题的规定》第 13 条和《最高人民法院关于人民法院民事执行中拍卖、变卖财产的规定》第 8 条，其中，前者所规定的流拍处理程序更加具体且可操作，对于其他财产如实物财产的拍卖应当可以参照适用。①

【参考依据】

《企业破产法》

第 61 条 债权人会议行使下列职权：

（一）核查债权；

（二）申请人民法院更换管理人，审查管理人的费用和报酬；

（三）监督管理人；

（四）选任和更换债权人委员会成员；

（五）决定继续或者停止债务人的营业；

（六）通过重整计划；

（七）通过和解协议；

（八）通过债务人财产的管理方案；

（九）通过破产财产的变价方案；

（十）通过破产财产的分配方案；

（十一）人民法院认为应当由债权人会议行使的其他职权。

债权人会议应当对所议事项的决议作成会议记录。

第 65 条 本法第六十一条第一款第八项、第九项所列事项，经债权人会议表决未通过的，由人民法院裁定。

本法第六十一条第一款第十项所列事项，经债权人会议二次表决仍未通过的，由人民法院裁定。

对前两款规定的裁定，人民法院可以在债权人会议上宣布或者另行通知债权人。

第 111 条 管理人应当及时拟订破产财产变价方案，提交债权人会议讨论。

管理人应当按照债权人会议通过的或者人民法院依照本法第六十五条第一款规定裁定的破产财产变价方案，适时变价出售破产财产。

第 112 条 变价出售破产财产应当通过拍卖进行。但是，债权人会议另有决议的除外。

---

① 吴庆宝主编：《最高人民法院专家法官阐释民商裁判疑难问题·公司裁判指导卷（增订版）》，中国法制出版社 2011 年版，第 197～198 页。

破产企业可以全部或者部分变价出售。企业变价出售时，可以将其中的无形资产和其他财产单独变价出售。

按照国家规定不能拍卖或者限制转让的财产，应当按照国家规定的方式处理。

《破产审判纪要》

第 26 条 破产财产的处置。破产财产处置应当以价值最大化为原则，兼顾处置效率。人民法院要积极探索更为有效的破产财产处置方式和渠道，最大限度提升破产财产变价率。采用拍卖方式进行处置的，拍卖所得预计不足以支付评估拍卖费用，或者拍卖不成的，经债权人会议决议，可以采取作价变卖或实物分配方式。变卖或实物分配的方案经债权人会议两次表决仍未通过的，由人民法院裁定处理。

《最高人民法院关于冻结、拍卖上市公司国有股和社会法人股若干问题的规定》

第 13 条 股权拍卖保留价，应当按照评估值确定。

第一次拍卖最高应价未达到保留价时，应当继续进行拍卖，每次拍卖的保留价应当不低于前次保留价的 90%。经三次拍卖仍不能成交时，人民法院应当将所拍卖的股权按第三次拍卖的保留价折价抵偿给债权人。

人民法院可以在每次拍卖未成交后主持调解，将所拍卖的股权参照该次拍卖保留价折价抵偿给债权人。

《最高人民法院关于人民法院民事执行中拍卖、变卖财产的规定》

第 8 条 拍卖应当确定保留价。

拍卖保留价由人民法院参照评估价确定；未作评估的，参照市价确定，并应当征询有关当事人的意见。

人民法院确定的保留价，第一次拍卖时，不得低于评估价或者市价的百分之八十；如果出现流拍，再行拍卖时，可以酌情降低保留价，但每次降低的数额不得超过前次保留价的百分之二十。

《关于审理企业破产案件若干问题的规定》

第 85 条 破产财产的变现应当以拍卖方式进行。由清算组负责委托有拍卖资格的拍卖机构进行拍卖。

依法不得拍卖或者拍卖所得不足以支付拍卖所需费用的，不进行拍卖。

前款不进行拍卖或者拍卖不成的破产财产，可以在破产分配时进行实物分配或者作价变卖。债权人对清算组在实物分配或者作价变卖中对破产财产的估价有异议的，可以请求人民法院进行审查。

81. 担保债权人是否应承担担保物变现等费用？

【回答】

根据《九民纪要》第 112 条之规定，作为破产财产的担保物，其变现费用属于破产费用，不应由担保债权人承担，应从拍卖或者变卖担保物所得价款中优先支付。

【理由】

《企业破产法》第 41 条第 1 款第 2 项的变价费用是指将债务人的非金钱财产变现为货币所支出的费用，包括估价、鉴定、公证、拍卖、执行、登记等费用，[①] 根据《物权法》(《民法典》)规定，实现担保物权的费用属于法定担保债权的范围，是由于债务人不及时履行债务导致的，理应由债务人承担。

【参考依据】

《企业破产法》

第 41 条 人民法院受理破产申请后发生的下列费用，为破产费用：

（一）破产案件的诉讼费用；

（二）管理、变价和分配债务人财产的费用；

（三）管理人执行职务的费用、报酬和聘用工作人员的费用。

第 43 条 破产费用和共益债务由债务人财产随时清偿。

债务人财产不足以清偿所有破产费用和共益债务的，先行清偿破产费用。

债务人财产不足以清偿所有破产费用或者共益债务的，按照比例清偿。

债务人财产不足以清偿破产费用的，管理人应当提请人民法院终结破

---

① 吴高盛主编：《〈中华人民共和国企业破产法〉条文释义与适用》，人民法院出版社 2006 年版，第 256 页。

产程序。人民法院应当自收到请求之日起十五日内裁定终结破产程序，并予以公告。

第109条 对破产人的特定财产享有担保权的权利人，对该特定财产享有优先受偿的权利。

《物权法》

第173条 担保物权的担保范围包括主债权及其利息、违约金、损害赔偿金、保管担保财产和实现担保物权的费用。当事人另有约定的，按照约定。

《合同法解释二》

第21条 债务人除主债务之外还应当支付利息和费用，当其给付不足以清偿全部债务时，并且当事人没有约定的，人民法院应当按照下列顺序抵充：

（一）实现债权的有关费用；

（二）利息；

（三）主债务。

《民法典》

第389条 担保物权的担保范围包括主债权及其利息、违约金、损害赔偿金、保管担保财产和实现担保物权的费用。当事人另有约定的，按照其约定。

第561条 债务人在履行主债务外还应当支付利息和实现债权的有关费用，其给付不足以清偿全部债务的，除当事人另有约定外，应当按照下列顺序履行：

（一）实现债权的有关费用；

（二）利息；

（三）主债务。

《九民纪要》

112. 重整程序中，要依法平衡保护担保物权人的合法权益和企业重整价值。重整申请受理后，管理人或者自行管理的债务人应当及时确定设定有担保物权的债务人财产是否为重整所必需。如果认为担保物不是重整所必需，管理人或者自行管理的债务人应当及时对担保物进行拍卖或者变卖，拍卖或者变卖担保物所得价款在支付拍卖、变卖费用后优先清偿担保物权人的债权。

在担保物权暂停行使期间，担保物权人根据《企业破产法》第 75 条的规定向人民法院请求恢复行使担保物权的，人民法院应当自收到恢复行使担保物权申请之日起三十日内作出裁定。经审查，担保物权人的申请不符合第 75 条的规定，或者虽然符合该条规定但管理人或者自行管理的债务人有证据证明担保物是重整所必需，并且提供与减少价值相应担保或者补偿的，人民法院应当裁定不予批准恢复行使担保物权。担保物权人不服该裁定的，可以自收到裁定书之日起十日内，向作出裁定的人民法院申请复议。人民法院裁定批准行使担保物权的，管理人或者自行管理的债务人应当自收到裁定书之日起十五日内启动对担保物的拍卖或者变卖，拍卖或者变卖担保物所得价款在支付拍卖、变卖费用后优先清偿担保物权人的债权。

82. 因对破产企业承担连带保证责任而背负巨额债务的法定代表人、实际控制人及股东等人员，如何保护？

【回答】

在当前的法律框架内，为企业债务提供连带责任保证的企业法定代表人、实际控制人以及股东等，在破产程序结束后，仍要对债权人依照破产清算程序未受清偿的债权，继续承担清偿责任。但对于善良正直的保证人，让其承担因企业破产而产生的巨额保证责任会严重影响其正常生活，应当构建个人破产制度，在保障全体债权人公平受偿和防范打击逃废债行为的基础上，给诚信而不幸的被执行人以重生机会，进一步优化营商环境和完善执行不能案件有序退出机制。

【理由】

实践中，为确保自己债权的清偿，企业的债权人多要求企业股东、法定代表人等提供连带责任保证。按照《企业破产法》的规定，为企业债务提供连带责任保证的企业法定代表人、实际控制人以及股东等，在破产程序结束后，仍要对债权人依照破产清算程序未受清偿的债权继续承担清偿责任。

但是对于一些善良正直的保证人来说，承担连带责任会给其带来巨大的债务负担。在其无法清偿时，还要被列入失信名单、限制高消费等，严重影响其正常生活。因此，发展和改革委等 13 部委发文《加快完善市场主体退出制度改革方案》，提出要研究建立个人破产制度，重点解决企业破产产生的自然人连带责任担保债务问题。温州市中级人民法院已经发布《关于个人债务集中清理的实施意见（试行）》，其中第 6 条第 1 款赋予为破产企业提供保证责任的自然人，在不能履行生效法律文书确定的金钱给付义务，并且资产不足以清偿全部债务或者明显缺乏清偿能力时，可以依照本意见启动执行程序转个人债务集中清理程序。2019 年 9 月 27 日，温州市中级人民法院办结第一件个人债务集中清理案件。在该案中，蔡某对某破产企业的 214 万余元债务承担连带清偿责任，但蔡某月收入仅 4000 元，资产不到 5 位数。在人民法院的协调下，蔡某与四位债权人达成谅解，最终只需偿还 3.2 万余元。①

个人破产制度建立后，诸如蔡某这样的连带责任保证人可以在满足一定条件的情况下，提出个人破产申请，经过一定程序并清偿一部分债务后，可以请求免责保护，以消除债务，维持正常生活。

【参考依据】

《企业破产法》

第 46 条　未到期的债权，在破产申请受理时视为到期。

附利息的债权自破产申请受理时起停止计息。

第 124 条　破产人的保证人和其他连带债务人，在破产程序终结后，对债权人依照破产清算程序未受清偿的债权，依法继续承担清偿责任

《加快完善市场主体退出制度改革方案》

四、完善破产法律制度

（二）分步推进建立自然人破产制度

研究建立个人破产制度，重点解决企业破产产生的自然人连带责任担保债务问题。明确自然人因担保等原因而承担与生产经营活动相关的负债可依法合理免责。逐步推进建立自然人符合条件的消费负债可依法合理免责，最终建立全面的个人破产制度。

温州市中级人民法院《关于个人债务集中清理的实施意见（试行）》

第 6 条　被执行人不能履行生效法律文书确定的金钱给付义务，并且资产不足以清偿全部债务或者明显缺乏清偿能力，且符合下列条件之一

---

① 叶泉：《首例个人债务清理案迈出重要一步》，载《法制日报》2019 年 10 月 11 日第 1 版。

的,可以依照本意见启动执行程序转个人债务集中清理程序:

(一)企业法人已进入破产程序或者已经破产,对该企业法人负保证责任的自然人;

(二)因公司法人人格被否认而承担清偿责任的自然人;

(三)对非法人组织的债务负清偿责任的自然人经营者;

(四)因生活困难无力偿还债务的自然人;

(五)其他自愿提出还款安排并征得全部申请执行人同意的自然人。

进入个人债务集中清理程序的被执行人,为债务清理申请人。

83. 重整计划执行期间与债务人有关的诉讼应如何确定管辖法院?

【回答】

根据《九民纪要》第 110 条之规定,重整计划执行期间,因重整程序终止后新发生的事实或者事件引发的有关债务人的民事诉讼,不适用《企业破产法》第 21 条有关集中管辖的规定。除重整计划有明确约定外,因上述纠纷引发的诉讼,不再由管理人代表债务人进行。

而在重整计划执行期间,因重整程序终止前发生的事实或者事件引发的有关债务人的民事诉讼,仍应适用《企业破产法》第 21 条有关集中管辖的规定。

【理由】

根据《企业破产法》第 21 条之规定,人民法院受理破产申请后,有关债务人的民事诉讼,只能向受理破产申请的人民法院提起。这是因为,有关债务人的所有债权债务均集中于受理破产申请的法院依破产程序进行清理,具有严格的时间要求。如果破产程序进行中发生的有关债务人的民事诉讼由不同的法院来审理,则难以协调其与破产案件的审理进度,影响破产程序的顺利进行。

在人民法院裁定批准重整计划之后,重整程序终止,企业恢复正常经营,此时主要由管理人发挥监督重整计划执行的职能,破产审判法院能发挥的作用比较有限。特别是对于重整程序终止后新发生的事实或事件引发的有关债务人的民事诉讼,如若再要求其由原破产重整受理法院集中管辖，无论对于纠纷的有效解决还是对于重整计划执行情况的监督均无太大意义，宜按普通民事案件的管辖原则确定管辖法院，这样既可以防止原告滥用诉权而给被告造成不应有的损失，也有利于人民法院迅速查明案情，正确处理民事纠纷。

【参考依据】

《企业破产法》

第 21 条　人民法院受理破产申请后，有关债务人的民事诉讼，只能向受理破产申请的人民法院提起。

《九民纪要》

110. 人民法院受理破产申请后，已经开始而尚未终结的有关债务人的民事诉讼，在管理人接管债务人财产和诉讼事务后继续进行。债权人已经对债务人提起的给付之诉，破产申请受理后，人民法院应当继续审理，但是在判定相关当事人实体权利义务时，应当注意与企业破产法及其司法解释的规定相协调。

上述裁判作出并生效前，债权人可以同时向管理人申报债权，但其作为债权尚未确定的债权人，原则上不得行使表决权，除非人民法院临时确定其债权额。上述裁判生效后，债权人应当根据裁判认定的债权数额在破产程序中依法统一受偿，其对债务人享有的债权利息应当按照《企业破产法》第 46 条第 2 款的规定停止计算。

人民法院受理破产申请后，债权人新提起的要求债务人清偿的民事诉讼，人民法院不予受理，同时告知债权人应当向管理人申报债权。债权人申报债权后，对管理人编制的债权表记载有异议的，可以根据《企业破产法》第 58 条的规定提起债权确认之诉。

84. 如何保障和解协议的执行？①

【回答】

可由债权人代表和律师、会计师等具备专业知识和技能的人员组成监

---

① 本问题的回答节选自张善斌、翟宇翔：《破产和解制度的完善》，载《河南财经政法大学学报》2019 年第 5 期。有删节改动。

管组，债务人具体的经营方案、大额资金的使用及人员聘用等应及时报告监管组，监管组有权抽查债务人的日常经营。若监管组发现债务人的生产经营再次陷入困境，或有转移财产抽逃资金的行为，应及时向人民法院申请终止和解协议的执行，宣告债务人破产。

【理由】

根据《企业破产法》，人民法院认可和解协议后，和解程序终止。但《企业破产法》并未规定和解协议执行的相关问题，导致在和解协议执行过程中可能出现债务人故意损害债权人利益的情形。

有关和解协议执行的保障，理论上存在以下观点：

第一，赋予和解协议以强制执行效力。我国学者对是否应赋予和解协议以强制执行的效力进而保障和解协议的执行存在争议，一些学者认为有必要赋予和解协议强制执行效力，[1] 而另一些则表示反对。[2] 在《企业破产法》中，无法找到赋予和解协议以强制执行效力的依据，在实践中，债权人要求强制执行和解协议时法院也未予以支持。本书认为，强制执行和解协议并不能起到理想的效果。若债务人有能力却不执行和解协议，强制执行确能使债权人得到清偿，但债务人已无复兴意愿，执行完毕后仍需对其进行清算。而在债务人因客观原因无法执行和解协议时，强制执行可以使债权人获得清偿。但对于债务人来说，强制执行会严重影响其生产经营，导致其在和解协议执行完毕后的重生希望大大降低，有再次进入破产程序的危险。破产和解本质上是由双方协商一致了结债权债务，若在其中增加过多强制因素，则会使其偏离制度设计的初衷。

第二，引入和解撤销与和解让步撤销制度。针对我国法律没有规定和解协议执行的监督措施，且未赋予和解协议以强制执行效力的现状，有学者建议建立和解撤销与和解让步撤销制度，处理债务人不执行和解

---

① 齐树洁：《破产法》（第二版），厦门大学出版社 2009 年版，第 166 页；李永军：《破产法——理论与规范研究》，中国政法大学出版社 2013 年版，第 398 页；韩长印：《破产法学》（第二版），中国政法大学出版社 2016 年版，第 294~295 页。

② 汤维建：《破产程序与破产立法研究》，人民法院出版社 2001 年版，第 359 页；王欣新主编：《破产法原理与案例教程》（第二版），中国人民大学出版社 2015 年版，第 283 页。

协议的问题。① 实际上，《企业破产法》第 104 条已经规定了和解撤销制度，在债务人不执行或不能执行和解协议时，债权人可以申请人民法院裁定终止和解协议的执行，进而转入破产清算程序。这样规定着实可以及时终止和解协议的执行，防止债务人在和解协议执行期间转移财产，或因生产经营的加剧恶化进一步损害债权人的利益。但这样的制度设计，最多只能减少债权人所受到的损失，而不能起到督促债务人执行和解协议的作用。而根据和解让步撤销制度，债务人不履行和解协议时，未受清偿的债权人可撤销其在和解中的让步。但此制度存在重大缺陷，即它虽能使撤销让步的债权人在和解协议执行完毕后获得较高的清偿，却无法在和解协议不能执行的情况下起到保护债权人的作用。

第三，通过和解协议执行的监督。本书认为，和解协议的执行主要取决于债务人自身，若其无执行意愿或者执行能力，其他任何制度的设立皆无意义。能够起到实际作用的，只能是对债务人生产经营恢复情况与和解协议执行情况进行密切监督，在发现问题时及时采取相关措施。

《企业破产法》没有和解协议执行监督的相关规定，在破产和解实务中，监督和解协议执行的方式主要有以下几种：其一，债权人委员会监督；② 其二，法院及政府部门监督；③ 其三，专业监管组监督；④ 其四，人民法院及管理人监督。⑤ 但是，以上监督方式大多存在不足。首先，债权人委员会虽有监督职权，但在人民法院裁定认可和解协议后，破产程序终结，⑥

① 王欣新主编：《破产法原理与案例教程》（第二版），中国人民大学出版社 2015 年版，第 283 页。

② 陈坚：《启东首创国内企业破产合并和解新模式》，新华报业网，http://js. xhby.net/system/2017/02/17/030591332.shtml，访问日期：2020 年 5 月 21 日。

③ 屈庆东、郑卫平：《亚洲大酒店"无震荡"破产　三方满意》，中国法院网，https://www.chinacourt.org/article/detail/2005/11/id/187545.shtml，访问日期：2020 年 5 月 21 日。

④ 《湖北首例破产和解案结案　开创破产案和解先河》，网易新闻，http:// hubei.news.163.com/07/0402/09/3B2I5P9Q0054007G.html，访问日期：2020 年 5 月 21 日。

⑤ 吴欢：《常熟审结首例破产和解案》，载《江苏经济报》2017 年 9 月 20 日第 B01 版。

⑥ 齐明：《破产法学：基本原理与立法规范》，华中科技大学出版社 2013 年版，第 173 页；李永军：《破产法——理论与规范研究》，中国政法大学出版社 2013 年版，第 397~398 页；李永军、王欣新、邹海林、徐阳光：《破产法》（第二版），中国政法大学出版社 2017 年版，第 211 页。

此时债权人委员会已不复存在，也就无法对和解协议的执行进行监督。虽然实践中有在和解协议执行期间保留债权人委员会的做法，但本书认为，由于债权人委员会的成员大多不具有专业知识技能，由其监督并不能起到很好的效果。其次，人民法院和政府部门日常工作事务繁忙，对于债权额巨大、债权人众多或有重大社会影响的破产和解案件确有监督必要；而对于普通破产和解案件，人民法院和政府部门并无过多精力进行监督。最后，根据《企业破产法》第 98 条，人民法院认可和解协议后，管理人的职责履行完毕，因此管理人也无法对和解协议的执行情况进行监督。

综合比较，由专业监管组监督和解协议执行的做法更为合理。一方面，监管组由债权人代表和律师、会计师等具备专业知识和技能的人员组成，能够更好地了解和解协议的执行情况；另一方面，监管组作为专职的监督机构，能够对和解协议的执行进行更细致的监督。至于监管组成员的选任，本书认为既可以由债务人在和解协议中事先列出，人民法院一并审查裁定认可，也可由人民法院在裁定认可和解协议时与债务人、债权人会议及管理人共同协商确定。至于监管组的费用，应根据债务总额或财产总额确定，若和解成功，则由债务人支付；若和解失败，则作为破产费用优先受偿。①

【参考依据】

《企业破产法》

第 98 条 债权人会议通过和解协议的，由人民法院裁定认可，终止和解程序，并予以公告。管理人应当向债务人移交财产和营业事务，并向人民法院提交执行职务的报告。

第 102 条 债务人应当按照和解协议规定的条件清偿债务。

第 104 条 债务人不能执行或者不执行和解协议的，人民法院经和解债权人请求，应当裁定终止和解协议的执行，并宣告债务人破产。

人民法院裁定终止和解协议执行的，和解债权人在和解协议中作出的债权调整的承诺失去效力。和解债权人因执行和解协议所受的清偿仍然有效，和解债权未受清偿的部分作为破产债权。

---

① 汤维建：《破产程序与破产立法研究》，人民法院出版社 2001 年版，第 373 页。

前款规定的债权人，只有在其他债权人同自己所受的清偿达到同一比例时，才能继续接受分配。

有本条第一款规定情形的，为和解协议的执行提供的担保继续有效。

85. 重整计划经过人民法院批准后，是否可以将管理人作为重整计划执行主体直接参与重整计划的执行？

【回答】

根据《企业破产法》第 89 条的规定，重整计划的执行人只能是债务人。若债务人存在破产欺诈或其他严重损害债权人利益的行为，应允许管理人取代债务人作为重整计划的执行人。

【理由】

关于重整计划的执行人，各国因立法背景与价值取向有别而有不同规定，主要有两种立法例，其一是以债务人为执行人，其二是以管理人为执行人。起初，我国学者认为重整计划应当由管理人执行，因管理人在经历对债务人财产的清理、债权债务的调查及制定重整计划草案的过程后，对情况较为熟悉，且管理人地位特殊，较债务人充当执行人更为公正、安全，有利于各利害关系人。[1] 随着我国企业破产制度改革的深入，立法者更加关注和尊重债务人在重整计划执行阶段的地位，在 2004 年的《企业破产法(草案)》中，采用了由债务人执行、管理人监督的体制，表明起草者在重整计划执行问题上采取了对债务人较为信任的立场。反映了我国市场经济走向成熟的现实和趋势，有利于提高重整效率和降低司法成本。[2]

根据《企业破产法》第 89 条，重整计划的执行主体仅为债务人。同时，为了避免债务人执行重整计划不力，《企业破产法》第 90 条又规定管理人作为重整计划执行的监督人，以督促债务人尽到相应的执行义务。但并未明确管理人是否可以替代债务人作为重整计划的执行主体。

有学者认为，《企业破产法》关于重整计划只能由债务人负责执行的规定过于绝对化，难以适应司法实践中的复杂情况，不利于对债权人利益

---

[1] 李永军：《破产法律制度》，中国法制出版社 2000 年版，第 463 页。

[2] 王卫国：《破产法精义》，法律出版社 2007 年版，第 266 页。

的保护，也不利于重整计划的成功执行，应补充完善。在债务人存在破产欺诈或其他严重损害债权人利益的违法行为等情况下，或者在重整计划执行过程中发生上述情况，应当允许由管理人直接或接续负责执行重整计划。① 本书同意上述观点，且重整实践中，确有部分案例中管理人直接参与重整计划的执行并在其中发挥重要作用。

【参考依据】

《企业破产法》

第 89 条 重整计划由债务人负责执行。

人民法院裁定批准重整计划后，已接管财产和营业事务的管理人应当向债务人移交财产和营业事务。

第 90 条 自人民法院裁定批准重整计划之日起，在重整计划规定的监督期内，由管理人监督重整计划的执行。

在监督期内，债务人应当向管理人报告重整计划执行情况和债务人财务状况。

---

① 王欣新：《破产法》(第四版)，中国人民大学出版社 2019 年版，第 329 页。

七、关联企业合并破产

86. 关于合并破产：

(1) 根据何种标准判断公司应当进行实质合并破产？

【回答】

实质合并破产的标准应以法人人格混同标准和欺诈标准为主，以债权人利益等标准为辅助性标准综合判断。

【理由】

我国处理合并破产标准问题的直接依据来自 2018 年最高人民法院印发的《破产审判纪要》第 32 条："当关联企业成员之间存在法人人格高度混同、区分各关联企业成员财产的成本过高、严重损害债权人公平清偿利益时，可例外适用关联企业实质合并破产方式进行审理。"

相较于我国立法滞后且尚未正式立法规定关联企业实质合并破产，美国对合并破产的实践已经持续了多年。法官在 Chemical Bank New York Trust Co. v. Kneel 一案中将资产区分的难易限度作为一项新的标准，"当严格区分各个公司的界限难度达到令人绝望的程度，且为此花费的时间成本巨大到足以损害债权人利益时，将关联企业各成员视为一个整体可以最大限度地接近正义"①。而在 In re Vecco Construction Industries，Inc 一案中，法官总结了合并破产启动的七项考量因素：其一，分离和确定个体资产和负债的难度；其二，是否存在合并的财务报表；其三，在单一地理位置合并的受益情况；其四，资产和营业的混同；其五，不同实体权益的同一性；其六，存在明显的公司内部的债务担保；其七，未遵守公司规范方

----

① Chemical Bank New York Trust Co. v. Kneel, 369F. 2d845(2dCir. 1966).

式的资产转移。① 近年来，美国法对于实质合并破产的适用趋于谨慎，在 2005 年的 Owens Corning 案中，法院认为实质合并破产必须满足以下两种情形之一：首先，在破产申请之前，这些债务人企业如此无视企业独立人格以至于他们的债权人（基于合同之债的债权人）必须要打破企业间的界限，将他们视为一个实体；其次，破产程序启动后发现，债务人企业的财产和责任混同十分严重以至于将他们分开会花费巨大成本并损害所有债权人的利益。②

联合国国际贸易法委员会在 2012 年出台了《贸易法委员会破产法立法指南》的第三部分——《破产企业集团对待办法》，该部分立法指南对关联企业实质合并破产进行了诸多示范性立法，具有重要的参考借鉴价值。③ 其中，立法建议第 220 条对可进行实质性合并的情形作出了规定："（a）法院确信企业集团成员的资产和债务相互混合，以至没有过度的费用或迟延就无法分清资产所有权和债务责任；或（b）法院确信企业集团成员从事欺诈图谋或毫无正当商业目的的活动，为取缔这种图谋或活动必须进行实质性合并。"④ 除此之外，《破产企业集团对待办法》在第二章还提到两种情形：其一，第 107 段指出实质性合并一般发生在清算的背景下，而"在未有专门法规的法域中，凡实质性合并令例如有助于企业集团重整的，清算和重组均可使用实质性合并令"。⑤ 其二，第 108 段则指出实质性合并的另一个理由是"由于集团各成员在企业结构、经营业务和财务上的联

---

① 美国东部地区弗吉尼亚破产法院 1980 年 In re Vecco Construction Industries 案，In re Vecco Construction Industries, Inc, 4Bankr（Bankr E. D. Va. 1980））, Bankruptcy Reporter, Volume 4, 407-412. 转引自王欣新：《关联企业实质合并破产标准研究》，载《法律适用》2017 年第 8 期。

② In re Owens Corning, 419F. 3d. (Bankr. Ct. Del. 2005).

③ 《破产企业集团对待办法》中所称企业集团是指"以控制权或举足轻重的所有权而相互联结的两个或多个企业"。可以认为"企业集团"与我国法所称"关联企业"同义。

④ 联合国国际贸易法委员会：《贸易法委员会破产法立法指南》第三部分《破产企业集团对待办法》，联合国维也纳办事处英文、出版和图书馆科 2012 年版，第 72 页。

⑤ 联合国国际贸易法委员会：《贸易法委员会破产法立法指南》第三部分《破产企业集团对待办法》，联合国维也纳办事处英文、出版和图书馆科 2012 年版，第 60 页。

系，或由于集团多个成员生产过程及其产品中蕴含的知识产权等整个集团共有资产的价值，实质性合并可能会给债权人带来更大的回报"①。

从我国司法的态度和域外立法例来看，可以发现最高人民法院在《破产审判纪要》中确立的三项关联企业实质合并破产的启动标准与《破产企业集团对待办法》立法建议第 220 条的内容尽管表述不同，但实质上承认了相同的标准，即法人人格混同标准和欺诈标准，这也是采用实质合并破产制度的国家普遍适用的两项标准。除此之外，王欣新教授根据上述《破产企业集团对待办法》第二章第 107 段和第 108 段的内容，认为还可以总结出债权人收益标准和重整需要标准，并且这四项标准都可以独立适用。② 申言之，实际上后两项标准尚有瑕疵，并不具有普适性。债权人收益标准只有在所有债权人的利益均有增益的情形下方可适用。在债权人总体利益增益，而部分债权人的利益减损的情形下并不能进行实质合并破产。实质合并破产必须建立在确保债权人利益得到公平对待的基础之上。也正是如此，美国法院在 Owens Corning 案中也认为"合并破产可以带来更多利益"不能成为适用实质合并的充分条件。若实质合并会损害部分债权人的利益，其应当在严苛的条件下谨慎适用，当且仅当破产法规定的其他救济措施不能很好地保障债权人公平受偿时，实质合并才可以作为债权人救济的最后手段适用。③ 同样，重整标准在多数情况下也难以独立适用。公司法人人格否认是要解决公司股东的有限责任与对债权人保护的矛盾问题。人格混同仅仅引起民事债务的关系而不必然导致合并重整。④ 关联企业重整可以通过程序合并和程序协调的方式进行，并不一定只能寻求实质合并重整的路径。

因此，实质合并破产的标准应以法人人格混同标准和欺诈标准为主，并关注对关联企业进行实质合并是否有利于实现破产程序的价值，是否有利于充分保障债权人的合法权益，是否有利于提高破产程序的经济效率与

---

① 联合国国际贸易法委员会：《贸易法委员会破产法立法指南》第三部分《破产企业集团对待办法》，联合国维也纳办事处英文、出版和图书馆科 2012 年版，第 61 页。

② 王欣新：《关联企业实质合并破产标准研究》，载《法律适用》2017 年第 8 期。

③ In re Owens Corning, 419F. 3d. (Bankr. Ct. Del. 2005).

④ 李永军、李大何：《重整程序开始的条件及司法审查——对"合并重整"的质疑》，载《北京航空航天大学学报(社会科学版)》2013 年第 6 期。

司法效率等辅助性标准。① 最高人民法院《破产审判纪要》的规制模式值得肯定，未来在立法中也可采此种模式，并通过司法解释或指导案例确定和完善辅助性标准以及具体考量因素的类别。

【参考依据】

《破产审判纪要》

第 32 条 人民法院在审理企业破产案件时，应当尊重企业法人人格的独立性，以对关联企业成员的破产原因进行单独判断并适用单个破产程序为基本原则。当关联企业成员之间存在法人人格高度混同、区分各关联企业成员财产的成本过高、严重损害债权人公平清偿利益时，可例外适用关联企业实质合并破产方式进行审理。

《破产企业集团对待办法》立法建议

第 220 条 （a）法院确信企业集团成员的资产和债务相互混合，以至没有过度的费用或迟延就无法分清资产所有权和债务责任；或（b）法院确信企业集团成员从事欺诈图谋或毫无正当商业目的的活动，为取缔这种图谋或活动必须进行实质性合并。

（2）公司进行实质合并破产应如何启动？

【回答】

实质合并破产的启动程序应以分别破产再合并模式为原则，以部分破产再纳入模式为例外。

【理由】

通说认为实质合并破产的启动程序有三种模式：第一种模式为各关联企业先分别进入破产程序，然后再实施实质合并；第二种模式为部分关联企业先进入破产程序，再由其申请实质合并破产，由人民法院裁定将其他关联企业纳入实质合并破产程序；第三种模式为先合并关联企业，再统一进入实质合并破产程序。② 这三种模式中，前两种模式较为常见，最后一

① 徐阳光：《论关联企业实质合并破产》，载《中外法学》2017 年第 3 期。
② 王欣新：《破产法前沿问题思辨（下册）》，法律出版社 2017 年版，第 363 页；徐阳光：《论关联企业实质合并破产》，载《中外法学》2017 年第 3 期。

种模式应用较少，并且与公司法存在许多交集。故在此主要讨论前两种启动模式。

从理论上来说，第一种模式——分别启动再合并模式（一说称为"多元集中模式"①）是最合理、最不会引起争议的模式。该模式的启动基础是各关联企业本身已具有破产原因，并且已经各自进行破产申请，进入破产程序。在此基础上，实质合并破产程序仅基于各企业之间的关联关系符合实质合并的标准而启动，不会涉及对不具有破产原因的企业实施实质合并破产带来的争议。同时，在是否需要实质合并的判断上，由于该模式下的各关联企业已进入破产程序，管理人已接管债务人的财产，知悉债务人财产状况、债权登记情况，可以对实质合并的启动进行全面准确的权衡。

至于第二种模式——部分破产再纳入模式（一说称为"一元纳入模式"②）可能将并不具有破产原因的企业纳入实质合并破产程序，因此需要法院在裁定纳入这些企业的同时充分说明实质合并的理由。辽宁辉山乳业集团安达牧业有限公司等重整一案已有类似实践，法院根据《破产审判纪要》第33条列举的"关联企业之间资产的混同程序及其持续时间、各企业之间的利益关系、债权人整体清偿利益、增加企业重整的可能性"四项因素综合考虑认定合并重整的必要性。③ 域外立法例也有如《破产企业集团对待办法》第二章第12段罗列的考量因素："集团成员之间的关系，对这种关系虽说法不一，但都涉及相当程度的相互依赖性或控制性；资产混杂不清；身份同一，依赖于管理层和财政支助或不一定由集团成员间法律关系（例如母公司与受控集团成员间的关系）而产生的其他类似因素。"④ 该模式下的实质合并破产程序由法院根据实体需要作出裁定，在各方沟通

---

① 重庆市高级人民法院民二庭课题组：《关联企业破产实体合并中的法律问题及对策》，载《法律适用》2009年第12期。

② 重庆市高级人民法院民二庭课题组：《关联企业破产实体合并中的法律问题及对策》，载《法律适用》2009年第12期。

③ 参见沈阳市中级人民法院(2018)辽01破申42-2号民事裁定书。

④ 联合国国际贸易法委员会：《贸易法委员会破产法立法指南》第三部分《破产企业集团对待办法》，联合国维也纳办事处英文、出版和图书馆科2012年版，第23页。

无法达成一致的情况下有利于关联企业整体利益的实现，但一定程度上忽视了企业本身、债权人和出资人的意思，此时人民法院作出的合并裁定可能会伴随着缺少法律依据、职权主义的破产启动程序等质疑。

《破产审判纪要》第 32 条明确提到："……应当尊重企业法人人格的独立性，以对关联企业成员的破产原因进行单独判断并适用单个破产程序为基本原则。"该条表达了最高人民法院对于关联企业合并破产问题的基本态度，即尊重法人独立性，以单个企业破产为原则，实质合并破产程序的启动具有谦抑性。因此，在此基本原则的指引下，分别启动再合并模式（多元集中模式）具有制度优越性，实质合并破产的启动应以此模式为原则。同时，考虑到部分破产再纳入模式（一元纳入模式）在实践中更具灵活性，且司法实践中也较常使用，不应将其排除在外，而应将其作为例外的启动模式加以规定，并根据我国破产实践总结出如前述《破产企业对待办法》第 12 段的例外情形，审慎适用该模式。

【参考依据】

《破产审判纪要》

第 32 条　人民法院在审理企业破产案件时，应当尊重企业法人人格的独立性，以对关联企业成员的破产原因进行单独判断并适用单个破产程序为基本原则。当关联企业成员之间存在法人人格高度混同、区分各关联企业成员财产的成本过高、严重损害债权人公平清偿利益时，可例外适用关联企业实质合并破产方式进行审理。

《破产企业集团对待办法》立法建议

第 220 条　（a）法院确信企业集团成员的资产和债务相互混合，以至没有过度的费用或迟延就无法分清资产所有权和债务责任；或（b）法院确信企业集团成员从事欺诈图谋或毫无正当商业目的的活动，为取缔这种图谋或活动必须进行实质性合并。

87. 提出实质合并的申请人有哪些？破产企业管理人是否具有申请该破产企业的关联企业合并破产的主体资格？

【回答】

实质合并破产的申请权人一般包括债权人、债务人和管理人，清算义务人仅在极少数情况下可申请实质合并破产，出资人不宜享有申请权。

【理由】

根据《企业破产法》第 7 条的规定，我国可以提出破产申请的人包括债务人、债权人和清算义务人。同时根据《企业破产法》第 70 条规定，破产重整的申请在一定条件下可以由出资人提出。除此之外，在实质合并破产的实务中，还存在管理人申请实质合并破产的情形。一般破产情形下，管理人由法院在受理破产申请后指定，在破产申请阶段尚无管理人存在。而在实质合并破产的场合，先合并再破产的情况尚在少数，大多数情况都存在所有或部分关联企业先行破产，再申请实质合并破产的情况。此时，先进入破产程序的关联企业的管理人是否享有实质合并破产的申请权成为实务较为关心的问题，也是实质合并破产程序不同于一般破产程序的特殊问题。因此，在此需要讨论的申请人就包括以下五种对象：债务人、债权人、清算义务人、出资人和管理人。接下来对这五种对象分别进行讨论。

首先是债务人。一般来说，债务人破产申请权的价值在于破产免责以及保证破产制度的有效实施。① 在实质合并破产的语境下，保证破产制度有效实施的理由是仍然成立的。债务人对自身财产状况、经营状况最为了解，对关联企业间的人格混同状况也较为清楚，具有判断是否有必要进入实质合并破产程序的能力，赋予债务人破产申请权当然是可行的。但问题在于，债务人是否具有破产申请的动力？就实质合并重整等情形而言，合并重整对整合各关联企业的营运资源和债务状况、提高重整效率、增加重整成功率具有优势，债务人可能会主动选择申请合并重整。但如果债务人与关联企业存在严重的人格混同状况，甚至欺诈而有损债权人的行为，则无法期待债务人主动申请实质合并破产。总体而言，即使实质合并破产的债务人申请权对债务人破产免责的救济性质并不突出，也应当赋予债务人申请权。值得注意的是，《破产企业集团对待办法》将实质合并的申请称为"联合申请"，立法建议第 199 条规定："破产法可具体规定，可以联合申请启动针对企业集团两个或多个成员的破产程序，这些成员均须符合所

---

① 韩长印主编：《破产法学》（第二版），中国政法大学出版社 2016 年版，第 46页。

适用的启动标准。"①该条提到的债务人申请权需由两个及两个以上的债务人共同行使，从逻辑上讲多个主体才可以谈"合并"，单个主体申请合并显然不适格。"联合申请"的定义也是此意，这点通常被我国学者忽略。

其次是债权人。在我国破产法实践中，债权人行使申请权的情形相对较多，这种动力源自债权人对获得公平清偿的期待。在实质合并破产的申请下这种动力并未发生改变，受到关联企业人格混同或欺诈行为的影响，受偿降低的债权人会积极申请实质合并破产，由此，债权人享有申请权自不待言。在债权人申请的场合需要深究的问题在于，怎样的债权人才享有申请权？王欣新教授明确提到"不需要其同时是所有各个合并关联企业的债权人，只需是某一个合并企业的债权人即可"②。而联合国国际贸易法委员会的观点却截然相反，其立法建议第 200 条规定提出联合申请的可以是债权人，但条件是"为联合申请中拟列入的集团每个成员的共同债权人"③。显然贸易法委员会对债权人申请的态度是非常严格的，若采此立法选择，实践中适格的债权人会大幅减少。并且，当这些债权人作为所有关联企业的共同债权人时，其在每个企业的受偿情况是不一致的，是否提出实质合并申请也必然会首先根据自己的计算，仅在实质合并程序对提高自身受偿比例有利的情形下才会选择行使申请权，这将进一步减少债权人提出申请的可能。因此，考虑到我国实质合并破产程序应用尚不成熟，应放宽准入条件提高利用率，债权人只需是其中某一关联企业的债权人即可，并通过对债权人举证责任的完善和受理阶段的把控达到对债权人申请的合理规制。

再次是清算义务人。清算义务人在公司解散但未清算或者未清算完毕、资产不足以清偿债务时，依法享有破产清算的申请权。清算义务人在实质合并破产的场合下也不应享有超出以上范围的权利。质言之，理论上讲清算义务人仅享有申请实质合并破产清算的权利。然而，关联企业一般

① 联合国国际贸易法委员会：《贸易法委员会破产法立法指南》第三部分《破产企业集团对待办法》，联合国维也纳办事处英文、出版和图书馆科 2012 年版，第 26 页。

② 王欣新：《破产法前沿问题思辨（下册）》，法律出版社 2017 年版，第 364 页。

③ 联合国国际贸易法委员会：《贸易法委员会破产法立法指南》第三部分《破产企业集团对待办法》，联合国维也纳办事处英文、出版和图书馆科 2012 年版，第 26 页。

不会因为清算义务人的申请而整体直接进入实质合并破产清算，"清算义务人要想申请实质合并破产清算，往往首先需要申请启动破产清算程序。而一旦破产程序启动，清算义务人便不再具有任何权利，企业将由管理人接管"①。其实，该说法也存在一定瑕疵：在讨论实质合并破产申请人时，若清算义务人按照该说法申请破产清算，虽然未达到直接进入破产清算的目的，而是启动了破产程序，也是"歪打正着"，理应属于实质合并破产申请的适格主体。因此，为解决此问题，应规定清算义务人仅能申请实质合并破产清算，并且当关联企业不具备直接进入破产清算的条件时，人民法院不应先启动破产程序，而是应当驳回清算义务人的申请。

接下来还有出资人。各国破产法在重整制度中一般都会赋予出资人（股东）重整申请权。重整程序需要企业的所有者、债权人或其他第三人为债务人提供资金支持，帮助企业复兴。出资人一方面有能力提供资金，另一方面也有与企业相同的利益——维持企业继续运转也是在保护自己所持企业股份的价值。同时，《企业破产法》第70条并非简单规定出资人享有重整申请权，而是有申请时间限制、出资额限制，并且仅适用于债权人申请破产清算的情形，属于后续重整申请。② 将出资人相关的规定移植到实质合并重整申请中来并非易事，有学者就提出"应当允许出资人在债务人不提出重整申请的情况下，与其他申请人一样直接对关联企业申请合并重整"③。不仅如此，一般破产重整申请要求出资人的出资额不低于注册资本的十分之一，但实质合并重整涉及众多关联企业，出资人的出资情况愈发复杂，出资额的限制也难以确定。各关联企业的实质合并破产，决定的是各企业间特别是其债权人的利益关系，而不是个别企业与出资人的关系。④ 这些困难也体现出出资人在实质合并重整中角色变得不再单纯，不应被规定为实质合并破产的申请人。

最后是管理人。在上一问题确定的两种实质合并破产基本启动模式的前提下，分析管理人的申请权就相对简单。无论是分别破产再合并，还是

---

① 王欣新：《破产法前沿问题思辨（下册）》，法律出版社2017年版，第365页。

② 王艳华主编：《破产法学》，郑州大学出版社2009年版，第240页。

③ 王欣新、周薇：《关联企业的合并破产重整启动研究》，载《政法论坛》2011年第6期。

④ 王欣新：《破产法前沿问题思辨（下册）》，法律出版社2017年版，第365页。

部分破产再纳入，都会先有关联企业进入破产程序，这些已经处于破产程序的企业的管理人，尤其是关联企业中处于控股地位的企业的管理人，对相关关联企业的资产和债务情况掌握相对清楚，这些管理人具有申请实质合并破产的可能性。基于管理人职责的特殊性，管理人对债务人的财产状况熟悉程度与债务人企业本身相似，可以对关联企业是否适合实质合并破产作出判断；同时，实质合并破产的制度价值就在于可以简化涉及多家关联企业的复杂破产程序，提高效率并且公平清偿。实践中也有此类案例，例如江苏省纺织工业(集团)"1+5"实质合并重整一案中，法院认为管理人作为申请人主体适格，因"管理人是由人民法院指定，独立开展破产事务管理工作的机构或人员，依法履行接管债务人财产、印章、账簿、文书等资料，调查债务人财产状况，制作财产报告等职责。因此，管理人更加容易发现关联债务人的混同因素、控制与从属程度、资产和利益的输送行为等，且管理人基于其特殊身份和职责，具有中立性和专业性，其所作的判断也更为客观"[1]。管理人在合理情形下申请实质合并破产实际上也属于对企业破产程序的管理方式之一，并且管理人的地位较为客观和灵活，相比债权人还具有信息优势，能够在关联企业、债权人之间进行协调，赋予管理人申请权有利于实质合并破产的启动。

【参考依据】

《企业破产法》

第7条 债务人有本法第二条规定的情形，可以向人民法院提出重整、和解或者破产清算申请。

债务人不能清偿到期债务，债权人可以向人民法院提出对债务人进行重整或者破产清算的申请。

企业法人已解散但未清算或者未清算完毕，资产不足以清偿债务的，依法负有清算责任的人应当向人民法院申请破产清算。

第70条第2款 债权人申请对债务人进行破产清算的，在人民法院受理破产申请后、宣告债务人破产前，债务人或者出资额占债务人注册资本十分之一以上的出资人，可以向人民法院申请重整。

---

[1] 南京市中级人民法院(2017)苏01破8号民事裁定书。

《山东省高级人民法院企业破产案件审理规范指引(试行)》

第 19 条　关联企业不当利用关联关系,导致关联企业成员之间法人人格高度混同,损害债权人公平受偿利益的,关联企业成员、关联企业成员的债权人、关联企业成员的清算义务人、已经进入破产程序的关联企业成员的管理人,可以向人民法院提出对关联企业进行合并破产的申请。

88. 对关联企业实质合并破产的审查应注意哪些问题?

【回答】

在审查程序上,法院应及时通知各利害关系人,并组织听证,在听取各方意见的基础上作出裁定,但不以各债权人会议的一致同意为批准申请的必要条件。在审查内容上,法院应综合审查关联企业之间资产的混同程度及其持续时间、各企业之间的利益关系、债权人整体清偿利益、增加企业重整的可能性等因素。

【理由】

《破产审判纪要》对实质合并破产的审查有所涉及,第 33 条规定:"人民法院收到实质合并申请后,应当及时通知相关利害关系人并组织听证,听证时间不计入审查时间。人民法院在审查实质合并申请过程中,可以综合考虑关联企业之间资产的混同程序及其持续时间、各企业之间的利益关系、债权人整体清偿利益、增加企业重整的可能性等因素,在收到申请之日起三十日内作出是否实质合并审理的裁定。"该条分别从审查程序和审查内容两方面对法院审查实质合并申请作出了指引,我们回答审查阶段的注意点时也应从这两方面来把握。

第一,审查程序的注意点。

首先,根据《破产审判纪要》第 33 条的规定,人民法院应当尽到通知义务,并组织听证,充分听取各方主体的意见。通知利害关系人只能保障各方的知情权,听证程序则更进一步,在可能启动的实质合并破产程序前给予各方一个行使异议权的平台。听证程序不仅有利于维护和保障当事人的陈述权、申辩权,也能提高审查效率,实现程序公正。此前,听证程序多应用于行政执法程序,近年来也开始探索性地适用于执行异议案件以及破产申请审查之中,如《云南省高级人民法院破产案件审判指引(试行)》

第 18 条规定了法院应当组织听证的情形。① 其中虽未明确规定实质合并破产申请情形，但根据目的解释，人民法院"应当"主动组织听证审查程序的目的一般是为了解决对当事人的权利义务有重大影响或者社会影响较大的案件，实质合并破产案件涉及多家关联企业，对多方利害关系人有重大影响，并且关联企业本身就可能属于该条第 6 项或第 7 项的范畴，可以说最高人民法院和地方人民法院对于实质合并破产申请阶段人民法院应当组织听证的态度是一致的。

其次，需要认识到听证程序是法院实质审查的一部分。既然是实质审查，本质上是否裁定批准就属于司法裁判权的范畴，听证程序虽然提供了各方主体表达意见的场合，但不应代替法官作出判断。听证程序应使法官更加熟悉各关联企业之间的关系、关联企业与债权人的关系，能大致把握实质合并破产给各方利益带来的影响，从而作出更加恰当的判断。在早期实质合并破产的实践中，有一个类似的问题：人民法院批准申请是否需要以债权人会议的同意为前提条件？② 根据上述分析，该问题的答案自然是否定的。事实上，取得所有关联企业的债权人会议的同意是立法者的一厢情愿。关联企业的实质合并破产，可能降低资产多、债务少的关联企业债权人的清偿率，甚至在有些情况下会造成债权人之间的零和博弈，如果以所有债权人同意为前提，实质合并程序将举步维艰。

第二，审查内容的注意点。

《破产审判纪要》第 33 条就审查内容提到了"关联企业之间资产的混同程度及其持续时间、各企业之间的利益关系、债权人整体清偿利益、增

---

① 《云南省高级人民法院破产案件审判指引（试行）》第 18 条第 1 款："破产审判业务部门审查申请破产案件，可以书面审查，也可以采取组织听证的方式进行审查。案件存在下列情形之一的，一般应当组织听证审查：（一）债权人申请债务人破产清算，债务人提出异议，且异议事实和理由需要组织听证审查的；（二）申请债务人重整的；（三）债务人申请和解的；（四）债务人为国务院国有资产监督管理委员会和财政部联合颁布的《企业国有资产交易监督管理办法》第四条定义的'国有及国有控股企业、国有实际控制企业'的；（五）债务人为商业银行、证券公司、保险公司等金融机构的；（六）债务人为上市公司的；（七）在全国、全省或本辖区有重大影响的；（八）其他人民法院认为需要组织听证的。"
② 王欣新：《〈全国法院破产审判工作破产审判纪要〉要点解读》，载《法治研究》2019 年第 5 期。

加企业重整的可能性",从上述几项审查内容可以看出,实质合并破产申请的部分审查内容与实质合并破产的标准具有相似性。原因在于,该审查实质上就是考量关联企业的现状是否符合实质合并破产的标准,标准的判断需要以外观上的某些因素为参考,这些需考量的因素是标准的具象化,也即审查内容,如混同情形持续的时间、关联企业的财务数据等。下面以人格混同标准的具体审查内容为例进行分析。

对关联企业人格混同的审查包括但不限于《破产审判纪要》第 33 条规定的"混同程度及其持续时间"。有学者提出,认定两个或两个以上公司人格混同必须同时具备两个要件:公司财产不独立、公司意志不独立。其中,公司财产难以区分是判断公司财产独立的核心要素;业务混同是判断公司人格独立的核心要素。[①] 也有法院在实质合并重整裁定中根据人员混同、财务混同、资产混同和业务混同四个方面判断。[②] 还有学者借鉴美国判例经验,总结了 26 项法院应予重点考察的因素,[③] 其中具有代表性的因素有:财务报表、会计账簿的混同;关联企业间相互担保的情形;分离和确定单个企业的资产和责任的难度;[④] 资产的混合程度和不当转移情况;是否使用共同的营业场所或办公地址;董事、高管、普通雇员和律师等人员的交叉情形;经营管理等重大决策事项的决议程序是否独立合规;关联企业间业务范围的重合度,以及是否主要从事关联企业间交易等。实践中,这些因素的审查需要借助第三方专业审计机构的财务鉴证,尤其是公司财产混同的审查。有学者从财务角度提出以下审核标准:第一,购销类交易以非公允价格所形成超额利润或负利润(低于成本价格交易)占交易一方利润总额 50% 以上;第二,无对价(或不合理对价)转移资产金额占任何交易一方流动资产比例超过 30% 以上,或转移资产导致其资产流

---

① 孔维璟:《实质合并规则的理解和运用》,载《人民司法(应用)》2016 年第 26 期。

② 沈阳市中级人民法院(2018)辽 01 破申 42-1 号民事裁定书。

③ 徐阳光:《论关联企业实质合并破产》,载《中外法学》2017 年第 3 期。

④ 也有学者认为此项应是全新的实质合并破产标准。参见贺丹:《破产实体合并司法裁判标准反思——一个比较的视角》,载《中国政法大学学报》2017 年第 3 期。由于该标准无论是属于人格混同标准,还是另起炉灶成为新标准,都可以存在于本书前述实质合并破产标准问题下的主要标准加辅助性标准的框架下,因此对于此问题此处不作深究。

动性水平及偿债能力低于行业同类均值；第三，计量担保等或有负债的实现情况对关联方造成的流动性水平或损益影响，如造成流动性水平或损益表金额下降比例超过 20%（或者更高）。① 这样定量化的标准更加具体，也更具操作性，将来法院须在总结实质合并破产案件的经验时，注重论证说理之外的数据支撑，增加裁判的可信度。同时，在实践中确定这样的标准并不容易，需要综合运用法律和财会知识，以财务审计的可视化标准辅助司法裁判。

【参考依据】

《破产审判纪要》

第 33 条 实质合并申请的审查。人民法院收到实质合并申请后，应当及时通知相关利害关系人并组织听证，听证时间不计入审查时间。人民法院在审查实质合并申请过程中，可以综合考虑关联企业之间资产的混同程序及其持续时间、各企业之间的利益关系、债权人整体清偿利益、增加企业重整的可能性等因素，在收到申请之日起三十日内作出是否实质合并审理的裁定。

《云南省高级人民法院破产案件审判指引（试行）》

第 18 条第 1 款 破产审判业务部门审查申请破产案件，可以书面审查，也可以采取组织听证的方式进行审查。案件存在下列情形之一的，一般应当组织听证审查：

（一）债权人申请债务人破产清算，债务人提出异议，且异议事实和理由需要组织听证审查的；

（二）申请债务人重整的；

（三）债务人申请和解的；

（四）债务人为国务院国有资产监督管理委员会和财政部联合颁布的《企业国有资产交易监督管理办法》第四条定义的"国有及国有控股企业、国有实际控制企业"的；

（五）债务人为商业银行、证券公司、保险公司等金融机构的；

（六）债务人为上市公司的；

---

① 阎晓林：《基于财务视角的关联企业实质合并破产审查标准研究》，载《中国注册会计师》2019 年第 7 期。

（七）在全国、全省或本辖区有重大影响的；

（八）其他人民法院认为需要组织听证的。

89. 人民法院作出的实质合并破产裁定，当事人能否提出上诉或者提出听证请求？

【回答】

当事人不服实质合并裁定的，可以自裁定书送达之日起 15 日内向受理法院的上一级人民法院申请复议。

【理由】

《破产审判纪要》第 33 条规定了法院在审查阶段负有通知当事人和组织听证的义务，这属于典型的保障当事人知情权和异议权的事前保护方式。在实质合并破产裁定作出后，也应对当事人的相关权利进行事后救济，主要体现在设置渠道供不服裁定的当事人提出异议。《破产审判纪要》第 34 条对裁定实质合并时当事人的权利救济作出了规定："相关利害关系人对受理法院作出的实质合并审理裁定不服的，可以自裁定书送达之日起十五日内向受理法院的上一级人民法院申请复议。"显然，最高人民法院的意见是在法院裁定后仅提供复议的渠道。而题中提到的则是上诉和听证的救济方式，接下来应对这三种救济方式进行分析和取舍，确定合理的权利救济规定。

首先，需要明确实质合并破产程序和一般破产程序中，当事人异议权的保障方式是不同的，当事人均可以在裁定作出后提出异议。根据《企业破产法》第 10 条的规定，一般破产程序在法院受理前，债务人有期限为 7 日的异议期；若法院裁定不受理破产申请，则申请人根据《企业破产法》第 12 条享有上诉的异议权。即在一般程序中，申请人和被申请人分别享有一次且不同的异议期。由于被申请人在法院受理前就有 7 日的异议期，在期限届满后不再享有异议权的救济。而在实质合并破产程序中，法院在收到实质合并申请后即组织听证，在听证程序中就可以一定程度上保障利害关系人的知情权和异议权。在实质合并破产裁定作出后，为了进一步保障实质合并裁定的合理性，以及避免有利害关系人未参加听证或未充分表达意见，利害关系人享有再次提出异议的机会。即在实质合并破产申请和审查中，给各利害关系人两次提出异议的机会，更加注重对当事人异议权的保护。

其次，在《破产审判纪要》第 33 条规定的基础上，应排除听证的方式。实质合并破产申请及审查阶段的听证会应当书面通知申请人以及各方利害关系人，利害关系人未按期参加听证会的，不影响听证会的进行。对于法院而言，可以在听证会上调查关联企业的营业现状和负债情况，作为判断是否符合实质合并破产标准的依据；对于当事人而言，可以在裁定前就申请人举证内容进行质证，并表达对适用实质合并程序的基本立场。可以说，裁定前的听证会已经为当事人的知情权和异议权提供了充分的程序保障。另外，考虑到实质合并破产案件涉及的债务人、债权人等利害关系人众多，举行听证会带来的时间和经济成本是相当高的，在已经提供了一次听证会机会的情况下，不宜在裁定后再举行听证会。《云南省高级人民法院破产案件审判指引（试行）》第 18 条也规定"人民法院组织听证审查一般以一次为限"。

最后，排除听证后，主要问题就转化为复议和上诉的选择。在实质合并破产裁定的情况下，异议权的处理应通过复议的方式解决。关于上诉的疑问来自《民事诉讼法》和《企业破产法》的相关规定。以《企业破产法》为例，该法第 12 条第 1 款规定："申请人对裁定不服的，可以自裁定送达之日起十日内向上一级人民法院提出上诉。"由于一般破产程序中的异议通过上诉的方式提出，所以类比第 12 条之规定推知，实质合并破产申请异议的处理类似起诉权的救济，也应通过上诉提出。有学者即是采上诉的思路。① 而对于复议，在破产法中涉及复议的规定仅存在于《企业破产法》第 66 条，在债务人财产的管理方案和破产财产的变价方案经债权人会议表决未通过时，由法院裁定，债权人对该裁定不服的可以申请复议。若将视野扩展到《民事诉讼法》，复议可以适用于回避决定、保全或者先予执行裁定、调查取证、强制措施决定和执行异议裁定，其中后两项复议应向上一级人民法院申请。最高人民法院于 2015 年出台了《关于人民法院办理执行异议和复议案件若干问题的规定》，其中增加了限制出境决定和驳回不予执行公证债权文书申请的裁定两种可申请复议的情形。从申请复议的整体情形上看，可申请复议的裁定或决定相较上诉对象而言并非重大程序

---

① 徐阳光：《论关联企业实质合并破产》，载《中外法学》2017 年第 3 期。

事项，这与复议程序简便的特征相符合。救济机制之救济力度的大小应当与救济对象即被救济权利的重要性程度成正比。① 由于实质合并破产程序对各关联企业以及其他利害关系人影响重大，似乎与前述复议适用的情形不在一个量级，但能否仅根据重要性的区别适用不同的程序救济呢？答案是否定的。确定合理的救济机制需要有效衡平公正价值与效率价值之间的关系。② 复议和上诉都是移审救济，属于同一层级的救济方式，区分二者主要是避免功能重叠交叉。③ 在复议和上诉都可以解决异议的情形下，鉴于复议程序更加高效，应优先选择复议来保障诉讼权利。只有当复议无法保障当事人诉讼权利时，才应当由上诉进行衔接。实践中，也有学者认为《破产审判纪要》的规定没有充分保障当事人的实体权利和诉讼权利，法院直接裁定关联企业实质合并破产的做法应当予以纠正。④ 由此可见，最后的问题还是回归到公平与效率的衡平上来，具体选择需要综合已有的"听证-复议"程序的实施效果以及实质合并破产程序的整体效果进行判断。

从解释论的角度看，最高人民法院在《破产审判纪要》中对实质合并破产申请的异议选择了设置"向上一级人民法院申请复议"的救济方式，也是主要考虑到复议程序的效率优势。在普通民事诉讼或破产申请中，诉讼和破产程序尚未开始，当事人的实体权利暂未受到影响，法律在此时对当事人的诉讼权利提供上诉的渠道，可以对起诉权进行完善的保护。而在实质合并破产程序中，虽然实质合并申请提出时，实质合并程序还未启动，但会存在部分关联企业已经先行进入破产程序。无论是否会和其他关联企业一并进入实质合并破产程序，这些关联企业的日常运作和公司财产已经受到破产程序的控制，若实质合并破产申请还要进入上诉程序，只会徒增这些先行破产企业的讼累。根据一般原则，申请复议并不停止执行，所以上一级人民法院在接到复议申请后，应当尽快对复议作出处理决定，

---

① 韩静茹：《民事程序权利救济机制的建构原理初探》，载《现代法学》2015 年第 5 期。

② 李浩：《民事诉讼程序权利的保障：问题与对策》，载《法商研究》2007 年第 3 期。

③ 何四海：《当事人民事诉讼权利的救济机制研究》，湘潭大学 2013 年博士学位论文。

④ 韩传华：《法院裁定实质合并破产法律依据何在？》，载微信公众号"破产法快讯"，2019 年 10 月 28 日。

以免因程序的进行和破产事务处理的不可逆性而影响当事人的权益。① 另外，针对复议的具体程序，《关于人民法院办理执行异议和复议案件若干问题的规定》第 12 条规定："人民法院对执行异议和复议案件实行书面审查。案情复杂、争议较大的，应当进行听证。"此处在复议程序中规定了听证，但具体到实质合并破产申请异议的问题上，由于在审查阶段已经规定了必经的听证程序，且出于效率的考量摒弃了上诉改用复议，即使实质合并破产案件复杂、争议较大，在上一级人民法院复议时也不应当进行听证，而仅实行书面审查。若上一级人民法院复议认为有必要进行听证的，应以异议裁定认定基本事实不清、证据不足为由，裁定撤销异议裁定，发回作出裁定的人民法院重新审查，原审查法院可以至多再进行一次听证。

【参考依据】

《企业破产法》

第 10 条　债权人提出破产申请的，人民法院应当自收到申请之日起五日内通知债务人。债务人对申请有异议的，应当自收到人民法院的通知之日起七日内向人民法院提出。人民法院应当自异议期满之日起十日内裁定是否受理。

除前款规定的情形外，人民法院应当自收到破产申请之日起十五日内裁定是否受理。

有特殊情况需要延长前两款规定的裁定受理期限的，经上一级人民法院批准，可以延长十五日。

第 12 条　人民法院裁定不受理破产申请的，应当自裁定作出之日起五日内送达申请人并说明理由。申请人对裁定不服的，可以自裁定送达之日起十日内向上一级人民法院提起上诉。

《破产审判纪要》

第 34 条　裁定实质合并时利害关系人的权利救济。相关利害关系人对受理法院作出的实质合并审理裁定不服的，可以自裁定书送达之日起十五日内向受理法院的上一级人民法院申请复议。

① 王欣新：《〈全国法院破产审判工作破产审判纪要〉要点解读》，载《法治研究》2019 年第 5 期。

《关于人民法院办理执行异议和复议案件若干问题的规定》

第9条 被限制出境的人认为对其限制出境错误的,可以自收到限制出境决定之日起十日内向上一级人民法院申请复议。上一级人民法院应当自收到复议申请之日起十五日内作出决定。复议期间,不停止原决定的执行。

第10条 当事人不服驳回不予执行公证债权文书申请的裁定的,可以自收到裁定之日起十日内向上一级人民法院申请复议。上一级人民法院应当自收到复议申请之日起三十日内审查,理由成立的,裁定撤销原裁定,不予执行该公证债权文书;理由不成立的,裁定驳回复议申请。复议期间,不停止执行。

第12条 人民法院对执行异议和复议案件实行书面审查。案情复杂、争议较大的,应当进行听证。

90. 对关联企业实质合并的裁定申请复议时,原裁定是否停止执行?复议程序案号如何确定?使用何种复议文书?

【回答】

申请复议时原裁定不停止执行。复议文书应使用裁定书,案号形式为(⋯⋯)××破终字第××号。

【理由】

首先,实质合并破产裁定的复议期间原裁定不停止执行。在一般诉讼程序中,无论是在《民事诉讼法》还是在《行政复议法》中,复议期间原则上均不停止执行。《民事诉讼法》第108条规定:"当事人对保全或者先予执行的裁定不服的,可以申请复议一次。复议期间不停止裁定的执行。"与此类似,该法第116条规定强制措施决定的在复议中也不停止执行。《关于人民法院办理执行异议和复议案件若干问题的规定》第9条和第10条在限制出境决定和驳回不予执行公证债权文书申请的裁定这两种可申请复议的规定后,也有"复议期间,不停止执行"的补充规定。在行政诉讼法中,《行政复议法》第21条规定:"行政复议期间具体行政行为不停止执行。"但同时也规定了四种可停止执行的情形,分别是被申请人、行政复议机关、申请人申请停止执行,以及法律规定停止执行。但书最后一项为"法律规定"，也侧面反映了复议期间在原则上是不停止执行的，须有法律特殊规定或当事人申请且申请合理时，复议期间才可以停止执行。

具体到实质合并破产的裁定复议程序中，该裁定是否有必要停止执行在上一个问题中已有所涉及。质言之，之所以选择复议的救济方式而不是上诉，本身就有部分原因是为了使实质合并破产的裁定不至于停止执行。实质合并破产裁定作出后，关联企业将在统一财产分配和债务清偿的基础上，合并资产和负债。由于实质合并破产程序涉及多家关联企业，为了整体债权人的利益以及效率原则、公平原则，管理人在决策和具体操作上都会与先行的普通破产程序不同。并且，在人民法院经过组织听证等方式进行审查后，关联企业一般都具有实质合并破产的原因和必要性，在搜集到的实质合并破产裁定复议的案例中，几乎没有复议成功的案例。综上所述，此时尽早转入到实质合并破产程序能最大程度避免债权人因继续原普通破产程序遭受的损失，因此在裁定复议期间不应停止执行，即复议期间转入实质合并破产程序。此外，应对《行政复议法》第 21 条的但书给予重视，在实质合并破产裁定复议中，但书的四项例外原因也应当成立。

其次，关于复议文书，可以从法律文书基本理论和实践中复议法院实际使用的文书两方面切入进行研究。第一，在文书类型上，应选用裁定书。从民事诉讼法法理上讲，裁定的复议应使用裁定的形式。裁定负责解决诉讼程序问题或部分实体问题，由于复议的对象与原裁定的对象相同，所以也应通过裁定的形式作出。在审判实践中，执行裁定的复议使用复议执行裁定书，破产申请裁定的上诉使用维持或撤销不予受理、驳回破产申请裁定书。① 所以，实质合并破产裁定的复议使用裁定书并无理论上的障碍。第二，案号应采用（……）××破终字第××号的形式。文书编号的内容和顺序为：①年度，在括弧中用阿拉伯数字填写制作本文书的年度；②制作文书的人民法院的简称；③案件性质的简称，破产程序简称为"破"；④审判程序的简称；⑤本文书的序号，即本类文书年度内发文序号。② 实

---

① 邢立新编著：《最新企业破产文书范本与法律文件》，法律出版社 2007 年版，第 48~49 页；鲍雷、刘玉民编：《法院诉讼文书格式样本》，人民出版社 2009 年版，第 1101 页。

② 李国光主编：《破产案件审理、清算文书样式与制作》，人民法院出版社 2006 年版，第 227 页。

质合并破产裁定的复议裁定书案号的主要问题在上述第 4 点，即审判程序的简称是"复"还是"终"？① 关于"复"的疑问来自这本身是一个复议程序，类似的复议执行裁定书使用的是"执复字"，② 维持或撤销下级法院拘留、罚款的复议决定书使用的是"破复字"。③ 但值得注意的是，在破产申请的上诉程序中，法院一般使用"破终字"或"民终字"。④ 究其原因，上诉程序为终审程序，在裁定书末尾会有"本裁定为终审裁定"字样，所以应使用"破终字"。实质合并破产裁定的复议是极具特殊性的程序设置，既具有复议程序的属性，又具有终审程序的属性。对此，根据该复议的法理，实质合并破产裁定的异议并不具有上诉的程序障碍，而是考虑到实体上债权人等利害关系人的利益保护，而选择了复议的程序预设，从本质上来讲其在诉讼程序上的地位更加类似于破产申请的上诉程序。换句话说，实质合并破产裁定的复议虽然具有双重属性，但并不冲突：复议程序是其外观，终审程序是其内核，也是其程序价值所在。因此，实质合并破产裁定的复议裁定书中应采用"破终字"。最新的若干实质合并破产实践中对于该复议也是采用"破终字"和民事裁定书的形式。⑤

【参考依据】

《行政复议法》

第 21 条　行政复议期间具体行政行为不停止执行；但是，有下列情形之一的，可以停止执行：

---

① 早期也有实质合并破产裁定的案号使用"破申字"，但鉴于出现在纪要出台前，且异议形式采上诉形式，在此并不考虑。如沈阳中油天宝(集团)物资装备有限公司破产重整一案民事裁定书，沈阳市中级人民法院(2017)辽 01 破申 16 号。

② 鲍雷、刘玉民编：《法院诉讼文书格式样本》，人民出版社 2009 年版，第 1101 页。

③ 司法文书研究中心编著：《人民法院诉讼文书样式、制作与范例(民商事卷)》，中国法制出版社 2015 年版，第 429 页。

④ 邢立新编著：《最新企业破产文书范本与法律文件》，法律出版社 2007 年版，第 48 页；李国光主编：《破产案件审理、清算文书样式与制作》，人民法院出版社 2006 年版，第 227 页。

⑤ 蔡国辉、惠州市惠阳区鸿裕实业发展有限公司申请破产清算破产民事裁定书，广东省高级人民法院(2018)粤破终 37 号；重庆市涪陵巍海建筑有限责任公司申请破产重整破产民事裁定书，重庆市第三中级人民法院(2019)渝 03 破终 1 号等。

（一）被申请人认为需要停止执行的；

（二）行政复议机关认为需要停止执行的；

（三）申请人申请停止执行，行政复议机关认为其要求合理，决定停止执行的；

（四）法律规定停止执行的。

《民事诉讼法》

第 108 条　当事人对保全或者先予执行的裁定不服的，可以申请复议一次。复议期间不停止裁定的执行。

第 116 条　拘传、罚款、拘留必须经院长批准。

拘传应当发拘传票。

罚款、拘留应当用决定书。对决定不服的，可以向上一级人民法院申请复议一次。复议期间不停止执行。

91. 人民法院作出实质合并裁定后，法律文书上的破产企业是一个还是多个？

【回答】

法律文书上的破产企业数量依合并破产选择的程序而定：在实质合并破产清算中，应是多个企业；而在实质合并破产和解或重整中，具体根据和解协议或重整计划而定。

【理由】

首先需要说明的是，这个问题不仅仅是关于法律文书的单纯程序上的问题，更关系到实体上各关联企业在实质合并破产程序中的地位问题。在裁定作出后的实质合并破产程序中，无论是实质合并清算、和解还是重整，如果某一个子关联企业注销，或者被母公司、控股企业合并，其在实质合并破产程序中将不再继续存续，在后续的法律文书上自然也不会出现该子公司的名字。因此，"法律文书上的破产企业是一个还是多个"的问题可以等价转化为关联企业的存续问题。《破产审判纪要》第 37 条对作出裁定后企业成员的存续进行了规定："适用实质合并规则进行破产清算的，破产程序终结后各关联企业成员均应予以注销。适用实质合并规则进行和解或重整的，各关联企业原则上应当合并为一个企业。根据和解协议或重整计划，确有需要保持个别企业独立的，应当依照企业分立的有关规则单独处理。"根据该规定，在实质合并破产清算程序中，财产分配阶段各关联企业依然存续，在程序终结后才应当注销，这与《企业破产法》第121条的规定内容相一致；而在实质合并破产和解或重整中，各关联企业应首先合并为一个企业，并根据和解协议或重整计划进行实质合并破产，"依照企业分立的有关规则"是指《公司法》第175条等内容，意即企业分立是例外情形，原则上应只存在一个企业。因此，若仅根据《破产审判纪要》第37条的规定内容，该问题似乎迎刃而解。

但值得格外注意的是，上述规定本身存在一定瑕疵。例如王欣新教授认为此规定存在不妥之处，它对实质合并中的"合并"概念作了错误的理解。① 实质合并破产与公司合并是两种具有不同法律功能、法律目的和法律定位的制度，不应相混淆。实质合并破产中的"合并"并非《公司法》中的合并。相比较而言，实质合并破产是对关联企业财产和债务进行合并处理，是"法人人格模拟合并"；而《公司法》中的合并在此处是指《公司法》第172条吸收合并的方式，属于公司组织上的合并，而非简单的资产与负债的合并。进一步讲，实质合并破产和解、重整的裁定也不应具有对关联企业强制实施公司"合并"的效力，是否合并公司需要根据和解协议和重整计划而定。在此裁定下强制企业合并，即使有利于和解、重整程序的进行，实质上也已经突破了破产程序本身。因此，《破产审判纪要》第37条第2款存在问题，其侧重依据实践需要而提出，忽略了法理上的合理性，需要在明晰实质合并破产制度之法律定位的基础上对该条进行修订。此处暂不对该条提出修订意见，但在该问题的解答中不采用"原则上应当合并为一个企业"的态度，而是选择依据具体的和解协议或重整计划而定。

【参考依据】

《企业破产法》

第121条 管理人应当自破产程序终结之日起十日内，持人民法院终结破产程序的裁定，向破产人的原登记机关办理注销登记。

---

① 王欣新：《〈全国法院破产审判工作破产审判纪要〉要点解读》，载《法治研究》2019年第5期。

《公司法》

第 172 条 公司合并可以采取吸收合并或者新设合并。

一个公司吸收其他公司为吸收合并，被吸收的公司解散。两个以上公司合并设立一个新的公司为新设合并，合并各方解散。

第 175 条 公司分立，其财产作相应的分割。

公司分立，应当编制资产负债表及财产清单。公司应当自作出分立决议之日起十日内通知债权人，并于三十日内在报纸上公告。

《破产审判纪要》

第 37 条 实质合并审理的企业成员存续。适用实质合并规则进行破产清算的，破产程序终结后各关联企业成员均应予以注销。适用实质合并规则进行和解或重整的，各关联企业原则上应当合并为一个企业。根据和解协议或重整计划，确有需要保持个别企业独立的，应当依照企业分立的有关规则单独处理。

92. 关联企业非实质合并破产的管辖法院应如何确定？

【回答】

人民法院可根据相关主体的申请对多个破产程序进行协调审理，并可根据程序协调的需要，综合考虑破产案件审理的效率、破产申请的先后顺序、成员负债规模大小、核心控制企业住所地等因素，由共同的上级人民法院确定一家法院集中管辖。

【理由】

该问题中的"关联企业非实质合并破产"应该指的是关联企业的程序合并。关联企业程序合并与实质合并并列，程序合并是指案件的合并审理，如多个破产企业并案审理、整体重整，但各关联企业仍保持法人人格独立。① 关联企业程序合并在《破产审判纪要》中被表达为"协调审理"。《破产审判纪要》第 38 条对关联企业破产案件的协调审理和管辖原则有明确规定："多个关联企业成员均存在破产原因但不符合实质合并条件的，人民法院可根据相关主体的申请对多个破产程序进行协调审理，并可根据

---

① 王欣新：《破产法前沿问题思辨（下册）》，法律出版社 2017 年版，第 357 页。

程序协调的需要，综合考虑破产案件审理的效率、破产申请的先后顺序、成员负债规模大小、核心控制企业住所地等因素，由共同的上级人民法院确定一家法院集中管辖。"简单来讲，该规定确立了协调审理情形下指定管辖的原则。同时，该规定也说明了协调审理或程序合并的适用前提，以及指定管辖中具体选择哪一法院进行管辖的依据。

司法实践中已经出现关联企业协调审理的案例。如重庆市第一中级人民法院根据重庆市渝中区人民法院向重庆市高级人民法院请求指定管辖的请示及相应批复，将案件移送至渝中区人民法院，由其对三个关联企业破产案件集中管辖和协调审理。该案中，渝中区人民法院认为"鲁嘉公司、渝弟联盛公司与渝世弟公司经营场所和工作人员等严重混同，部分债务相互担保"，"为保障各方当事人之间的实质公平，提高案件审理效率，提升企业重整可能性"而请求集中管辖。① 实际上，此处选用协调审理尚存疑问。根据渝中区人民法院所查明的案情，鲁嘉公司等三家关联企业已经符合实质合并破产的标准，并且法院也是按照实质合并标准的路径进行叙述，但渝中区人民法院仅请求指定管辖，而没有申请实质合并重整。重庆市第一中级人民法院也是按照《破产审判纪要》第 38 条之意见予以移送，并未对该案关联企业是否符合该条适用前提进行说明，因此该裁定仍存瑕疵。另外，还有案例如昆明市中级人民法院协调审理的云南煤化工集团有限公司及下属企业重整案件。破产案件分属于昆明市中级人民法院、曲靖市中级人民法院及其下级沾益区人民法院三个法院管辖。在债权人对各关联企业向各法院分别提出重整申请后，云南省高级人民法院与相关法院研究分析了五家企业的内部关系和上市公司的保壳目标等情况，通过指定管辖将集团系列重整案件通过程序合并归集至昆明市中级人民法院统一管辖。② 从司法实践中可以看出，法院在适用新规定时更应加强说理。在协调审理的情形下，下级法院应在请示中着重辨明实质合并和程序合并的区别，即在实质合并破产标准的基础上，根据查明的案情充分说理论证关联企业应当适用实质合并还是程序合并；上级法院则一方面需要判断下级法院请求程序合并的请示是否合理，另一方面在确定进入关联

---

① 重庆市第一中级人民法院（2018）渝 01 破 5 号民事裁定书。

② 王欣新：《〈全国法院破产审判工作破产审判纪要〉要点解读》，载《法治研究》2019 年第 5 期。

企业程序合并后，再对破产案件审理的效率、破产申请的先后顺序、成员负债规模大小、核心控制企业住所地等因素进行综合考量，考量过程中应与相关法院加强沟通，做好协调工作，在法律文书中也应对各项考察因素一一说明。

【参考依据】

《破产审判纪要》

第 38 条　并联企业破产案件的协调审理与管辖原则。多个关联企业成员均存在破产原因但不符合实质合并条件的，人民法院可根据相关主体的申请对多个破产程序进行协调审理，并可根据程序协调的需要，综合考虑破产案件审理的效率、破产申请的先后顺序、成员负债规模大小、核心控制企业住所地等因素，由共同的上级法院确定一家法院集中管辖。

93. 关联企业人格混同一并破产的，能否合并处置破产财产？合并清算时，能否把资产、负债、债权并入母公司，子公司终结破产程序？

【回答】

关联企业人格混同一并破产，达到实质合并破产标准并且进入实质合并破产程序的，应当合并处置破产财产；若选择协调审理的，则无需合并处置破产财产。在合并清算中，各成员的财产作为合并后统一的破产财产，但子公司不宜提前终结破产程序。

【理由】

对于第一个问题，关联企业人格混同一并破产是司法实践中常见的一种情况，如前述重庆鲁嘉公司等破产案件。该情形下，关联企业并不一定会进入实质合并破产程序，也有可能通过协调审理解决。从实质合并破产的标准上来说，虽然关联企业人格混同是实质合并破产的重要标准之一，但并不是唯一标准，仅根据人格混同标准判断是不完整的。[1] 因此，在关

---

[1]　朱黎：《论实质合并破产规则的统一适用——兼对最高人民法院司法解释征求意见稿的思考》，载《政治与法律》2014 年第 3 期。

联企业出现人格混同并进入破产程序时，就可能出现两条路径，一条是整体符合实质合并破产标准而进入实质合并破产程序，另一条则是不符合实质合并破产标准而进行协调审理程序。

在实质合并破产程序中，合并各关联企业的财产为统一的破产财产进行处置是实质合并应有之义。所以对于第一个问题，实质合并破产情形下是"应当"合并处置破产财产。《破产审判纪要》第 36 条在实质合并的法律后果中规定："人民法院裁定采用实质合并方式审理破产案件的，各关联企业成员之间的债权债务归于消灭，各成员的财产作为合并后统一的破产财产。"联合国国际贸易法委员会的《破产企业集团对待办法》在实质性合并一节也明确规定："在实质性合并的情况下，如果破产程序涉及同一企业集团两个或多个成员，法院在适当情况下可以不考虑企业集团每个成员的独立身份而将其资产和负债合并，视同由单一实体持有的资产和承担的负债。"[1]与此类似，王欣新教授对实质合并破产的定义为："将多个集团关联企业视为一个单一企业，合并资产与负债，在同一财产分配与债务清偿的基础上进行破产程序。"[2]可以看出，实质合并破产的"合并"正是体现在各关联企业资产与负债的合并上，是一种法人人格的模拟合并，这也是实质合并破产与公司法上合并的重要区别。除此之外，另一条路径中，协调审理下关联企业的财产处置也在《破产审判纪要》第 39 条有所涉及："协调审理不消灭关联企业成员之间的债权债务关系，不对关联企业成员的财产进行合并。"由于协调审理属于破产程序的协调，本质上各破产程序相对独立，并不存在合并处置破产财产的空间。

对于第二个问题，首先，子公司的资产、负债和债权并入母公司应根据《破产审判纪要》第 36 条进行理解。其次，在合并为统一的破产财产后，子公司也不宜提前单独终结破产程序。《破产审判纪要》第 37 条提及实质合并清算时关联企业的存续："适用实质合并规则进行破产清算的，破产程序终结后各关联企业成员均应予以注销。"该款对解决此问题具有一定指导意义：关联企业成员在破产清算程序终结后应予注销，即反过来意味着在破产清算程序终结前可以继续存续。

---

① 联合国国际贸易法委员会：《贸易法委员会破产法立法指南》第三部分《破产企业集团对待办法》，联合国维也纳办事处英文、出版和图书馆科 2012 年版，第 59 页。

② 王欣新：《破产法前沿问题思辨（下册）》，法律出版社 2017 年版，第 339 页。

关于子公司提前终结破产程序的问题，有司法机关曾提出"一元注销模式"的关联企业实体合并模式。① 一元注销模式是指为整体出售所有关联公司资产或剥离某些不良资产，控股企业于破产申请前向工商登记机关申请注销所有的或部分的关联子企业。一元注销模式又可以分为解散式一元注销模式和承债式一元注销模式，其区别在于子公司的注销是否需经过清算组的清算程序。子公司将资产、负债、债权并入母公司后提前终结破产程序即属于承债式一元注销模式。承债式一元注销模式具体表现为：在控股企业允诺承担关联子企业债务的前提下，工商登记机关可能允许关联控股企业不经过清算程序而注销关联子企业。关联子企业注销后，其债权债务由控股企业承担。实质上，承债式一元注销模式存在变相否认法人人格独立性的弊病，违背了法人人格模拟合并的要求。另外，承债式一元注销模式可能产生诸多问题，例如未经清算即注销可能会使子公司债权人利益受损，原本资产状况较好的子公司的债权人会因统一清算而债权受偿比例下降，还可能带来不同子公司的职工安置标准难以平衡的问题。虽然承债式一元注销模式不属于典型的实质合并清算范畴，但在理论上具有一定的可行性。该司法机关也表示："关联企业可以不经解散清算程序而注销，但是其股东应承担相应的不清算的民事责任。如果关联控股企业破产，则此种民事责任可以转为特定的债权进行申报。"②

【参考依据】

《破产审判纪要》

第 36 条 实质合并审理的法律后果。人民法院裁定采用实质合并方式审理破产案件的，各关联企业成员之间的债权债务归于消灭，各成员的财产作为合并后统一的破产财产，由各成员的债权人在同一程序中按照法定顺序公平受偿。采用实质合并方式进行重整的，重整计划草案中应当制定统一的债权分类、债权调整和债权受偿方案。

第 37 条 实质合并审理后的成员存续。实质合并审理后的企业成员

---

① 重庆市高级人民法院民二庭课题组：《关联企业破产实体合并中的法律问题及对策》，载《法律适用》2009 年第 12 期。

② 重庆市高级人民法院民二庭课题组：《关联企业破产实体合并中的法律问题及对策》，载《法律适用》2009 年第 12 期。

存续。适用实质合并规则进行破产清算的，破产程序终结后各关联企业成员均应予以注销。适用实质合并规则进行和解或重整的，各关联企业原则上应当合并为一个企业。根据和解协议或重整计划，确有需要保持个别企业独立的，应当依照企业分立的有关规则单独处理。

第 39 条 协调审理的法律后果。协调审理不消灭关联企业成员之间的债权债务关系，不对关联企业成员的财产进行合并，各关联企业成员的债权人仍以该企业成员财产为限依法获得清偿。但关联企业成员之间不当利用关联关系形成的债权，应当劣后于其他普通债权顺序清偿，且该劣后债权人不得就其他关联企业成员提供的特定财产优先受偿。

八、其他

94. 在刑民交叉破产案中，适用"先刑后民"还是"民刑并行"？

【回答】

在刑民交叉的破产案件中，应当以"刑民并行"为基本原则，以"先刑后民"为例外。只有当刑事法律关系的处理对民事法律关系的处理构成实质性影响时，"先刑后民"的原则才能得到应用。《九民纪要》从刑民交叉案件中分出三种类型来处理：第一，同一当事人因不同事实分别发生民商事纠纷和涉嫌刑事犯罪，民商事案件与刑事案件应当分别审理。第二，涉众型经济犯罪受害人就同一事实提起的以犯罪嫌疑人或者刑事被告人为被告的民事诉讼，人民法院应当裁定不予受理；正在审理民商事案件的人民法院发现有上述涉众型经济犯罪线索的，应当及时将犯罪线索和有关材料移送侦查机关，侦查机关作出立案决定前，人民法院应当中止审理；作出立案决定后，应当裁定驳回起诉。第三，人民法院在审理民商事案件时，如果民商事案件必须以相关刑事案件的审理结果为依据，而刑事案件尚未审结的，应当根据《民事诉讼法》第150条第5项的规定裁定中止诉讼。待刑事案件审结后，再恢复民商事案件的审理。如果民商事案件不是必须以相关的刑事案件的审理结果为依据，则民商事案件应当继续审理。

【理由】

在承担民事责任的主体与承担刑事责任的主体不同时，民事案件可以与刑事案件并行审理无须中止诉讼程序，从而避免忽视刑民案件在诉讼目的、价值取向方面的差异，以及对民事权利的保护与救济。在涉众型经济犯罪与民商事案件程序的处理方面，由于案件涉及人数众多，不妥善处理易引发舆情事件，威胁社会稳定。因此《九民纪要》采取了例外性的规定。

此类案件的处理不考虑案件事实是否相同，被害人以刑事被告为被告提起诉讼的，人民法院应当裁定不予受理。在民事案件审理过程中发现有涉众型犯罪的嫌疑的，应在公安机关立案后裁定驳回起诉。上述规定虽然有利于涉众型经济犯罪案件受害人的统一受偿，但避免个别清偿地导致与《刑事诉讼法》的冲突，并会造成实质上的不公正。

适用"先刑后民"这一例外条件需要满足两个必要条件：其一是受制于《刑事诉讼法》关于被害人救济机制的规定，刑事诉讼程序通过退赃、退赔和附带民事诉讼的规定实现对被害人民事权益的救济。因此，如果属于刑事案件的被害人起诉犯罪主体要求权利救济的，民事案件与刑事案件不能并行审理。刑事诉讼程序将合并民事诉讼程序。其二是刑民案件发生关联的事实属于必须通过刑事诉讼程序认定的基础性事实，通常是指犯罪主体的事实、关于犯罪构成要件的事实，刑事案件就具备优先审理的必要。相反，刑事案件就不具有优先审理的必要。

【参考依据】

《刑法》

第 162 条　公司、企业进行清算时，隐匿财产，对资产负债表或者财产清单作虚伪记载或者在未清偿债务前分配公司、企业财产，严重损害债权人或者其他人利益的，对其直接负责的主管人员和其他直接责任人员，处五年以下有期徒刑或者拘役，并处或者单处二万元以上二十万元以下罚金。

第 162 条之一　隐匿或者故意销毁依法应当保存的会计凭证、会计账簿、财务会计报告，情节严重的，处五年以下有期徒刑或者拘役，并处或者单处二万元以上二十万元以下罚金。

单位犯前款罪的，对单位判处罚金，并对其直接负责的主管人员和其他直接责任人员，依照前款的规定处罚。

第 162 条之二　公司、企业通过隐匿财产、承担虚构的债务或者以其他方法转移、处分财产，实施虚假破产，严重损害债权人或者其他人利益的，对其直接负责的主管人员和其他直接责任人员，处五年以下有期徒刑或者拘役，并处或者单处二万元以上二十万元以下罚金。

《九民纪要》

128. 同一当事人因不同事实分别发生民商事纠纷和涉嫌刑事犯罪，

民商事案件与刑事案件应当分别审理，主要有下列情形：

（1）主合同的债务人涉嫌刑事犯罪或者刑事裁判认定其构成犯罪，债权人请求担保人承担民事责任的；

（2）行为人以法人、非法人组织或者他人名义订立合同的行为涉嫌刑事犯罪或者刑事裁判认定其构成犯罪，合同相对人请求该法人、非法人组织或者他人承担民事责任的；

（3）法人或者非法人组织的法定代表人、负责人或者其他工作人员的职务行为涉嫌刑事犯罪或者刑事裁判认定其构成犯罪，受害人请求该法人或者非法人组织承担民事责任的；

（4）侵权行为人涉嫌刑事犯罪或者刑事裁判认定其构成犯罪，被保险人、受益人或者其他赔偿权利人请求保险人支付保险金的；

（5）受害人请求涉嫌刑事犯罪的行为人之外的其他主体承担民事责任的。

审判实践中出现的问题是，在上述情形下，有的人民法院仍然以民商事案件涉嫌刑事犯罪为由不予受理，已经受理的，裁定驳回起诉。对此，应予纠正。

129. 2014 年颁布实施的《最高人民法院 最高人民检察院 公安部关于办理非法集资刑事案件适用法律若干问题的意见》和 2019 年 1 月颁布实施的《最高人民法院最高人民检察院公安部关于办理非法集资刑事案件若干问题的意见》规定的涉嫌集资诈骗、非法吸收公众存款等涉众型经济犯罪，所涉人数众多、当事人分布地域广、标的额特别巨大、影响范围广，严重影响社会稳定，对于受害人就同一事实提起的以犯罪嫌疑人或者刑事被告人为被告的民事诉讼，人民法院应当裁定不予受理，并将有关材料移送侦查机关、检察机关或者正在审理该刑事案件的人民法院。受害人的民事权利保护应当通过刑事追赃、退赔的方式解决。正在审理民商事案件的人民法院发现有上述涉众型经济犯罪线索的，应当及时将犯罪线索和有关材料移送侦查机关。侦查机关作出立案决定前，人民法院应当中止审理；作出立案决定后，应当裁定驳回起诉；侦查机关未及时立案的，人民法院必要时可以将案件报请党委政法委协调处理。除上述情形人民法院不予受理外，要防止通过刑事手段干预民商事审判，搞地方保护，影响营商环境。

当事人因租赁、买卖、金融借款等与上述涉众型经济犯罪无关的民事纠纷，请求上述主体承担民事责任的，人民法院应予受理。

130. 人民法院在审理民商事案件时，如果民商事案件必须以相关刑事案件的审理结果为依据，而刑事案件尚未审结的，应当根据《民事诉讼法》第 150 条第 5 项的规定裁定中止诉讼。待刑事案件审结后，再恢复民商事案件的审理。如果民商事案件不是必须以相关的刑事案件的审理结果为依据，则民商事案件应当继续审理。

《最高人民法院最高人民检察院公安部关于办理非法集资刑事案件适用法律若干问题的意见》

七、关于涉及民事案件的处理问题

对于公安机关、人民检察院、人民法院正在侦查、起诉、审理的非法集资刑事案件，有关单位或者个人就同一事实向人民法院提起民事诉讼或者申请执行涉案财物的，人民法院应当不予受理，并将有关材料移送公安机关或者检察机关。

人民法院在审理民事案件或者执行过程中，发现有非法集资犯罪嫌疑的，应当裁定驳回起诉或者中止执行，并及时将有关材料移送公安机关或者检察机关。

公安机关、人民检察院、人民法院在侦查、起诉、审理非法集资刑事案件中，发现与人民法院正在审理的民事案件属同一事实，或者被申请执行的财物属于涉案财物的，应当及时通报相关人民法院。人民法院经审查认为确属涉嫌犯罪的，依照前款规定处理。

《江苏省高级人民法院民二庭破产案件审理指南(修订版)》

二、案件受理

……

(五)破产申请审查受理

7. 借破产逃废债务的处理。借助破产逃废债务的，应当不予受理，已经受理的，应当驳回申请。对于债务人提出的破产申请，特别债务人无财产可供分配的，应重点审查是否存在借破产逃废债务情形。

95. 在刑民交叉破产案中，被害人能否作为债权人参与破产分配？其债权如何受偿？

【回答】

被害人可以作为债权人参与破产分配。若非法所得的赃款赃物可从破产财产中剥离出来，则被害人可以通过刑事退赔程序得到优先清偿。若非法所得赃款赃物与破产财产发生严重混同，被害人与其他债权人的地位一样，应在破产程序中公平受偿。

【理由】

在 2014 年 10 月 30 日《最高人民法院关于刑事裁判涉财产部分执行的若干规定》中，明确人民法院应予刑事追缴的范围包括赃款赃物、被执行人将赃款赃物投资或者置业形成的财产及其收益、被执行人将赃款赃物与其他合法财产共同投资或者置业形成的财产中与赃款赃物对应的份额及其收益。这说明，被害人也可就赃款赃物转化形成的财产得到救济。此时，通过刑事退赔获得救济的被害人仍只是得到了一份待受偿"债权"。

破产程序是概括的执行清偿，是涵盖企业资产清理、债权清理、资产变现、合理分配等诸多环节的公平受偿程序。相对于刑事附带民事赔偿，破产程序更加专业化、精细化。被害人的财产损失可以按照此流程得到确认分配，这就意味着，被害人和债权人在破产程序中的债权确认分配上可以统一，期待公平的清偿分配结果。正是基于社会效果的统一性，对理财类犯罪的受害者与其他债权人作显著的区分在破产程序中并非必要。

对于刑民交叉案件的这种处理模式，虽然没有法律法规正式予以确认，但该司法模式以及司法精神早有依据。例如，2009 年《最高人民法院关于依法审理和执行被风险处置证券公司相关案件的通知》第 5 条规定："证券公司进入破产程序后，人民法院作出的刑事附带民事赔偿或者涉及追缴赃款赃物的判决应当中止执行，由相关权利人在破产程序中以申报债权等方式行使权利；刑事判决中罚金、没收财产等处罚，应当在破产程序债权人获得全额清偿后的剩余财产中执行。"该通知表明，证券公司破产程序中刑民交叉涉财部分遵循的原则是所有债权人都经过破产申报程序使得债权得以救济，而不区分是不是刑事被害人；即便对刑事程序中确认的赃款赃物也应当中止执行，将赃款赃物一并列入破产财产参与所有债权人的分配。

对于被害人的清偿顺位，以及非法所得赃款赃物能从破产财产中剥离出来的情况，《浙江省高级人民法院民事审判第二庭关于在审理企业破产案件中处理涉及集资类犯罪刑民交叉若干问题的讨论纪要》第 10 条规定："在审理企业破产案件过程中，因债务人的犯罪行为而非法占有的不属于债务人的财产，可以在刑事判决生效后，依照企业破产法第三十八条之规定，由受害人以财产权利人的名义通过管理人取回。"其原理在于，该类财产在性质上属于债务人因犯罪行为非法占有的财产，在能够实现直接剥离的前提下，可由权利人予以取回，从而对被害人进行优先清偿。否则，因债务人企业非法占有的被害人款、物不能从明晰单一的路径或者清楚的证据确认原系被害人所有，如多数集资类犯罪所涉及的标的一般为货币，而货币为一般等价物，在民法上占有和所有合二为一，"借钱"所转移的是货币所有权，而非使用权。故此，在借贷合同合法成立时，货币已经属于债务企业财产，而非被害人的财产。退一步看，即使认定借贷合同无效，由于金钱作为特殊种类物，也不必然归属被害人，这时亦不能根据"特定化"标准来作出相应的认定。此时被害人与其他债权人在破产程序中则应当受到公平对待。

《最高人民法院关于刑事裁判涉财产部分执行的若干规定》第 13 条第 1 款中所规定的顺序在破产法清偿规则中并无相应规定，可见这一规定与清偿顺位有所区别。"退赔被害人损失"优先于其他民事债务，在《企业破产法》中也并没有相应的依据。《民法总则》第 187 条(《民法典》第 187 条)规定："民事主体因同一行为应当承担民事责任、行政责任和刑事责任的，承担行政责任或者刑事责任不影响承担民事责任；民事主体的财产不足以支付的，优先用于承担民事责任。"该法条除了规定"民事责任优先"原则，结合《最高人民法院关于刑事裁判涉财产部分执行的若干规定》第 13 条第 2 款，同样说明，在涉及民事领域时，应依照民事标准来处理相关债权，并不存在刑事优先的标准。

在集资类债权的审理中，刑事判决先于民事债权认定不利于保护债权人利益，也不利于刑事侦查。2011 年 5 月某中级人民法院以"原告起诉的该笔款项以非法吸收公众存款罪被害人的身份判决予以返还，且现已发生法律效力"为由驳回原告起诉，使得因为配合公安机关侦查而去做笔录，最终使在判决书里罗列了损失额的被害人民事权益受损，而没有配合公安机关调查的人员却可以按照正常借贷获得民事权益上的保障。造成债权人抵触情绪严重。① 可见刑事被害人判决先于民事破产程序一方面不利于保护债权人利益，另一方面，会削减被害人协助公安机关进行刑事侦查的积极性。

① 吴正绵：《论破产债权审核中刑民交叉问题的处理》，载微信公众号"国浩律师事务所"，2014 年 6 月 19 日。

　　破产程序与刑事程序应当相互独立，集资类债权的审核不以刑事判决生效为前提，能够缩短债权人获清偿时间，从而更公平地清理债权债务。2012 年 3 月某法院受理某企业破产申请，破产受理时主要资产为 1.4 亿元左右的货币资金。随后，该企业及其董事长沈某因涉嫌非法吸收公众存款罪、骗取贷款罪等多个罪名被检察院提起公诉。受理法院以破产债权认定需要结合生效刑事判决为由，要求管理人等刑事判决生效后开始认定债权。但考虑到该刑事案件非常复杂，法院短期内难以作出一审判决。于是，债权人纷纷跑到管理人及当地政府处反映情况，要求尽快确认债权及分配现有的 1.4 亿元货币资金。①

　　反之，浙江省绍兴市中级人民法院于 2009 年 6 月 12 日裁定受理纵横控股集团有限公司等六家公司的破产申请。2009 年 9 月 23 日，第二次债权人会议通过了上述六家公司合并重整的决议。2009 年 11 月 30 日，受理法院裁定确认大部分债权人的债权。2010 年年初开始，重整投资人开始陆续清偿债权人的债权。而纵横集团等六家公司的董事长袁柏仁涉嫌非法吸收公众存款罪的一审刑事判决则在 2011 年 3 月份才由一审法院依法作出。纵横集团等六家公司合并重整案件中，纵横集团等六家公司的破产程序独立于其董事长袁柏仁的刑事追诉程序，很大程度上提高了破产程序的效率，使债权人获得清偿的时间大大提前。②

　　在刑民交叉案件中，由于救济的法益不同、责任形式不同，刑事案件与民事案件对于刑事被害人或者民事权利人的救济方式并不相同。在刑事判决明确进行追赃，民事判决确定责任人承担民事责任的情形下，应对追赃与民事责任的认定和执行进行协调。在民事案件审理过程中，追赃款应当从民事责任人赔偿范围内进行扣减。在执行过程中，执行法院应当结合民事责任和刑事责任的认定，确定民事责任人应承担的民事责任范围和赃款退还对象，避免民事权利人同时作为刑事被害人双重受偿。

【参考依据】

《企业破产法》

　　第 1 条　为规范企业破产程序，公平清理债权债务，保护债权人和债

---

　　①　吴正绵：《论破产债权审核中刑民交叉问题的处理》，载微信公众号"国浩律师事务所"，2014 年 6 月 19 日。

　　②　参见浙江省绍兴市中级人民法院 (2009) 浙绍商第 301 号民事判决书。

务人的合法权益，维护社会主义市场经济秩序，制定本法。

《民法总则》

第 187 条(《民法典》第 187 条)　民事主体因同一行为应当承担民事责任、行政责任和刑事责任的，承担行政责任或者刑事责任不影响承担民事责任；民事主体的财产不足以支付的，优先用于承担民事责任。

《最高人民法院关于依法审理和执行被风险处置证券公司相关案件的通知》

第 5 条　证券公司进入破产程序后，人民法院作出的刑事附带民事赔偿或者涉及追缴赃款赃物的判决应当中止执行，由相关权利人在破产程序中以申报债权等方式行使权利；刑事判决中罚金、没收财产等处罚，应当在破产程序债权人获得全额清偿后的剩余财产中执行。

《最高人民法院关于刑事裁判涉财产部分执行的若干规定》

第 13 条　被执行人在执行中同时承担刑事责任、民事责任，其财产不足以支付的，按照下列顺序执行：

(一)人身损害赔偿中的医疗费用；

(二)退赔被害人的损失；

(三)其他民事债务；

(四)罚金；

(五)没收财产。

债权人对执行标的依法享有优先受偿权，其主张优先受偿的，人民法院应当在前款第(一)项规定的医疗费用受偿后，予以支持。

《浙江省高级人民法院民事审判第二庭关于在审理企业破产案件中处理涉集资类犯罪刑民交叉若干问题的讨论纪要》

第 10 条　在审理企业破产案件过程中，因债务人的犯罪行为而非法占有的不属于债务人的财产，可以在刑事判决生效后，依照企业破产法第三十八条之规定，由受害人以财产权利人的名义通过管理人取回。

96. 破产企业的职工。

(1)企业停产期间职工生活费发放标准如何确定？

【回答】

企业停产期间职工生活费发放标准，应当按照停产在一个工资支付周期内的，用人单位应按劳动合同规定的标准支付劳动者工资。超过一个工资支付周期的，若劳动者提供了正常劳动，则支付给劳动者的劳动报酬不得低于当地的最低工资标准；若劳动者没有提供正常劳动，应按国家有关规定办理。具体标准，根据各地《工资支付条例》有关规定办理。

【理由】

对于企业停产期间职工生活费发放标准，《工资支付暂行规定》第12条有明确规定。其中涉及企业停产，劳动者没有提供正常劳动的情况，应当按照各地具体有关规定办理。例如，《广东省工资支付条例》第39条规定："用人单位没有安排劳动者工作的，应当按照不低于当地最低工资标准的百分之八十支付劳动者生活费，生活费发放至企业复工、复产或者解除劳动关系。"

【参考依据】

《工资支付暂行规定》

第12条 非因劳动者原因造成单位停工、停产在一个工资支付周期内的，用人单位应按劳动合同规定的标准支付劳动者工资。超过一个工资支付周期的，若劳动者提供了正常劳动，则支付给劳动者的劳动报酬不得低于当地的最低工资标准；若劳动者没有提供正常劳动，应按国家有关规定办理。

《湖北省最低工资暂行规定》

第14条 因企业破产等原因解除劳动关系的劳动者，按照有关失业保险的规定执行。

因企业破产进行法定整顿，或者由于企业停工停产、生产任务不足等原因下岗待工1个月以上又未解除劳动关系的，应按国家规定发给劳动者基本生活费。

《广东省工资支付条例》

第39条 非因劳动者原因造成用人单位停工、停产，未超过一个工资支付周期（最长三十日）的，用人单位应当按照正常工作时间支付工资。超过一个工资支付周期的，可以根据劳动者提供的劳动，按照双方新约定的标准支付工资；用人单位没有安排劳动者工作的，应当按照不低于当地最低工资标准的百分之八十支付劳动者生活费，生活费发放至企业复工、复产或者解除劳动关系。

（2）破产企业解除职工劳动合同时，经济补偿金标准如何确定？

【回答】

破产企业解除职工劳动合同时，经济补偿金标准应当按照劳动者在本单位工作的年限，每满1年支付1个月工资的标准向劳动者支付；6个月以上不满1年的，按1年计算；不满6个月的，向劳动者支付半个月工资的经济补偿。劳动者月工资高于用人单位所在直辖市、设区的市级人民政府公布的本地区上年度职工月平均工资3倍的，向其支付经济补偿的标准按职工月平均工资3倍的数额支付，向其支付经济补偿的年限最高不超过12年。上述月工资是指劳动者在劳动合同解除或者终止前12个月的平均工资。

【理由】

对于破产企业解除职工劳动合同时的经济补偿金计算标准，《劳动合同法》第47条有明确规定。

【参考依据】

《劳动合同法》

第47条 经济补偿按劳动者在本单位工作的年限，每满一年支付一个月工资的标准向劳动者支付。六个月以上不满一年的，按一年计算；不满六个月的，向劳动者支付半个月工资的经济补偿。

劳动者月工资高于用人单位所在直辖市、设区的市级人民政府公布的本地区上年度职工月平均工资三倍的，向其支付经济补偿的标准按职工月平均工资三倍的数额支付，向其支付经济补偿的年限最高不超过十二年。

本条所称月工资是指劳动者在劳动合同解除或者终止前十二个月的平均工资。

（3）企业在劳动合同解除或者终止前12个月处于停产状态，如何确定经济补偿金的计算标准？

【回答】

企业在劳动合同解除或者终止前12个月处于停产状态，经济补偿金的计算标准应当按照劳动者在本单位的工作年限，每满 1 年支付 1 个月工资的标准向劳动者支付；6 个月以上不满 1 年的，按 1 年计算；不满 6 个月的，向劳动者支付半个月工资的经济补偿。劳动者月工资高于用人单位所在直辖市、设区的市级人民政府公布的本地区上年度职工月平均工资 3 倍的，向其支付经济补偿的标准按职工月平均工资 3 倍的数额支付，向其支付经济补偿的年限最高不超过 12 年。上述月工资是指劳动者在正常劳动状态下的工资标准，即解除或终止劳动合同前劳动者正常劳动状态下 12 个月的平均工资，不包括停产状态下非正常工作期间的工资。

【理由】

若企业在劳动合同解除或者终止前 12 个月处于停产状态，劳动者处于非正常工作状态，其工资标准不纳入最终经济补偿金计算基数。

从法律依据上看，经济补偿金计算基数不能以"特殊情况下支付的工资"为标准。国家统计局《关于工资总额组成的规定》第 4 条规定："工资总额由下列六个部分组成：（一）计时工资；（二）计件工资；（三）奖金；（四）津贴和补贴；（五）加班加点工资；（六）特殊情况下支付的工资。"第 10 条明确："特殊情况下支付的工资。包括：（一）根据国家法律、法规和政策规定，因病、工伤、产假、计划生育假、婚丧假、事假、探亲假、定期休假、停工学习、执行国家或社会义务等原因按计时工资标准或计时工资标准的一定比例支付的工资。（二）附加工资、保留工资。"而《中华人民共和国劳动合同法实施条例》第 27 条规定："劳动合同法第四十七条规定的经济补偿的月工资按照劳动者应得工资计算，包括计时工资或者计件工资以及奖金、津贴和补贴等货币性收入。"《中华人民共和国劳动合同法实施条例》关于经济补偿金的月工资标准的规定限定为法定工资总额的前四部分，即计时工资、计件工资、奖金、津贴和补贴，这四部分工资只有劳动者在正常劳动状态下才能获得，所以经济补偿金计算基数应当以劳动者正常劳动状态下的月平均工资标准为准。

从公平性法律原则上看，劳动者正常劳动状态下的工资标准能够客观体现劳动者对用人单位的实际贡献，而企业停产是因非劳动者原因造成的非正常工作状态，以此状态下的工资标准作为经济补偿金计算基数，计算劳动者应得经济补偿金，不符合多劳多得的公平性法律原则。

【参考依据】

《关于工资总额组成的规定》

第4条 工资总额由下列六个部分组成:

(一)计时工资;

(二)计件工资;

(三)奖金;

(四)津贴和补贴;

(五)加班加点工资;

(六)特殊情况下支付的工资。

第10条 特殊情况下支付的工资。包括:

(一)根据国家法律、法规和政策规定,因病、工伤、产假、计划生育假、婚丧假、事假、探亲假、定期休假、停工学习、执行国家或社会义务等原因按计时工资标准或计时工资标准的一定比例支付的工资;

(二)附加工资、保留工资。

《中华人民共和国劳动合同法实施条例》

第27条 劳动合同法第四十七条规定的经济补偿的月工资按照劳动者应得工资计算,包括计时工资或者计件工资以及奖金、津贴和补贴等货币性收入。劳动者在劳动合同解除或者终止前12个月的平均工资低于当地最低工资标准的,按照当地最低工资标准计算。劳动者工作不满12个月的,按照实际工作的月数计算平均工资

97. 公积金管理中心要求业主提供破产企业开具的税收发票才能办理公积金贷款手续,但是税务机关要求破产企业将前期所欠的税款补齐后才能开具税票,导致部分业主不能办理公积金贷款而无法支付购房款时,如何处理?

【回答】

就企业而言,首先需要在破产清算中,依据《企业破产法》第113条规定顺位,清偿国家欠税,开具税票。

就业主而言,若破产企业职工没有找到新的工作单位继续缴纳公积金,应当办理公积金销户提取。关于公积金手续的办理,管理人、人民法

院应协调税务机关、公积金管理中心，争取相关政策支持，建议通过府院联动机制与税务、公积金管理中心等部门积极协调。

【理由】

该情况下，企业应当依法缴纳国家欠税。业主可以在企业完成相应手续办理后再办理公积金贷款手续。但因现实情况所限，业主还可以依据《住房公积金管理条例》规定办理相应公积金销户提取或公积金转移。

【参考依据】

《企业破产法》

第 113 条 破产财产在优先清偿破产费用和共益债务后，依照下列顺序清偿：

(一)破产人所欠职工的工资和医疗、伤残补助、抚恤费用，所欠的应当划入职工个人账户的基本养老保险、基本医疗保险费用，以及法律、行政法规规定应当支付给职工的补偿金；

(二)破产人欠缴的除前项规定以外的社会保险费用和破产人所欠税款；

(三)普通破产债权。

破产财产不足以清偿同一顺序的清偿要求的，按照比例分配。

破产企业的董事、监事和高级管理人员的工资按照该企业职工的平均工资计算。

《住房公积金管理条例》

第 14 条 新设立的单位应当自设立之日起 30 日内向住房公积金管理中心办理住房公积金缴存登记，并自登记之日起 20 日内，为本单位职工办理住房公积金账户设立手续。

单位合并、分立、撤销、解散或者破产的，应当自发生上述情况之日起 30 日内由原单位或者清算组织向住房公积金管理中心办理变更登记或者注销登记，并自办妥变更登记或者注销登记之日起 20 日内，为本单位职工办理住房公积金账户转移或者封存手续。

《湖北省住房公积金管理实施办法》

第 13 条 新设立的单位应当自设立之日起 30 日内到住房公积金管理中心办理住房公积金缴存登记，并自登记之日起 20 日内持住房公积金管理中心的审核文件，到受委托银行为本单位职工办理住房公积金账户设立手续。

单位合并、分立、撤销、解散或破产的，应当自发生上述情况之日起30日内由原单位或者清算组织到住房公积金管理中心办理变更登记或注销登记，并自办妥变更登记或者注销登记之日起20日内持住房公积金管理中心的审核文件，到受委托银行为本单位职工办理住房公积金账户转移或者封存手续。

98. 对"利息明显高于法律规定"且已经"超过不予执行仲裁裁决申请时效"的仲裁裁决或调解书如何处理？

【回答】

对利息明显高于法律规定且已经超过不予执行仲裁裁决申请时效的仲裁裁决或调解书，应当按照该生效文书确定的债权予以认定。

【理由】

时效制度是指一定事实状态在法定期间内持续存在的，由此产生的与该种事实状态相应的具有法律效力的一种制度。"超过申请不予执行仲裁裁决申请时效"属于超过诉讼时效，依据《民事诉讼法》规定，当一个案件超过诉讼时效后再向人民法院提起诉讼，人民法院可以以其超过诉讼时效而不予受理。

从诉讼时效制度的目的而言，遵守诉讼时效制度，一是有利于维护社会经济秩序，促进社会主义市场经济的良性发展。权利人与相对人之间长期存在着可能要履行的债权债务关系，债权人一直不主动要求履行，导致债权债务关系长期处于悬而未决状态之中，影响第三人就相关标的与债务人产生新的关系，不利于资金流动，也不利于货物等实体物品的流通。因此，规定适度的诉讼时效期间有利于加速经济发展，符合市场经济规律。二是有利于维护当事人双方的合法权益。诉讼时效制度不在于惩罚怠于行使权利的人，而是通过法律的明文规定，提示权利人债权存在期限，需要在合理期限内及时履行，权利不可能永远占位，从而鼓励债权人及时行使权利，免于因怠于行使权利而遭受损失；同时，诉讼时效制度也有利于提示及约束债务人在规定时间内履行债务。三是有利于人民法院及时正确地还原案件真相及处理民事纠纷。引起民事纠纷的原因一般比较复杂，且案件量很大，规定诉讼时效制度有利于人民法院还原案件情况、更好地审理案件。

"利息高于法律规定"属于仲裁裁决实体内容。而依据《民事诉讼法》第 237 条规定："对依法设立的仲裁机构的裁决，一方当事人不履行的，对方当事人可以向有管辖权的人民法院申请执行。受申请的人民法院应当执行。被申请人提出证据证明仲裁裁决有下列情形之一的，经人民法院组成合议庭审查核实，裁定不予执行：（一）当事人在合同中没有订有仲裁条款或者事后没有达成书面仲裁协议的；（二）裁决的事项不属于仲裁协议的范围或者仲裁机构无权仲裁的；（三）仲裁庭的组成或者仲裁的程序违反法定程序的；（四）裁决所根据的证据是伪造的；（五）对方当事人向仲裁机构隐瞒了足以影响公正裁决的证据的；（六）仲裁员在仲裁该案时有贪污受贿，徇私舞弊，枉法裁决行为的。人民法院认定执行该裁决违背社会公共利益的，裁定不予执行。裁定书应当送达双方当事人和仲裁机构。仲裁裁决被人民法院裁定不予执行的，当事人可以根据双方达成的书面仲裁协议重新申请仲裁，也可以向人民法院起诉。"第 274 条规定："对中华人民共和国涉外仲裁机构作出的裁决，被申请人提出证据证明仲裁裁决有下列情形之一的，经人民法院组成合议庭审查核实，裁定不予执行：（一）当事人在合同中没有订有仲裁条款或者事后没有达成书面仲裁协议的；（二）被申请人没有得到指定仲裁员或者进行仲裁程序的通知，或者由于其他不属于被申请人负责的原因未能陈述意见的；（三）仲裁庭的组成或者仲裁的程序与仲裁规则不符的；（四）裁决的事项不属于仲裁协议的范围或者仲裁机构无权仲裁的。人民法院认定执行该裁决违背社会公共利益的，裁定不予执行。"归纳可知，人民法院仅在仲裁程序出现问题的情况下可以裁定不予执行仲裁裁决，而不可对仲裁裁决实体内容进行再判断。

【参考依据】

《民事诉讼法》

第 237 条　对依法设立的仲裁机构的裁决，一方当事人不履行的，对方当事人可以向有管辖权的人民法院申请执行。受申请的人民法院应当执行。

被申请人提出证据证明仲裁裁决有下列情形之一的，经人民法院组成合议庭审查核实，裁定不予执行：

（一）当事人在合同中没有订有仲裁条款或者事后没有达成书面仲裁协议的；

（二）裁决的事项不属于仲裁协议的范围或者仲裁机构无权仲裁的；

（三）仲裁庭的组成或者仲裁的程序违反法定程序的；

（四）裁决所根据的证据是伪造的；

（五）对方当事人向仲裁机构隐瞒了足以影响公正裁决的证据的；

（六）仲裁员在仲裁该案时有贪污受贿，徇私舞弊，枉法裁决行为的。

人民法院认定执行该裁决违背社会公共利益的，裁定不予执行。

裁定书应当送达双方当事人和仲裁机构。

仲裁裁决被人民法院裁定不予执行的，当事人可以根据双方达成的书面仲裁协议重新申请仲裁，也可以向人民法院起诉。

第 274 条 对中华人民共和国涉外仲裁机构作出的裁决，被申请人提出证据证明仲裁裁决有下列情形之一的，经人民法院组成合议庭审查核实，裁定不予执行：

（一）当事人在合同中没有订有仲裁条款或者事后没有达成书面仲裁协议的；

（二）被申请人没有得到指定仲裁员或者进行仲裁程序的通知，或者由于其他不属于被申请人负责的原因未能陈述意见的；

（三）仲裁庭的组成或者仲裁的程序与仲裁规则不符的；

（四）裁决的事项不属于仲裁协议的范围或者仲裁机构无权仲裁的。

人民法院认定执行该裁决违背社会公共利益的，裁定不予执行。

《仲裁法》

第 63 条 被申请人提出证据证明裁决有民事诉讼法第二百一十三条第二款规定的情形之一的，经人民法院组成合议庭审查核实，裁定不予执行。

《破产法解释三》

第 7 条 已经生效法律文书确定的债权，管理人应当予以确认。

管理人认为债权人据以申报债权的生效法律文书确定的债权错误，或者有证据证明债权人与债务人恶意通过诉讼、仲裁或者公证机关赋予强制执行力公证文书的形式虚构债权债务的，应当依法通过审判监督程序向作出该判决、裁定、调解书的人民法院或者上一级人民法院申请撤销生效法律文书，或者向受理破产申请的人民法院申请撤销或者不予执行仲裁裁决、不予执行公证债权文书后，重新确定债权。

99. 受理破产案件人民法院直接解除保全措施存在难度，如何协调本省各中级人民法院和外省高级人民法院解决保全措施难解除的问题？

【回答】

《企业破产法》并没有"破产保全"制度的概念，仅有部分法律条款提及破产保全措施，如《企业破产法》第 19 条规定，原保全单位应当在人民法院受理破产申请后及时解除有关债务人财产的保全措施、中止执行行为；《破产法解释二》第 7 条规定，解除保全措施的时间起点是原保全单位知悉人民法院裁定受理破产申请之时；《九民纪要》的破产案件纠纷处理部分规定，执行法院解除保全措施的时间起点是收到破产受理裁定之时，对于拒绝履行协助义务的执行法院可能会承担不利后果，即破产受理法院可请求执行法院的上级法院依法予以纠正。

在现行法框架下，受理破产申请的通知送达保全法院存在时间差，可能会造成原保全法院利用时间差加快执行程序保护本地企业。由于强制执行程序具有绝对法律效力，在破产裁定送到原保全法院之前已经执行完毕的财产不能依《企业破产法》第 31 条规定撤销，这将破坏债务人财产的完整性，损害其他债权人公平受偿的权利。

因此，一方面建议由高级人民法院出台文件规定原保全法院自收到破产受理裁定后一定期限内解除保全措施、中止执行程序，否则要承担不利后果。另一方面也可参考域外立法经验，如美国自动冻结制度和日本倒产保全体系①，将破产保全生效的时间点提前至提出破产申请之时。但鉴于我国尚未建立发达的信息体系，不能未经保全申请自动冻结，可以考虑当事人在提出破产申请的同时申请破产保全，以防止损害债务人财产

---

① 《日本破产法》《公司更生法》《民事再生法》和《商法》的部分内容（特别清算和公司整理部分）等四部分共同构成了现行的倒产法律体系，日本众多单行法都规定了破产保全制度，因此日本的倒产保全制度是一种体系化建构。

的行为。①

【理由】

部分高级人民法院颁布文件明确规定解除保全措施、中止执行行为的时间期限，如《上海市高级人民法院破产审判工作规范指引（试行）》规定，自人民法院受理破产申请后，管理人可通知对债务人财产采取保全措施的法院或单位解除保全措施，并且对于上海市内的原保全法院应该在收到通知后的 7 日内解除保全措施，否则受理法院可请求原保全法院的上级法院纠正。《云南省高级人民法院关于规范执行案件移送破产审查工作的意见》第 21 条也规定了解除保全措施的具体期限，即执行法院在收到裁定破产通知后的 7 日内解除保全措施，并及时告知申请执行人申报债权。

可见，现行法对解除保全措施、中止执行程序的破产保全措施规定的时间节点为裁定受理破产或破产裁定送达至原保全法院之时，这两个时间点之间不仅存在差距，而且与当事人提出破产申请的时间也有差距。根据《企业破产法》第 10 条规定，从提出破产申请至裁定受理申请最短需要 15 日，最长可达 37 日，这为部分优势债权人利用行政、司法或其他手段追讨债务打开方便之门。因为破产申请相当于向全体债权人发出集体清偿程序开始的信号，基于法律的放任，某些有信息优势、个别抢先执行优势或是独受债务人青睐优势的债权人采取优先执行的可能性很大。② 此外，部分执行法院可能利用该时间差加快执行债务人财产，并援引《执转破意见》第 17 条规定拒绝将债务人财产移交管理人。

纵观域外破产保全制度，如美国的自动冻结（自动中止、自动停止）制度、日本的倒产保全体系等，其核心内涵都是"保持债务人财产在破产程序开始时的完整性所给予的限制性措施的统称"③。美国自动冻结制度是指在当事人向法院提出破产申请时，有关债务人财产的一切执行行为以

① 陈政、任方方、周小洁：《中美破产保全制度比较研究》，载《天中学刊》2012 年第 6 期。

② Brian A · Blum, Bankruptcy and Debtor/Creditor, Aspen Law & Business (1993), pp. 250-251. 转引自韩长印、李玲：《简论破产法上的自动冻结制度》，载《河南大学学报（社会科学版）》2001 年第 6 期。

③ 付翠英：《破产保全制度比较：以美国破产自动停止为中心》，载《比较法研究》2008 年第 3 期。

及其他可能对债务人财产产生不利影响的行为都应自动停止，不以相关人员知晓破产申请为前提。《美国破产法》涵盖八种应当被自动冻结的行为，适用所有司法和非司法的讨债行为，包括破产申请前法院的执行行为、正在进行的诉讼程序、税款催缴等任何获取债务人财产的行为，但也规定了13 种例外情形。该制度是一种具有普遍适用性的禁止令，一方面禁止债务人擅自处置财产的行为，如转移财产、有失偏颇地对部分债权人清偿或实施其他损害全体债权人利益的行为，另一方面也禁止债权人动用司法、行政等手段占有或控制债务人财产以实现自己的债权，违反该禁止令的清偿行为都是无效的。此外，日本的倒产保全体系是通过一系列单行法规定了具体的保全措施，如法院在收到破产申请但尚未开始破产程序之前，认为有必要的情况下，可以依职权或依利害关系人的申请发布命令中止与债务人财产有关的执行程序，同时还发布禁止提起强制执行程序的命令补充中止执行程序。

较之于美国的自动冻结制度，日本的倒产保全体系在保全程序开始的时间点上仍有一定的滞后性，因为法院发布的保全命令要公告且送达后才生效，不能及时中止执行程序，仍有可能出现损害债务人财产的状况。所以，建议我国借鉴美国的自动冻结制度，但由于该制度建立在发达的信息共享体系之上，而我国正处于破产信息体系构建的过程中，暂时没有相应的信息基础来支撑破产保全自申请之时自动生效。因此，我国可以尝试将破产保全的时间点提前至破产申请时，即当事人提出破产申请的同时提出破产保全申请，申请一经提出，法院就应颁布禁止令，避免发生损害债务人财产的行为，而且在重整或和解程序中也要颁布相应的禁止令，以保证破产保全程序的延续。此外，我国也要加强信息网络建设，充分利用技术手段，加强债务人财产信息的整合与共享，为破产保全工作提供技术支持。

【参考依据】

《企业破产法》

第 10 条 债权人提出破产申请的，人民法院应当自收到申请之日起五日内通知债务人。债务人对申请有异议的，应当自收到人民法院的通知之日起七日内向人民法院提出。人民法院应当自异议期满之日起十日内裁定是否受理。

除前款规定的情形外，人民法院应当自收到破产申请之日起十五日内裁定是否受理。

有特殊情况需要延长前两款规定的裁定受理期限的，经上一级人民法院批准，可以延长十五日。

第19条 人民法院受理破产申请后，有关债务人财产的保全措施应当解除，执行程序应当中止。

《执转破意见》

第17条 执行法院收到受移送法院受理裁定时，已通过拍卖程序处置且成交裁定已送达买受人的拍卖财产，通过以物抵债偿还债务且抵债裁定已送达债权人的抵债财产，已完成转账、汇款、现金交付的执行款，因财产所有权已经发生变动，不属于被执行人的财产，不再移交。

《破产法解释二》

第7条 对债务人财产已采取保全措施的相关单位，在知悉人民法院已裁定受理有关债务人的破产申请后，应当依照企业破产法第十九条的规定及时解除对债务人财产的保全措施。

《九民纪要》

109. 要切实落实破产案件受理后相关保全措施应予解除、相关执行措施应当中止、债务人财产应当及时交付管理人等规定，充分运用信息化技术手段，通过信息共享与整合，维护债务人财产的完整性。相关人民法院拒不解除保全措施或者拒不中止执行的，破产受理人民法院可以请求该法院的上级人民法院依法予以纠正。对债务人财产采取保全措施或者执行措施的人民法院未依法及时解除保全措施、移交处置权，或者中止执行程序并移交有关财产的，上级人民法院应当依法予以纠正。相关人员违反上述规定造成严重后果的，破产受理人民法院可以向人民法院纪检监察部门移送其违法审判责任线索。

人民法院审理企业破产案件时，有关债务人财产被其他具有强制执行权力的国家行政机关，包括税务机关、公安机关、海关等采取保全措施或者执行程序的，人民法院应当积极与上述机关进行协调和沟通，取得有关机关的配合，参照上述具体操作规程，解除有关保全措施，中止有关执行程序，以便保障破产程序顺利进行。

《上海市高级人民法院破产审判工作规范指引（试行）》

二、破产申请的立案与受理

第 41 条 查封措施的解除及财产移送。人民法院受理破产申请后，应当督促管理人尽快通知相关法院及有关单位解除对债务人财产的保全措施。必要时可以依照《全国法院破产审判工作会议纪要》第 42 条规定，发函要求执行法院将查封、扣押、冻结财产的处置权移交给破产案件受理法院。本市法院采取保全措施的，应当自收到通知后七日内解除保全措施，逾期不解除保全措施的，破产案件受理法院可以请求执行法院的上级法院依法予以纠正。

《云南省高级人民法院关于规范执行案件移送破产审查工作的意见》

第 21 条第 1 款 收到受移送法院送交的受理破产案件的裁定后，执行法院必须在七日内解除针对破产案件债务人所采取的财产保全措施，将债务人财产移交破产法院或管理人，并及时告知相关债权人申报债权。

100. 如何加强湖北各市、县（区）人民法院对破产案件法官平台及本省破产案件管理人对管理人平台的使用？

【回答】

湖北省高级人民法院应当根据相关文件精神指示，发布文件加强各市、县（区）法院对破产案件法官平台及本省破产案件管理人对管理人平台的使用，同时依据地区实际情况对上位文件内容予以细化规定，文件内容可包括明确平台使用办法、开展培训活动、平台绩效考核、监督平台使用、定期维护平台等方面。

【理由】

自全国企业破产重整案件信息网开通后，债务人、债权人、投资人等相关主体能够线上查阅破产企业相关信息，实时了解案件办理进程，极大程度上便利了各方主体。两大工作平台将法官和管理人的日常工作内容以线上形式呈现，在提高案件办理效率的同时还能完整准确记录案件信息，保证数据安全。

根据《最高人民法院关于企业破产案件信息公开的规定（试行）》《最高人民法院企业破产案件法官工作平台使用办法（试行）》《最高人民法院企业破产案件管理人工作平台使用办法（试行）》《破产审判纪要》等文件规

定，全国各级人民法院和破产案件的管理人都应当积极使用信息平台，准确录入案件信息，分析研判企业破产案件情况，并定期上报有关数据，使破产程序高效有序进行。

建议湖北省高级人民法院发文时参考如下内容：

第一，根据《最高人民法院企业破产案件法官工作平台使用办法(试行)》《最高人民法院企业破产案件管理人工作平台使用办法(试行)》等文件，明确规定两大工作平台的具体使用方法，包括信息录入、信息管理、提交文件、预约立案、结案公开、上传裁判文书、召开债权人会议、对接权利人等操作办法，坚持实事求是、程序正当原则。

第二，定期开展法官和管理人专业技能培训。根据《法官法》第31条和第32条规定，法官业务培训情况是任职和晋升的依据。鉴于湖北省内中级人民法院并未普遍建立专门的破产审判庭，破产案件审理分散，法官的专业水平有待提高，因此在对法官、法官助理、书记员等人员进行培训的同时也要兼顾法官工作平台的使用指引。当代中国处于互联网迭新的时代，法律工作者也需要与时俱进，努力将自己的工作节奏与信息科技发展步伐协调一致。但由于传统办案思维已在法官和破产案件管理人的脑海中根深蒂固，为突破传统思维局限性，促使法官平衡线下线上审判工作，开展互联网平台使用技能培训显得尤为重要。一方面，建议湖北省高级人民法院发文要求各级法院以网络视频、线下课堂等方式邀请互联网专家或已熟练掌握工作平台使用方法的人员对破产法官开展教学指导，尤其是年龄稍长、对新事物接受速度较缓慢的法官需要花更多的时间和精力重点培训，以提升整个法院系统的培训进程。另一方面，法院也要鼓励和监督管理人开展工作平台使用技能培训，提高管理人的职业技术水平，以便在与法官工作平台协作过程中顺利实现数据对接，防止工作脱节。除了技术培训外，也要注重思想教育，要求法官和管理人秉持认真负责的态度，严格遵守平台使用方法，依法审慎处理案件，公开案件信息，落实各项案件流程，保证线上线下工作协同进行。

第三，建议将破产案件法官工作平台使用效果纳入法官绩效考核中。法官工作平台一定程度上加重了破产法官的工作负担，因为审判工作从单一的线下模式发展为线上线下并重模式，法官的实际工作量急剧上升，需要耗费更多的时间和精力，所以建议法院适当调整考核标准，制定符合破产案件特殊性质的绩效考核体系。根据《法官法》第41条规定，法官考核内容包括审判工作实绩、职业道德、专业水平、工作能力、审判作风五个方面，建议各级法院科学制定考核具体标准，将工作平台使用技能视为专业水准或工作能力的一部分，以提升法官使用工作平台的积极性。

第四，充分发挥指导监督作用。上级法院要及时关注和监督下级法院工作平台的培训与使用情况，必要时可指派专业人士进行指导，及时发现新情况，解决新问题，同时对表现优异的法院要给予通报表扬，以产生示范效应。下级法院也应当定期上报案件数据，接受上级法院的监督。此外，根据《最高人民法院企业破产案件法官工作平台使用办法（试行）》第10条规定，法官通过工作平台指导和监督管理人，因此，为保证两大工作平台协同合作，步调一致，管理人也要在法院监督下充分使用工作平台，并在向法院汇报案件进行情况时主动报告培训效果和平台使用情况，以保证破产案件高效进行。

第五，注重平台维护，保障破产进程。根据《最高人民法院企业破产案件破产管理人工作平台使用办法（试行）》第4条规定，管理人工作平台的日常维护是由管理人机构指定专人负责，并报编制法院备案。根据《最高人民法院企业破产案件法官工作平台使用办法（试行）》第5条规定，法院信息技术部门全程负责法官工作平台的开发、运营和维护。两大工作平台已投入使用数年，系统日趋成熟，但随着破产案件数量激增，案情日益复杂，严峻的办案现实对两大工作平台提出了更高的要求，即需要完善和提升平台界面的内容层次，升级网站的安全防护措施，最终保证系统稳定运行。法院信息技术部门和管理人机构指定的专人要定期收集案件法官和管理人在平台使用过程中出现的问题和需要改进的意见，及时解决并予以落实，两者也可以相互交流技术经验，协同进步，一起为法官和管理人提供完备畅通的工作平台，辅助建设"智慧法院"和阳光司法机制。

【参考依据】

《法官法》

第31条 对法官应当有计划地进行政治、理论和业务培训。

法官的培训应当理论联系实际、按需施教、讲求实效。

第32条 法官培训情况，作为法官任职、等级晋升的依据之一。

第41条 对法官的考核内容包括：审判工作实绩、职业道德、专业水平、工作能力、审判作风。重点考核审判工作实绩。

《最高人民法院企业破产案件法官工作平台使用办法（试行）》

第4条 破产案件审判管理实行线上和线下相结合的原则，实现线上线下审判流程同步完成。

第5条 信息技术部门负责法官工作平台的开发建设、数据导入、性能调优、系统维护等技术支持和保障。立案部门、破产审判业务部门及其他相关部门根据破产案件的审判流程进度负责相应的信息录入和管理。

第10条 人民法院指定破产管理人后，应当通过法官工作平台对破产管理人的工作进行监督和指导，对破产管理人的报告进行网上批复。

《破产审判纪要》

第45条 充分发挥破产重整案件信息平台对破产审判工作的推动作用。各级法院要按照最高人民法院相关规定，通过破产重整案件信息平台规范破产案件审理，全程公开、步步留痕。要进一步强化信息网的数据统计、数据检索等功能，分析研判企业破产案件情况，及时发现新情况，解决新问题，提升破产案件审判水平。

101. 如何加强基层人民法院对全国企业破产重整案件信息网平台的使用？

【回答】

基层人民法院是化解社会纠纷、解决社会矛盾的主战场，开展法官培训是法院队伍建设工作的重要组成部分，是提高法官司法能力和司法水平的有效途径，[①] 要以开放、灵活的培训方式提升基层法官利用信息网络办理案件的技术水平。鉴于基层人民法院法官在专业审判水平和数字网络应用能力层面存在不足，法院系统内部应当制定专门的培训计划，并根据法官的需求和意见对破产信息平台进行适当改进和完善，以提高审理破产案件的效率。全国企业破产重整案件信息网平台与数字法院信息系统都是我国"智慧法院"建设过程中的重要环节，对破产案件法官进行技能培训，顺应了信息网络化时代发展趋势，也是我国在新时代开展法治建设的必然要求。

---

① 罗大乐：《推行开放式培训积极探索现代法官培训模式》，载《山东审判》2008第2期。

【理由】

全国企业破产重整案件信息网络平台创建后，破产法官身处传统线下工作环境向数字网络办公转化的过渡时期，法官要突破传统办案思维，充分考虑案件各方主体的利益，实现公正和效率。破产法官在对案件进行日常化审理的同时要将案件信息录入、更新、发布于网络平台，同时将相关数据在数字法院系统中同步，方便后期查询，这不仅要求法官具备高水平的专业审判能力，而且要有与时俱进、开拓创新的精神。建议法院系统内部制定培训计划时参考如下内容：

第一，合理安排培训时间，为法官减负。我国多数地区法院还未建立专门的破产审判庭，尚未形成破产案件由专门审判部门和专门审判人员审理的工作格局。通常情况下，办理破产案件的法官还要审理普通的民商事案件，造成法官工作量严重饱和。因此，开展破产案件业务培训的前提条件是为法官预留合理培训时间，使法官能将重心放在提高审判水平上。

第二，在保证破产法官有足够时间参加培训的前提下，将培训结果作为法官任职和晋升的重要依据。根据《法官法》第 31 条和第 32 条规定，法官业务培训情况事关任职和晋升，而法官晋升要依据众多严格复杂的考核程序，晋升的机会和空间相对较少。除了日常繁杂的案件审理考核标准外，若将使用信息平台培训结果纳入晋升考核体系中，一方面能有效激励法官主动参加培训，重视培训的意义，让法院的培训工作体系在实践中不断完善，另一方面，使破产法官及法官助理系统学习信息平台的具体操作流程与方式，能进一步熟悉和巩固办理破产案件的程序与细节，不断增强业务实践能力，以提高法官整体办案实力，推动破产案件朝着信息化和法治化方向发展，加快"智慧法院"建设步伐。

第三，制定灵活多样的培训方案。全国众多法院在举办培训活动时大多以讲座、课程等传统线下形式开展，培训授课人员主要是上级法院熟悉信息平台使用方法的法官，但这种培训方式有如下不足之处：首先，授课法官资源有限。为保证培训效果，最理想的培训方案当然是一对一指导，但破产案件审理复杂，具备丰富审判经验和信息平台使用经验的法官主要分布在中级人民法院和高级人民法院，数量稀少，培训效果很难达到理想状态。其次，时间空间限制。基层法院法官分布在不同区域，且审判工作繁忙，鉴于破产案件的复杂性和高难度，必须让所有基层法院的破产法官都能接受系统化的培训，保证办案质量，如果按照传统培训方式很难在统一的时间和地点集中开展培训活动，并且成本过高。举办线下培训活动需要花费大量的时间、人力、物力和财力，然而法官的时间、精力以及法院的财政资源都是有限的，如果常态化培训仅以线下方式开展很容易造成资源浪费，而且培训效果无法得到保证。最后，解决问题滞后。办理破产案件是一个系统工程，法官在使用信息平台的过程中很有可能突然面临技术难题或审判难题，需要有针对性地为其解答，但对办理破产案件有丰富经验的法官不可能随时为基层法官解惑，导致其问题不能得到及时解决，延误案件进程。虽然线下培训存在较多不足之处，但仍然具有不可忽视的优势，如有经验的法官现实讲授信息平台使用方法能加深基层法官的记忆深度，感受授课法官的人格魅力，实现良性互动。

所以，为弥补线下培训活动的缺陷，建议高级人民法院制定线上线下、集体个案相结合的培训制度，即以集体培训为主针对性指导为辅，线下活动为常态线上解惑为补充，保证集体培训活动结束后法官在日常案件审理过程中提出的疑问能得到及时解决。线上培训可包括制定网络课程、趣味答题、微信交流群等方式。灵活多样的形式有利于实现培训的深入性和全面性，既能满足基层法官学习进步的需要，又能提高其司法水平和司法能力，符合司法追求公正与效率的本质属性。

第四，建议高级人民法院加快制定信息平台使用指南和疑难问题解答方案，帮助年龄较大、接受新事物较慢的法官以及新任职的法官尽快熟悉信息平台使用方法，早日进入破产案件常规化审理进程中，以提升整个法院系统的业务水平。此外基层法院内部可召开信息使用平台交流会，鼓励本院破产法官交流使用心得，将使用过程中遇见的难题快速予以内部消化，同时对新任职的破产法官和法官助理也要尽早进行培训，监督其培训效果，使基层法院破产审判工作有条不紊地开展。

【参考依据】

《法官法》

第 31 条 对法官应当有计划地进行政治、理论和业务培训。

法官的培训应当理论联系实际、按需施教、讲求实效。

第 32 条 法官培训情况，作为法官任职、等级晋升的依据之一。

《最高人民法院企业破产案件法官工作平台使用办法(试行)》

第2条 企业破产案件法官工作平台(以下简称法官工作平台)是全国企业破产重整案件信息网(以下简称破产重整案件信息网)的组成部分。审理破产案件的人民法院应当使用法官工作平台完成破产案件审判流程,并通过与破产管理人工作平台的数据对接实现法官和破产管理人的工作协作。

第3条 法官工作平台的信息录入坚持全面、准确原则。录入信息应当与案卷材料相一致,反映破产案件的全过程。

第4条 破产案件审判管理实行线上和线下相结合的原则,实现线上线下审判流程同步完成。

第5条 信息技术部门负责法官工作平台的开发建设、数据导入、性能调优、系统维护等技术支持和保障。立案部门、破产审判业务部门及其他相关部门根据破产案件的审判流程进度负责相应的信息录入和管理。

102. 如何进一步夯实"府院联合"?

【回答】

为加快建立破产案件"府院联合"机制,湖北省高级人民法院应积极与省政府及其职能部门沟通协调,借鉴国内外成功经验,明确府院职责,建立常态化合作机制,积极研判企业风险预警,推动湖北省破产程序高效运转,加快清理"僵尸企业"的步伐,实现产业结构优化升级。

【理由】

"府院联合"机制是审理破产案件的一个新突破,开创人民法院主导破产、政府参与破产的工作格局,实现法院与政府优势互补,协同优化营商环境,完善市场主体退出机制。联合机制并不应当仅限于处置个类破产案件,而应以制度化、常态化的运行方式存在于破产程序之中,构成破产审判制度的重要组成部分。

从我国破产工作实践来看,湖北省可参考如下机制运行模式:第一,温州模式。具体内容为定期召开企业破产处置联席工作会议,规定政府应当在企业破产过程中发挥公共服务职能,解决职工安置、社会信用恢复、工商注销登记等难题,同时建立会议例会制度,将"府院联动"机制以常态化、制度化的形式固定下来，履行监督政府行为、执行会议纪要职责，为破产工作顺利开展保驾护航。第二，上海模式。上海市高级人民法院与市政府二十多个职能部门签订协调合作协议，规定各职能部门应当为破产审判工作提供多方面便利条件，简化破产企业行政事项办理流程，提高破产工作办理效率，形成法院主导司法审判工作，政府主导行政社会工作，双方通力合作、良性互动的工作格局。第三，建立破产管理服务局。国内众多学者主张创建破产管理服务机构，认为常态化的职能机构比工作会议或合作协议更具前瞻性和全面性，能更系统地协调破产程序中政府与法院的关系，以李曙光教授为代表的中国政法大学破产法与企业重组研究中心的人员是该模式强有力的支持者。①

建立常态化"府院联合"机制，建议从以下方面开展工作：

第一，建立常态化联动机构。建议根据本地实际情况并参考其他地区实践经验，由省高院与省经信委牵头从省级层面确立税务、工商、财政、人社、工信、审计等部门参与联动机制的形态，如协议制、会议联席制或机构制，统筹协调破产企业处置工作。② 如浙江省成立省级促进企业兼并重组工作部门联席会议办公室统筹企业破产问题处理工作。

第二，发文明确规定政府相关职能部门的破产协作职责。省高院要与财政厅沟通协调建立企业破产费用专项基金，并制定基金管理办法，为"无产可破"案件提供财政支持，保障职工权益，稳定被破坏的社会关系；人力社保厅要制定企业破产职工处置方案，创建再就业信息共享平台，有计划地开展再就业培训，完成职工社会保险转接工作，缓和企业破产激化的劳工矛盾；环保厅要加强对破产企业的污染监控，对超标排放污染物的企业要依法惩处，同时简化许可证变更流程，落实排污权指标继承使用等政策；公安厅要严厉打击破产程序中的犯罪行为，加强对"逃废债"行为的识别和惩罚，依法查找和追回债务人财产，维护市场主体的合法权益。③

① 周陈：《我国破产服务局的设置与运转——以府院联动机制机构化为切入点》，载《研究生法学》2019 年第 1 期。

② 尤震宇：《破产案件常态化府院联动机制研究——以江苏省为例》，载《法制与经济》2018 年第 9 期。

③ 尤震宇：《破产案件常态化府院联动机制研究——以江苏省为例》，载《法制与经济》2018 年第 9 期。

第三，常态化联动机构要加强对破产企业分类识别工作，区别处置，分类保护。启动破产程序需要满足两个要件：一是债务人具有破产能力，二是存在破产原因，法院适当放松破产申请条件，不得附加其他要件，降低申请门槛，解决破产案件"立案难"问题。根据债务人财产状况、预期债务清偿率、债权人数量等因素对破产企业分类处置，实现繁简分流。对债权债务关系清晰、事实清楚的简单破产案件可适当简化审判程序，缩短公告、审理时间，建立高效审理机制，节约司法行政资源。高度重视涉众涉刑破产案件，积极利用行政手段平衡各方利益，维护社会关系稳定。

第四，联动机构应建立破产受理前的研判预警机制，积极预防破产。通过府院联动机制，"突破破产中遇到的融资、职工、税收、信用修复等方面的瓶颈，打好法律政策组合拳"[1]。在企业达到破产临界点之前，联动机构要牵头创建政府相关职能部门与法院之间信息共享、监测和评估机制，分析掌握企业健康状况，税务部门和人社部门监控企业是否欠税欠薪，金融机构监控企业是否欠贷欠息，人民法院提供与债务人有关的司法审判和执行数据，在大数据的支持下研判企业的破产风险率，有针对性地研制应对方案，提前预防企业破产衍生的职工安置、税务缴纳等社会问题。[2] 对金融机构、上市公司破产等重大案件要部署防护措施积极预防、化解重大风险。

【参考依据】

《最高人民法院关于为改善营商环境提供司法保障的若干意见》

第 15 条 完善破产程序启动机制和破产企业识别机制，切实解决破产案件立案难问题。按照法律及司法解释的相关规定，及时受理符合立案条件的破产案件，不得在法定条件之外设置附加条件。全力推进执行案件移送破产审查工作，实现"能够执行的依法执行，整体执行不能符合破产法定条件的依法破产"的良性工作格局。积极探索根据破产案件的难易程度进行繁简分流，推动建立简捷高效的快速审理机制，尝试

---

① 单卫东、张帆：《优化府院联动机制，合力推进破产审判》，载《人民法院报》2018 年 5 月 31 日第 8 版。

② 陈魁伟：《构建府院联动机制，提高破产审判效能》，载《人民法院报》2017 年 8 月 24 日第 5 版。

将部分事实清楚、债权债务关系清晰或者"无产可破"的案件，纳入快速审理范围。

第 16 条 推动完善破产重整、和解制度，促进有价值的危困企业再生。引导破产程序各方充分认识破产重整、和解制度在挽救危困企业方面的重要作用。坚持市场化导向开展破产重整工作，更加重视营业整合和资产重组，严格依法适用强制批准权，以实现重整制度的核心价值和制度目标。积极推动构建庭外兼并重组与庭内破产程序的相互衔接机制，加强对预重整制度的探索研究。研究制定关于破产重整制度的司法解释。

第 17 条 严厉打击各类"逃废债"行为，切实维护市场主体合法权益。严厉打击恶意逃废债务行为，依法适用破产程序中的关联企业合并破产、行使破产撤销权和取回权等手段，查找和追回债务人财产。加大对隐匿、故意销毁会计凭证、会计账簿、财务会计报告等犯罪行为的刑事处罚力度。

第 18 条 协调完善破产配套制度，提升破产法治水平。推动设立破产费用专项基金，为"无产可破"案件提供费用支持。将破产审判工作纳入社会信用体系整体建设，对失信主体加大惩戒力度。推动制定针对破产企业豁免债务、财产处置等环节的税收优惠法律法规，切实减轻破产企业税费负担。协调解决重整或和解成功企业的信用修复问题，促进企业重返市场。推进府院联动破产工作统一协调机制，统筹推进破产程序中的业务协调、信息提供、维护稳定等工作。积极协调政府运用财政奖补资金或设立专项基金，妥善处理职工安置和利益保障问题。

《破产审判纪要》

第 12 条 推动建立破产费用的综合保障制度。各地法院要积极争取财政部门支持，或采取从其他破产案件管理人报酬中提取一定比例等方式，推动设立破产费用保障资金，建立破产费用保障长效机制，解决因债务人财产不足以支付破产费用而影响破产程序启动的问题。

103. 企业破产配套制度滞后，如何完善？

【回答】

我国破产法在向市场化和法治化发展过程中，相应配套制度滞后，供给严重不足，仅着眼于调整企业处于正常运营状态时产生的各种关系，没有规定企业处于困境或退出市场机制后其原有社会关系如何进行规范化和常态化处理。建议政府部门与法院协调行动，联合出台解决破产程序中涉税问题的文件，并参考发达国家和地区解决企业主体退出市场后遗留的社会问题的经验，建立完备的税收和职工就业配套制度，使被破坏的社会关系能得到针对性修复和改善，从而达到市场环境优化、经济结构升级的效果。

【理由】

破产法是综合性极强的法律，破产程序不仅要处置债权债务纠纷、财产分配、重整和解等司法审判问题，而且还要关注企业破产衍生的职工失业、税收缴纳、社会信用修复、环境污染修复等社会问题，仅依据现有法律法规很难解决实务难题。① 建议将国外经验与我国现实状况相结合，有针对性地制定破产税收、失业救济、信用修复制度。

建议法院和政府税务部门联合发文统一破产案件中的税收争议问题，明确税款滞纳金、新生税款的性质与清偿顺序等难题，如南京市中级人民法院与国家税务总局南京市税务局联合出台的《破产清算程序中税收债权申报与税收征收管理实施办法》、南通市中级人民法院、国家税务总局南通市税务局和南通市管理人协会印发的《企业破产设施问题处理办法》、宿迁市中级人民法院和国家税务总局宿迁市税务局签发的《共同协作机制意见书》。

建立高效统一的税收优惠政策。根据《中华人民共和国房产税暂行条例》《中华人民共和国城镇土地使用税暂行条例》规定，纳税人确有困难的，经相应机关确认，可享受免税或减税优惠。《国家税务总局关于纳税人资产重组有关增值税问题的公告》规定，资产重组过程中，纳税人满足法定条件的多次转让行为不征收增值税。② 有法律仅在部分领域对破产企业开放税收优惠政策，政策布局分散，缺乏统一性和可操作性。建议根据

① 王欣新：《府院联动机制与破产案件审理》，载《人民法院报》2018 年 2 月 7 日第 7 版。

② 《国家税务总局关于纳税人资产重组有关增值税问题的公告》规定："纳税人在资产重组过程中，通过合并、分立、出售、置换等方式，将全部或者部分实物资产以及与其相关联的债权、负债经多次转让后，最终的受让方与劳动力接收方为同一单位和个人的，其中货物的多次转让行为均不征收增值税。"

破产程序开展的阶段有针对性制定配套税收优惠政策，明确优惠条件和标准，细化减免额度。各级税务机关要依法审批减免税，在法定权限范围内主动核查破产企业，并对减免税政策进行评估和预测。此外，可借鉴《美国破产法》中的延期纳税政策，为减轻企业负担，让渡必要的修整时间。①

破产职工权益保护应当是"府院联动"机制的应有之意，政府劳动保障部门要严格监督企业用工情况，督促企业依法缴纳社会保险、失业保险，同时还要保障失业职工依法享有失业保险的权利，加强宣传力度，提高职工权利意识，为职工办理失业保险提供行政便利。

我国《失业保险条例》保障的对象是城镇企业，而《企业破产法》针对的是所有企业，两者适用对象的范围不同，可能导致非城镇企业破产后职工权益无法保障，因此建议适当放宽《失业保险条例》的适用对象范围，让所有企业职工都能平等地享受社会福利。② 为了更好地保障职工获得劳动报酬权，我国应当建立保障基金制度，该制度对职工欠薪的保障应是有限度的垫付，支付标准可以考虑以当地最低工资标准和社会保险费用的最低缴费基数为垫付数额，保障支付的职工劳动债权的期间也不宜过长，可考虑定为破产受理前 6 个月或 1 年之内。职工债权未能从保障基金获得救助的部分，还可以依照破产法的规定行使受偿权利。③

也可参考我国香港地区和发达国家经验，我国香港地区颁布《破产欠薪保障条例》，鼓励企业在处于正常经营状况时建立薪资保障基金，多渠道筹集资金，定期缴费，并制定基金管理使用办法，以防企业经营状况恶化甚至面临破产时无法支付工资，损害职工利益，激化劳工矛盾。④ 美国是由联邦政府统一管理失业信托资金，在必要时可为州政府提供援助，各州政府根据当地实际情况制定《失业保险法》，明确规定失业保险的投保

① 陈立成：《破产重整的法律调整和优化——试论如何构建预重整制度、活化重整计划执行制度、规范重整税收优惠政策》，载《环球市场》2018 年第 34 期。

② 冯宪芬、赵文龙：《论我国失业保险制度中的问题及完善》，载《延安大学学报（社会科学版）》2000 年第 2 期。

③ 王欣新、杨涛：《破产企业职工债权保障制度研究——改革社会成本的包容与分担》，载《法治研究》2013 年第 1 期；威海市中级人民法院课题组、王继青：《关于审理破产案件情况的调查报告》，载《山东审判》2009 年第 1 期。

④ 邹永迪：《浅谈破产企业职工合法权益的保障》，载《职工法律天地》2019 年第 12 期。

标准和受领保险金的要求与流程，由此形成中央到地方相辅相成的失业保障体系。

建议将失业保险与职工再就业培训挂钩。我国部分省市为鼓励破产企业员工再就业，对符合条件的职工一次性发放失业保险并提供创业资助，同时可参考国外破产配套制度完善的国家的经验，如英国为提高失业人员就业积极性，将失业保险金的发放份额与培训情况相结合，只有达到相应等级才能获得保险金，美国则规定失业人员参加培训后可延长保险金的支付期限。①

【参考依据】

《失业保险条例》

第 2 条　城镇企业事业单位、城镇企业事业单位职工依照本条例的规定，缴纳失业保险费。

城镇企业事业单位失业人员依照本条例的规定，享受失业保险待遇。

本条所称城镇企业，是指国有企业、城镇集体企业、外商投资企业、城镇私营企业以及其他城镇企业。

《最高人民法院关于税务机关就破产企业欠缴税款产生的滞纳金提起的债权确认之诉应否受理问题的批复》

税务机关就破产企业欠缴税款产生的滞纳金提起的债权确认之诉，人民法院应依法受理。依照企业破产法、税收征收管理法的有关规定，破产企业在破产案件受理前因欠缴税款产生的滞纳金属于普通破产债权。对于破产案件受理后因欠缴税款产生的滞纳金，人民法院应当依照《最高人民法院关于审理企业破产案件若干问题的规定》第六十一条规定处理。

《破产审判纪要》

第 27 条　企业破产与职工权益保护。破产程序中要依法妥善处理劳动关系，推动完善职工欠薪保障机制，依法保护职工生存权。由第三方垫付的职工债权，原则上按照垫付的职工债权性质进行清偿；由欠薪保障基金垫付的，应按照企业破产法第一百一十三条第一款第二项的顺序清偿。债务人欠缴的住房公积金，按照债务人拖欠的职工工资性质清偿。

---

① 贾云飞：《试析新破产法实施后职工权益的保障》，载《文教资料》2017 年第 3 期。

《国家税务总局关于税收优先权包括滞纳金问题的批复》

按照《中华人民共和国税收征收管理法》的立法精神，税款滞纳金与罚款两者在征收和缴纳时顺序不同，税款滞纳金在征缴时视同税款管理，税收强制执行、出境清税、税款追征、复议前置条件等相关条款都明确规定滞纳金随税款同时缴纳。税收优先权等情形也适用这一法律精神，《税收征管法》第四十五条规定的税收优先权执行时包括税款及其滞纳金。

104. 破产审判绩效如何考核？

【回答】

跟普通诉讼案件相比，破产案件工作量大、专业性强、利益关系复杂、审理周期长，与现行以结案率为中心的法官考核体系不合，严重挫伤法官审理破产案件的积极性，导致破产案件审理效率低下，阻碍我国市场主体退出机制的构建和完善。[1] 而且目前我国破产案件"受理难"的重要原因是法院内部审判队伍不健全、法官考核机制不合理。[2]

为解决"破产启动难"问题，建议高级人民法院审管办结合破产案件中的债权债务、企业形态等因素制定专门的破产案件绩效考核制度，提高法院移转和审理破产案件的积极性。根据相关文件指示，应当在尊重司法规律的基础上根据破产法官和执行法官不同的工作内容有针对性地制定科学考核标准，确定折抵比例，推动破产法官考核由"结案数主导"模式向"工作量指标核算"转变，进一步规范破产案件绩效考核制度。虽然我国暂时还未建立全国统一的破产审判绩效考核制度，但部分法院在破产实践中积极探索多种考核模式，为其他法院提供了宝贵的经验。

【理由】

根据《破产审判纪要》《最高人民法院关于深化执行改革健全解决执行难长效机制的意见——人民法院执行工作纲要（2019—2023）》《最高人民

---

① 王雪丹、邵巧玲、刘晓纯：《破产案件的绩效考核标准探析》，载《法制博览》2018年第10期。

② 王欣新、徐阳光：《中国破产法的困境与出路——破产案件受理数量下降的原因及应对》，载《商事审判指导》2014年第1期。

法院办公厅关于强制清算与破产案件单独绩效考核的通知》等文件规定，既要分别制定执行和审判考核标准，又要区分复杂破产案件为有无破产财产的清算案件、重整案件、和解案件，分别确定折抵比例。为加强"智慧法院"建设，制定破产法官考核机制时也应当将信息网络应用水平纳入其中。

我国部分地区考核模式如下：

简单考核法。江苏省苏州市吴江区人民法院致力于实现执行法官承办"执转破"简易案件常态化，调动执行法官转破产程序的积极性，统计执行转破产案件的识别、告知、准备和移送等工作量，"将移送破产审查案件多折算 0.8 个执行案件工作量，同时参与或主审破产案件折算 5 至 90 倍于普通案件的工作量"①，并且适当给予政治优待。北京市第二中级人民法院破产法官考核标准是根据二审商事案件确定折抵比例，企业破产案件在立案后 2 年内审结的 1 件折算为 16 件二审商事案件（每季度计算 2 件，提前审结的一次性补足未计考的数额）；如因法官督导不力或工作拖延导致 2 年内仍未审结的，自 2 年期届满按延长期间每季度扣减 2 件，总扣减数以 16 件为限，但因客观因素造成延期的除外。浙江省温州市中级人民法院按二审民商事案件折抵，并区分有无破产财产，明确破产重整案件折抵 16 件普通民商事二审案件、有产可破的案件折抵 8 件普通民商事二审案件。

综合考核法。江苏省南通市启东市人民法院颁布文件规定破产案件办案量由基础工作量和附加工作量构成，根据破产企业的财产状况、债权人申报债权标的额确定 20 到 100 不等的工作量，同时从人员分配、追索债权、外部协调工作等方面确定附加工作量，基础工作量内部依据案件审理的周期和难易程度划分不同节点，计算每个节点占已完成工作量的比例，与普通民商案件折抵计算公式为：基础工作量×节点比例+附加工作量。广东省佛山市中级人民法院的考核标准建立在对破产案件进行类型划分的基础上，依据破产企业性质、债务人财产、债权申报数额、债权人数量、职工数量等因素将破产案件分为四个层级：简单、普通、重大、疑难复杂，并根据破产程序终结状态以及办案周期对法官进行综合考核。②

---

① 江苏苏州吴江法院：《精准发力执转破 助推解决执行难》，载《人民法院报》2018 年 11 月 5 日第 4 版。

② 王雪丹、邵巧玲、刘晓纯：《破产案件的绩效考核标准探析》，载《法制博览》2018 年第 10 期。

综合各地人民法院的实践经验，建议湖北省高级人民法院审管办在制定破产法官考核制度时参考下列因素：首先，债权因素。破产程序需要统计债权人人数、债权人申报债权的总额以及申报债权的数量，通常情况下，债权因素中涉及的变量数值越高，案件就越复杂，破产法官审理的工作量越大，而且案件审理涉及当事人之间纷繁复杂的法律关系，如合同、侵权、不当得利、税收等，管理人登记审查债权、召开债权人会议和法官审理案件都要依据法律关系。此外，法官还要承担外部协调任务，当企业破产衍生社会问题时，法院要积极主动与政府职能部门沟通协作，寻求外部力量支持，所以在制定考核标准时应当考虑债权因素。其次，财产因素。涉案财产的数额和种类一定程度上反映案件复杂程度与审理难易程度，管理人报酬与案件用来清偿的财产数目挂钩，法官的绩效也应当考虑财产的数目因素，此外，不同种类的财产管理方式与变现方式不同，财产种类越多，法官处置财产的途径与程序越复杂，负担的工作量越大。最后，企业形态。企业若设有分支机构，那么分支机构的财产状况也属于法官审理判断的范畴，分支机构的数量和分布的地域情况影响法官审判的进程，如果分支机构数量众多，分布在异地甚至国外，那么就可能会产生司法协助、跨境破产问题，极大提升了审判难度和期限。①

在供给侧结构性改革的时代背景下，我国破产案件的数量必定处于上升趋势，而建立和完善破产法官单独的绩效考核机制是完善市场主体退出制度的重要环节。鉴于破产案件的特殊性与专业性，省高院在加快建立专业破产审判庭的过程中也要完善顶层设计，确保破产制度供给充足，制度之间协调配合，共同保障破产工作顺利进行。

【参考依据】

《最高人民法院关于正确适用〈中华人民共和国企业破产法〉若干问题的规定(一)充分发挥人民法院审理企业破产案件司法职能作用的通知》

三、人民法院应建立合理的企业破产案件专门绩效考评机制

企业破产法是社会主义市场经济法律体系的重要组成部分，其作用的

---

① 王雪丹、邵巧玲、刘晓纯：《破产案件的绩效考核标准探析》，载《法制博览》2018 年第 10 期。

发挥必须通过人民法院受理和审理企业破产案件来实现。鉴于审理企业破产案件的特殊性，建立合理的专门绩效考评机制以充分调动受理法院、承办法官的积极性是十分必要的。各高级人民法院应根据本辖区的工作实际，积极探索能够全面客观反映审理破产案件工作量的科学考评标准，充分体现破产审判部门和法官的工作绩效。

《最高人民法院关于深化执行改革健全解决执行难长效机制的意见——人民法院执行工作纲要（2019—2023）》

一、总体要求

（二）基本原则

坚持遵循执行规律。既遵循司法活动的一般规律，又尊重执行工作自身规律，建立健全符合执行权运行规律的配套改革措施、履职保障机制和执行单独考核机制，确保各项工作举措符合实际，经得起检验。

二、主要任务

37. 加强执行工作考核。2019 年底前，各级人民法院要修订执行考核指标，遵循执行工作规律，突出执行工作特点，建立有别于审判工作的单独执行工作考核机制。2020 年开始将执行案件与审判案件分开统计，在法院工作报告中分别表述。修改综治工作（平安建设）考核评价工作（法院执行工作部分）实施细则，将"3+1"核心指标、执行督办落实情况等纳入考核范围，合理设定加减分项目和分值，探索实行月汇总、季度通报、年终扣分制度。强化考核结果运用，健全执行机构配合组织人事部门考核执行队伍工作机制，将执行工作考核结果作为干部考核的重要方面。

《最高人民法院关于强制清算与破产案件单独绩效考核的通知》

三、绩效考核的办法。通过确定折抵比例的方式对强制清算与破产案件进行考核，可以区分为两类情况：（1）"清申""破申""清终""破终"和"清监""破监"字案号的案件，应当根据普通民事案件（或者各人民法院在制定考核标准时所确定的基准案件）确定一定的折抵比例。（2）"强清""破"字案号的案件，情形较为复杂，在遵循单独考核原则的基础上，可以区分为无财产的清算案件、有财产的清算案件、重整案件、和解案件分别确定不同的折抵比例；也可以按照案件审理的不同阶段确定不同的折抵比例，并结合债权人人数、是否存在关联企业合并破产情形等因素对折抵比例进行调整。

《破产审判纪要》

第3条 建立科学的绩效考评体系。要尽快完善清算与破产审判工作绩效考评体系，在充分尊重司法规律的基础上确定绩效考评标准，避免将办理清算破产案件与普通案件简单对比、等量齐观、同等考核。

第44条 强化执行转破产工作的考核与管理。各级法院要结合工作实际建立执行转破产工作考核机制，科学设置考核指标，推动执行转破产工作开展。对应当征询当事人意见不征询、应当提交移送审查不提交、受移送法院违反相关规定拒不接收执行转破产材料或者拒绝立案的，除应当纳入绩效考核和业绩考评体系外，还应当公开通报和严肃追究相关人员的责任。

105. 破产保护制度应如何完善？

【回答】

破产保护制度对破产企业相关权利义务关系进行调整以达到保护企业财产，维持企业价值的目标。"美国《破产法》第11章规定的破产保护制度是在债务人完全清偿债务之前，破产法院许可和保护其进行重整的程序，债务人申请破产保护后，企业现有管理层得以保留，并继续占有和运营企业资产，选择业务范围，帮助企业摆脱困境，实现自救。"[1]我国《企业破产法》仅规定了重整与和解两种破产保护制度，实践效果欠佳，尚未建立破产企业多样化保护机制，建议创建和完善破产预警制度和预重整制度。

【理由】

探索建立破产预警制度是破产保护的重要步骤。《企业破产法》规定企业破产的临界点是不能清偿到期债务，企业偿债能力的丧失并非一日之功，而是长期经营管理不善导致的结果，因此，要特别重视企业日常经营状况，防范重大风险，将破产保护贯彻到破产程序各个方面。破产预警机制是法院与政府部门协调互动的产物，以企业为联系点，发挥各方优势，

---

[1] 卢昉青：《美国破产保护制度下重整计划若干问题研究》，载《商情》2017年第36期。

为企业良性发展保驾护航。我国部分地区正在探索建立破产预警制度，要求主管部门加强企业运行监测与预警，及时掌握企业动态信息包括资产负债率、安全边际率、现金比率、销售收益比率等，根据上述四种数据，"将企业破产风险划分为无警、轻警和重警三个层级，轻警是企业尚未达到破产临界点，轻警和重警则是法院受理破产申请后的清算或重整和解状态"①。政府相应职能部门要审查企业相关数据，确保真实性和时效性，并积极开展综合分析研判，对可能发生的风险事件要及时向府院联动机构报告，防止数据遗漏或脱节，保证数据共享、渠道通畅。②

联合国国际贸易法委员会制定的《贸易法委员会破产法立法指南》中将预重整描述为"为使受到影响的债权人在程序启动之前的自愿重组谈判中谈判商定的计划发生效力而启动的程序"③，其是市场主体在私法领域实现自我救济的重要途径。预重整制度在我国法律中属于空白部分，浙江省人民政府出台《关于加快处置"僵尸企业"的若干意见》文件明确提出探索建立预重整机制，最高人民法院公布的企业破产重整及清算十大典型案例中，中国第二重型机械集团公司与中国第二重型机械集团公司（德阳）重型装备股份有限公司破产重整案，是通过庭外重组与法院重整程序相结合来处理破产重整案件的典型代表。④ 2018 年《破产审判纪要》第 22 条规定，探索推行庭外重组与庭内重整制度的衔接，是对预重整制度探索工作的肯定与努力。

在重整程序中，法院为主导者。而在预重整中，债权人、债务人及投资人处于主导地位，决定预重整的启动和走向，而司法机关、行政机关可在必要与适当时机以协调者的身份出现，为顺利推动预重整程序提供有效的监督与保障。⑤

预重整中管理人的选任问题至关重要，关乎破产案件中各方当事人的

---

① 陈萍：《试析建立企业破产预警机制》，载《经济管理》2000 年第 5 期。

② 《江苏省高级人民法院关于充分发挥破产审判职能作用服务保障供给侧结构性改革去产能的意见》第 6 条。

③ 熊玉菲：《美国预重整制度研究及其对我国的借鉴》，中国政法大学 2012 年硕士学位论文。

④ 《人民法院关于依法审理破产案件推进供给侧结构性改革典型案例》，载《人民法院报》2016 年 6 月 16 日第 3 版。

⑤ 吴贤钦：《浅论破产预重整制度》，载《企业科技与发展》2019 年第 4 期。

利益，影响破产企业能否获得重生。在破产程序中管理人的选任一般由法院指定，但实践中公司通常拥有专业的法律顾问团队，且都是优质的社会中介机构，在与企业常年合作过程中已充分了解企业的财产状况、股权结构、人员构成等事项，若选任新的管理人，将花费更多的成本去熟悉企业情况。

我国法律未明确规定预重整计划制定的标准和效力，但可参照重整计划制定程序，即经过人民法院的审查与批准才能获得约束力与执行力，为加强预重整计划的稳定性、维护各当事人权益，预重整计划的变更也应当受到人民法院的审查与监督。① 此外，如果预重整计划因投资人、政策、法律等因素变化需要更改，其程序也应该参照重整计划历经拟定草案、表决、人民法院批准三个阶段，在保证程序正当的前提下获得约束力和执行力。

人民法院审查预重整计划时应坚持形式审查与实质审查相结合的方式，鉴于预重整计划已在庭前协商，债权人会议也已表决通过，法院应适当放宽审查。对计划中的商业事项，法官不能仅仅依靠其法律素养直接作出判断，必要时可采用听证、询证等方式寻求专家意见，要以有利于保护破产企业为出发点，综合作出评价，同时履行监督职能，防止债务人利用重整逃避债务。②

【参考依据】

《破产审判纪要》

第 18 条 重整计划草案强制批准的条件。人民法院应当审慎适用企业破产法第八十七条第二款，不得滥用强制批准权。确需强制批准重整计划草案的，重整计划草案除应当符合企业破产法第八十七条第二款规定外，如债权人分多组的，还应当至少有一组已经通过重整计划草案，且各表决组中反对者能够获得的清偿利益不低于依照破产清算程序所能获得的利益。

---

① 浙江省杭州市余杭区人民法院课题组：《房地产企业预重整的实务探索及建议》，载《人民司法（应用）》2016 年第 7 期。

② 王欣新：《〈全国法院破产审判工作会议纪要〉要点解读》，载《法治研究》2019 年第 5 期。

第 22 条　探索推行庭外重组与庭内重整制度的衔接。在企业进入重整程序之前，可以先由债权人与债务人、出资人等利害关系人通过庭外商业谈判，拟定重组方案。重整程序启动后，可以重组方案为依据拟定重整计划草案提交人民法院依法审查批准。

《九民纪要》

115. 继续完善庭外重组与庭内重整的衔接机制，降低制度性成本，提高破产制度效率。人民法院受理重整申请前，债务人和部分债权人已经达成的有关协议与重整程序中制作的重整计划草案内容一致的，有关债权人对该协议的同意视为对该重整计划草案表决的同意。但重整计划草案对协议内容进行了修改并对有关债权人有不利影响，或者与有关债权人重大利益相关的，受到影响的债权人有权按照企业破产法的规定对重整计划草案重新进行表决。

《江苏省高级人民法院关于充分发挥破产审判职能作用服务保障供给侧结构性改革去产能的意见》

第 6 条　加强破产风险预警。建立企业破产风险研判机制，依托属地政府去产能协调平台，高度关注僵尸企业清理决策部署，密切跟踪辖区企业债务风险，提前做好相应应对准备，推动形成破产处置合力。建立个案风险评估预警机制，受理破产申请前，应当全方位多渠道掌握企业破产可能存在的欠薪、欠税、欠费、欠贷、欠息、涉诉、担保等各类矛盾风险，债务企业破产存在重大风险隐患的，必须向属地政府通报情况，取得属地政府支持，协调提前做好府院联动应对预案。

主要法律法规全称与简称对照表

《中华人民共和国企业破产法（试行）》	《企业破产法（试行）》
《中华人民共和国民典法》	《民法典》
《中华人民共和国担保法》	《担保法》
《中华人民共和国合同法》	《合同法》
《中华人民共和国企业破产法》	《企业破产法》
《中华人民共和国物权法》	《物权法》
《中华人民共和国劳动合同法》	《劳动合同法》
《中华人民共和国侵权责任法》	《侵权责任法》
《中华人民共和国治安管理处罚法》	《治安管理处罚法》
《中华人民共和国商业银行法》	《商业银行法》
《中华人民共和国民事诉讼法》	《民事诉讼法》
《中华人民共和国民法总则》	《民法总则》
《中华人民共和国刑法》	《刑法》
《中华人民共和国律师法》	《律师法》
《中华人民共和国行政复议法》	《行政复议法》
《中华人民共和国公司法》	《公司法》
《中华人民共和国劳动法》	《劳动法》
《中华人民共和国法官法》	《法官法》
《最高人民法院关于适用〈中华人民共和国合同法〉若干问题的解释（一）》（法释〔1999〕19号）	《合同法解释一》
《最高人民法院关于适用中华人民共和国担保法若干问题的解释》（法释〔2000〕44号）	《担保法解释》

续表

《最高人民法院关于审理企业破产案件若干问题的规定》(法释〔2002〕23 号)	《关于审理企业破产案件若干问题的规定》
《最高人民法院关于建设工程价款优先受偿权问题的批复》(法释〔2002〕16 号)	《关于建设工程价款优先受偿权问题的批复》
《最高人民法院关于审理商品房买卖合同纠纷案件适用法律若干问题的解释》(法释〔2003〕7 号)	《商品房买卖合同解释》
《最高人民法院关于审理企业破产案件指定管理人的规定》(法释〔2007〕8 号)	《关于审理企业破产案件指定管理人的规定》
《最高人民法院关于审理企业破产案件确定管理人报酬的规定》(法释〔2007〕9 号)	《关于审理企业破产案件确定管理人报酬的规定》
《最高人民法院关于适用〈中华人民共和国合同法〉若干问题的解释(二)》(法释〔2009〕5 号)	《合同法解释二》
《最高人民法院关于适用〈中华人民共和国公司法〉若干问题的规定(三)》(法释〔2011〕3 号)	《公司法解释三》
《最高人民法院关于适用〈中华人民共和国企业破产法〉若干问题的规定(一)》(法释〔2011〕22 号)	《破产法解释一》
《最高人民法院关于适用〈中华人民共和国企业破产法〉若干问题的规定(二)》(法释〔2013〕22 号)	《破产法解释二》
《最高人民法院关于适用〈中华人民共和国民事诉讼法〉的解释》(法释〔2015〕5 号)	《民诉法解释》
《最高人民法院关于人民法院办理执行异议和复议案件若干问题的规定》(法释〔2015〕10 号)	《关于人民法院办理执行异议和复议案件若干问题的规定》
《第八次全国法院民事商事审判工作会议(民事部分)纪要》(法〔2016〕399 号)	《八民纪要》
《最高人民法院关于执行案件移送破产审查若干问题的指导意见》(法发〔2017〕2 号)	《"执转破"意见》
《全国法院破产审判工作会议纪要》(法〔2018〕53 号)	《破产审判纪要》

续表

《最高人民法院关于适用〈中华人民共和国企业破产法〉若干问题的规定(三)》(法释〔2019〕3 号)	《破产法解释三》
《全国法院民商事审判工作会议纪要》(法〔2019〕254 号)	《九民纪要》
《最高人民法院关于推进破产案件依法高效审理的意见》法发〔2020〕14 号	《关于推进破产案件依法高效审理的意见》
《欧盟理事会破产程序规则》	《欧盟规则》

表中未列明的法律法规等使用全称。

主要参考文献

（一）著作

[1] 顾培东、张卫平、赵万一：《企业破产法论》，四川省社会科学院出版社 1988 年版。

[2] 邹海林：《破产程序和破产法实体制度比较研究》，法律出版社 1995 年版。

[3] 李永军：《破产重整制度研究》，中国人民公安大学出版社 1996 年版。

[4] 李永军：《破产法律制度》，中国法制出版社 2000 年版。

[5] 王利明、崔建远：《合同法新论·总则》，中国政法大学出版社 2000 年版。

[6] 汤维建：《破产程序与破产立法研究》，人民法院出版社 2001 年版。

[7] 强力主编：《金融法学》，高等教育出版社 2003 年版。

[8] 杨立新：《侵权法判例与学说》，吉林人民出版社 2003 年版。

[9] 郑玉波：《民法债权总编》（修订第二版），陈荣隆修订，中国政法大学出版社 2004 年版。

[10] 安建主编：《中华人民共和国企业破产法释义》，法律出版社 2006 年版。

[11] 李飞主编：《当代外国破产法》，中国法制出版社 2006 年版。

[12] 李国光主编：《破产案件审理、清算文书样式与制作》，人民法院出版社 2006 年版。

[13] 李国光主编：《新企业破产法理解与适用》，人民法院出版社 2006 年版。

[14] 李国光主编：《新企业破产法教程》，人民法院出版社 2006 年版。

[15] 吴高盛主编：《〈中华人民共和国企业破产法〉条文释义与适用》，人民法院出版社 2006 年版。

[16] 王卫国：《破产法精义》，法律出版社 2007 年版。

[17]邢立新编著：《最新企业破产法实务精答》，法律出版社 2007 年版。

[18]邢立新编著：《最新企业破产文书范本与法律文件》，法律出版社 2007 年版。

[19]郑志斌、张婷：《困境公司如何重整》，人民法院出版社 2007 年版。

[20]王晓琼：《跨境破产中的法律冲突问题研究》，北京大学出版社 2008 年版。

[21]李国光主编：《新企业破产法条文释义》(第二版)，人民法院出版社 2008 年版。

[22]汪渊智：《侵权责任法》，法律出版社 2008 年版。

[23]鲍雷、刘玉民编：《法院诉讼文书格式样本》，人民出版社 2009 年版。

[24]范健、王建文：《破产法》，法律出版社 2009 年版。

[25]罗培新主编：《破产法》，格致出版社 2009 年版。

[26]孟勤国：《物权二元结构论——中国物权制度的理论重构》(第三版)，人民法院出版社 2009 年版。

[27]齐树洁：《破产法》(第二版)，厦门大学出版社 2009 年版。

[28]王艳华主编：《破产法学》，郑州大学出版社 2009 年版。

[29]浙江省律师协会：《破产疑难案件实务应对》，法律出版社 2010 年版。

[30]刘俊海：《现代公司法》，法律出版社 2011 年版。

[31]吴庆宝主编：《最高人民法院专家法官阐释民商裁判疑难问题·公司裁判指导卷(增订版)》，中国法制出版社 2011 年版。

[32]兰晓为：《破产法上的待履行合同研究》，人民法院出版社 2012 年版。

[33]李曙光：《破产法的转型》，法律出版社 2013 年版。

[34]李永军：《破产法——理论与规范研究》，中国政法大学出版社 2013 年版。

[35]孟凡麟、闫宝龙主编：《新编经济法教程》，中国政法大学出版社 2013 年版。

[36]齐明：《破产法学：基本原理与立法规范》，华中科技大学出版社 2013 年版。

[37]沈志先主编：《破产案件审理实务》，法律出版社 2013 年版。

[38]韩松主编:《合同法学》(第二版),武汉大学出版社 2014 年版。

[39]法律出版社法规中心主编,李春双编著:《中华人民共和国企业破产法注释全书》,法律出版社 2015 年版。

[40]沈德勇主编:《最高人民法院民事诉讼法司法解释理解与适用(下)》,人民法院出版社 2015 年版。

[41]王欣新主编:《破产法原理与案例教程》(第二版),中国人民大学出版社 2015 年版。

[42]王利明主编:《民法》(第六版),中国人民大学出版社 2015 年版。

[43]许德风:《破产法论——解释与功能比较的视角》,北京大学出版社 2015 年版。

[44]最高人民法院民事审判第二庭:《企业改制、破产与重整案件审判指导》,法律出版社 2015 年版。

[45]郭明瑞、房绍坤主编:《合同法学》(第三版),复旦大学出版社 2016 年版。

[46]韩长印主编:《破产法》(第二版),中国政法大学出版社 2016 年版。

[47]许胜锋主编:《人民法院审理企业破产案件裁判规则解析》,法律出版社 2016 年版。

[48]邹海林:《破产法——程序理念与制度结构解析》,中国社会科学出版社 2016 年版。

[49]李永军、王欣新、邹海林、徐阳光:《破产法》(第二版),中国政法大学出版社 2017 年版。

[50]齐明:《中国破产法原理与适用》,法律出版社 2017 年版。

[51]王欣新:《破产法前沿问题思辨(下册)》,法律出版社 2017 年版。

[52]最高人民法院民事审判第二庭:《最高人民法院关于企业破产法司法解释理解与适用》,人民法院出版社 2017 年版。

[53]曹丽、李国军主编:《破产案件操作指引》,人民法院出版社 2018 年版。

[54]韩世远:《合同法总论》(第四版),法律出版社 2018 年版。

[55]马晓瑞、邹吉东、张余、李美欧编著:《破产案件审理指南》,人民法院出版社 2018 年版。

[56]徐根才:《破产法实践指南》(第二版),法律出版社 2018 年版。

[57]虞政平:《公司法案例教学》,人民法院出版社 2018 年版。

[58]张善斌主编:《破产法研究综述》,武汉大学出版社 2018 年版。

[59]王欣新:《破产法》(第四版),中国人民大学出版社 2019 年版。

[60]最高人民法院民事审判第二庭主编:《全国法院民商事审判工作会议纪要理解与适用》,人民法院出版社 2019 年版。

(二)论文

[1]叶健强:《破产企业划拨土地使用权的处置》,载《人民司法》1997 年第 10 期。

[2]阎天怀:《论股权质押》,载《中国法学》1999 年第 1 期。

[3]王利明:《论代位权的行使要件》,载《法学论坛》2001 年第 1 期。

[4]王艳林、朱春河:《破产债权的申报与调查制度研究》,载《河南大学学报(社会科学版)》2001 年第 5 期。

[5]韩长印、李玲:《简论破产法上的自动冻结制度》,载《河南大学学报(社会科学版)》2001 年第 6 期。

[6]李永军:《强制和解与重整的制度差异及价值考量》,载《私法研究》2002 年第 2 期。

[7]王欣新:《试论破产立法与国企失业职工救济制度》,载《政法论坛》2002 年第 3 期。

[8]王欣新:《论新破产法中管理人制度的设置思路》,载《法学杂志》2004 年第 5 期。

[9]陈晓军、李琪:《股权质押中的几个特殊问题》,载《法律适用》2004 年第 11 期。

[10]王欣新:《破产别除权理论与实务研究》,载《政法论坛》(中国政法大学学报)2007 年第 1 期。

[11]邹海林:《我国企业再生程序的制度分析与适用》,《政法论坛》2007 年第 1 期。

[12]李浩:《民事诉讼程序权利的保障:问题与对策》,载《法商研究》2007 年第 3 期。

[13]王欣新:《破产撤销权研究》,载《中国法学》2007 年第 5 期。

[14]贾林青、杨习真:《保证责任在破产程序中的特点研究与处置对策》,载《法学研究》2007 年第 6 期。

[15]罗大乐:《推行开放式培训积极探索现代法官培训模式》,载《山东审判》2008 年第 2 期。

［16］付翠英：《破产保全制度比较：以美国破产自动停止为中心》，载《比较法研究》2008 年第 3 期。

［17］冯尚宗、张国刚：《试论破产管理人法律制度》，载《湖北社会科学》2008 年第 5 期。

［18］威海市中级人民法院课题组、王继青：《关于审理破产案件情况的调查报告》，载《山东审判》2009 年第 1 期。

［19］王欣新、郭丁铭：《论我国破产管理人职责的完善》，载《政治与法律》2009 年第 9 期。

［20］重庆市高级人民法院民二庭课题组：《关联企业破产实体合并中的法律问题及对策》，载《法律适用》2009 年第 12 期。

［21］王欣新：《试论重整制度之立法完善》，载《昆明理工大学学报（社会科学版）》2010 年第 5 期。

［22］雷震、帅晓东：《破产派生诉讼若干问题探讨》，载《人民司法》2010 年第 17 期。

［23］刘少军、张桐：《银行抵销权的认定标准研究》，载李昌麟主编《经济法论坛》，群众出版社 2010 年版。

［24］黄小丹：《反思与重塑：试论我国破产管理人制度的完善》，载王欣新、尹正友主编《破产法论坛（第 4 辑）》，法律出版社 2010 年版。

［25］李永军：《我国〈企业破产法〉上破产程序开始的效力及其反思》，载《法学杂志》2011 年第 2 期。

［26］徐海燕：《有限责任公司股权质押效力规则的反思与重构》，载《中国法学》2011 年 3 期。

［27］王欣新、周薇：《关联企业的合并破产重整启动研究》，载《政法论坛》2011 年第 6 期。

［28］崔建远：《债权人的代位权新说》，载《法学》2011 年第 7 期。

［29］刘敏、池伟宏：《法院批准重整计划实务问题研究》，载《法律适用》2011 年第 10 期。

［30］汤海庆、施迎华：《民营企业破产重整之司法探索——南望信息产业集团有限公司重整案的总结与反思》，载《法治研究》2011 年第 12 期。

［31］郑志斌：《中国公司重整实证研究》，载李曙光、郑志斌主编《公司重整法律评论（第 1 卷）》，法律出版社 2011 年版。

[32]李永军：《论破产管理人合同解除权的限制》，载《中国政法大学学报》2012年第6期。

[33]王欣新、杨涛：《破产企业职工债权保障研究——改革社会成本的包容与分担》，载《法治研究》2013年第1期。

[34]许德风：《论破产债权的顺序》，载《当代法学》2013年第2期。

[35]乔博娟：《论破产撤销权之行使——兼析〈最高人民法院关于适用《企业破产法》若干问题的规定(二)〉》，载《法律适用》2013年第5期。

[36]李永军、李大何：《重整程序开始的条件及司法审查——对"合并重整"的质疑》，载《北京航空航天大学学报(社会科学版)》2013年第6期。

[37]王欣新、徐阳光：《中国破产法的困境与出路——破产案件受理数量下降的原因及应对》，载《商事审判指导》2014年第1期。

[38]张卫平：《重复诉讼规制研究：兼论"一事不再理"》，载《中国法学》2015年第2期。

[39]王欣新、乔博娟：《论破产程序中未到期不动产租赁合同的处理方式》，载《法学杂志》2015年第3期。

[40]韩静茹：《民事程序权利救济机制的建构原理初探》，载《现代法学》2015年第5期。

[41]王欣新：《银行贷款合同加速到期清偿在破产程序中的效力研究》，载《法治研究》2015年第6期。

[42]王欣新：《立案登记制与破产案件受理机制改革》，载《法律适用》2015年第10期。

[43]康靖：《保证人是否应承担债务人破产后的债务利息》，载《山东审判》2016年第1期。

[44]林芳、金玉：《瑕疵出资股权转让时受让人的责任承担及救济》，载《长春理工大学学报(社会科学版)》2016年第6期。

[45]浙江省杭州市余杭区人民法院课题组：《房地产企业预重整的实务探索及建议》，载《人民司法(应用)》2016年第7期。

[46]谢辉：《我国破产管理人的法律地位》，载《人民法治》2016年第11期。

[47]许德风：《破产中的连带债务》，载《法学》2016年第12期。

[48]孔维瓅：《实质合并规则的理解和运用》，载《人民司法(应用)》2016

年第 26 期。

[49] 王富博：《破产立案制度的反思与重构》，载《人民司法》2017 年第 19 期。

[50] 徐阳光：《破产法视野中的银行贷款加速到期与扣款抵债问题》，载《东方论坛》2017 年第 1 期。

[51] 贺丹：《破产实体合并司法裁判标准反思——一个比较的视角》，载《中国政法大学学报》2017 年第 3 期。

[52] 徐阳光：《论关联企业实质合并破产》，载《中外法学》2017 年第 3 期。

[53] 贺丹：《企业拯救导向下债权破产止息规则的检讨》，载《法学》2017 年第 5 期。

[54] 张芳芳、林敏聪：《论我国债权确认诉讼制度》，载《政法学刊》2017 年第 6 期。

[55] 王欣新：《关联企业实质合并破产标准研究》，载《法律适用》2017 年第 8 期。

[56] 夏群佩、洪海波：《主债务人进入破产程序后连带保证人的责任范围》，载《人民司法（案例）》2017 年第 14 期。

[57] 夏正芳、李荐、张俊勇：《管理人选任机制实证研究——以江苏法院管理人选任机制改革实践为蓝本》，载《法律适用》2017 年第 15 期。

[58] 许胜锋：《管理人制度适用的现实困局及立法建议》，载《法律适用》2017 年第 15 期。

[59] 王欣新：《论破产债权的确认程序》，载《法律适用》2018 年第 1 期。

[60] 崔明亮：《破产重整计划执行法律问题研究》，载《中国政法大学学报》2018 年第 2 期。

[61] 李忠鲜：《担保债权受破产重整限制之法理与限度》，载《法学家》2018 年第 4 期。

[62] 王邦习：《破产程序终结后民事权利救济的现实考量与破解路径——基于 222 个案例的实证分析》，载《政法论坛》2018 年第 6 期。

[63] 曹文兵：《上市公司重整中出资人权益调整的检视与完善——基于 51 家上市公司破产重整案件的实证分析》，载《法律适用》2018 年第 17 期。

[64] 范丰盛：《破产管理人报酬制度改革之我见》，载陈夏红、闻芳谊主

编《破产执业者及行业自治》，法律出版社 2018 年版。

[65] 周焕然、范晓玲：《破产管理人"金字塔式"选任模式研究》，载广州市法学会编《法治论坛(2018 年第 1 辑)》，中国法制出版社 2018 年版。

[66] 孙创前：《理想与现实：破产管理人功能定位的思辨》，载陈夏红、闻芳谊主编《破产执业者及行业自治》，法律出版社 2018 年版。

[67] 陈晓彤：《既判力理论的本土化路径》，载《清华法学》2019 年第 4 期。

[68] 王欣新：《〈全国法院破产审判工作会议纪要〉要点解读》，载《法治研究》2019 年第 5 期。

[69] 李遵礼：《破产债权清偿后仍有剩余应先清偿停止计付的利息》，载《人民司法(案例)》2019 年第 29 期。

[70] 沈伟、吕启民：《破产止息规则下保证责任从属性之惑及疑解——兼议独立保证入典》，载《上海财经大学学报》2020 年第 1 期。

[71] 朱李江：《破产程序中停止计息的效力范围》，载《人民司法》2020 年第 8 期。

(三) 报纸

[1] 张先明：《依法受理审理案件 充分发挥企业破产法应有作用——最高人民法院民二庭负责人就〈破产法司法解释(一)〉答记者问》，载《人民法院报》2011 年 9 月 26 日第 2 版。

[2] 王欣新：《破产管理人指定中"与本案有利害关系"的认定》，载《人民法院报》2014 年 4 月 9 日第 7 版。

[3] 刘毅、王剑锋：《保证人承担破产债权利息范围的界定》，载《天津政法报》2014 年 10 月 14 日第 3 版。

[4] 王欣新：《破产费用、共益债务与物权担保债权间的清偿关系》，载《人民法院报》2015 年 9 月 2 日第 7 版。

[5] 邹玉玲：《我国破产法中债权补充申报制度的完善》，载《法制日报》2015 年 12 月 31 日第 12 版。

[6] 杜万华：《依法处置"僵尸企业"开创破产审判工作新局面》，载《人民法院报》2016 年 3 月 28 日第 2 版。

[7]《人民法院关于依法审理破产案件推进供给侧结构性改革典型案例》，载《人民法院报》2016 年 6 月 16 日第 3 版。

[8] 王欣新：《谈重整计划执行中的协助执行》，载《人民法院报》2016 年 7 月 13 日第 7 版。

[9] 姚志坚：《完善债权人会议制度运行的实践探索》，载《人民法院报》2016 年 8 月 10 日第 7 版。

[10] 安海涛、胡欣：《打通转化渠道破解执行难题——福建省厦门市中级人民法院执行转破产工作调查》，载《人民法院报》2016 年 12 月 15 日第 5 版。

[11] 商中尧、吴欢：《常熟法院首次启用破产专项基金保障破产管理人有效有序做好破产管理》，载《苏州日报》2017 年 7 月 24 日第 A07 版。

[12] 陈魁伟：《构建府院联动机制，提高破产审判效能》，载《人民法院报》2017 年 8 月 24 日第 5 版。

[13] 王欣新：《府院联动机制与破产案件审理》，载《人民法院报》2018 年 2 月 7 日第 7 版。

[14] 杜军：《管理人制度完善的路径与思考》，载《人民法院报》2018 年 3 月 21 日第 7 版。

[15] 张红霞：《依法推进破产审判妥善处理"僵尸企业"》，载《华兴时报》2018 年 4 月 11 日第 5 版。

[16] 单卫东、张帆：《优化府院联动机制，合力推进破产审判》，载《人民法院报》2018 年 5 月 31 日第 8 版。

[17] 江苏苏州吴江法院：《精准发力执转破 助推解决执行难》，载《人民法院报》2018 年 11 月 5 日第 4 版。

[18] 王晓利、李荃：《破产债权争议诉讼能否按件收取案件受理费》，载《人民法院报》2018 年 12 月 6 日第 7 版。

[19] 王欣新：《论债务人进入破产程序后其保证债权应否停止计息》，载《人民法院报》2018 年 12 月 12 日第 7 版。

[20] 王欣新：《破产法司法解释三第八条之解读》，载《人民法院报》2019 年 8 月 15 日第 7 版。

[21] 叶泉：《首例个人债务清理案迈出重要一步》，载《法制日报》2019 年 10 月 11 日第 1 版。

后　记

在本书即将付梓之际，还想就为什么要编写以及如何编写本书再啰嗦几句。

破产法集实体规范和程序规范于一身，是操作性极强的法律。由于理论研究不够，实践经验不足，以及受宜粗不宜细立法思维影响，我国《企业破产法》的许多规定过于简略。尽管最高人民法院出台了有关破产法的系列司法解释、会议纪要、答复等，但制度供给仍显不足，导致人民法院的破产审判工作和管理人的破产管理工作常常缺乏指引。

为此，各高级人民法院纷纷出台关于破产审判实务若干问题的解答、审理指引、规范指引、操作规程等不同形式的规范性文件，统一辖区内的破产司法尺度。2017年重庆市高级人民法院出台《关于审理破产案件法律适用问题的解答》，2018年上海市高级人民法院颁布《关于当前破产审判实务若干问题的解答（一）》。2019年出台了四川省高级人民法院《关于审理破产案件若干问题的解答》、山东省高级人民法院《企业破产案件审理规范指引（试行）》、江苏省高级人民法院《关于加快破产案件审理的工作指引》、广东省高级人民法院《关于审理企业破产案件若干问题的指引》等。这些规范性文件，短则三十余条，多则一百余条，甚至超过两百条，对破产实务起着重要指引作用。

近年来，高校、法院纷纷举办破产法论坛，学者、法官、管理人一起研究破产法理论和实务问题，如中国人民大学破产法研究中心和北京市破产法学会共同举办的"中国破产法论坛"、中国政法大学破产法与企业重组研究中心举办的"蓟门破产重组对话"、武汉大学法学院和湖北省高级人民法院共同举办的"破产法珞珈论坛"、深圳市中级人民法院举办的"市场化破产高峰论坛"等。这些论坛已经成为破产法理论和实务交流的重要平台。

为应对破产制度供给不足，除了上述各高级人民法院出台规范性文件外，一些中级人民法院甚至基层人民法院也纷纷出台指导意见。据不完全统计，截至 2020 年 9 月，全国各地方人民法院颁布的与破产审判有关的各类规范性文件近千件。这些规范性文件，除了意义不大、简单重复现有法律和司法解释的规定之外，绝大多数规定都是为了解决某些具体问题，但各地法院需要解决的问题并不完全相同，即使是针对同一问题，由于认识不一，各地法院的规定存在较大差异甚至截然相反。破产法论坛虽然催生了大量有价值的研究成果，而且不乏研究破产实务操作的文章，但破产法论坛的重点是研究破产法基础理论以及破产制度的构建、修改和完善，对破产实务操作的具体问题关注不够。鉴于此，我们认为有必要对破产实务面临的具体问题进行系统的梳理，研究解决问题的对策。

2019 年 2 月中旬，我和湖北省高级人民法院民二庭夏勇法官、湖北山河律师事务所张亚琼律师一起策划研究破产法实务操作问题事宜，并做了简单分工。夏勇法官负责在全省范围内收集破产审判中的问题，张亚琼律师负责收集破产管理中的问题，我负责组织博士、硕士研究生归纳整理所收集的问题，并对最终确定的问题展开研究。武汉市破产管理人协会成立后，张亚琼会长通过武汉市破产管理人协会征集问题，拓宽了收集问题的渠道，所收集问题具有更广泛的代表性。同年 6、7 月，先后收到夏勇法官和张亚琼会长收集的问题，总计 140 个，其中，法院系统提出了 117 个问题(包括襄阳市中级人民法院王正臣法官 8 月增加的 2 个很有价值的问题)，武汉市管理人协会提出了 23 个问题。在此，我们要对提出问题的襄阳市中级人民法院、恩施土家族苗族自治州中级人民法院、十堰市中级人民法院、宜昌市中级人民法院、荆州市中级人民法院、鄂州市中级人民法院、汉江中级人民法院、黄冈市中级人民法院、荆门市中级人民法院、随州市中级人民法院、丹江口市人民法院(唯一的基层人民法院)以及武汉市破产管理人协会表示衷心感谢！

本书撰写分工如下(以撰写问题先后为序)：李晨，第一部分(申请与受理)；余江波，第二部分(管理人)；吴杨，第三部分(债务人财产)、第四部分(债权人会议)；陈碧盈，第三部分(债务人财产)、第四部分(债权人会议)；邱向茜，第五部分(债权申报、审查与确认)；翟宇翔，第五部分(债权申报、审查与确认)、第六部分(重整、和解与清算)；李琬婧，第六部分(重整、和解与清算)；刘娜，第六部分(重整、和解与清算)；董博文，第七部分(关联企业合并破产)；杨晨雪、李银丽，第八部分(其他）。本书由主编、副主编统稿，钱宁、余江波、翟宇翔参与校对。由于时间仓促，本书可能存在不少错误，敬请读者批评指正！

需要特别说明的是，夏勇法官不仅负责在法院系统收集问题，而且为本书的撰写提供思路，多次参加研究小组的讨论，并参与本书的统稿。对夏勇法官为本书作的重要贡献表示由衷感谢！

本书的出版得益于湖北山河律师事务所的资助，得益于武汉大学出版社学术分社陈帆副社长的鼎力支持，对此，我们表示衷心感谢！

张善斌

2020 年 9 月 28 日